余英時傳

周言——著

獻給 Vivi

目錄

附錄

【出版前言】

更清晰深廣的道途

過去曾有人說：「在沒有胡適的年代，至少我們還能讀到余英時。」一句話便凸顯出余英時先生在全球華語文化圈當中的重要性。作為二十世紀繼胡適之後最具影響力的華人學者，余先生不僅在中國史的研究領域帶來豐碩而深刻的學術成果，他每每在遭逢重大歷史時刻的當口勇於發聲，更為世人樹立起當代公共知識分子應有的風骨與典範。

余先生降生於中國近代歷史上不甚安定的年代，頻繁的戰亂與動盪令他的早歲生涯往往受到波及，家族親人之間也因此顛沛離散。然而這樣的成長背景，卻意外地為他指引了一條更為開闊的學術路徑；從中國大陸、香港到美國，從新亞書院到哈佛、耶魯和普林斯頓。在這道學徑上他逢遇了錢穆、楊聯陞等，對其學術養成及文化薰陶帶來深遠影響的名師宿儒；同時也由於研究、書寫工作的因緣，與胡適、陳寅恪、錢鍾書等海內外重要學者有所交集與過從。幾乎可以說余先生個人的生平經歷，就是一部當代中國文化史和思想史。

余英時先生早年的學術取向從中國漢代研究開始，專注於文化與思想層面的遞嬗變遷；並且沿著這樣的思考脈絡，逐步延伸考察了魏晉士林風氣的變革，宋代士階層的思維結構，以及清代的學術思想。透過此一思索理路，余先生進一步提出了「知識人」的概念，特別強調「人的尊嚴」的提升與恢復，賦以知識分子更深刻的社會責任與批判意識。事實上這個概念不僅僅是余先生學術研究的核心要旨之一，從八〇年代起，他就曾為台灣民主發展趨向撰著一系列的政論文章提供建言，且多次發聲支持中國內部民主運動，在在展現出他對於「知識人」價值信念的具體實踐。

如今前哲遠颺，但余先生為我們留下豐厚的文化思想與學術遺產，以待後人的探索與挖掘。然而對余先生個人的生命經歷，我們所知道的，也許不比他留給我們的來得多。所幸本書作者周言熱心步追前哲履跡，於二〇一一至二〇一九年間數次赴美拜訪余先生親炙謦欬，多方訪問、徵信、核實，並經過余先生與夫人的認肯與斧正，才終將余英時一生成長與學術追尋的歷程完整於世人面前。同時更與馬子木先生合力輯錄余先生生平著述繫年要目，為將來的後進提供了一條更為清晰、深闊的學術取徑。能夠為一代史學巨擘出版傳記，印刻文學亦至感榮幸，藉由這部擲地有聲的巨著，但願未來的人們或許會說：「雖然趕不上胡適的歲月，但我們有幸生逢余英時的時代。」

前言

二〇〇六年，普林斯頓大學榮休教授余英時榮獲有著「人文諾貝爾獎」之稱的「克魯格獎」，該獎項由美國國會圖書館頒發，余英時與美國非洲裔歷史學家約翰．霍普．弗蘭克林共同分享了這一獎項，這是迄今為止華裔歷史學者第一次榮獲該獎項，其重要性不言而喻。

其實早在余英時獲此獎之前，其在史學界的地位早已有目共睹，從余英時一九六一年從哈佛大學博士畢業算起，其先後任教於密西根大學、哈佛大學、耶魯大學、普林斯頓大學，其連續任教於三所東部常春藤大學，這項紀錄幾乎無人能破。

一九七四年，余英時當選台灣中央研究院院士，年僅四十四歲，幾年之後擔任香港中文大學副校長兼新亞書院院長，一九九一年擔任美國康乃爾大學第一任胡適講座訪問教授，十年之後他為《胡適之先生年譜長編》和《胡適日記》所寫的兩篇長篇序文以及其他和胡適相關的文章，結集為《重尋胡適歷程》出版。

其實早在半個世紀之前，余英時早已在胡適那裡留下了痕跡，一九五八年一月十六日胡適日記記載了其和余英時的父親余協中會面的場景，其中提到了日後成為歷史學家的余英時：「潛山余協中來訪，他是用Refugee Act（難民法案）來美國居留的，現居Cambrige（劍橋），他說起兒子余英時，說Harvard（哈佛）的朋友都說他了不得的聰明，說他的前途無可限量。」

當然胡適在這裡沒有留下對余英時的直接評價，但是從余協中的言辭中可以看出當時的學人對於余英時的看重。五〇年代余英時的老師錢穆曾經給余協中寫信，信中說：「英時天資勃發，實似往年張君蔭麟，而醇厚過之，必有遠道之期，此不僅兄之老福，亦弟晚年心情所切盼。」錢穆對於余英時的這一評價，轉述自牟潤孫，錢穆在寫給余英時的信中有記載：「弟（余英時）文到，牟潤孫先生閱後極為擊節，謂弟英年才起橫溢，據彼所識唯往年張君蔭麟差可比擬。」錢穆後來在《師友雜憶》中，也記載了他人對於余英時的評價：「學期中，哈佛來邀去作學術演講。晤雷少華，親謝其對新亞研究所之協助。雷少華謂，哈佛得新亞一余英時，價值勝哈佛贈款之上多矣，何言謝。英時自去哈佛兩年，轉請入研究所讀學位，獲楊聯陞指導，成績稱優，時尚在校。」

錢穆作為余英時的老師，對余英時自然讚嘆有加，而余英時的另外一位老師楊聯陞也對余英時頗為器重。楊聯陞去世之後，他的老同學周一良在追憶文章中便留下了楊聯陞對余英時的評價，周一良早年和楊聯陞曾是同學，但是後來走上了不同的道路，周一良回憶：「四〇年代末以後，天各一方，不相聞問，直到一九七四年聯陞夫婦同來北京才得晤面。他當時極為小心謹慎，許多老朋友都未要求會面，只提出見我。我當時已調到『梁效』工作，『紀律』奇嚴，居然得到允許去北京飯店會晤，原因是『此人是很有影響的美籍華裔學者』。記得這一上午的會面他異常興奮，談了很多，而我卻『乏善可陳』。我問他在哈佛有無接班人，他舉出余英時。這是我第一次聽到余英時教授之名，而識荊又在十五年之後。」

當然對於余英時最高的評價，當屬錢鍾書，錢鍾書曾經在送給余英時的《管錐編》扉頁上留下這樣的字樣：「每得君書，感其詞翰之妙，來客有解事者，輒出而共賞焉。今晨客過，睹而嘆曰：『海外當推獨步矣。』應之曰：『即在中原亦豈作第二人想乎！』」當然這是錢鍾書的客氣話，與錢鍾書寫給余英時的信中讚譽有加是相同的：「兩奉惠書及贈什，寓意深永，琢句工適，足使老於吟事者咋舌斂手，自是君身有仙骨也。弟如田光，恨不相逢於壯盛之日，友聲和答；今則臣精銷亡，愚才竭盡，惟有把君詩過日耳。」

其他諸如此類的評論不勝枚舉，但是我必須指出，這些評論大多針對余英時的學術成就而發，對於余英時本人的人生經歷，世人依舊知之甚少。而且從余英時出生的二十世紀三〇年代開始，恰好是中國波譎雲詭的歷史時期，余英時及其身後的潛山余氏家族的百年變遷，恰恰是中國近代史劇烈變動的縮影，二十世紀上半葉，潛山家族的分化，折射出國共政爭中近代史的戲劇性，而余英時本身成長的歷程，經歷了自抗戰之後中國近代史中若干重要轉捩點，余英時都和這些轉捩點有著千絲萬縷的聯繫，曾有人說透過寫一個人寫近代史，唯獨通過梁啟超的傳記才有可能，而透過一個人寫一部當代史，尤其是當代的學術史和思想史，唯獨通過余英時的傳記才有可能。

引言：余英時家世

在安徽省的安慶市有個叫做潛山的縣城，潛山縣的最北面有個叫做官莊的小鎮，與嶽西桐城、舒城三縣市相連，官莊地名始於宋代，據《宋史》記載：「屯田郎中員外郎，掌屯田、營田、職田、學田、官莊之政令。」清朝吳振臣《寧古塔紀略》載：「清康熙時，寧古塔將軍編流人隨旗下，設立官莊。」從這些記載可以看出，其時的官莊是行政機構的名稱，千百年來這裡因為世代讀書，為官者眾，後人便以官莊為地名沿襲下來。[1]

舊志中稱潛山縣古為揚州之域，實為蚩尤族之地，夏商周時期都屬揚州，春秋時為皖國，秦時屬九江郡，西漢廢除秦制，改九江郡為淮南國，一直到西晉仍然是郡治，隋朝廢郡置州，後復改為郡治，唐代改稱舒州，後屢經反覆。[2]對於潛山何以稱「潛山」，潛山教育界前輩光明甫在遺作〈釋「潛」〉一文中曾經認為「潛」字源於《漢書》，[3]而余英時先生真正學術的起點，也恰恰是從研究漢朝開始。

余氏在官莊鎮是大姓，乾隆壬子年（一七九二年），鄉賢余文章建了余氏五世堂支祠堂，格局為「四水歸堂」式的徽派建築，乾隆皇帝親賜予御筆「五世同堂」、「七葉衍祥」的牌匾以及聖旨碑刻，余文章便是余英時的先祖。[4]余氏宗祠名為「德馨莊」，門前有一棵四人合抱的銀杏樹，乾隆五十五年，當時余文章已經將近九十高齡，膝下有七子，全家一百三十多口人，五世同居，縣令見聞奏報朝廷，乾隆乃賞賜「五世同堂」的牌匾，時隔三年又賜「七葉衍祥」四字。[5]

余文章有一子為余必名，生一子名余輝宣，余輝宣之子余宗謨有一子名余祖圭，余祖圭生一子名余協中，余協中便是余英時的父親。[6] 余英時乳名小寶，號清遺，本名余敦雯，改名英時，乃是取「英雄出時世」之意。[7] 余英時是余家有記載以來的第二十二代。[8]

余英時一九三〇年農曆元月出生於天津，乃是剖腹產所生，母親張韻清因為難產去世，張韻清是桐城人，是桐城名士張英、宰相張廷玉的後人，張女士能文擅詩，文學功底深厚，著有《穀香齋詩集》等。[9] 桐城歷代文人集《桐舊集》中便收錄了張韻清先人的若干詩歌，計九人共五十首，這九人分別是：張氏、張瑩、張似誼、張令儀、張潤芬、張瑞芝、張玉芝、張愛芝、張熙春。[10]

在桐城縣乃至潛山縣，有關桐城張氏家族的傳說一直長盛不衰，張廷玉的九世嫡孫張澤士在《家

---

1 官莊鎮人民政府：《官莊鎮簡介》，自印本，二〇一二年。
2 潛山縣政協文史資料委員會編：《舒州古今》，第一—二頁，一九八六年三月版。
3 潛山縣政協文史資料委員會編：《舒州古今》，第一一頁，一九八六年三月版。
4 潛山縣文物局：《第六批省級文物保護單位申報登記表》，二〇一一年九月十八日。
5 官莊鎮人民政府：《官莊鎮簡介》，自印本，二〇一二年。
6 《潛山余氏族譜》，第九卷，自印本，一九九一年。
7 《潛山余氏族譜》，第十三卷，自印本，一九九一年。
8 《中華余氏總譜》，自印本，二〇〇九年。
9 《晚年定居美國的學者余協中》，《江淮文史》，一九九七年第六期。
10 徐璈輯錄：《桐舊集》，一九二六年版。此版本資訊由南京大學許結教授提供，謹致謝忱。

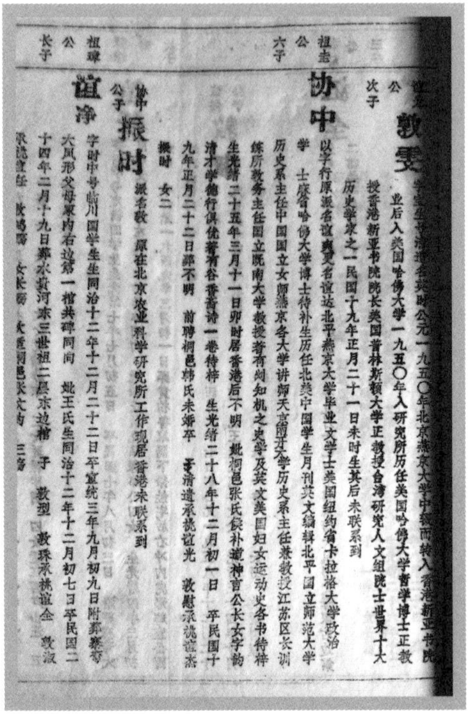

祖圭公六子

英时公元一九五〇年北京燕京大学中…转入香港新亚书院

业后入美国哈佛大学一九五〇年入研究所历任美国哈佛大学哲学博士正教

授香港新亚书院院长美国普林斯顿大学正教授台湾研究人文组院士世界十大

历史学家之一民国十九年正月二十一日未时生其后未联系到

协中 以字行原派名谊爽又名谊达北平燕京大学毕业文学士美国纽约省卡拉洛大学政治

学士康省哈佛大学博士侍补生历任北美中国学生月刊英文编辑北平国立师范大学

历史系主任中国国立女师燕京各大学讲师天京南开大学历史系主任兼教授江苏区长训

练所教务主任国立暨南大学教授著有刘知机之史学及英文美国妇女运动史各书待梓

生光绪二十五年三月十一日卯时居香港后不明 妣桐邑张氏侯补道神官公长女字韵

清才学德行俱优著有谷香斋诗一卷待梓 生光绪二十八年十二月初一日 卒民国十

九年正月二十二日葬不明 前聘桐邑韩氏未婚卒 子 …清遗承挑谊光 教慰承洮谊杰

振时 女二

祖璋公长子

协中公子 振时 派名教… 现在北京农业科学研究所工作现居香港未联系到

谊净 字时中号临川国学生生同治十二年十二月二十二日卒宣统三年九月初九日附葬…寺

大凤形父母冢内右边第一棺共碑同向 妣王氏生同治十二年十二月初七日卒民国二

十四年二月十九日葬水袁河东三世祖二层东边棺 子 教型 教珠承桃谊全 教淑

承洮谊任 教鸣 女长… 次… 三…

《潛山余氏宗譜》中余協中、余英時、余振時的記載。

世憶述》中曾經記載了很多桐城張氏家族故事，比如在康熙年間，張英父子始建相府於桐城；張英在桐城的舊宅曾因讓地而有「六尺巷」的故事；再如張廷玉之子參加科舉考試，取得探花而拱手讓人；這些故事如今依舊在安慶一帶流傳。張澤士幼年時，曾經和余英時同在相府中住過一段時間，後來張澤士回憶：「抗日戰爭勝利後，英時表叔曾到桐城相府舅舅家小住，我有幸與他有短暫的接觸，他比我約長三、四歲，少年老成，溫文爾雅，很有學者風度。」[11]

有趣的是，張韻清在桐城有一姪女，名為張先琦，後來嫁給了前中共中央宣傳部長丁關根。張先琦曾到官莊鎮尋找張韻清的墳墓[12]，但是因為抗戰期間毀於戰禍，遍尋不得，其統戰意味，不言自明。九〇年代以來，大陸不時透過各種管道傳達北京希望余英時回國看看的願望，一度還派出一個十九人的安徽代表團親訪余英時，動之以鄉情，但余就是不為所動，甚至直截了當的表示他沒有鄉愁，對方只好啞口無言的離去。[13]

八十多年前，余英時在潛山度過了八年的鄉居生活，他所在的村叫做金城村，出生的屋子習慣性的被余協中叫做西山大屋。[14]余英時回潛山的原因，乃是因為抗戰爆發，當時父親余協中因為忙於四處奔波，便將余英時送回潛山老家寄養，余英時的養母名叫張韻華，七〇年代末余英時回國時，還曾經在北京探望養母。

11 張澤士：《家世憶述》，稿本。
12 潛山當地人提到張先琦曾到潛山，張先琦的姊姊張先玲則告訴筆者，尋找余先生母親墳地的是她，而不是張先琦。
13 傅建中：《沒有鄉愁的余英時先生》，《中國時報》，二〇〇七年五月廿五日。
14 余協中致余天寶，一九七八年。

第一章

一個家族的中國近現代史

辛亥士紳余誼密

潛山近代史上第一筆值得書寫的人，是士紳余誼密，和余英時的父親余協中同輩，同屬「誼」字輩，是余英時的堂叔，余英時後來還應邀為余誼密的詩文集寫序。余誼密又名余詠南，別號疏園，一八七三年出生，原籍江西，明朝初年余氏先祖搬遷到潛山官莊林家沖，世代耕讀為業，做官為本，先大父余誨輝曾著《愛日齋詩文集》，曾大父余誨宗早逝，大父余誨放於光緒七年赴考，病逝於南京。[1]

余英時童年時，父親就向他介紹過余誼密的事蹟，抗戰時期，余英時避戰亂回家鄉也曾瞻仰過余誼密的舊居，見過余誼密的書法手跡，曾發出「睹杯土拳石而仰泰山之高」的感慨，在為余誼密的詩文集所撰寫的序言中，余英時對余誼密生前身後的不幸遭遇和結局有不平之鳴，他認為史學界應當重新認識並評價余誼密的生平事蹟。[2]

余誼密少年時，五叔余鳳溪曾經命題令其作文，余誼密雖年幼，立成百餘言，讓余鳳溪驚嘆不已，隨即讓余誼密從其讀書，後來余鳳溪屢試不第，於是歸鄉主講於宜城、天柱等書院，余誼密曾經隨其五叔就讀於這些書院，後來余誼密考取了廩膳生員，隨後科舉拔貢門弟子，余誼密獲選，是年晉京朝考補直隸州州判，後擔任山東撫院吳贊延幕下文案，幾年後轉任單縣縣令。[3]

辛亥革命爆發後，余誼密開始了其在民國的官宦生涯，先任潛山縣臨時議會會長，繼而任安徽省臨時議院議員，之後任懷寧、南陵縣知事，後調任蕪湖知縣，因為蕪湖是商埠，清朝時曾經簽訂租界章程，但是外僑恃強凌弱，經常違章自由購地，以至於糾紛四起，余誼密遍查舊檔，繪具地圖，撰寫租界條例，規定民間買賣易主，必須查明確無私賣外僑事情始准立約，外僑懾服。[4]余誼密在懷寧縣期間，倪嗣沖攫取安徽省軍政大權進駐安慶後，對余誼密頗為賞識，並不因為他曾是柏文蔚的下屬而棄之，後來倪嗣沖調他任南陵縣知事，任職南陵期間，余誼密深惡鴉片之禍害，決心禁菸，受到南陵縣民的一致好評。[5]

一九二一年，當時許世英擔任安徽省長，許世英和余誼密於一八九七年同期參加朝考，算是「同年」，於是許世英任命余誼密為淮泗道尹，第二年馬聯甲代理安徽省長，提拔余誼密任政務廳長兼任蕪湖道尹，一九二三年冬，馬聯甲在安徽民主勢力的打擊下去職，余誼密第二次辭官回鄉。一九二六年春，高世讀擔任安徽省長，重新啟用余誼密擔任省政務廳長。這年冬天高世讀因病辭去省長職務，去職時推薦余誼密擔任代理省長獲准。[6]

---

1 潛山縣政協文史資料委員會編：《潛山文史資料》，第二輯，第二一頁，一九九三年，本節中凡未注明出處者，皆來源於該資料。

2 李聲波、余仲春：〈清末民初時期的余誼密先生〉，《安慶晚報》，二〇〇九年五月十五日。

3 潛山縣政協文史資料委員會編：《潛山文史資料》，第二輯，第二一頁，一九九三年。

4 潛山縣政協文史資料委員會編：《潛山文史資料》，第二輯，第二三頁，一九九三年。

5 李聲波、余仲春：〈清末民初時期的余誼密先生〉，《安慶晚報》，二〇〇九年五月十五日。

6 李聲波、余仲春：〈清末民初時期的余誼密先生〉，《安慶晚報》，二〇〇九年五月十五日。

當北伐軍進逼安徽時，作為安徽省的軍政首腦的陳調元和余誼密易幟投誠，歸順於北伐軍麾下，一九二七年三月蔣介石任命陳調元為安徽省長，余誼密任省政務委員會委員，蔣作賓擔任省長後，特推余誼密當財政廳長，一九二七年冬，安徽省政府改組，余誼密第三次辭官回鄉。[7] 余誼密曾回鄉建成「玉成堂」，自撰對聯曰：「余少日孤貧止志氣未墮乃有今日，若後人奮勉要家聲不震方可為人。」

一九三一年陳調元第三次主政安徽時，江淮大水氾濫，余誼密趕赴上海向國賑會許靜仁等彙報災情，行至水災會門首，被汽車撞傷，後來未能痊癒，行走不便，故而回鄉養病，取別號疏園，校編五叔余鳳溪的《梓天文韻言》，同時自編《疏園集》六卷。

本應該安享晚年余誼密，完全可以不問世事，以詩文自娛，但是波濤洶湧的時代還是沒能放過他，三〇年代初，大別山地區紅軍活動頻繁，余誼密深感憂慮：「今日方面軍無不帶剿匪旗幟，而區區之匪竟任其縱橫，如入無人之境……深慮匪勢蔓延益廣，將至不可收拾。」因此余誼密未雨綢繆，一方面購買槍枝彈藥，同時冒險回縣城組織團防，與其弟余誼寅和次子余覺配合國民黨第二十五陸軍向紅軍黃柏根據地進行了三個月的清剿。

一九三五年除夕，余誼密奉母命回鄉過年，紅軍二十八軍政委高敬亭得知消息後，派人前去偵查，決定活捉余誼密，參加行動的包括八十二師手槍團的兩個分隊和特務營的三個連共三百餘人。當時余誼密已經聽聞紅軍要來抓捕他，但是他自信官莊修有碉堡，自己又帶有一個連的兵力，所以沒有在意。

紅軍偽裝成拜年客，成功騙過了崗哨，順利將余誼密活捉，同時抓捕了余誼密的兒子余覺和當地的許多地主，第二天國民黨二十五路軍聞訊前來救援，紅軍倉促之間做出決定，將余誼密就地槍殺，隨後紅軍轉移到舒城，將余的次子余覺和其他地主一併槍殺，余誼密之孫余世鑄被家人用七千元贖回。余誼密的孫子余世培當時也被槍殺，而余世鑄雖然被贖回，但不久後即夭亡，當時年僅十二歲。[8]

余誼密幾乎被滅門的慘案，史稱「二二五事件」，當時盛傳於安徽乃至全國，當時報章皆有刊載，如上海《申報》、南京《中央日報》等。余英時曾兩次專門提到余誼密的事蹟，比較早的是在給余誼密的詩文集寫的序言——〈疏園遺作集存序〉中如此感慨：「余生也晚，值亂世，已不及見詠南公。平生盛德大業，唯於庭趨時得聞其一二。抗日戰事起，余隨家人避難返皖西潛山故里，先後逾八年，嘗於其間數訪公舊居小樓，一楹有林泉之勝，傲然宿儒精舍，不知其為顯官別構矣。」又言：「公以科第致身通顯所至皆有聲，而生平事蹟流傳鄉里間者轉多在其德業相勵之教，荀卿所謂儒者在本朝則美政，在下位則美俗者於公征之矣！」可見余英時對余誼密的感情，有趣的是，此序末尾日期署中華民國庚申年，可見余英時先生的故國情懷。[9]

余英時後來在回憶錄中也指出，余誼密被滅門的消息不僅盛傳於潛山，而且震驚整個南方，余誼密的官聲極好，為人正派，尤以清廉為人所敬，三〇年代初退休後由於經濟拮据，住不起城市，因此

7 李聲波、余仲春：〈清末民初時期的余誼密先生〉，《安慶晚報》，二〇〇九年五月十五號。
8 潛山縣政協文史資料委員會編：《潛山文史資料》，第二輯，第二二一—二二二頁，一九九三年。
9 余英時：〈疏園遺作集存序〉，一九八〇年。

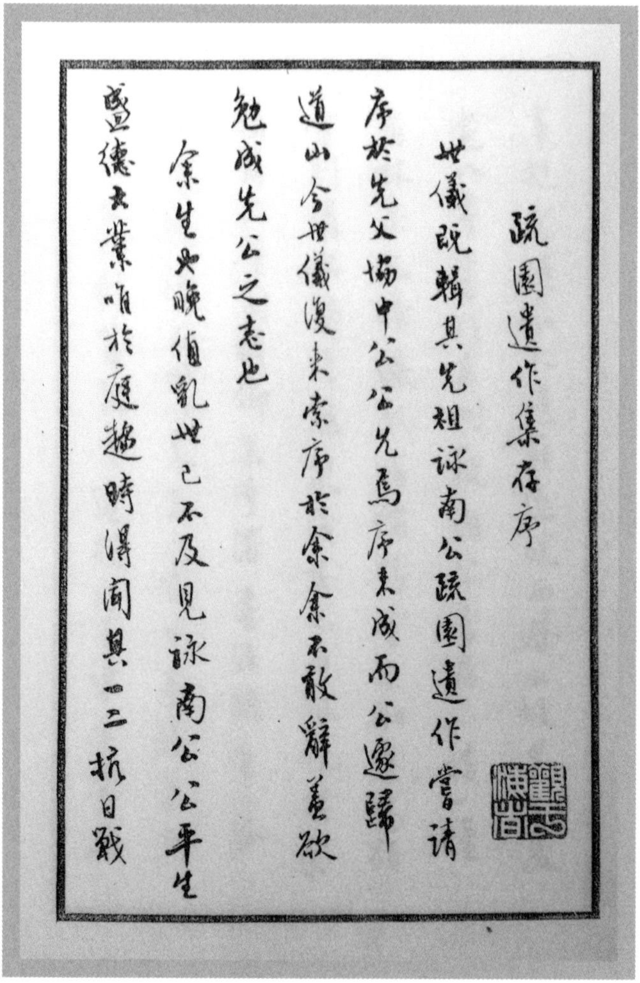

疏園遺作集存序

世儀既輯其先祖詠南公疏園遺作嘗請序於先父協中公公先為序未成而公遽歸道山今世儀復來索序於余余不敢辭蓋欲勉成先公之志也

余生也晚值亂世已不及見詠南公公平生盛德大業唯於庭趨時得聞其一二抗日戰

余英時為《疏園遺作集存》所寫序言。

從安慶遷回潛山林家沖（與官莊是緊鄰）。余英時感慨：「他的被害特別慘烈，除他自己外，一子一孫也同時遇難……我這樣介紹誼密先生並非出於宗族之私，最近編成的《潛山縣誌》中有他的傳記，並無一字貶斥，可見公道自在人心。」[10]

革命烈士余大化

潛山余氏一族，正如筆者在引言中所說，余英時及其身後的潛山余氏家族的百年變遷，恰恰是中國近代史劇烈變動的縮影，二十世紀上半葉，潛山家族的分化，折射出國共政爭中近代史的戲劇性，余氏家族既有余誼密這樣的國民黨高官，自然也有余大化這樣的共產黨烈士。余大化乃是余誼密的姪子，和余英時屬同輩，按照年齡來說，算是余英時的堂哥，余大化的父親余誼和，和余英時的父親余協中（誼爽）同輩。

余大化生於一八九九年，七歲讀私塾，二十歲到安慶，先後就讀於安徽省立第一甲種農校，安徽公立法政專門學校，安慶當時是安徽新思潮的大本營，陳獨秀便是從這裡走出，余大化當時閱讀各種宣傳新思想的書刊，後來五四運動爆發，余大化積極投身其間，余大化當時被選為安慶學生聯合會委

10 余英時：《余英時回憶錄》，第四二頁，允晨出版社，二〇一八年版。

員，不僅如此，余大化還率眾驅除了安徽公立法政專門學校的兩任校長，並迫使當局改派安徽教育界頗有聲望的光明甫擔任校長。[11]

余大化積極投身革命，引起了堂叔余誼密的不滿，兩人曾經為此產生激烈爭吵，因此斷絕往來，後來曹錕賄選，余大化在安慶參加並領導了「六二學潮」，反對三屆省議會議員選舉，當時余大化加入了社會主義青年團，後來曹錕發布命令，通緝余大化等人。而後馮玉祥發動北京政變，安慶當局改變態度，同意余大化等人出國深造，余大化到達日本之後，參加了國民黨設在東京的左派組織。[12]有趣的是，今日潛山當地都認為余大化在東京和周恩來有同窗之誼，[13]但是周恩來留學日本是一九一九年，一九二五年周恩來已經在廣州擔任黃埔軍校政治部主任，並且在一九二五年領導了第一次和第二次東征。[14]

余大化積極支援「聯俄聯共」，同時目睹北伐節節勝利，迅速趕回國內，一九二七年二月余大化被派回潛山，組建國民黨潛山縣臨時執行委員會，積極參與北伐，同年三月，余大化和王效亭等人參加了在安慶召開的國民黨安徽省第一次代表大會，當時蔣介石從南昌來安慶，取締了國民黨左派組織安徽省黨部，會議被迫在武漢召開，「四一二政變」之後，余大化在武漢向共產黨提出了入黨要求，經過中共安徽省臨委王步文介紹，加入了共產黨。[15]

「七一五政變」之後，國共合作全面破裂，國民革命宣告失敗，安徽省清黨運動由此開端，潛山縣成立了清黨委員會，抓捕共產黨員，余大化當時的共產黨員身分是保密的，他以國民黨縣黨部常委的身分，主持召開了國民黨潛山代表大會，但縣長儲乙燃在清黨委員會湯志先的支持下，竭力反對大會所做出的減免租稅、平均地權等議案，雙方矛盾日益激化，後縣長儲乙燃將余大化、范笑山逮捕，當時地下黨組織劫獄，未能成功，為了防止再次劫獄，儲乙燃於十二月八日清晨封閉城門，將余大化、范笑山風別殺害於東西轅門。[16]

韓久勝曾經指出，余誼密在余大化之死問題上有不可推卸的責任，韓甚至以〈反動官僚余誼密殺害二姪經過〉為題撰寫文章批判余誼密，韓久勝在文章中指出，當時余大化被捕，因為其和余誼密的關係，儲乙燃曾經打電話給余誼密請示如何處置他的姪子余大化，但是韓文明顯帶有主觀臆斷的色彩，文中居然出現了「余誼密想起上年他把余大化找到家中，對其參加革命活動的過激行為嚴加叱責，而余大化慷慨陳詞，據理力爭，說的他啞口無言後揚長而去的『狂妄』情形，毫不猶豫的表示同意對余大化處以極刑」[17]這樣明顯帶有政治立場的文字，因此余誼密是否在余大化之死問題上起到惡劣作用，也值得商榷。余仲春在〈余誼密和余大化〉一文中提出了另外一種說法：「就在行刑時，余誼密先生派出的營救信使攜電文剛到源潭，可惜晚了一步，誰也無法料到儲乙然來了個先斬後奏，

---

11 潛山縣政協文史資料委員會編：《潛山文史資料》，第二輯，第一－三頁，一九九三年。
12 潛山縣政協文史資料委員會編：《潛山文史資料》，第二輯，第三－五頁，一九九三年。
13 余仲春：〈余誼密和余大化〉，《安慶晚報》，二〇一一年一月卅日。
14 參見中共中央文獻研究室編：《周恩來年譜》，中央文獻出版社，一九九八年二月版。
15 潛山縣政協文史資料委員會編：《潛山文史資料》，第二輯，第五－七頁，一九九三年。
16 潛山縣政協文史資料委員會編：《潛山文史資料》，第二輯，第七－一一頁，一九九三年。
17 潛山縣政協文史資料委員會編：《潛山文史資料》，第二輯，第七－一一頁，一九九三年。

突然襲擊。」[18]這顯然與韓久勝的說法大相徑庭。

余誼密的曾孫余仲春在另外一篇文章中也曾經指出：「曾祖父與余大化烈士之間感情深厚，親若父子，而大化叔祖父對我的曾祖父余誼密先生也是崇敬有加，余大化之所以對余誼密先生十分尊重，主要是因為他九歲喪父後，余誼密先生盡心盡力將他和他的三個弟弟撫養成人，成家立業，還將他的二弟毓民安排在身邊從事祕書工作。這一切也是對某些記述中所言的『叔姪不和』、『斷絕關係』等說法的有力駁叱。」[19]

余仲春更指出，當余大化就義的噩耗傳到安慶後，余誼密異常悲痛，多日不思茶飯，分別手書了兩幅輓聯表達哀思。公祭的輓聯上聯為：「亂世橫死者亦多矣，此是也，彼非也；上年一敘話歷歷分明，奈何知不可而為，豈命焉有定？」下聯為：「吾家修宏才其難哉，天與之，命奪之；今耗百里傳紛紛營救，孰意竟無故已去，只魂兮歸來。」家祭的輓聯為：「龍姪早逝心尤痛，伯父惜才淚更枯！」[20]但是韓久勝也在文章中錄入了這些輓聯，但是韓認為余誼密乃是為了逃避潛山人民和余氏家族的抨擊和責罵，並且韓久勝使用了諸如「假惺惺」這一類詞，認為余誼密妄圖推卸殺姪的罪責。[21]但是韓的說法顯然帶有意識形態的色彩，難以服眾。

據余仲春描述，當時余誼密還出資購置棺木，將余大化的遺體送回故里安葬，並對其遺孀、兩個幼小的遺子以及毓民、友隆、化民的生活給予多方關照，同時囑咐自己的仲子竺僧對化民盡力予以幫助，還對在自己身邊工作的毓民進行了安撫。由於余大化兄弟四人從小所缺失的父愛在曾祖父這裡得到了彌補，所以他們都親切地稱誼密先生為「伯伯」。[22]

但是韓久勝指出，後來余大化的胞弟余化民參加共產黨，組織黃柏暴動，不幸被官莊團練逮捕，當時有人念及其是余誼密的姪子，欲免其一死，余誼密手書官莊團練：「社會敗類，家庭逆子，殺！」[23]但是韓久勝這種說法，依然缺乏可靠的依據，基本上屬於傳聞，帶有鮮明的階級鬥爭色彩，屬於顧頡剛所謂「層累地造成的中國古史」。

與余大化相似的是，烈士余良鼇也頗值得一書，余良鼇生於一八八一年，曾經參加過科舉考試，但是因為政見被除名，科舉廢除之後，余良鼇積極參與民主革命，清帝退位之後，余良鼇歷經沉浮，最終在萃新小學任教，當時該校有位陳姓同學，其伯父在《新青年》雜誌社工作，不斷的將《新青年》寄給這個學生，余良鼇讀到之後大喜過望，將自己所授課程停下，以《新青年》為教材，向學生灌輸科學與民主的理念，但是不久之後余良鼇便因宣揚馬列主義被開除。[24]這位陳姓同學的伯父，便是高一涵。

被開除之後的余良鼇參加了國民黨左派組織，與余大化一起投身到國民革命之中，清黨之後，余良鼇積極反蔣，後來工農紅軍潛山獨立師建立，蔣介石派大軍進山圍剿，余良鼇不幸被捕，後被多次

---

18 余仲春：〈余誼密和余大化〉，《安慶晚報》，二〇一一年一月卅日。
19 余仲春：〈余誼密和余大化叔姪不和嗎？〉，《安慶晚報》，二〇一一年二月廿日。
20 余仲春：〈余誼密和余大化叔姪不和嗎？〉，《安慶晚報》，二〇一一年二月廿日。
21 潛山縣政協文史資料委員會編：《潛山文史資料》，第二輯，第三〇頁，一九九三年。
22 余仲春：〈余誼密和余大化叔姪不和嗎？〉，《安慶晚報》，二〇一一年二月廿日。
23 潛山縣政協文史資料委員會編：《潛山文史資料》，第二輯，第三一頁，一九九三年。
24 潛山縣政協文史資料委員會編：《潛山文史資料》，第二輯，第一三頁，一九九三年。

嚴刑拷打，當時的縣長崔澍龍下令將其在梅城西門外殺害。[25]

像余大化、余良鼇這樣余氏家族在國民革命與國共政爭中犧牲的烈士，還有很多，比如余氏家族江西修水一支，與潛山余氏家族同根同族，便有余垂成、余經邦等諸多烈士，余垂成曾經擔任紅軍第十六軍政治部主任，余經邦參加過秋收起義，[26]這些熱血青年在近代史上留下了自己的印跡，也獻出了自己寶貴的生命。余英時曾親見的一位族兄死於共產黨軍隊之手，此人便是余英時當時惹禍時曾經避難的族兄余平格，余平格在當時是鄉人尊敬的醫生，而且是官莊唯一的醫生，但他性格倔強，不肯聽人擺布，當時新四軍第四支隊的人曾數度逼他合作而他堅決不肯，因此在一個夜裡把他從家中抓了出來，用刀在他的咽喉上戳了幾個洞，他就死在家門外面的水井旁邊，余英時清晨聞訊趕去看他，他的屍體還在原處未動，這是余英時早年大約在一九四四年親歷的一件悲傷的慘事，至今記憶猶新。[27]

北平地下黨項子明

余英時曾經在〈悼念志天表哥〉一文中寫道：「志天表哥逝世，我個人特別難過，回想抗戰以後我們相處的一段日子，好像還是昨天的事。我們一起在紐約相聚的情況，更是深深印在我的記憶中，志天一生（整整一生）都獻給了國家，他是一位真正的愛國者。從他女兒汪青那裡我知道他最後一年的心理狀態。他還是愛國，還是念念不忘為中國同胞謀幸福。他所承受的一切我心裡明白。」[28]

但是余英時對於這位名叫汪志天的表哥，懷念起來卻帶有諸多的顧慮：「我很想寫點東西紀念他，但是也怕下筆不慎，產生什麼副作用，所以只好暫時不寫，將來總有可以寫的時候。我曾受志天兄的影響，也關心祖國的事，有生之年，仍當本一己的良知為祖國做點事。志天兄並沒有死，他還活在許多人的心中。」[29]李慎之曾有名言：「革命吞噬自己的兒女」，放在汪志天的身上，恰如其分，這位後來改名為項子明的共產黨員，以自己起起伏伏的人生，踐行了李慎之的這句名言。

項子明一九二一年生於安徽桐城范崗鎮高黄村汪橋，其祖父汪炘是清末舉人，曾任良鄉縣令，和著名革命黨、反清義士吳樾交往非常密切，吳越刺殺載澤等出洋五大臣前夜，還曾經和汪炘一起飲酒。[30]三叔汪世銘畢業於清華大學，曾經留學哥倫比亞大學，後來成為民社黨革新派負責人。五叔汪伏生曾在英國倫敦大學留學，後來曾任蔣緯國英文老師、行政院救濟總署分配廳廳長。其父親汪心濂，曾任職北洋財政部。項子明的母親余助賢，便是余英時的四姑。

項子明在這樣的家庭中出生，卻天生對革命保持強烈興趣，一九三五年「一二九運動」爆發，當時十四歲的項子明便跟隨著學生隊伍參加遊行，一九三六年項子明加入了中華民族解放先鋒隊，擔任

---

25 潛山縣政協文史資料委員會編：《潛山文史資料》，第二輯，第一四一—一八頁，一九九三年。
26 《中華余氏宗譜》，自印本，二〇〇九年，第七四二—七四三頁。
27 余英時：《余英時回憶錄》，第四三頁，允晨出版社，二〇一八年版。
28 陸欽儀、王學珍、白祖誠主編：《項子明紀念文集》，第一九二頁，北京大學出版社，二〇一〇年五月版。
29 陸欽儀、王學珍、白祖誠主編：《項子明紀念文集》，第一九二頁，北京大學出版社，二〇一〇年五月版。
30 朱洪著：《陳獨秀傳》，第三〇頁，安徽人民出版社，二〇〇三年四月版。

組長，同時參加了張學良、楊虎城扣留蔣介石迫使其抗日之後的學生運動，一九三七年項子明由平津流亡到西安，參加了陝西抗日決死隊，後撤退到了甘肅天水，一九三八年輾轉到達延安。[31]

據劉玉柱後來在「一二九運動」四十五周年的座談會上回憶，後來與項子明在北大曾經共事的韓天石，當年為了參加「一二九運動」，韓還曾經被北大開除。韓坦率承認，當時「一二九運動」並非自發，而是經過相當長時間的醞釀，當時韓天石還沒有入黨，但是後來被推舉為學生會主席，後來又發起了「一二一六運動」，風潮比「一二九運動」更大。[32]

項子明在延安被選為陝北公學學生會主席，並且在一九三八年加入中國共產黨，後任陝北公學學生總會組織部長，次年項子明隨華北聯合大學到敵後根據地河北省阜平，被選為華北聯大第一屆學生會主席，一九四〇年任華北聯大黨委青年委員，在華北地區，項子明積極發展共產黨員，一九四五年化名為汪志德，進入北大法律系一年級學習，作地下黨學生工作，任北京大學地下黨負責人，兼管中法大學和照樣大學地下黨組織，一九四九年前夕任地下黨東城區指揮部負責人。[33]據余英時回憶，一九四九年八月，他從上海回到北平燕京大學時，項子明已是彭真手下的一個重要幹部，負責全市青年的組織和活動，經常到各大學和黨、團機構聯繫。有一次他到燕京大學順道訪問余英時而未晤，事後有人告訴余英時：項子明同志今天找你不到，他說是你的親戚。余英時初聞項子明之名，為之茫然，幾分鐘後才省悟，原來這是表兄的黨名。但這時項子明已成忙人，余英時再沒有機會和他深談。[34]

一九四六年初，遵照華北局城工部的指示，當時地下黨員徐偉將他領導的北大法學院地下黨的工作交給項子明，可能是由於徐偉參加領導了「反甄審鬥爭」，已引起敵人的注意，地下黨員劉仁通知徐偉離開北平，去其他城市繼續從事地下工作，地下黨員為了便於開展工作，都要找個公開工作，但找工作比較困難，要有各種關係，項子明得知徐偉要找工作的消息，主動提出想要幫助解決，當時項子明的舅舅，也就是余英時的父親余協中任杜聿明的祕書長兼東北中正大學校長，項子明建議徐偉去東北中正大學任總務長，打入中大開展工作，取得余協中的信任，並引見徐偉去瀋陽他舅舅家中面談，後來回憶其此事的徐偉說：「此事雖因種種原因未能辦成，但由此可見子明同志對黨的工作的熱情和支持。」[35]

項子明主管北大地下黨時，西南聯大遷回北京，原來北京大學的黨員陸續轉回北大，西南聯大的黨組織習慣上稱為南系，而項子明領導的北大地下黨通常被稱為北系。[36]一九四九年以後，項子明曾經擔任北京市學校黨員訓練班，任黨委書記，而後任北平市委組織部科長，一九五三年後在北京市委辦公室工作，一九五六年擔任北京市委辦公室主任，隨後任北京市委祕書長，文革前夕，項子明一度擔任北京市委常委。[37]

31 陸欽儀、王學珍、白祖誠主編：《項子明紀念文集》，第三頁，北京大學出版社，二〇一〇年五月版。
32 《一二九運動回憶錄》，第一三九－一四〇頁，人民出版社，一九八二年五月版。
33 陸欽儀、王學珍、白祖誠主編：《項子明紀念文集》，第三－四頁，北京大學出版社，二〇一〇年五月版。
34 余英時：《余英時回憶錄》，第四七頁，允晨出版社，二〇一八年版。
35 陸欽儀、王學珍、白祖誠主編：《項子明紀念文集》，第九〇－九一頁，北京大學出版社，二〇一〇年五月版。
36 陸欽儀、王學珍、白祖誠主編：《項子明紀念文集》，第二六頁，北京大學出版社，二〇一〇年五月版。
37 陸欽儀、王學珍、白祖誠主編：《項子明紀念文集》，第四頁，北京大學出版社，二〇一〇年五月版。

有趣的是，項子明和丁爾根一樣，都曾經當過鄧小平的牌友，據當時鄧小平的牌友王大明回憶：「當時我和王漢斌跟小平同志打過對家。為了人多一點好輪換，後來又陸續地吸收了北京市委的一些人，比如陸禹、項子明、張明義都去過。」也正是因為如此，文革爆發時，經常和鄧小平打牌成為了項子明的一項罪名，一份文革初期造反派的刊物《體育戰線》曾經刊登了一篇名為〈揭開鄧小平搞「裴多菲」俱樂部的黑幕〉的文章，文章中說：「鄧小平與彭、陸、羅、楊反革命修正主義一夥有著千絲萬縷的聯繫，他與前市委大小黑幫交往如此親密，就已經大大地默許、鼓勵和縱容了前市委反革命修正主義分子的反革命活動……鄧小平與反革命修正主義分子、大特務楊尚昆很有交情。楊尚昆出了問題，毛主席發覺了，很氣憤。楊急忙找鄧小平幫他說話，鄧怕直說會暴露他包庇楊賊的禍心，就讓楊賊去找大黑幫頭子彭真，求彭真向毛主席說說。於是楊賊就通過鄧小平桌牌上的座上客項子明轉告了彭賊，彭賊對鄧的意圖立即心領神會，而且詭計多端，耍弄權術，讓項子明出面寫材料交黑幫頭子劉仁、鄭天翔轉送給他們。這樣，彭與鄧即合夥包庇了大特務楊尚昆，又開脫了自己。」[38]

文革開始時，北京市委被揭發出一起震動全國的「暢觀樓反革命事件」，矛頭指向北京市市長彭真，項子明亦受牽連，起因是一九六一年北京市委遵照毛澤東、鄧小平的指示，對中央文件進行清理檢查，總結經驗教訓，當時市委指定鄧拓主持文件的檢查工作，但是鄧拓並未直接參與，具體工作由項子明負責，清理檢查中央文件在暢春樓進行，文革風暴初起，邊有人拿此事做文章，尤其是康生，蓄意捏造材料，而後謝富治主管北京市委，就此事在全市組織大規模的揭發和批判，不僅僅在暢春樓清理檢查中央文件的同志受到迫害，就連曾經到過暢春樓參加過其他會議的人也受到牽連。[39]

文革之後的項子明，依舊為北大奔忙，一九八三年，項子明擔任北大代理黨委書記，率團赴美訪問，期間積極爭取丁石孫擔任北大校長，在波士頓時，項子明參加一個物理學家的晚宴，巧遇中學同學楊振寧，楊一眼就認出了項子明。項子明在紐約訪問時，當時余英時專門從普林斯頓跑來，剛開始的時候，余英時有一些拘謹，吃午飯的時候項子明對余英時說：「你研究中國思想史這麼多年，應當去給北大的學生講講治學。」余英時答道：「就怕給你惹麻煩。」余英時還堅持要帶項子明坐一次紐約的地鐵，在地鐵裡余英時告訴同行的袁明，他從小是在項子明家長大的，表兄弟情同手足，後來項子明參加了革命，而他則選擇了治學之路，袁明後來回憶起余英時這段話，覺得很有一種歷史的滄桑感。[40]

八〇年代北大校長丁石孫後來曾經回憶起項子明，丁記得八〇年代初他在哈佛時，當時項子明來哈佛訪問，校方特意在校園裡掛了中國國旗，以示重視，當時項子明找到丁石孫，希望他能回國當北大校長，而當時項是北大代理黨委書記，項希望他能和丁石孫一起做些事情，而後來項子明沒能當北大黨委書記，據說是得罪了彭真，文革時「暢春樓事件」中項子明沒能頂住壓力，曾經揭發說暢春樓寫作班子是反對毛澤東的，因此彭真把項子明視為「叛徒」，在中央政治局會議上彭真說項子明不能用，因此項沒能正式就任北大黨委書記。丁石孫還記得一九八四年三月他從美國回來後，情緒比較樂觀，認為前途非常美好，但一直待到春節後，組織上也沒找丁石孫談話，後來才知道彭真不同意項子

38 北京工農兵體育學院編：《體育戰線》，一九六七年一月廿日。
39 陸欽儀、王學珍、白祖誠主編：《項子明紀念文集》，第二二一—二二六頁，北京大學出版社，二〇一〇年五月版。
40 陸欽儀、王學珍、白祖誠主編：《項子明紀念文集》，第四五—四六頁，北京大學出版社，二〇一〇年五月版。

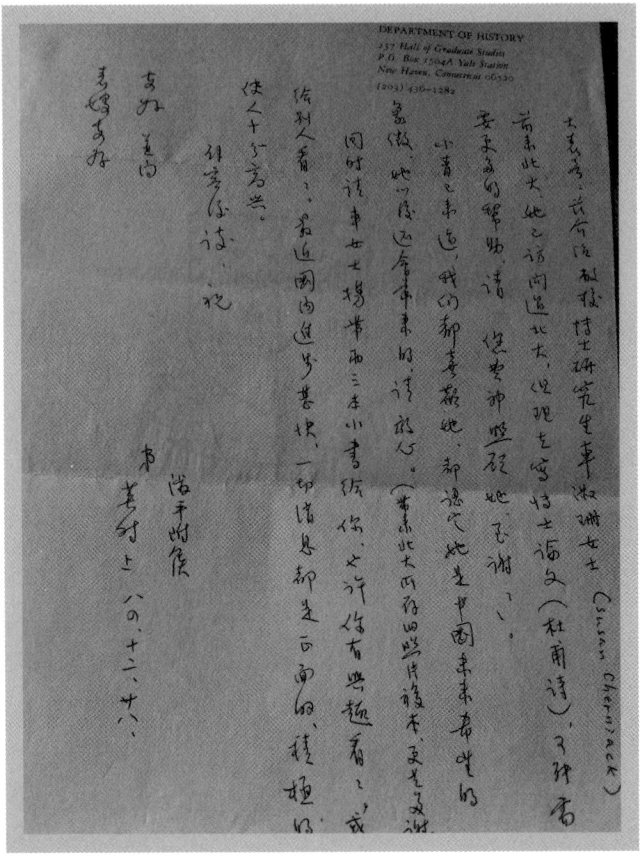

DEPARTMENT OF HISTORY
237 Hall of Graduate Studies
P.O. Box 1504A Yale Station
New Haven, Connecticut 06520
(203) 436-1282

余英時致項子明函。

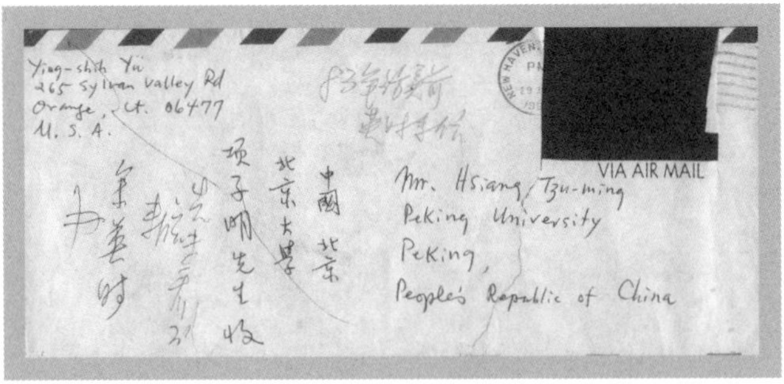

余英時致項子明信信封。

明當北大黨委書記，要重新找書記，後來北大才開了個範圍很小的會。會上何東昌代表教育部宣布丁石孫當校長，王學珍當書記，而項子明當了顧問。[41]

余英時八〇年代中期曾經寫信給項子明，寫信推薦一位他的博士車淑珊前往北大，因為車淑珊博士論文寫的是杜甫的詩歌，需要前往北大查閱相關資料，希望項子明給予照顧，余英時還託車淑珊帶了幾本書給項子明，信中還提到當時項子明的女兒汪青已經到達美國，余英時夫婦非常喜歡她，余英時信中還提到大陸最近有不少好消息，很讓人振奮。[42] 後來車淑珊曾經在山東大學進修，導師是著名的杜甫研究專家蕭滌非。

項子明在一九八五年查出患上了鼻咽癌，一九八九年又查出患上了結腸癌並且轉移到了肝部，當時中國經歷了一場空前的風雲變幻，余英時先生在這場大變局中挺身而出，而項子明雖然在病重，卻依然關心著這場關係到國家前途的風波，風波平息之後，項子明的生命也走到了盡頭，在臨去世之前他不願意多增加別人的焦慮，總是對別人說：「我身體很好，沒有問題。」據項子明的愛人顏純說，項子明沒有留下多少的遺言。[43]

41 丁石孫口述，袁向東、郭金海整理：〈我在北大當校長〉，《炎黃春秋》，二〇一三年第十期。
42 余英時致項子明，一九八六年。
43 陸欽儀、王學珍、白祖誠主編：《項子明紀念文集》，第五〇一—五二一頁，北京大學出版社，二〇一〇年五月版。

第二章

余英時的父親余協中

學界生涯

余英時的父親余協中，也是一位大有故事的人，余協中生於一八九九年，三歲的時候喪父，由母親吳氏撫養成人，十七歲就讀於南京金陵大學附中，一九二一年考入燕京大學歷史系，畢業論文是《劉知幾之史評》。一九二六年入美國卡拉格大學（Colgate College）就讀，一年後取得碩士學位，繼而進入哈佛大學攻讀博士，但是沒有讀完博士課程便返回北平，任國立師範大學歷史系教授兼主任。一九二九年春天余協中和張韻清結婚。[1]

余協中在燕京大學讀書時，導師是著名的歷史學家陳垣，余英時說：「他（陳垣）的書我幾乎沒有不細看的，主要原因是我父親是陳垣在燕京大學的學生。我父親跟陳垣先生念書，最後學士論文寫得是《劉知幾之史學》，就是洪業先生後來專門研究的《史通》，他想把它翻譯成英文的，所以陳先生等於我的『太老師』，我等於他所謂『小門生』了。後來我見到陳垣的孫子，就覺得很親切。他在美國時，我們有一些來往，他也到我家來過。」[2]

余協中的處女作是一九二三年發表在《晨報副刊》上的〈幾句關於女子參藝的話〉，余協中針對的是當時報紙上關於女性是否應該參加藝術活動的問題，認為女性應該參與藝術活動，同時余協中認為討論問題應該具有點取善去惡的道理，不能吹毛求疵，專找別人的錯誤，那就未免失去批評和討論的意義。文章最後注有余協中的地址，西城半壁街，應該是余協中當時的住處。[3] 當時也是項子明父親汪心濂的住址。

過了兩周，余協中又以「協中」的筆名發表了一篇名為〈我看了「純陽性的討論」的感觸〉，主要針對的是八月十九日蕭度致孫伏園的信，蕭度在信中認為五四以來雖然女子的地位有所提高，但是女性的很多議論是淺薄的，余協中認為這與時代有關，許多女學生在讀書時還知道「解放」、「自覺」等等觀念，但是最後都不知不覺的陷入到了「賢妻良母」的泥淖中，在結尾余協中希望所有的女性都能夠參與到社會的種種活動中去。[4]

沒過多久，一位名為松雪女士的作者在《晨報副刊》上發表了〈讀〈純陽性的討論〉答協中君子〉的整版文章，對余協中進行批評，認為余協中所言「女性做了太太之後大半被賢妻良母主義征服」，等於直接坦白男性妨礙了女性的獨立與發展，同時作者認為新文化運動乃至文學革命，甚至是晚清的政治革命，都不乏女性的身影。[5] 從全文來看，松雪女士不僅誤解了余協中文章的原意，而且火氣極大，很明顯缺乏討論問題的心平氣和。而這位松雪女士，就是大名鼎鼎的張競生的夫人褚問鵑。[6]

---

1 皖城子：〈晚年定居美國的學者余協中〉，《江淮文史》，一九九七年第六期。
2 邵東方編、余英時著：《史學研究經驗談》，第四三—四四頁，上海文藝出版社，二〇一〇年十二月版。
3 《晨報副刊》，一九二三年，八月七日。
4 《晨報副刊》，一九二三年，八月廿九日。
5 《晨報副刊》，一九二三年九月六日。
6 此處承蒙蔡登山先生提示，謹此致謝。

在此之後，余協中很長時間沒有在《晨報副刊》上發表文章，直到一九二六年，余協中發表了〈新式婚姻制度下的危險性〉一文，這篇文章當時隨處可見，影響也很大，引起了徐志摩的注意，當時徐志摩是《晨報副刊》的主編，將這篇文章在《晨報副刊》上轉載，徐志摩還不忘調侃余協中，在按語中徐志摩說：「出娘胎來做人本來就是危險性的事業……就比是絕海裡行舟，海是反正有波浪的，就看你把的穩還是把不穩，我們該注重的，按我說，不是跟海去商量要它減小它波浪的危險，我們該研究的是怎樣才能練成功我們航海的本領。」[7]

余協中在北平期間，還曾經搞過文物收藏，並且和當時琉璃廠的「八仙」關係密切，當時琉璃廠所謂「八仙」，指的是八家古董老闆，分別是玉池山房的馬濟川、墨緣閣的馬保山、墨古齋的穆忱、博聞的郝寶初、文貞齋的馮湛如，崇古齋的李倬卿、麗生書店的魏麗生和論文齋的靳伯聲，這「八仙」中，最為活躍的是馬濟川和他的徒弟張盍忱二人。[8]當時不僅僅是余協中從「八仙」處買賣文物，張大千攜往國外的五代、宋、元瑰寶，王季遷、王文伯的宋、元劇跡，周遊諸人的若干珍藏，大都與「八公司」的活動分不開，國內的一些鑒藏家如張伯駒諸人購到的歷代法書名畫，尤其是與「八仙」有直接關係。[9]

一九二七年夏天，當時余協中轉任南開大學歷史系主任，教授西洋通史，並且出版了同題的著作，由世界書局印行，一九三三年出版，一共有三冊，余協中在此書的序言中說：「數年來歷在各大學教授歷史課程，講稿屢經修改，迄無暇整理付梓。今夏世界主人迭函約為該局撰《歐洲外交史》，旋復為應目前的急需，囑先編《西洋通史》，情意懇致，不得已勉為擔任。」[10]

余協中在該書的導言〈歷史的研究〉中，除了分析世界歷史上各朝各代的變遷之外，還頗有興致的談到了辛亥革命：「歷史包括範圍太廣，其變遷也是逐漸的，單是政治，或宗教或經濟的重要事端，絕不能忽然改變整個的歷史，譬如一九一一年清代滅亡了，一九一二年便屬民國史的範圍，試問一九一一年的革命，除了把政府制度改變以外，其他經濟、社會、與宗教等等又有何種區別？」[11]

余英時的學生王汎森後來在一次演講中，曾經談到余英時的父親余協中，余協中在哈佛讀書時候的導師是亞瑟・施萊辛（Arthur M・Schlessinger），王自己曾經在服役的時候，偶然在在士官學校圖書館看到過《西洋通史》，王對於此書的作者居然是余英時的父親大感震驚，因為這書不僅寫的不錯，而且給學生上課還頗有參考價值。[12] 余英時後來去哈佛讀書，余協中還特意叮囑余英時前去拜會亞瑟・施萊辛。

余協中在南開大學教書期間，余英時出生，張韻清因為難產而去世，余協中睹物傷情，遂離開天津，到安徽大學授課。[13] 當時余協中在安徽大學的同事有呂思勉、周建人等人，呂思勉原來在光華大學任教，但是因為光華大學欠薪極為嚴重，呂思勉萌生離開之意，和余協中一樣，呂思勉因為安徽

7《晨報副刊》，一九二六年一月廿五日。
8 劉金庫：《國寶流失錄》，第二五三頁，遼海出版社，一九九九年版。
9 劉金庫：《國寶流失錄》，第二五四頁，遼海出版社，一九九九年版。
10 余協中著：《世界通史》，上冊，世界書局，一九三三年版。
11 余協中著：《世界通史》，上冊，世界書局，一九三三年版。
12 王汎森：〈史家與時代：余英時先生的學術研究〉，《書城》，二〇一一年第三期。
13 皖城子：〈晚年定居美國的學者余協中〉，《江淮文史》，一九九七年第六期。

大學校長程演生的邀請來安徽大學，離開光華大學的名義是請假，當時呂思勉還請陳守實到光華大學代課。[14]而後余協中還曾經在復旦大學教過書，最後在東北辦了一所大學叫做中正大學。[15]王汎森提及，台灣中正大學要復校的時候，曾經請余英時擔任復校之後的第一任校長，當時《中國時報》的董事長告訴王汎森，希望由他致電余先生，請他回來繼承父親的事業。[16]

余協中在南開期間，發表的文章較少，只有一九二九年發表在《社會學界》的〈北平的公共衛生〉一文，這篇文章篇幅較長，是一篇非常詳細的調查報告，還附有圖表，全文分為七個部分，第一部分為「北平衛生泛論」，第二部分為「公共衛生的略曆」，第三部分為「北平過去現在衛生的行政」，第四部分為「北平衛生工作的困難」，第五部分為「北平過去衛生的工作及預防政策的重要」，第六部分為「由統計表研究北平公共衛生應注意之點」，第七部分為「現在衛生局對於北平衛生的計畫」。[17]《社會學界》是當時燕京大學社會學系的刊物，余協中發表的卷數是第三卷，同期發表的還有著名社會學家吳景超和歷史學家瞿兌之的文章。

投身政界

余協中生命中至關重要的轉折，是一九三〇年出任東北外交委員會常委兼研究部主任，張學良任該會會長，數月後又前往南京就任國防設計委員會外交組委員，當時蔣介石是該會的委員長，兩年後余協中返回北平任原職。抗戰爆發前夕，余協中南下開封，任河南大學歷史系主任，一九三九年赴重慶任國立編譯館編譯，後往昆明任經濟研究所研究員。[18] 余協中在此時結識了于右任，以書法名世的于右任曾經手書贈余協中，其中有「開門常遇竹馬鄰」，可見兩人私交頗密。[19]

余協中在自述中曾經言及，當時國防設計委員會外交組委員還有李維果、高宗武等人，當時蔣介石的剿共正處於關鍵時期，蔣介石親自在南昌指揮，余協中所在委員會改為偏重國防資源研究，外交組轉併入外交部，於是余協中才返回北平出任原職，當時是民國二十五年。[20] 余協中感覺日本侵華形勢日漸緊張，在「七七事變」之後將余英時送回潛山老家寄養。[21]

余協中在河南大學時，學校受當時新生活運動的影響，成立學生生活指導委員會，組織婦女問題討論會，當時請余協中指導進行，可知當時余協中在《晨報副刊》上發表的文章引起了人們的注意。[22] 當時河南大學時事研究會還請余協中就中日關係發表了題為〈從國際立場觀察最近中日關

14 張耕華：《呂思勉：史學大師》，第八六—八七頁，上海教育出版社，二〇〇〇年版。
15 陳致：《余英時訪談錄》，第一二六頁，中華書局，二〇一二年三月第一版。
16 王汎森：〈史家與時代：余英時先生的學術研究〉，《書城》，二〇一一年第三期。
17 《社會學界》，一九二九年第三期。
18 皖城子：〈晚年定居美國的學者余協中〉，《江淮文史》，一九九七年第六期。
19 余覺民先生訪問記錄，二〇一二年八月廿六日。
20 余協中自述，稿本。本文乃是余協中應潛山縣旅台同鄉會所邀撰寫。
21 陳致：《余英時訪談錄》，第一—二頁，中華書局，二〇一二年三月第一版。
22 《河南大學校刊》，一九三五年第九十一期。

係〉的演講。[23]

據《申報》一九三五年所刊登的〈省立河南大學現況〉報導，當時余協中是文史學系的主任，當時的校長是劉季法、文學院長是著名的歷史學家蕭一山，法學院長王希和、英文學系主任是饒孟侃。[24]蕭一山后來和余協中過從甚密，據陳夏紅在《法政往事》中寫到，一九三〇年代的余協中曾經和楊兆龍、蕭一山、祝世康等人，在南京成立經世學社，創辦了《經世》月刊。楊兆龍在經世學社時間不長，但短期內做了大量工作，除了擔任過一段時間《經世》主編之外，還寫了不少時政評論，余協中也對此月刊貢獻甚大。[25]據查余協中在民國時期一共發表過約五十篇文章，其中在《經世》上發表的文章就有二十一篇，其中有〈戰鬥精神與最後勝利〉、〈幾點關於遊擊戰與民眾組織的意見〉等文章。

從余協中三〇年代發表的文章可以很明顯看出他從學者轉而從政的變化，三〇年代早期余協中主要在《外交月報》上發表文章，其中有〈兩大戰爭中法國的外交與我們應有的教訓〉、〈美國遠東政策的過去與將來〉等文章，同時還翻譯有〈經濟制裁與外交〉一文，從這段時間可以看出余協中對於中外政局的高度關注，也可以看出當時余協中身分的變化。

抗戰爆發後，當時河南大學也隨著局勢發生變化，轉而前往他地，余協中一開始在重慶，後來在戴季陶的幫助下前往昆明，但是余協中非常不適應昆明的生活，加上胃病常常發作，後來接到家書得知母親故去，因此返回潛山，抵達重慶時得知歸鄉之路已斷，於是留在重慶，後來與尤亞賢在重慶結婚。當時雖然兩人都有工作，但還是要靠賣文補貼家用，余協中認為此為一生寫文章最勤的時候。[26]

隨著抗日局勢的日漸緊張，日本準備完全切斷中國的國際路線，同時進攻緬甸，於是政府派遣遠征軍入緬甸，余協中隨軍擔任外交聯絡員，駐眉苗與英駐緬甸都督保持聯繫，但是英國駐紮緬甸的軍隊毫無戰鬥力，迫使中國遠征軍向南撤退，許多軍隊無法撤退而轉向前往印度，死傷不計其數，余協中僥倖不死返回國內。[27]

緬甸淪陷，印度危急，中印之間百年關係瀕臨斷絕，余協中返回國內之後，任職於軍委會國際問題研究所，繼而被任命以休假教授的名義赴印度講學，增加兩國人民之間的諒解，當時余協中的次子余英華剛出生，營養不足，國內收入遠不足用，所以余協中答應前往印度，此時已經是一九四一年秋。[28]

余協中就職於河南大學時的照片。

余協中旅居印度八月，足跡遍及加爾各答、新德里、孟買等地，除了在當時各大學演講之外，還對當時印度各黨進行研究，當時甘地和尼赫魯都在獄中，無法與余協中見面，但是尼赫魯在獄中致

23《河南大學校刊》，一九三五年第九十六期。
24《申報》，一九三五年十一月十四日。
25 參見陳夏紅著：《政法往事》，北京大學出版社，二〇一一年一月版。
26 余協中自述，稿本。
27 余協中自述，稿本。
28 余協中自述，稿本。

函，請其妹哈青遜夫人與余協中接洽，當時余協中住在孟買，哈青遜夫人經常來訪，同時甘地的長子和次子也和余協中有過多次接洽，余協中認為甘地長子似乎不大成器，次子辦報，似乎較有思想。余協中在印度還會見了回教的領袖真納，余協中受真納邀請會面，本不想見，後來雙方約定談三十分鐘，不想談了四個小時，期間讓余協中印象深刻的是雙方談論如何防衛東巴基斯坦問題，後來東巴基斯坦的獨立，證明了余協中的預見性。[29]

余協中回國之後，根據研究調查所得，撰寫出報告呈交軍委會，余協中認為根據當時的情形，印度獨立是必然的結果，甘地為宗教領袖，尼赫魯是政治領袖，將來掌握政權的必然是尼赫魯，中印關係和諧大過衝突。余協中本來想回國重執教鞭，但是軍委會力保其出任遠征軍政治部中將主任，余協中認為自己一介書生，不能擔任此大任，但是另外一方面，余協中也有不赴任的考慮，當時余協中就戰後和平問題在《大公報》上發表了一篇社論，得到了考試院院長戴季陶的賞識，戴季陶命令祕書邀請余協中擔任考試院參事，余協中欣然答應，在考試院工作期間，余協中加緊讀書，同時在南溫泉國民黨中央政治學校擔任教職，一九四四年，軍委會將全國分為四區，每區聘請一人擔任演講，余協中被調任兩廣、湘、鄂、贛等地。[30]

余協中之所以獲得戴季陶的賞識，與當時余協中對於戰後世界局勢的判斷有關，一九四二年《讀書通訊》雜誌將余協中在《大公報》上撰寫的社論轉載，置於問題筆談欄目第一篇，同時也刊發了林同濟〈戰後世界的討論〉和胡適的〈論戰後新世界之建設〉等文章，可想而知當時余協中這篇文章的影響。余協中認為，戰後應該成立和平組織，嚴懲戰爭罪犯，同時防止戰爭再次發生。應該說余協中當時非常具有遠見。[31]

余協中在福建時，日軍大舉進攻，余協中欲返回重慶未果，幸虧胡宗南部和美國飛虎隊的到來，才阻斷了日軍的進攻，隨後美國向日本投放原子彈，戰爭結束，當時余協中的朋友杜聿明被任命為東北保安九省司令長官，請余協中一併前往，擔任長官部祕書長一職，余協中無奈向考試院告假一個月，抵達南京後才知道自己已經被任命，考試院職務自動取消，余協中感到非常無奈。余協中前往瀋陽之時，當時蘇軍還未撤退，共軍還在沿途，所以行程緩慢。[32]

余協中初到瀋陽，被任命為東北中正大學文學院院長，沈啟無自述中曾言及：「這年冬天，燕大同學李蔭棠和余協中來找我，余協中比李蔭棠高兩班，他們都是歷史系同學。我以前不認識余協中，他來約我到東北去教書，說要在瀋陽辦中正大學。」[33]中正大學成立時，校長張忠紱並未到校，余協中隨後被任命為校長，當時和余協中同事的還有中文系主任高亨，但是高亨在中正大學只是兼職，本職工作是東北大學文學院院長。[34]

當時的中正大學校董會都是由東北政界頭面人物組成，東北行轅主任熊式輝擔任名譽董事長，杜聿明擔任董事長。董事包括了東北九省主席，即遼北主席劉翰東，安東主席高惜冰，吉林主席鄭道

29 余協中自述，稿本。
30 余協中自述，稿本。
31 《讀書通訊》，一九四〇年第一期。
32 余協中自述，稿本。
33 參見黃開發整理：〈沈啟無自述〉，《新文學史料》，二〇〇六年第一期。
34 《高亨著作集林》，第十卷，第四〇一頁，清華大學出版社，二〇〇五年一月版。

儒，遼寧主席徐箴，松江主席關吉玉，合江主席吳翰濤，黑龍江主席韓俊傑，嫩江主席彭濟群，興安主席吳煥章，以及瀋陽市長董文琦和東北知名人士臧啟芳（東北大學校長）、王家楨、馬毅等人，校董會雖然囊括了當時東北軍政大員，但是創建一所私立大學，仍需國民黨政府教育部批准。在校董會商討這所私立大學的名稱時，杜聿明主張定名為「中正大學」。一則為取悅於蔣中正，二則便於立案，爾後以中正大學之名義報呈教育部。果然教育部一反辦事效率極低的常態，很快就批准了這所東北中正大學。[35]

杜聿明為了辦好這所大學，不惜重金聘請名教授來瀋，一時人才雲集，較之國立東北大學，亦有過之而無不及，中正大學校長為張忠紱，是著名的國際問題專家，原係北京大學政治系主任，全校劃分為四個學院，文學院院長是余英時的父親余協中；工學院院長是留美的王華棠；法學院院長是留美著名的國際法專家學者王鐵崖；農學院長是林業專家賈成章，原中央大學教授王書林擔任訓導長。[36]

當時余協中當時很不幸的捲入了陳誠和杜聿明的鬥爭之中，陳誠在一九四七年四月間派了一些特務在東北大肆宣傳杜聿明、熊式輝等人貪汙腐化，並從各方面搜集證據，企圖借此將杜聿明、熊式輝趕出東北，面他自已到東北去主持作戰，打幾個勝仗。以挽回在蔣介石面前失掉的信任。熊、杜為防止陳誠的攻擊，就先發制人，大加整頓，平息輿論指責，讓陳誠找不到攻擊的藉口，余協中在抗戰勝利後負責接收的紙廠因此被沒收。[37]

當時余協中在東北，還保持了其在北平時期收藏古董的愛好，余協中收藏過的古董字畫較多，宋元以下的東西都曾經手，比如元代周朗的〈杜秋娘圖〉、任仁發的〈三駿圖〉等，再如明清時期沈周的〈春岫喬林圖〉、曹夔音摹〈瀟湘秋意圖〉、嚴宏慈〈天地水三官圖〉等著名作品。[38]

但不久之後，瀋陽就被中共軍隊攻下，攻城前余協中還曾經前往上海與陳納德商議租借飛機，將學生接到北京，當時中共部隊駐紮在石家莊，學校無法繼續辦下去，只好請教育部接辦。余協中自此離開瀋陽，攜家眷前往上海，旋即赴香港。[39]此時已經是一九四九，天地玄黃。

一九四九以後

余協中的長子余英時和三子余英華，當時隨父親遷居香港，前者入讀新亞書院，後者進入華仁書院。余協中的二子余振時乃余協中與第二任妻子胡芷青所生（還生有一個女兒余素安，現在瀋陽），一九四五年余協中和夫人胡芷青在安慶協議離婚，因此余振時一九四九年之後隨養母張韻華留在中國大陸。一九五五年余英時前往哈佛大學，次年余協中進入南洋大學任教，一九五六年余協中攜全家赴美，定居波士頓。[40]五〇年代余英時主持《中國學生周報》時，該報發表過余英華的一首名為〈秋

35 參見全國政協文史資料委員會編：《文史資料選輯》，第一五〇輯，中國文史出版，二〇〇二年十二月版。
36 參見全國政協文史資料委員會編：《文史資料選輯》，第一五〇輯，中國文史出版，二〇〇二年十二月版。
37《文史資料選輯》合訂本，第六冊，第六頁，中國文史出版社，一九八六年十二月版。
38 楊仁愷：《國寶浮沉錄》，第二二九—二三二頁，上海人民美術出版社，一九九一年八月版。
39 余協中自述，稿本。
40 余協中自述，稿本。

陽〉的小詩，從這篇文章的署名可以看出，當時余英華就讀的是嶺英小學。[41]當時余英時還曾經主持高原出版社，高原出版社曾經出版過《海瀾》雜誌，在《海瀾》雜誌創刊號上，還有余協中的長文〈論和平〉發表。[42]

余協中四〇年代和尤亞賢結婚，三子余英華乃是尤亞賢所生，和余英時一樣，卓有成就，一九六八年獲得密西根大學哲學博士，精通邏輯學，畢業後即在密西根執教，余英時一九六一年從哈佛畢業時，也曾經在密西根大學執教，余協中晚年最值得欣慰的事情便是二子均有所成就。妻子尤亞賢也曾經在哈佛大學任職，後來在密西根大學解剖系擔任研究員，曾經與伯克（Barker）教授合作撰寫多篇有關癌症的論文。[43]

余協中僑居波士頓劍橋時，還曾經和胡適有過交往，一九五八年一月十六日胡適在日記中寫道：「潛山余協中來訪，他是用Refugee Act（難民法案）來美國居留的，現居Cambrige（劍橋），說起兒子余英時，說Harverd（哈佛）的朋友都說他了不得的聰明，說他的前途無可限量。」胡適當時還對余協中說：「我常常為我的青年朋友講那個烏龜和兔子賽跑的寓言，我常說：凡在歷史上有學術

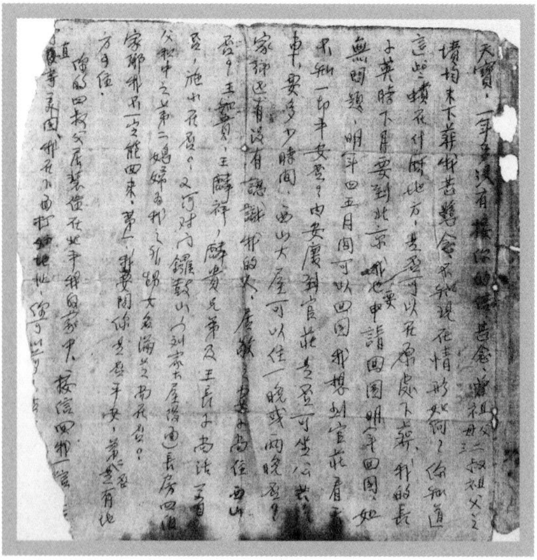

余協中七〇年代末致大陸姪子余天寶的信。

上大貢獻的人，都是有兔子的天才，加上烏龜的功力。如朱子，如顧亭林，如戴東原，如錢大昕，皆是這樣的，單靠天才，是不夠的。」[44]

但是胡適當時沒有想到，後來他的年譜長編乃至日記的出版，都是余英時寫的序言，胡適更沒有想到的是，余英時成為了繼他之後二十世紀下半葉中國最有影響力的知識人。

余協中自述來美時年事已高，所以索性不再工作，安心讀書，專心學問，余協中認為美國是難民的天堂，美國社會基礎穩固，能夠充分保障個人的自由，讓每個人安居樂業，而且美國以前雖然有種族歧視，但是現在越來越少，現在黃種人和白種人沒有差別，余協中說自己剛來美國時一無所有，但是現在生活的很舒適，來美國的中國人也越來越多，美國沒有特務跟蹤或者祕密員警的盤問，但是「唯共產嫌疑者除外」。[45]

當然余協中晚年也有很多的遺憾，最大的遺憾便是不能回國，他在一九七八年曾經致信給在國內的姪子余天寶，詢問當時的國內情況，當時余英時即將率團訪問中國，余協中也申請回國，他在信中提到國內很多長輩均已過世，非常悲傷，同時余協中詢問天寶那些長輩的墳墓安葬在何處，同時詢問

41《中國學生周報》，一九五二年九月五日。
42《海瀾》，創刊號，一九五五年十一月一日。
43 余協中自述，稿本。
44《胡適日記全集》，第九冊，第三三二—三三三頁，聯經出版社，二〇〇五年四月版。
45 余協中自述，稿本。

天寶從安慶到官莊是否需要乘坐公共汽車，需要多少時間等詳細問題，同時還問起官莊和其同輩的一些朋友是否還在世。[46] 但是這封信因為其中問及家鄉是否能吃飽的問題，被當時的生產隊劉書記扣下，沒有及時送到余天寶手裡。

余協中最後估計是因為余英時在一九七八年回國的一些不愉快經歷，最後也沒有落葉歸根，他在一九八三年去世，享年八十五歲，他在去世前所寫的自述中說：「有一事不能釋然於懷者，即有家歸不得，因之而來之痛苦，終無法擺脫。」[47]

---

46 余協中致余天寶，一九七八年。
47 余協中自述，稿本。

第三章

少年余英時

童年歲月

余英時在〈我走過的路〉一文中回憶：「我求學所走過的路是很曲折的。現在讓我從童年的記憶開始，一直講到讀完研究院為止，即從一九三七年到一九六二年。這是我的學生時代的全部過程，大致可以分成三個階段：一九三七－一九四五年，鄉村的生活；一九四六－一九五五年，大變動中的流浪；一九五五－一九六二年，美國學院中的進修。」[1]

余英時同時講到，他一九三〇年在天津出生，從出生到一九三七年的冬天，他曾經住過北平、南京、開封、安慶等城市，但是時間都很短，記憶也很零碎。抗日戰爭爆發的時候，余英時的生活忽然發生了很大的變化，這一年的初冬，余協中因為四處奔波，於是將余英時送回到了祖先居住的故鄉——安徽潛山縣的官莊鄉寄養，這是余英時童年記憶的開始。[2]

余英時回憶，潛山縣官莊鄉是一個離安慶不遠的鄉村，那時安慶和官莊之間還沒有公路，步行要三天，官莊在群山環抱之中，既貧窮又閉塞，沒有任何現代的設備，如電燈、自來水、汽車，人們過的仍然是原始的農村生活，在短短的三天之內，余英時從一個都市的孩子變成了一個鄉下的孩子，也就從這時開始，他的記憶變得完整和清楚。[3] 王汎森有一次提及，余英時當時在舒城縣曉天鎮讀的小學，後來在桐城讀了一年中學，王汎森認為余英時深受桐城文章的影響——尤其在文章的組織上。[4]

余英時在接受記者採訪時也曾言：「我的故鄉安徽潛山官莊，那是我七至十六歲青少年時代生活過的地方。那裡是窮鄉僻壤，小時候從安慶出發坐人抬的轎子要三四天才能到那裡，沒有電燈，也沒有自來水，是一個完全傳統的中國農村。那時我們鄉下基本上就是一個自治社會，農民是永佃，如果收成不好交的租少，地主也拿他沒辦法，永遠也不能趕他走。鄉里的人互相都是親戚、朋友，沾親帶故的，靠家族族規維繫，沒有現在這樣的員警、武力。由於人情關係，大家互不欺騙，互不欺負，很和諧、有人情味。我對中國傳統社會的瞭解全靠那幾年，比起許多在城市裡長大的同代學者，這是我的優勢。」[5]

余英時曾回憶，當時他之所以回到父親的原籍安徽潛山，主要就是因為抗戰的爆發，余英時在天津出生後，他記得隨父親先後住過南京和開封，當時余協中在資源委員會擔任過專門委員之職，研究美國史與國際關係，這是在南京的時期，抗戰前幾年，余協中的好友蕭一山在開封河南大學擔任文學院院長，邀請他做文史系主任，當時范文瀾也在系中，他們認識，不過不算有深交，所以余英時的記憶中有不少關於開封和河南大學的片斷。抗戰開始，余英時記得一家人乘鐵皮火車從開封到南京，再坐輪船到安慶，在安慶住到年尾，隨後便回到潛山官莊，父親決定把家人送回鄉下，他自己隨政府遷去

1 陳致：《余英時訪談錄》，第一頁，中華書局，二〇一二年三月第一版。
2 陳致：《余英時訪談錄》，第二頁，中華書局，二〇一二年三月第一版。
3 陳致：《余英時訪談錄》，第二頁，中華書局，二〇一二年三月第一版。
4 王汎森：〈史家與時代：余英時先生的學術研究〉，《書城》，二〇一一年第三期。
5 〈余英時：今古逍遙知識人〉，《東方早報》，二〇一二年十二月廿日。

幼年余英時（後排中）。

重慶，余英時在潛山是和伯父余立中、伯母張韻華一起生活的。[6]

余英時認為，鄉居的記憶從第一天起便是愉快的。首先他回到了大自然的懷抱。他的住屋前面有一道清溪，屋後和左右都是山岡，他從七八歲到十三四歲時，曾在河邊和山上度過無數的下午和黃昏和天地萬物打成了一片。這可以說是余英時童年所受的自然教育。余英時同時認為，鄉居八九年的另一種教育可以稱之為社會教育，在鄉村中，人與人之間、家與家之間都是互相聯繫的，地緣和血緣把一鄉之人都織成了一個大網。幾百年、甚至千年聚居在一村的人群，如果不是同族，也都是親戚，這種關係超越了所謂階級的意識。[7]

官莊的生活，使得余英時對於中國傳統的宗法社會，有著清晰的認識，官莊有余和劉兩個大姓，但兩姓都沒有大地主，佃農如果不是本家，便是親戚，鄉間的秩序基本上靠自治，很少與政府發生關係。每一族都有族長、長老，他們負責維持本族的族規，偶爾有子弟犯了族規，如賭博、偷竊之類，族長和長老們便在宗祠中聚會，商議懲罰的辦法，最嚴重的犯規可以打板子。但這樣的情形也不多見，余英時只記得余姓宗祠中舉行過一次聚會，處罰了一個屢次犯規的青年子弟，由於余英時的故鄉和現代世界是隔絕的，因此他的鄉居生活使他相當徹底地生活在中國傳統文化之中，而由生活體驗中

---

6 余英時：《余英時回憶錄》，第一五頁，允晨出版社，二〇一八年版，另外有關張韻華的情況，筆者是從余英時在北京居住在北兵馬司胡同的鄰居瞭解到的，余英時的伯母一九四九年後長居北京，直到去世。

7 陳致：《余英時訪談錄》，第二一三頁，中華書局，二〇一二年三月第一版。

得來的直覺瞭解對余英時以後研究中國歷史與思想有很大的幫助。[8]

余英時童年時刻曾經目睹國民黨廣西部一七六師下屬某營駐紮官莊，軍紀鬆弛，強占民房，下鄉擾民，因此十分氣憤，當時年僅十三歲的余英時曾經寫下狀詞，揭露杜營長的累累罪行，其中有云：「生民塗炭，民不聊生，置民眾於水火，不盡抗戰衛國之責。」一時在鄉間引起人們的共鳴，此狀詞放在書桌，正值這位杜營長前來拜訪余協中的母親，當時余協中擔任國民黨中央政治部主任，杜營長的手下看到這份狀詞，大為不滿，陪同來訪的余英時大伯余執中和余英時的堂叔余誼律解釋是余協中長子所寫，杜大感驚訝，提出要見余英時，但是余的祖母為防意外，沒有答應。[9]

這個故事還有另外一個版本，細節和上述有所差異，李懷宇根據採訪余英時所得的材料顯示，當時余英時去了一趟潛山臨近的舒城縣，有好幾天不在家，恰好杜營長的一個勤務兵到余家，被引進余英時的書房，無意中發現狀子，大驚之下便把狀子送給杜營長，據說杜營長讀後不但憤怒而且驚恐萬分，懷疑狀子不是一個小孩子寫的，而是官莊鄉紳合謀控告他要致他於死地，杜營長抓不到余英時，便召集鄉中有地位有頭面的人當面追究，這些鄉紳本不知情，自然矢口否認，都說不過是一個淘氣孩子的遊戲之作，當晚鄉紳準備了豐盛的酒席為杜營長解憂，杜大醉後失聲痛哭，說這狀子如是官莊鄉人的陰謀，反正他活不成，一定要大開殺戒，把余英時等相關的人全部槍斃，事隔一二日後，余英時夜裡從舒城回到官莊，經過鄉間唯一的一條街時，街上熟人見到他好像見到鬼一樣，臉上帶著一種恐懼的表情，其中有一二老者催余英時趕快回家，不要在街上亂跑，余英時當時完全不知道發生了什麼事，跑回家中才明白自己闖下大禍，使全家都吃驚受累，家人怕杜營長聞風來抓人，把余英時連夜送到一位行醫的老族兄余平革家，躲一躲眼前的風險，余平革平時很嚴肅，不苟言笑，當晚接待余英時，開口便說：「我因為你年紀小，一直把你當孩子。但你做了這件事，你已成人了。從此以後，我要另眼相待了。」[10]

余英時回憶：「這一事件在我個人生命史上構成了一個重大的轉捩點。一夜之間我忽然失去了天真的童年，而進入了成人的世界。這一轉變並非來自我自己，而是我周邊的人強加於我的。這一突如其來的變化結束了我的童年，逼得我一言一行都不敢不慎重，以免被人譏評。我可以說是被這件意外之事逼得走上了『少年老成』的路，在我的成長過程中，是不自然的。」[11]

李懷宇在〈余英時：知人論世〉中指出，這一「告狀」事件還有一個尾聲，後來杜營長接受鄉人的解釋，也認為是一個頑皮孩子的戲筆。不過他還要派一個受過較多教育的政治指導員來談一次，這位指導員經族人安排，在一個晚上和余英時吃酒用餐，談話中順便考考余英時的詩文知識，最後他相信「狀子」是出於余英時之手，而余英時並無真去控告杜營長的意圖。臨走時指導員緊緊和余英時握手，表示願意成為忘年交之意。[12]

---

8 陳致：《余英時訪談錄》，第三—四頁，中華書局，二〇一二年三月第一版。
9 參見余德成《一顆愛國惜民赤子之心》，稿本。另余覺民先生告知，余誼律即其父親，已於一九六二年去世。
10 李懷宇：〈余英時：知人論世〉，《思想》，第二十輯，聯經出版社，二〇一二年版。另完整版參見李懷宇：《家國萬里》，中華書局，二〇一三年六月版，下同。
11 李懷宇：〈余英時：知人論世〉，《思想》，第二十輯，聯經出版社，二〇一二年版。
12 李懷宇：〈余英時：知人論世〉，《思想》，第二十輯，聯經出版社，二〇一二年版。

時代變遷

余英時出生那年，正值潛山縣災害嚴重，稻米減產，共產黨員王效亭決定組織暴動，一九三〇年農曆正月初四，各地農民偽裝成拜年客聚集在請水寨，準備參加暴動，正月初六暴動正式開始，原先處於祕密狀態的赤衛隊被組編為工農紅軍潛山獨立師。五月中旬，中共在上海召開「全國蘇維埃區域代表大會」，會後軍事特派員朱瑞由安慶進入潛山，肯定了當時的紅軍戰績，同時由於戰術不慎，紅軍遭到重挫，最終導致請水寨暴動失敗。[13]

除卻請水寨暴動，潛山當地還爆發了五廟八門起義、梅寨暴動等運動，這些暴動相繼失敗，但是在此期間，潛山縣革命委員會誕生，地方游擊隊也逐漸組建，但是隨著全國蘇維埃運動的轉入低潮，潛山地方紅軍勢力也逐漸式微，僅有紅二十八軍繼續在鄂豫皖邊去持續打了三年的游擊戰爭。[14] 潛山本地只有紅三十四師，但是始終是一隻獨立的地方部隊，且不像和他們曾經協作過的紅三十二、三十三軍那樣，被編入紅軍第一方面軍，徐向前本人接受訪談時便坦言從未聽說過這麼一支紅軍存在。[15]

抗戰爆發初期，潛山陸續建立了新四軍江北游擊縱隊第十八連和新四軍第四支隊直屬游擊大隊，曾經發動過橫山之戰、潛水阻擊戰、牌樓之戰等等，同時收復了潛山縣城，潛山也組建了中共縣委，開闢抗日遊擊根據地，直到新四軍第七師挺進團西進大別山，局面才有所好轉。[16] 抗戰之後，國共兩黨在潛山展開了最後的爭奪，所幸余英時此時已經到了瀋陽，因而躲過了戰禍，當時潛山的黨組織還比較弱小，抗戰中後期國民黨的兩次反共浪潮都曾經波及潛山，中共活動範圍僅限於潛山北部和桐西山區，加上抗戰後國民黨的清鄉運動，以及區鄉保甲制度的實行，中共潛山縣委活動日漸艱難。[17]

內戰爆發之後，國民黨潛山縣委與道會門成立反共聯盟，加緊剿滅共產黨，中共皖西工委在緊急情況下成立，後來中共皖西區委也加緊成立，一九四七年夏天，中原局隨劉鄧大軍挺進大別山，當地的局勢才發生改觀，中共潛山縣委由此成立，新四軍留守部隊在潛山和千山游擊隊相互配合，用以打擊國民黨。劉鄧大軍千里躍進大別山，進軍皖西，潛山縣的土地革命就此展開。[18]潛山縣的土地革命，和所有當時的土地革命一樣，如同暴風驟雨，橫掃一切地主鄉紳，共產黨一方面鬥地主，一方面

---

13 中共潛山縣委黨史研究室著：《中國共產黨潛山地方史（一九一九—一九四九）》，第五一—五九頁，安徽人民出版社，二〇一〇年四月版。

14 中共潛山縣委黨史研究室著：《中國共產黨潛山地方史（一九一九—一九四九）》，第六二—一〇六頁，安徽人民出版社，二〇一〇年四月版。

15 陳耀煌著：《共產黨、地方精英、農民：鄂豫皖蘇區的共產革命（一九二二—一九三二）》，第二二〇頁，國立政治大學歷史學系，二〇〇二年十二月版。

16 中共潛山縣委黨史研究室著：《中國共產黨潛山地方史（一九一九—一九四九）》，第一〇七—一六九頁，安徽人民出版社，二〇一〇年四月版。

17 中共潛山縣委黨史研究室著：《中國共產黨潛山地方史（一九一九—一九四九）》，第一七〇—一七二頁，安徽人民出版社，二〇一〇年四月版。

18 中共潛山縣委黨史研究室著：《中國共產黨潛山地方史（一九一九—一九四九）》，第一七〇—二三四頁，安徽人民出版社，二〇一〇年四月版。

進行所謂的反奸霸、分浮財，第三便是分土地，國民黨隨後對潛山展開清剿，當時國民黨潛山大水鄉鄉長余學伍，堅決不向共產黨投降，甚至躲入深山，余學伍被活捉後，共產黨剿匪指揮部召開了幾千人的群眾大會，將其槍決。[19]

當然一直讓余英時難以釋懷的，便是其家中許多長輩在土地革命期間被處決，比如他的表兄，曾經擔任潛山縣參事的余居敬，還有余居敬的兄弟余榮敬，被株連的還有革命烈士余大化的胞兄余平格。[20] 革命吞噬自己的兒女，信哉斯言。

輾轉求學

余英時一九三七年在安慶上小學，由於抗戰爆發，才到了官莊，一九三七年到一九四一年，為了不讓余英時失學，余英時的祖母讓余英時的大伯余執中請來劉會明設立私塾，余英時自此在私塾老師劉會明的指導下讀書，一直讀到了小學畢業。後來上潛山私立東南中學，校長是後來的國大代表張國喬，校址在水吼鎮栗樹堡王家祠堂，一九四〇年日本為了擺脫侵華戰爭的困境，偷襲珍珠港，此時水吼鎮由偽軍維持秩序，因此學校遷到王河鎮，但是駐紮安慶的日軍不時來潛山騷擾，按祖母的意見，一九四三年余英時由私立東南中學轉入安徽省立第七臨時中學，但當時局勢依舊不穩，學校也因此遷到了舒城縣。[21]

東南中學的創校校長張國喬頗值得一說，他是一九四六年國大的代表，在所有安徽代表團的成員中排名第一，這個代表團中有不少和余英時或者余英時的父親余協中有關的人物，比如北平市代表蕭一山、齊思和，余協中的好友、後來《中國時報》的創始人余紀忠，余英時後來的岳父陳雪屏，但是余協中沒有在其中。但是同一年的中央研究院選舉，余協中是候選人之一。[22]可見當時余協中已經開始刻意躲避政治，後來余協中選擇定居香港進而移民美國，沒有在台灣久居，其實在一九四六年就已經初現端倪。

余英時在東南中學讀書時還是初二，非常頑皮，經常不上課，與好友余一彬經常在曉天街陳氏飯店周圍玩耍，玩累了就在陳氏飯店吃飯，後來陳氏飯店老闆曾經去余家在官莊的西山大屋討要伙食費，余英時不僅如數奉還，而且熱情款待並留宿，老闆回去後盛讚余英時的為人。一九四四年，此時在重慶的父親余協中寫信給管家王麟善請他將余英時送到重慶，但是路途因為日軍的阻隔，無法到達，當時余英時因為堂兄余居敬在潛山縣任參事，因此又回到王河的東南中學讀書，一九四五年才隨其父至北平。[23]

余英時回憶，當時所在的官莊根本沒有現代式的學校，他的現代教育因此中斷，在最初五、六年

---

19 中共潛山縣委黨史研究室著：《中國共產黨潛山地方史（一九一九—一九四九）》，第二三四—二五九頁，安徽人民出版社，二〇一〇年四月版。
20 余覺民先生訪問記錄，二〇一二年八月廿六日。
21 余覺民先生訪問記錄，二〇一二年八月廿六日，另參見余德成《一顆愛國惜民赤子之心》，稿本。
22 王汎森：〈史家與時代：余英時先生的學術研究〉，《書城》，二〇一一年第三期。
23 余覺民先生訪問記錄，二〇一二年八月廿六日，另參見余德成《一顆愛國惜民赤子之心》，稿本。

中，余英時斷斷續續上過三四年的私塾；而且是純傳統式的教學，由劉會明帶領著十幾個年歲不同的學生讀書，因為學生的程度不同，所讀的書也不同。年紀大的可以讀《古文觀止》、四書、五經之類，年紀小而剛剛啟蒙的則讀《三字經》、《百家姓》。余英時開始是屬於啟蒙的一組，但後來得到老師的許可，也旁聽一些歷史故事的講解，包括《左傳》、《戰國策》等，但真正引起余英時讀書興趣的不是古文，而是小說，大概在十歲以前，余英時偶在家中找到了一部殘破的《羅通掃北》的歷史演義，讀得津津有味，雖然小說中有許多字不認識，但讀下去便慢慢猜出了字的意義。從此發展下去，他讀遍了鄉間能找得到的古典小說，包括《三國演義》、《水滸傳》、《蕩寇志》、《西遊記》、《封神演義》等。余英時後來回憶到這些，依然相信小說對他的幫助比經、史、古文還要大，使他終於能掌握了中國文字的規則。[24]

《羅通掃北》是《說唐後傳》的第一部分，羅通是唐代名將羅成之子，曾被李世民收為義子。全書講述的是羅通的成長史，同時連帶描述了隋唐時期政治格局的變動，貞觀四年，當時唐王李世民被困牧羊關，羅通掛帥救駕，但在白雲觀遭遇兵敗，得到父親羅成、爺爺羅藝陰魂幫助，得以脫險，後歷經波折，方才將唐王救出，後來在一次戰役中羅通拉出腸子綁在腰上作戰，直到戰死，被李世民追謚為「護國舍人」。[25]余英時讀《羅通掃北》的時候，恰逢日本侵華戰爭剛剛開始，這部小說之所以能吸引余英時，顯然是其中「番邦入侵」的情節和當時抗日的形勢有著一致性。

余英時後來回憶，他早年學寫作也是從文言開始的，私塾的老師不會寫白話文，也不喜歡白話文。雖然現代提倡文學革命的胡適和陳獨秀都是余英時的安徽同鄉，但鄉間似乎沒有人重視他們。十一、二歲時，私塾的老師有一天忽然教他寫古典詩，原來那時老師正在和一位年輕的寡婦談戀愛，浪漫的情懷使他詩興大發。余英時至今還記得他寫的兩句詩：「春花似有憐才意，故傍書台綻笑腮。」詩句表面上說的是庭園中的花，真正的意思是指這位少婦偶爾來到私塾門前向他微笑。余英時便是這樣學會寫古典詩的。[26]

也就是從這時開始，余英時多次寫作舊體詩，同時和許多師友唱和，比如在哈佛時便曾經多次和楊聯陞唱和，在北美還曾經與張充和、周策縱等人談詩論藝，余英時的老師錢穆去世時，余英時曾經寫詩哀悼，其中「猶憶風吹水上鱗」，最為人所稱道，董橋七十歲生日，余英時寫了七首七絕致賀，其中第六首中「官書自古誣兼妄，實錄唯憑野史傳」兩句讓人醍醐灌頂。[27]

在余英時十三、四歲時，鄉間私塾的老師已不再教書，余英時只好隨著年紀大的同學到鄰縣舒城和桐城去進中學。這些中學都是戰爭期間臨時創立的，程度很低，余英時僅僅學會了二十六個英文字母和一點簡單的算術。但桐城是有名的桐城派古文的發源地，那裡流行的仍然是古典詩文。所以在這兩年中，余英時對於中國古典的興趣更加深了，但是現代知識則依舊是一片空白。[28]但是當時余英時通過收音機自學了英語，同時還自學了數學。[29]

---

24 陳致：《余英時訪談錄》，第四—五頁，中華書局，二〇一二年三月第一版。
25 《羅通掃北》，黃河文藝出版社，一九八七年九月版。
26 陳致：《余英時訪談錄》，第五頁，中華書局，二〇一二年三月第一版。
27 參見胡洪俠編：《董橋七十》，海豚出版社，二〇一二年一月版。
28 陳致：《余英時訪談錄》，第五頁，中華書局，二〇一二年三月第一版。
29 王汎森：〈史家與時代：余英時先生的學術研究〉，《書城》，二〇一一年第三期。

第二次世界大戰結束時，余英時正在桐城，因為等待著父親余協中接他到外面的大城市去讀書，便在桐城的親戚家中閒住著，沒有上學，第二年的夏天，他才和分別了九年的父親會面。一九四六年月余英時先到南京，再經過北平，然後去了瀋陽，這時余英時已十六歲了，父親余協中急著要他在最短時間內補修各種現代課程，準備考進大學。這一年余英時一方面在高中讀書，一方面在課外加緊跟不同的老師補習，主要是英文、數學、物理、化學等現代科目。余英時在這一年中，日夜趕修這些課程，希望一年以後可以參加大學的入學考試。余英時第一次讀一篇短短的英文文字，其中便有八十多個字彙是陌生的。這時余英時已清楚地認識到，他大概絕不可能專修自然科學了，只能向人文科學方面去發展。好在余英時當時的興趣已完全傾向於歷史和哲學，所以並不覺得有什麼遺憾。一九四七年年夏天，余英時考取了東北中正大學歷史系，他的治學道路也就此決定。[30]

在中正大學，余英時記得當時有一位老師，是教《史記》的沈伯龍，授課的時間不長，前後好像只講了〈項羽本紀〉和〈陳涉世家〉兩篇。但余英時至今還記得他講鴻門宴的一幕甚為生動，幾十年後余英時寫過〈說鴻門宴的座次〉一文，大概種根於沈先生的講授。後來余英時才輾轉聽說，他原來是一度頗為著名的沈啟無，大概在抗戰時期曾與日本或傀儡政權有關係，因此改名藏身關外。沈在二十世紀三、四〇年代在文壇上極為活躍，曾與俞平伯、江紹原、廢名並稱周作人四大弟子，但後來得罪了周而被逐出師門。[31]

余英時當時記得梁實秋還曾經與其父親有來往，並且到家中來做客，但是給余英時印象更深的是清華國學院畢業的高亨，當時擔任中正大學國文系主任的職位，余英時考中正大學入學試，恰好高亨是監考人，不知道余英時是否有甚麼動作引起了他的疑心，高亨忽然走到余英時座位前，掀起他的試卷，察看下面有無挾帶之類，幸好余英時無任何作弊情事，否則一定被他趕出考場，當時高亨並不考慮他是朋友的孩子，真正做到了執法如山的地步。[32]

余英時在東北時，認識了余紀忠，余英時回憶，一九四六年在瀋陽時，當時余紀忠是東北保安司令長官部政治部主任，司令長官是杜聿明，當時余協中是長官部的祕書長，和余紀忠相當熟悉，往來很頻繁，余英時還記得又一次余紀忠來訪，剛好余協中外出，余英時便和余紀忠聊了幾分鐘，余紀忠問了余英時的學業和興趣方面的問題，余英時說：「一般老一代的中國長輩對小孩子都不十分認真，在這種場合，三言兩語便打發過去了，其實小孩子最敏感，誰真正關心他，誰敷衍他，心中是有數的。我當時便感受到紀忠叔與眾不同，他還在全神貫注的和我交談。」[33]

戰後的中國始終沒有和平，因為緊接著便爆發了國共內戰。余英時一九四七年底讀完大學一年級上學期時，瀋陽已在共軍的包圍之中，余英時一家乘飛機回到北平，於是他的大學生涯又中斷了，余英時一家在北平住了十個月，又在一九四八年年底從北平流亡到上海。半年多以後，上海也被共軍占領。[34]頗為驚險的是，當時余英時隨父親余協中從瀋陽飛往北平時，機場一共有三架飛機，余協中

30 陳致：《余英時訪談錄》，第六頁，中華書局，二〇一二年三月第一版。
31 余英時：《余英時回憶錄》，第六五頁，允晨出版社，二〇一八年版。
32 余英時：《余英時回憶錄》，第六七—六八頁，允晨出版社，二〇一八年版。
33 余英時：《師友記往》，第一五一——一五二頁，北京大學出版社，二〇一三年一月版。
34 陳致：《余英時訪談錄》，第七頁，中華書局，二〇一二年三月第一版。

被安排在第一架，余英時則在第三架，當余英時正在排隊登機的時刻，余協中忽然招手要他過去，因為第一架還有一個空位，於是余英時在最後一剎那坐上第一架飛機，結果第三架失事了。[35]

在北平的十個月，余英時自己在思想上發生了極大的波動。這是中國學生運動最激烈的階段，余英時的表哥項子明是其中的風雲人物，北平更是領導全國學運的中心。在中共地下黨員的精心策畫之下，北京大學、清華大學的「左傾」學生發動了一次又一次的「反內戰」、「反饑餓」、「反迫害」的大規模遊行示威。項子明當時不斷地向余英時進行說服工作，希望把他拉入「革命的陣營」，這樣一來，余英時的政治、社會意識便逐漸提升，不能對於中國的前途、甚至世界的趨勢完全置身事外，余英時當時不是在學的學生，因此從來沒有參加過左派或右派的學生活動，但是他的思想是非常活躍的，在左右兩極間搖擺不定。[36]

余英時當時開始接觸到馬克思主義，也深入地思考有關民主、自由、個人獨立種種問題。當時的學生運動雖然由中共地下黨員所策動，但在外面的知識分子並不瞭解內幕，他們仍然繼承著五四的思潮，嚮往的仍然是「民主」和「科學」。余英時在北平期間所常常閱讀的刊物包括《觀察》、《新路》、《獨立時論》等，基本上是中國自由主義者的議論。不過那時自由主義者在政治上已迅速地向左、右分化，左翼自由主義者向中共靠攏，右翼自由主義者以胡適為首，堅決擁護西方式的民主和個人自由。[37]

余英時後來自述：「自一九四六年離開鄉間以後，曾讀了不少梁啟超、胡適等有關中國哲學史、學術史的著作，也讀了一些五四時期的有關『人的文學』的作品。因此我在思想上傾向於溫和的西化派，對極端的激進思潮則難以接受。馬克思主義的批判精神是我能同情的，然而階級鬥爭和我早年在鄉村的生活經驗格格不入。我也承認社會經濟狀態和每一時代的思想傾向是交互影響的，但是唯物史觀對我而言是過於武斷了。總之，一九四八年在北平的一段思想經歷對我以後的學術發展有決定性的影響。我對西方文化和歷史發生了深刻的興趣。我覺得我必須更深入地瞭解西方文化和歷史，才能判斷馬克思主義的是非。」[38]

一九四九年夏天，余英時的父親、母親和弟弟余英華離開了上海，乘漁船偷渡到舟山，然後轉往台灣，余英時是長子，父親要他料理上海的家，因此留下未走，這一年秋天余英時考進了北平的燕京大學歷史系二年級，余英時因此又恢復了學生的生活，在燕大的一學期，除了修西洋史、英文、中國近代史等課程之外，更系統地讀了不少馬克思主義的經典著作。

余英時回憶，那時大學校園的政治氣氛雖已改變，但嚴格的思想控制還沒有開始。還可以比較自由地討論馬克思主義的理論問題。不過越討論下去，不能解答的問題也越多，而且也遠遠超出了他們當時的學術和思想的水準。[39]

余英時後來坦然承認，他本來是不準備離開中國大陸的。但一九四九年年底，他意外地收到母親

---

35 李懷宇：《余英時：知人論世》，《思想》，第二十輯，聯經出版社，二〇一二年版。
36 陳致：《余英時訪談錄》，第七頁，中華書局，二〇一二年三月第一版。
37 陳致：《余英時訪談錄》，第七—八頁，中華書局，二〇一二年三月第一版。
38 陳致：《余英時訪談錄》，第八頁，中華書局，二〇一二年三月第一版。
39 陳致：《余英時訪談錄》，第八—九頁，中華書局，二〇一二年三月第一版。

從香港的來信，原來父母又從台北移居到香港。年底余英時由弟弟余振時送行，到香港探望父母，經過反覆思考，終於留了下來，從此成為一個海外的流亡者。一個月之後，余英時進入新亞書院就讀，開啟了生命歷程的新篇章。[40]

40 陳致：《余英時訪談錄》，第九頁，中華書局，二〇一二年三月第一版。

第四章

一九四九：走還是留？

燕京末日

一九四九年，對於許多中國知識人而言，面臨著去留的抉擇，這一年八十三歲的張元濟又到了一次興亡易代之際，他在上海見證了這一幕，五月張元濟寫信給張國淦：「別僅三日，時局驟變。」後來他給張國淦的信中也有「時局萬變，心緒靡寧，久未走謁，彌殷想念」的話，但是他在寫給朋友的信中只是淡淡地說：「滬上新舊易幟，尚稱安定。」[1]可見當時心情之複雜。

當時在燕京大學讀書的余英時，心情也同樣複雜，他後來在為巫寧坤的書所撰寫的序言中回憶，他是一九四九年八月底住進燕京學生宿舍的，十二月底離開，比《一滴淚》的作者巫寧坤早了兩年，因此余英時所見到的，恰恰是巫寧坤筆下「燕京末日」的開始，余英時同時指出：燕京是教會大學，經費主要由美國各教會捐募而來。它不可能在中共政權下繼續存在下去已是先天註定的命運。[2]

余英時同時援引馮友蘭的〈三松堂自序〉指出：當時的執政黨對國立大學如清華，開始是維持原狀，其次是接而不管，最後才是全面接管，燕京是私立教會大學，情形自然又當別論。余英時在燕京第一學期中，學校表面上仍未改變，估計是處在「接而不管」的階段，但余英時指出：「『接而不管』只是一種假像，在整風運動中所謂『摻沙子』、『挖牆腳』之類活動則正在積極地進行中，一分鐘也沒有停止過，在通俗政治語言中，這叫做『摸底』，不但『摸』整個學校結構的『底』，同時也『摸』每一個教職人員的『底』。等到時機成熟，便可以一舉而消滅『階級敵人』。」[3]

余英時感慨：「在我入學時，燕京大學從校長到教職員大概都抱著一種幻想，以為學校仍可以照舊辦下去。甚至遲至一九五一年，趙蘿蕤教授依然抱此幻想，因此才有電聘巫寧坤之舉。這和同一時期成都華西大學文學院長羅忠恕函聘吳宓前往英文系任教，如出一轍。總之，我在燕京恰好趕上了暴風雨之前的一個短暫的寧靜時期。」[4]

余英時文中提到的電聘巫寧坤之舉，指的是當時巫寧坤還在美國，趙蘿蕤致電巫寧坤請他回國任教，當時巫寧坤滿腔熱情回國，巫寧坤的同學李政道為其送行，巫寧坤問李政道為什麼不回國，李政道回答：「我不願意被人洗腦子。」當時巫寧坤對這話沒有在意，直到一九五三年陳夢家的一番話才恍然大悟，當時學校裡要求全體教職員工去操場做工間操，陳夢家感慨：「這是一九八四來了，這麼快！」

而早在此之前的一九四九年，當時燕大校園中黨團員已經無所不在，只是那時不過還沒有展開大規模的鬥爭而已，這其中最明顯的變化就是學生都必須上政治大課，主持人是法學院院長趙承信，是政治系教授，向黨靠攏得很緊，大課並不是主持人獨自講授，而是分別請校外的人來作報告。余英時記得的有四個人來做過報告，即錢俊瑞、艾思奇、王芸生和儲安平，他記得錢當時是教育部副部長，

1 傅國湧：《一九四九：中國知識分子的私人記錄》，第二頁，長江文藝出版社，二〇〇五年一月版。
2 余英時：《會友集》，第五〇五頁，下冊，三民書局，二〇一〇年九月版。
3 余英時：《會友集》，第五〇五—五〇六頁，下冊，三民書局，二〇一〇年九月版。
4 余英時：《會友集》，第五〇五—五〇六頁，下冊，三民書局，二〇一〇年九月版。

講得很長，至少兩、三小時，而艾則是黨內著名的「理論家」，早年所寫的《大眾哲學》曾在青年中流行一時。這兩位黨人的長篇大論說些什麼，六十年後余英時已無從追憶，但其中涉及三個問題至今余英時還留有一點印象：第一、對於二戰後蘇聯軍隊在中國東北姦淫搶擄的暴行極力否認，堅持這是國民黨反動派的造謠。第二、當時美國《白皮書》剛剛出版，對於中國的「民主個人主義者」有所期待。毛澤東立即寫文章痛斥，因此辱罵「民主個人主義者」也是他們講話中的一個重點。第三、中共的五星旗剛剛出爐，一顆大星代表共產黨，四顆小星則分別代表工人、農人、民族資本家、小資產者四個階級，都屬於「人民」的範疇。余英時戲謔的稱他們借五星旗的象徵，向余英時這些「小資產階級」進行「統戰」。[5]

但是這樣的演講騙不了余英時，因為余英時早年在瀋陽住過兩年，對於蘇軍的暴行早已耳熟能詳，而且直接得之於民間，「謠言」之說不足以服人，而燕大同學中來自東北的更無法接受這一解釋，至於「民主個人主義者」和階級劃分，余英時當時既不甚了了，也不知其確指何在，余英時繼而指出：「艾思奇尤其使我們失望，他雜引史事說明他的論點，竟說『岳飛是一千多年前的民族英雄』，把岳飛的時代推前了三百年以上。聽眾雖不敢譁然，但暗中搖頭的則大有人在，這樣缺乏歷史常識的話大大減弱了他的說服力。」[6] 余英時對王芸生也無太多的好感，認為王「早在抗戰時期便已非常靠近共產黨」，同時指出王的演講「一味強調他曾怎樣英勇地和國民黨展開的鬥爭」。[7]

在四位外來講者之中，唯獨儲安平給余英時留下的印象最好，因為儲安平主編的《觀察》雜誌是余英時的主要課外讀物，所以余英時對儲安平有一種親切的感覺，但余英時只記得儲安平宣布最近接受了《光明日報》總編輯的職務，歡迎燕大同學投稿。[8] 余英時後來談到《觀察》時認為自己讀

《觀察》時在思想上、知識上所受到的種種新鮮刺激至今記憶猶在。余英時同時認為，當年的《觀察》以「獨立」、「超黨派」自律，而且也確實做到了這兩點，《觀察》的作者從左到右都包羅在內，他們之間也往往互相爭論，針鋒相對，一步不讓，使余英時這樣一個初入大學的青年大開眼界，余英時坦誠自己當時雖然沒有能力判斷其間的是非正誤，但各種不同甚至相反的觀點在一個刊物中紛然並陳，對他後來的思想形成發生了難以估量的深遠影響，也就是從那時開始，余英時便不敢自以為是，更不敢自以為代表正義、代表唯一的真理，把一切與自己相異或相反的論點都看成「錯誤」或「邪惡」。余英時同時強調：「《觀察》所代表的是所謂中國自由主義知識人的聲音。自由和容忍是一對分不開的連體雙胞胎。這兩個觀念雖然都起源於西方宗教革命以後的信仰多元化，但在中國傳統中也不是完全沒有根源。」[9]

余英時後來還曾經在回憶錄中坦誠，當時對他的思想影響最大的要算儲安平辦的《觀察》周刊以及結集而成的《觀察叢書》，《觀察》是他每期必讀的刊物。基本立場可以說是自由主義，因此採取了多元開放的編輯方針，各種不同甚至衝突的論點都兼收並蓄，對於像余英時這樣剛剛開始思索政治、經濟、社會等大問題的青年人，恰好是一種實際的思想訓練。余英時記得一九四八年夏天讀到胡

5 余英時：《會友集》，第五〇六—五〇七頁，下冊，三民書局，二〇一〇年九月版。
6 余英時：《會友集》，第五〇七頁，下冊，三民書局，二〇一〇年九月版。
7 余英時：《會友集》，第五〇七頁，下冊，三民書局，二〇一〇年九月版。
8 余英時：《會友集》，第五〇八頁，下冊，三民書局，二〇一〇年九月版。
9 參見余英時：〈容忍與自由——《觀察》發刊祝詞〉，中國資訊中心《觀察》編輯部。

適在《獨立時論》上的〈自由主義是甚麼？〉一文，非常興奮，因為胡適在文中強調爭取自由在中國有很長的光輝歷史；他指出孔子「為仁由己」便是「自由」的另一說法，中國既是一個古老的文明大國，其中必有合情、合理、合乎人性的文化因數，經過調整之後，可以與普世價值合流，帶動現代化。余英時不能接受一種極端的觀點，即認為中國文化傳統中只有專制、不平等、壓迫等等負面的東西，當時又值暴力革命或和平革新爭持不下的局面，余英時受了胡適的影響，偏向和平革新，所以對於費孝通《鄉土中國》和《鄉土重建》兩本書特別欣賞，七九年費孝通訪問美國，余英時參與了接待，曾經和費孝通開玩笑，如果費孝通不寫那兩本書，今天也不會來美國，費孝通只能尷尬一笑。[10]

燕京師長

余英時後來回憶，第一學期他選修了四門課程，除了趙蘿蕤教授的大二英文外，在歷史系選了三門課：中國近代史、史學理論與方法、歐洲史導讀。英文課讀的是英、美短篇小說和散文，只重語文訓練，尚未涉及思想問題，余英時記得有一位思想「進步」的學生曾試著用階級觀點解釋一篇小說。趙教授不但未加稱讚，而且還表示與小說的主題全不相干，可見她還沒有感到「思想」的壓力，主持歐洲史導讀的是一位女講師，可惜余英時已忘記了她的名字，她指導學生讀了一些史學名著的選樣，包括吉朋的《羅馬帝國衰亡史》，但她是一位受過正統訓練的學人，根本未為歷史唯物論所動，因此也沒有觸及馬克思主義，余英時同時遺憾的表示，另外兩門歷史課則不能完全避免政治的干擾。[11]

余英時回憶，當時講授中國近代史的是聶崇岐先生，也就是巫寧坤在〈燕京末日〉所提到的「歷史系著名的聶教授」，因「態度惡劣，對抗運動」而受到「隔離反省，交代問題」的懲罰，余英時記得聶崇岐所指定的教科書是范文瀾以「武波」筆名所編寫的一本《中國近代史》，但是他並不要求學生細讀范書，僅僅用之為講授的提綱而已。相反他每一課的講稿都是自己根據原始史料另行編定，而且專講客觀史實，條分縷析，盡量避免下政治性或道德性的判斷。余英時指出：「范書痛罵帝國主義，又斥曾國藩為『漢奸、劊子手』等等，他在堂上則從不用這一類的情緒語言。」余英時當時只知道他是一位很耿直的山東學者，多年後才從洪業處瞭解到他的高潔人格。[12]

這位聶崇岐先生，曾經在洪業赴哈佛大學講學期間擔任哈佛燕京學社的幹事，是燕京大學與哈佛大學交流史上一位繞不開的人。[13]自一九三二年他進入哈佛燕京學社引得編纂處工作，一下子就是二十年，占去他生命的三分之一，同時由於他在宋史方面的造詣，曾被人稱為「活宋」，早在一九三四年他便在顧頡剛所主持的《禹貢》半月刊發表有關宋史的論文，文章發表後引起巨大轟動，後來這些文章變成《宋史叢考》出版。抗戰勝利後燕京大學復校，聶還曾擔任燕京大學圖書館館長和教務長。[14]

10 余英時：《余英時回憶錄》，第七九頁，允晨出版社，二〇一八年版。
11 余英時：《會友集》，第五〇八頁，下冊，三民書局，二〇一〇年九月版。
12 余英時：《會友集》，第五〇八—五〇九頁，下冊，三民書局，二〇一〇年九月版。
13 全國政協文史資料委員會編：《文史資料選輯》，第七四頁，第二十五輯，中國文史出版社，一九九一年八月版。
14 上海市中山學社編：《近代中國》，第二六一—二六七頁，第八輯，立信會計出版社，一九九八年七月版。

余英時還記得翁獨健先生的「史學理論與方法」一課，翁獨健的專業是蒙古文和元史，但知識面很廣，思想也很靈活。那時翁獨健所指定的課本是普列漢諾夫的《一元論歷史觀的發展》，但是他在講堂上並不宣傳歷史唯物論，更未提及史達林的「五階段論」，他指導學生讀普氏的著作，重點放在俄國馬克思主義的思想史背景上面，最使余英時感到意外的是他竟要學生讀羅素的《西方哲學史》，其理由是羅氏此書也強調哲學的社會與政治的關係，這門課是較小的討論班，以期終論文代替考試，余英時寫的是論文是《墨學衰微考》，是一個傳統考證的題目，翁獨健同意了余英時的選擇，沒有指示余英時運用唯物史觀和辯證法。[15]有趣的是，當時余英時還跟隨翁獨健先生學會了抽菸，翁先生上課的時候，一人先發一支菸，而後來余英時的老師錢穆也是菸不離口，因此余英時受這兩位老師影響，菸癮一直很大。[16]

余英時所提到的這位翁獨健，同時也是作家張承志的老師，張承志後來回憶，翁獨健一生著作很少，除了在哈佛讀博士期間用英文發表的《愛薛傳研究》，最主要的論文就是發表在《燕京學報》上的〈元典章譯語集釋〉，而翁先生其他重要的論文，都發表在四〇年代，而這恰恰在燕京大學走向沒落之前，尤其值得玩味的是，翁獨健晚年決意不著述，張承志認為這是翁獨健追求晚年的

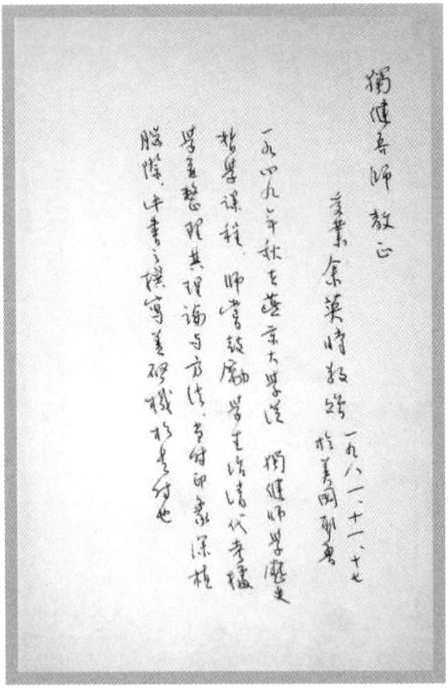

《論戴震與章學誠》余英時贈翁獨健。

無愧。[17]

余英時回憶，一九八六年秋天翁先生到美國訪問，他的女婿和女兒還特別開車繞道耶魯，在余英時家中盤桓了一個下午，這是余英時在離開燕京後唯一重晤的老師，余英時認為他依然保持著一位學人的風範。[18]我手頭曾有一本《論戴震與章學誠》，上面有余英時所寫題記：「獨健吾師教正，受業余英時敬贈，一九八一、十一、十七於美國耶魯。」題簽又云：「一九四九年秋在燕京大學從獨健師學習歷史哲學課程，師嘗鼓勵學生治清一代考據學並整理其理論與方法，當時印象深植入腦際，此書之撰寫蓋契機於是時也。」

但是余英時的這幾位老師，當時已經在一九四九年之後的大變局中，彼此產生了很深的裂痕，當時同在燕京大學教書的鄧之誠回憶，在一九五〇年的第一天，齊思和便到鄧之誠家，向鄧之誠報告翁獨健公開說鄧之誠的壞話：「鄧之誠來，言翁獨健公開罵我『以老賣老，好批評人，什麼會都不去』。」鄧之誠在日記中對此反應頗為激烈：「此良言也，即以此罪名，勒令餓死，實不為枉。」[19]

---

15 余英時：《會友集》，第五〇九—五一〇頁，下冊，三民書局，二〇一〇年九月版。

16 王汎森：〈史家與時代：余英時先生的學術研究〉，《書城》，二〇一一年第三期。

17 張承志：〈無愧的暮年〉，《讀書》一九八六年第九期。

18 余英時：《會友集》，第五〇九—五一〇頁，下冊，三民書局，二〇一〇年九月版。此處余英時記憶有誤，其與翁獨健的會面時間應該是一九八一年，詳見余英時題贈翁獨健之書《論戴震與章學誠》。

19 鄧瑞整理：《鄧之誠文史劄記》，上冊，第四九八頁，鳳凰出版社，二〇一二年四月第一版。

走還是留

一九四八年年底，當時的戰火已經逼近清華園，陳寅恪攜家入城，隨後移居城內中央研究院宿舍，後來傅斯年有電請陳寅恪搭飛機前往南京，在陽曆十二月十五日陳寅恪攜妻女至中南海公園勤政殿前登車至南苑機場南飛，當時同機者還有胡適夫婦，抵達南京後陳寅恪輾轉前往上海，住俞大綱家，此時已經是一九四八年年底。[20]

余英時的老師錢穆後來追憶一九四九年他去看望陳寅恪，認為陳寅恪想留在中國大陸：「適是日寅恪因事赴城，未獲晤面，僅與其夫人小談即別，後聞其夫人意欲去台北，寅恪欲留粵，言辭爭執。其夫人即一人獨自去香港，幸有友人遇之九龍車站，堅邀其返。」錢穆晚年回憶起此事，不禁感慨：「余聞此，乃知寅恪決意不離大陸，百忙中未再往訪，遂與寅恪失此一面之緣。今聞寅恪因紅衛兵之擾，竟作古人。每一念及，悵恨無已。」[21]

陳寅恪在上海停留不久，就決定前往廣州，起初嶺南大學陳序經聘請陳寅恪到嶺南大學任教，但是汪榮祖聲稱當時的傅斯年還沒有開始搶救學人計畫，以致陳寅恪委曲求全向陳序經求援。[22]但是近年來披露的文獻來看，傅斯年不僅在一九四九年年初便開始著手準備陳寅恪來台問題，而且態度甚為積極，甚至直接寫信給台灣警署請求發放陳寅恪的入境證。[23]

而余英時自己的經歷則更為複雜，共產黨占領上海之後，控制漸漸由鬆而緊，余英時的父親余協中開始聽到新政權有探問他的跡象，這是因為他在東北與杜聿明的一段關係，情勢陡然變得十分緊張，他必須趕快離開上海，在國共和談的幾個月中，余協中也曾多次和朋友及親戚討論去台灣或香港的可能性。但是當時傳聞，香港生活水準極高，台灣更是人地生疏，而且安全也無保證。避難的事便這樣拖延下來。現在形勢逼人，不得不走，只剩了一條險路，即坐船到舟山群島，再轉台灣。這是險途，因為不僅海上風浪難測，而且常有海盜出沒。由於時間緊迫，余協中攜尤亞賢與幼弟余英華匆匆登程，余英時是唯一能代表他結束上海寓所的人——頂來的房子必須頂出，收回頂費，書籍和不少雜物也要裝箱運回北平，余英時當時身為長子，義不容辭。余英時後來回憶：「到楊樹浦碼頭送他們上船的一幕，真如生離死別。」[24]

一九四九年年底，余英時意外地收到母親從香港的來信，原來他們又從台北移居到香港。五〇年年初，余英時到香港探望父母，終於留了下來，從此成為一個海外的流亡者。[25]余英時後來如此描述跨越羅湖橋的感受：「突然我頭上鬆了，好像一個重大的壓力沒有了。不知道為什麼，但我相信在

20 汪榮祖：《史家陳寅恪傳》，第一五五—一五六頁，北京大學出版社，二〇〇五年三月版。
21 錢穆：《八十憶雙親．師友雜憶》，第二六四頁，三聯書店，二〇〇五年三月版。
22 汪榮祖：《史家陳寅恪傳》，第一五六—一五七頁，北京大學出版社，二〇〇五年三月版。
23 張求會：〈陳寅恪一九四九年有意赴台的直接證據〉，《南方周末》，二〇一〇年四月十九日。
24 余英時：《余英時回憶錄》，第七七頁，允晨出版社，二〇一八年版。
25 陳致：《余英時訪談錄》，第九頁，中華書局，二〇一二年三月第一版。

某些方面有一個壓力，思想上的壓力，那壓力就在過橋的一刻，頭一鬆就消失了。這是我真實的感覺，如果講自由不自由的感覺，那是真實的。」[26]

余英時原來認為來港只是短期探親，還決定回去，在回程的火車上余英時內心掙扎，後來他再接受香港電視台採訪時回憶：「三、四個鐘頭裡我都在回想，我在想的不是政治問題，想我的父親年紀大了，一個人在香港，我弟弟還很小，七、八歲。我離開，他嘴裡不說，但心裡很難過。好像是不顧他們。所以我想，中國那麼大，多少億人，少我一人，一點關係也沒有，但對我的父母來說，我就比較重要。用共產黨的話，是自己作思想鬥爭，小資產階級的溫情主義，跟愛國主義之間的鬥爭。結果小資產階級的溫情主義戰勝，我就決定還是回香港。」[27]

當然後來余英時仔細回憶這一過程，覺得過程也非常驚險，余英時所坐的香港火車本來和廣州北上的火車是連接的，一到廣州便立即換車開行。不料火車入境不久，竟在一個叫做石龍的小站發生了故障，必須停下來修理，而一修便是四、五個小時，就在石龍這幾小時中，余英時的思想忽然起了一場極大的變動，使他根本懷疑回北京的決定是錯誤的。余英時當時覺得自己太自私，只為個人的興趣著想，完全沒有考慮到父親的處境：他年事已高，在香港不太可能找到適當的工作，因此往往在不知不覺中流露出對於未來生活的憂慮，余英時離港前確有感受，但未及深思。當時他回憶起以往半年與父母相處的情況，悔恨悔萬端，汗淚並下，余英時領悟到，如果他留港不走，必要時或可成為家中一助力，父母一定會安心不少。如果余英時一意要回中國本土，為國家盡力，也是過重外在的形式而沒有觸及具體內容，最後流為一種抽象之談。當時這時韓戰已經爆發了一個月以上，香港和大陸之間的出入都日趨嚴格，余英時回北京以後，再訪香港的機會將十分渺茫。綜合考慮，余英時在火車到廣州之後，住進一家旅館，詢問回港的辦法，因為那時香港方面正禁止大陸難民入境，余英時的出境證依然有效，但如何取得入港的許可卻成為一大問題。幸而有人指示，廣州黑社會的黃牛黨和香港邊境的員警相通，只要付出一筆錢即可進入香港，第二天余英時便循著這條途徑重返香港。余英時後來說：「這是我一生中的關鍵時刻，永不能忘。」[28]

余英時覺得自己對香港一直有情感，五〇年代他當學生時跑遍大街小巷，雖然開始不習慣，很想回去，待久了才發覺真的自由，無拘無束，余英時認為要不是在香港成長，他也沒有今天這種自由想法，如果在共產黨或國民黨教育下長大，一定會受限制，有些東西不能想，根本不敢去想，余英時同時認為現在香港的言論、說話的人，慢慢自我控制，香港有這個危險性，開始一個自我洗腦的過程。[29]

26 香港電視台：傑出華人系列余英時篇。
27 香港電視台：傑出華人系列余英時篇。
28 余英時：《余英時回憶錄》，第九六—九八頁，允晨出版社，二〇一八年版。
29 香港電視台：傑出華人系列余英時篇。

第五章

海濱回首隔前塵：余英時與錢穆

就讀新亞

余英時後來在錢穆去世後所寫的追憶文章〈猶記風吹水上鱗〉中回憶：「我第一次見到錢先生是一九五〇年的春天，我剛剛從北京到香港，那時我正在北京的燕京大學歷史系讀書。我最初從北京到香港，自以為只是短期探親，很快就會回去的。但是到了香港以後，父親告訴我錢先生剛剛在這裡創辦了新亞書院，要我去跟錢先生念書。」[1]

余英時後來認為，在新亞書院創立者錢穆和唐君毅的心中，一九四九年無疑是中國文化的生死存亡的關頭，余英時引用陳寅恪一九五五年寫的「豈意滔天沉赤縣，竟符掘地出蒼鵝」來表達錢穆和唐君毅的內心感受，余英時同時引用錢穆和唐君毅當時書中的話來印證，錢穆在《莊子纂箋》中說：「報載平津大學教授，方集中思想改造，競坦白者逾六千人。不禁為之廢書擲筆而歎。」唐君毅也在《中國文化之精神價值》中說：「瞻望故邦，吾祖先之不肖子孫，正視吾數千年之文化留至今者，為封建之殘餘，不惜加以蠲棄。懷昔賢之遺澤，將毀棄於一旦。時或蒼茫望天，臨風隕涕。」[2]

余英時還清楚地記得余協中帶他去新亞的情形，當時新亞書院初創，學生一共不超過二十人，而且絕大多數是從大陸來的難民子弟，校舍也簡陋得不成樣子，圖書館則根本不存在：整個學校的辦公室只是一個很小的房間，一張長桌已占滿了全部空間。錢穆和余協中熟識，知道余英時願意從燕京轉來新亞，便問余英時以前的讀書情況，要余英時第二天來考試，余英時去考試時，錢穆親自出來主持，但並沒有給考題，只叫余英時用中英文各寫一篇讀書的經歷和志願之類的文字，交卷以後，錢先生不但當場看了余英時的中文試卷，而且接著又看余英時的英文試卷，這讓余英時很詫異，因為余英時知道錢先生是完全靠自修成功的，並沒有受到完整的現代教育，因此對於錢穆會看英文感到很詫異，很多年以後余英時才知道他在寫完《國史大綱》以後，曾自修過一年多的英文。[3]

最終余英時被新亞錄取，成為新亞書院文史系二年級第二學期的學生，余英時後來回憶：「這是我一生中最值得引以自傲的事。因為錢先生的弟子儘管遍天下，但是從口試、出題、筆試、閱卷到錄取，都由他一手包辦的學生，也許我是唯一的一個。」余英時當時感覺錢穆是一個十分嚴肅、不苟言笑的人。但是後來余英時承認這個感覺是完全錯誤的。[4] 余英時回憶，當時新亞學生很少，而學問則參差不齊，因此他必須盡量遷就學生的程度，余英時個人受到錢穆的教益主要是在課堂之外，後來余英時的父親余協中也在新亞兼任一門西洋史，錢穆常常和余英時一家人去太平山頂或石澳海邊的茶館，而且往往一坐便是一整天，余英時後來在追悼錢穆的詩中有「猶記風吹水上鱗」一語，說的便是這段往事。[5]

錢穆那時偶爾還有下圍棋的興趣，陳伯莊是他的老對手，因為兩人棋力相等，余英時偶爾也被錢

---

1 余英時著：《錢穆與現代中國學術》，第六頁，廣西師範大學出版社，二〇〇六年四月版。
2 《新亞生活》，二十八卷三期。
3 余英時著：《錢穆與現代中國學術》，第七頁，廣西師範大學出版社，二〇〇六年四月版。
4 余英時著：《錢穆與現代中國學術》，第七頁，廣西師範大學出版社，二〇〇六年四月版。
5 余英時著：《錢穆與現代中國學術》，第七－八頁，廣西師範大學出版社，二〇〇六年四月版。

穆讓幾個子指導一盤，但是似乎從來沒有贏過，後來余英時的好友金庸回憶，余英時先生跟他下過一盤棋，開頭余英時不小心讓金庸占了上風，結果這盤棋余英時輸了。[6]這似乎是金庸記憶裡唯一的一次，金庸後來接受媒體採訪時曾經回憶，有一次和余英時很久不見，便跟他下棋，金庸自己記了余英時很多的「巧手」，這些巧手有的非常高明，但是余英時平常也不用，後來金庸用這些「巧手」，余英時也能夠解決。[7]

錢穆在中國史學上的深厚造詣對余英時的啟示極大。余英時深知無論自己的觀點是什麼，都必須像錢先生那樣用學問上的真實成就來建立自己的觀點，另一方面余英時也始終沒有放棄對西方文化與歷史的求知欲望，依舊希望以西方為對照，以認識中國文化傳統的特性所在。[8]余英時在錢穆去世之後這樣看待錢穆的思想地位：「錢穆先生是中國文化的維護者，一般稱之為傳統派，恰恰與西化派是對立的。他承認五四新文化運動在學術上有開闢性的貢獻，但完全不能接受胡適、陳獨秀等人對中國傳統的否定態度。」余英時認為自己最初聽錢穆講課，在思想上是有隔閡的，因為余英時畢竟受五四的影響較深，不過由於余英時有九年傳統鄉村生活的薰陶，對於傳統文化、儒家思想並無強烈的反感，因此余英時對於錢穆的文化觀點有距離，也有同情。[9]

五〇年代新亞讀書時的余英時。

師生情深

錢穆後來在《師友雜憶》後來如此回憶自己的得意門生余英時：「學期中，哈佛來邀去作學術演講。晤雷少華，親謝其對新亞研究所之協助。雷少華謂，哈佛得新亞一余英時，價值勝哈佛贈款之上多矣，何言謝。英時自去哈佛兩年，轉請入研究所讀學位，獲楊聯陞指導，成績稱優，時尚在校。」[10]

當時新亞書院的經營狀況不是特別好，錢穆晚年回憶，當時的新亞書院剛搬到桂林街，處於貧民窟地段，環境也不好，而且隨著學校規模的擴大，資金也捉襟見肘，所喜的是香港的教育司對新亞書院沒有太多的為難，「有所請乞，皆蒙接受」。[11]當時新亞書院的大部分學生都是流亡者，不僅交不起學費，而且連基本的生存都不能保證，許多都在學校的天台上露宿，錢穆八九點返回學校，樓梯

6 李懷宇：《訪問時代》，第四五頁，江蘇文藝出版社，二〇一二年八月年版。
7 香港電視台：傑出華人系列余英時篇。
8 陳致：《余英時訪談錄》，第一〇頁，中華書局，二〇一二年三月第一版。
9 陳致：《余英時訪談錄》，第九—一〇頁，中華書局，二〇一二年三月第一版。
10 錢穆：《八十憶雙親．師友雜憶》，第三二三頁，三聯書店，二〇〇五年三月版。
11 錢穆：《八十憶雙親．師友雜憶》，第二六七—二六八頁，三聯書店，二〇〇五年三月版。

上睡滿了學生，需要踏著學生的被子才能通行，錢穆讓這些學生管理學校雜務，以發給他們津貼維持溫飽，學校錄取的許多學生見學校規模窮陋。大多改讀他校，全校學生不滿百人，學費收入僅僅占學校開支的五分之一。[12]

當時錢穆為了獲得遷台的國民政府的財政支持，曾經飛往台北募款。但是心軟的錢穆目睹台北市教育部簡陋的辦公環境，遂絕口不提募款一事，後來得到居正的協助，才勉強將新亞的窘境道出，獲得支持，錢穆幾年後年後再次前往台北申請援助之時，居然在剛竣工的演講廳被天花板上掉落的水泥塊砸中，不省人事，新亞之艱難，可見一斑。[13]

當時台灣許多人對錢穆也有意見，錢穆在寫給友人的信中說：「台北方面學術門戶之見太狹，總把弟當作化外人看待，而且還存有敵意。弟非不知，然弟總求顧全大體，盡其在我，只求自己在學術上有一分表現，在教育事業上有一分貢獻，並不願亦抱此等小目光來爭閒意氣。然瞭解弟此種意態者實並不多，胡適之在台中農院講演，公開指名張君勱、唐君毅等四人之外，又把弟名字加進，共五人，謂此五人絕不懂中國文化云云，亦可想見其意態之一斑矣。其實在學術上爭是非，並非一不該有之事，唯求勿超出學術範圍，個在著作上以純學術之立場爭之。胡氏常言拿證據來，若謂此諸人絕不懂中國文化，亦該從證據上立論始得耳。」[14]

余英時後來回憶，有一年暑假香港非常熱，錢先生又犯了很嚴重的胃潰瘍，一個人孤零零的躺在教室的地上養病，余英時去看他，問錢穆是否可以為他做些什麼，錢穆回答說想讀王陽明的文集，余英時便去商務印書館給他買了一部回來，余英時回來的時候他依然是一個人躺在教室的地上，似乎新亞書院全是空的。[15]

據余英時的觀察，錢穆在五〇年代初的香港，不但無權無勢，而且吃飯都有問題，這與後來新亞得到了美國雅禮協會的幫助，尤其是新亞加入中文大學之後的情況完全不同，因此早期的新亞學生和錢穆都算是患難之交，余英時畢業之時，學校僅有三個畢業生，當時錢穆因為被天花板掉落的水泥塊砸傷，在台北養病，未能出席畢業典禮。[16]

余英時一家和錢穆的關係非同一般，已經超越了世交的關係，錢穆在《師友雜憶》中有多處記載，錢穆訪問哈佛時，曾經多次在余協中家吃飯，在波士頓逗留了一個星期，然後轉往耶魯大學，臨行前余協中邀請錢穆回國之前再來波士頓小住，錢穆欣然答應，後錢穆再來，余協中專門在一個休假之地租了一間房子給錢穆夫婦居住，錢穆在回憶錄中津津樂道休假之地的景色優美，兩家人在湖上泛舟，或者在草地上閒坐，讓錢穆印象深刻。[17]

12 錢穆：《八十憶雙親·師友雜憶》，第二六九－二七〇頁，三聯書店，二〇〇五年三月版。
13 錢穆：《八十憶雙親·師友雜憶》，第二七四－二八一頁，三聯書店，二〇〇五年三月版。
14 錢穆：《素書堂餘瀋》，第一七八頁，九州出版社，二〇一一年七月版。
15 余英時著：《錢穆與現代中國學術》，第八－九頁，廣西師範大學出版社，二〇〇六年四月版。
16 余英時著：《錢穆與現代中國學術》，第九－一〇頁，廣西師範大學出版社，二〇〇六年四月版。
17 錢穆：《八十憶雙親·師友雜憶》，第三一五－三一六頁，三聯書店，二〇〇五年三月版。

兩難的抉擇

余英時在哈佛即將完成博士學位的時候，錢穆曾經寫信給余英時的父親余協中，希望余英時能夠回到新亞教書，信中云：「不知彼於此次暑假能否完成博士論文及試驗，私意甚盼英時完畢學業，仍返新亞。在英時將來，亦有仍返新亞之義務，為英時此下學術進修計，亦以返新亞為得。」但是錢穆知道余協中已經遷居康橋，所以表示：「惟尊眷都已去，而英時又需離家歸來，此在賢伉儷與英時兄弟均為一不自然之事，此亦無可奈何。」[18]

當然錢穆依然希望余英時能返回新亞，並且多方為余英時考慮，從待遇到學術研究，細緻入微，他在致余協中的信中談及余英時日後的規畫時說：「關於英時返新亞後之待遇問題，弟再四考慮過，就新亞以往人事及目前經濟論，英時返校待遇勢必不能優，惟私意總希望盡力為之安排，英時回來，弟意在研究所方面安排，再在學校兼課，一則任課不致太多，一則待遇可以稍好，私意總希望能為英時湊得按月港幣七百到八百元之數，惟研究所經費去年楊聯陞來，把新亞歸併到台北，經費即削去了一半以上，經弟春間去函申訴，哈燕社來信，許於台北機構外特別再津貼一部分，彼方要求能在陽曆二月之內去一預算，再據此付會議核辦，因此甚盼英時於陰曆新年初過，即陽曆二月上旬能來一信，如彼能於暑期完成學業，弟於二月下旬送出研究所向哈燕社請求經費專案中，可把此一安排儘先部署也，此層萬望老兄與英時一商，並囑其早覆為要。倘暑中準能歸來，並盼到新亞後所欲研究之問題範圍一併見告。萬一暑間不能即歸，預計當可於何時歸來，亦盼告知。」[19]

但是當時余英時沒有返回新亞，而是任教於密西根大學，錢穆依然希望余英時能夠回來，當時錢穆即將訪問美國，臨行前寫信給余協中告知相關情況，同時再次表達了希望余英時回來的想法，同時感之以情，讀來頗為動人：「弟常與內人談起，只望明年遠遊歸來，學校事能就此擺開，多得清閒，有英時數人時相過從，談論學術，放情山水，弟當自買一車由內人家事，家中時時備一兩味家常菜，邀英時等數人聚餐會遊，弟之理想專在此處，若老兄能復歸歟，更增歡樂，此外實無足道者。弟又告內人，英時天資勃發，實似往年張君蔭麟，而醇厚過之，必有遠道之期，此不僅兄之老福，亦弟晚年心情所切盼。若使英時能在弟旁親看其一日千里之脫韁絕馳，弟之心情蓋無愉快過於此者。得一後起人才殊不易，弟為新亞化了十載心血，卻要向英時身上索償，以此告兄，想不怪弟之無聊或過分也。」[20]

當然錢穆不僅僅給余協中寫信希望余英時回來，也直接給余英時寫信，希望他能夠回到新亞，常伴錢穆左右，一九五六年錢穆寫信給余英時，信中談到余英時的博士論文寫作問題，同時表示國內文史研究「日乏其人」，「必俟有後起英秀，任此重負」，言下之意還是希望余英時回到新亞。[21]

18 錢穆：《素書堂餘瀋》，第一七五頁，九州出版社，二〇一一年七月版。
19 錢穆：《素書堂餘瀋》，第一七五—一七六頁，九州出版社，二〇一一年七月版。
20 錢穆：《素書堂餘瀋》，第一七八頁，九州出版社，二〇一一年七月版。
21 錢穆：《素書堂餘瀋》，第三三八頁，九州出版社，二〇一一年七月版。

但是余英時最後還是沒有回新亞，只是在七〇年代回香港中文大學當了兩年多的主持改制工作的副校長，這段時間日子也過的不愉快，余英時五〇年代末沒有回新亞，和余協中年老定居美國有很大的關係，另外錢穆在信中提到余協中在新亞教書時，曾經因為人事問題離開新亞，錢穆在信中表達了自己的歉意，[22]這似乎也是余英時不願意回到新亞的具體原因之一。

但是錢穆並沒有因為余英時沒有回到新亞而和余英時產生嫌隙，相反依然和余家保持了密切的關係，余協中去世之後，錢穆在《師友雜憶》中回憶道：「協中夫婦臨離港前，余夫婦偕彼兩人及其子英華，渡海遊大嶼山，黑夜登山，宿一古寺中，翌晨歸來。協中不忘此遊，故邀余夫婦來遊此湖。適來者亦僅余兩家。余夫婦留美近八月，亦惟此七日最為恬靜。今協中已逝世，此湖真如一處之雪泥，而鴻爪則僅留余夫婦之心中矣。」[23]

22 錢穆：《素書堂餘瀋》，第三三八頁，九州出版社，二〇一一年七月版。
23 錢穆：《八十憶雙親·師友雜憶》，第三一六頁，三聯書店，二〇〇五年三月版。

第六章

余英時在新亞

名師雲集

余英時在新亞時期，正是新亞的草創期，當時新亞書院聚集了一大批正值壯年的學者，除了錢穆之外，還有唐君毅、張丕介、衛中父、楊汝梅、余天民、余協中、孫祁壽、羅香林、曾克耑等，這些人在一九四九年之前，幾乎全是各大院校的教授，一些人還擁有國外獲得的博士學位，在當時幾乎可以和香港大學匹敵。

而這些學者之所以彙聚在新亞，偶然之中存在著必然，其中經濟學界的人才頗多，比如張丕介，一九四九年之後選擇離開大陸，與其早年的政治經歷有關，一九二〇年張丕介考入山東第三師範，在校期間加入國民黨，一九二六年任國民黨中央黨部聯絡員。此後擔任國民黨山東省黨部宣傳部長，山東省黨部清黨委員、山東省黨部指導委員兼宣傳部長等職，而後赴德國深造，並且獲得了弗萊堡大學經濟學博士，自此逐漸淡出政治舞台。[1] 一九四九年張丕介和徐復觀在香港創辦《民主評論》，該雜誌後來成為與《自由中國》齊名的政論雜誌。而新亞書院的經濟學方面除了張丕介之外，還有楊汝梅，楊汝梅早年獲得密西根大學博士學位，是著名的會計學專家，香港中文大學成立時，楊汝梅擔任大學商學院院長。

而新亞書院的文史學界，也是人才濟濟，除卻余英時的父親余協中之外，衛中父也頗值得一說，衛中父被人所熟知的名字是衛挺生，早年就讀於清華留美預備學校，隨後曾在密西根大學和哈佛大學就讀，獲得兩個碩士學位，他和陳寅恪、吳宓在哈佛時是同學，吳宓日記中有關衛挺生的記載頗多，其中有一件趣事，一九二一年春，清華一九一五級畢業同學蔡正君，就男女的戀愛與婚姻如何取悅對方達到目的，尋求其所需的五種條件（如家世、身體健康與精神力量、辦事能力、交際才能等），並每種條件所占的比例，製成一表格，名門「愛情衡」，並加以說明，發表於《留美學生季報》中，當時寅恪讀後曾戲題一絕進行嘲諷，詩云：「文豪新制『愛情衡』，公式方程大發明。始悟同鄉女醫士，挺生不救救蒼生。」吳宓注解說，後兩句指的是江西留美某女生習醫，哈佛大學醫學院畢業後在某醫院任助理醫生，對清華留美公費生衛挺生的辛苦追求數年置之不理。[2]

左起：徐復觀、錢穆、嚴靈峰在《民主評論》社前合影。

衛挺生後來和余英時的父親余協中一樣遷居美國，和余協中常有來往，陳毓賢所撰寫《洪業傳》

1 何英才主編：《河北近現代人物大辭典》，第四〇九頁，亞洲出版社，一九九二年版。
2 吳學昭：《吳宓與陳寅恪》，第七頁，清華大學出版社，一九九二年版。

對晚年的衛挺生有生動的描述，衛挺生剛搬到康橋時，本來以為有大學會聘他教書的，卻只找到一份在出版社做索引的工作，可是上司嫌他動作遲鈍，他把事辭掉，有個時期曾替哈佛燕京圖書館館長裘開明的孩子補習中文，也做得不長，幸好衛夫人是北平協和醫學院畢業的，在波士頓一家醫藥公司裡謀得一職，使得兩人生活無虞。衛夫人勸衛挺生把精力專注到學術研究上，衛挺生發表的《徐福入日本建國考》，便是其代表作，書中指出日本皇家是徐福的後裔，而且不厭其煩地引經據典，用幾國語言作注腳「證實」了這學說，並且去函到東京稟告日本天皇，另外衛挺生的另外一種消遣就是給美國總統寫信，艾森豪做總統時，他每寫一封信便收到一封很有禮貌的答覆，衛挺生便小心翼翼地把回函貼到一本集錦簿裡，並下了注解，逢客人便得意洋洋地拿給人看，衛夫人看得不耐煩了，下令他停止寫信，洪業回憶：「甘迺迪總統上台後，衛先生也寫信給他。得同樣效果。最後衛太太不給他錢買郵票，他來跟我借錢，衛太太便把他的打字機鎖到櫃櫥裡。」[3]

另外值得一提的是羅香林，羅早年畢業於清華歷史系，曾直接受教於陳寅恪，陳寅恪對其多有關照，羅香林曾作《客家源流考》請陳寅恪指正，陳寅恪詳細的批閱了全文，指出家譜中有許多材料，希望羅香林多加注意，由於陳寅恪祖上是客家人，因此羅香林把陳寅恪與祖上同源於客家孫中山並列，陳寅恪批語：「孫先生開國偉人，自宜表白。寅恪何得與比，萬請刪去。」羅香林父親去世時，陳寅恪還專門寫了輓聯，羅香林和同學朱延豐曾經想做一些翻譯工作，陳寅恪專門寫信給胡適介紹兩人，而後羅香林去中山大學教書，陳寅恪也去信表示關切。[4] 而值得一提的是，余英時在新亞讀書時的老師錢穆和羅香林，還有余英時在哈佛的導師楊聯陞，都和陳寅恪有著密切的關係，因而其在一九五八年關注陳寅恪並且寫出〈陳寅恪先生《論再生緣》書後〉，亦在情理之中。

同學少年

新亞書院第一屆畢業生一共有三人，分別是文史學系的余英時和陳式，以及經濟學系的張德民，第二屆畢業生大為增多，共有九人，其中文史系一人，為王懿文，哲教系三人，分別為唐端正、朱光國、周美蓮，經濟系四人，分別為列航飛、陳漢侯、奚會章、朱清旭，商學系一人，為陳負東，第三節畢業生共有四人，分別為文史系的雷一松、經濟系的唐修果、商學系的林美瓊和哲教系的上官汝璜；第四屆畢業人數恢復到九人，文史系三人，哲教系兩人，經濟系四人，這一年余英時遠赴美國擔任哈佛大學訪問學者，次年正式開始博士課程。

當時新亞學生創辦的《新亞校刊》是記錄當時新亞師生活動的重要刊物，一九五二年出版第一期，編輯為黃端正、黃祖植、古梅和蔡漢賢，總務分別為陳負東、列航飛和梁崇儉。

據第五屆畢業生黃祖植回憶，他剛入新亞時，覺得校園生活非常豐富，比如開辦夜校、組織音樂團、開辦音樂會等，當時每個星期還有同學演講會，大家一起出壁報、創辦校刊，各自發揮自己的才

3 陳毓賢：《洪業傳》，第一六一——一六二頁，北京大學出版社，一九九五年十二月版。

4 張傑、楊燕麗編：《追憶陳寅恪》，第九八——一〇七頁，社會科學文獻出版社，一九九九年版。

能。[5]另外一位畢業生沁蕊在《師長素描》中說，錢穆先生雖然看起來很凶，但是絕不發脾氣，唐君毅先生非常用功，使得學生們都感到慚愧，而且唐先生似乎每時每刻都在思考哲學問題，梁寒操先生教授寫作，經常讓學生多寫多練，曾克耑先生的草字很好，上課時經常講一些有趣的故事。[6]

余英時和張德民畢業時，校刊還刊出了送別專欄，但是第一屆的另外一位畢業生陳式由於沒有參加畢業典禮，因此校刊並未記載，送別的文章中說：「我們在這萬方多難的日子裡，像兄弟姊妹一樣生活在一起，我們有時研討，有時談笑，雖然很少，但我們也曾淘氣過。如今，民族的命運危急了，人類的命運也到了生死的邊緣，而我們呢？卻輕輕的唱起一陣低靡的驪歌。」余英時和張德民在答謝的文章〈臨別的話〉中說：「此時此刻，我們的合與離絕不是偶然的，而是歷史背景和時代潮流所共同促成的，那就是說，我們的離合已經超過了個人情感上悲喜的境界，而別有其深長的文化意味。」

當時的新亞校刊除卻刊登這些學生的文章之外，還刊登了許多教師的文章，比如創刊號上有唐君毅的〈我所瞭解之新亞精神〉，張丕介〈武訓精神〉等文章，還有一些學術文章，如〈唐代廣州光孝寺與佛教各派之關係〉、〈略論中國經濟不進步之原因〉、〈市地投機之流弊及防止之對策〉、〈略論性之善惡兼評荀子〉、〈莊學偶談〉等文章，另外還有一些師生創作的散文和詩歌。當時校刊還刊登過錢穆在台北受傷住院的消息，當時學生在沙田秋遊的照片和事後撰寫的遊記也會刊登在校刊上。同時校刊還有半官方的性質，刊登過新亞書院的學規、課程綱要、各系情況等公文，從這些文章中可

5 《新亞校刊》，創刊號，一九五二年六月。
6 《新亞校刊》，第二期，一九五三年三月。

新亞書院第一屆畢業生合影。從前往後第二排左五為余英時，右一為余協中。

余英時新亞書院畢業證書。

以得知當時新亞書院的組織架構和各系的課程情況，也可以從中看出當時余英時所受的教育。

思想的激蕩

當時在新亞的師生當中，有幾份影響比較大的雜誌，都和新亞的師生有關，一份是徐復觀等人創辦的《民主評論》，一份是唐君毅等人創辦的《人生》，還有一份是余英時等人創辦的《中國學生周報》。《民主評論》影響最大，和《自由中國》並駕齊驅，而且在台灣也設有編輯部，余英時的父親余協中曾經為《民主評論》寫過文章，而余英時則為《自由中國》寫過文章，余先生曾經告訴筆者，當時他給《自由中國》寫稿是自己投稿過去，很快刊出，讓他頗為興奮了一陣。當時還有一份雜誌叫做《自由陣線》，余英時還參加過《自由陣線》雜誌的一些編輯工作。

《人生》雜誌的香港及其他地區總代理是和余英時有著間接關係的友聯書報發行公司，加上徐復觀和錢穆私交頗密，因此余英時與《人生》雜誌一直有聯繫，而且有意思的是，余英時在《人生》雜誌上寫文章經常把筆名和原名反覆使用，一九五三年余英時在《人生》雜誌第十一期和第十二期以「艾群」的筆名發表了〈論文明〉一文，一九五四年又在《人生》雜誌上以真名發表了〈郭沫若抄襲錢穆先生著作考〉一文，該文後來在一九九一年改題〈《十批判書》與《先秦諸子繫年》互校記〉，並作跋文，收錄於《猶記風吹水上鱗——錢穆與現代中國學術》一書，該文影響極大，曾經引起大陸學界的大規模「反擊」。一九五四年十二月，余英時還為徐速的著作《星星・月亮・太陽》寫過一則書評，題為〈人生的徬徨——從《星星．月亮．太陽》說起〉，刊登在一九五四年十二月的《人生》雜誌上。一九五五年余英時又在《人生》雜誌上發表了〈五四文化精神的反省與檢討〉一文，余英時這一年出版的《自由與平等之間》，其中很多的文章都刊發在《人生》雜誌上。一直到一九五八年，余英時還在《人生》雜誌上發表了〈陳寅恪先生《論再生緣》書後〉一文，引起廣泛的關注。

余英時在《人生》雜誌發表〈陳寅恪先《論再生緣》書後〉。

《人生》雜誌原為旬刊，後改為半月刊，一九五四年《人生》雜誌創刊三周年，余英時以「艾群」的筆名為《人生》雜誌題字：「我很慚愧在《人生》從萌芽到抽苗的三年艱苦歲月中，我沒有盡絲毫耕耘與灌溉的力量，今後我願意竭盡綿薄為《人生》的開花與結果而努力。」余英時還和黃思騁、王道、唐端正、黃聲孚、孫慕稼、遲寶倫、孫述憲作為特約作者的代表合影留念，照片也刊登在三周年紀念特刊上。[7]

7《人生》，第七十三號，第七卷第一期，一九五四年一月十一日。

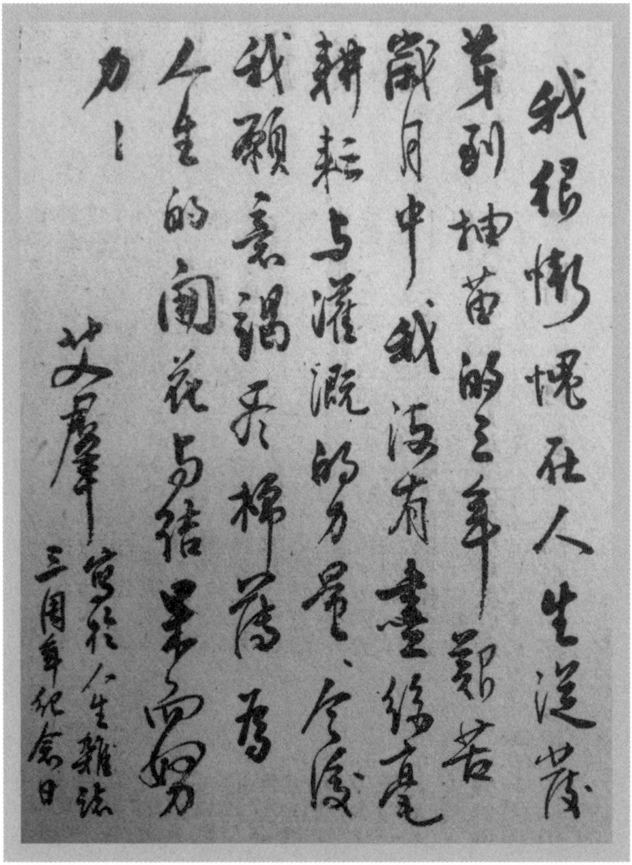

我們慚愧在人生從發芽到抽苗的三年艱苦歲月中，我沒有盡絲毫耕耘與灌溉的力量，今後我願意竭盡棉薄，為人生的開花與結果而努力！

艾群
寫於人生雜誌
三周年紀念日

余英時以「艾群」的筆名為《人生》雜誌三周年題詞。

而余英時和其父親余協中都曾經為《民主評論》寫過文章，余協中在世界史研究方面頗有造詣，因此寫的文章大多與此相關，余協中在《民主評論》第三卷第十九期和第二十期發表了《到世界和平之路》這篇長文，而余英時的文集《自由與平等之間》，其中一些篇章也刊登在〈民主評論〉上。而除了余氏父子之外，《民主評論》的撰稿人幾乎雲集了當時幾乎所有的自由派人士，比如鄭學稼、金達凱、林文山、鄭竹章等。而且也正是這一層的淵源，余英時和徐復觀的關係一直保持的不錯，並不像後來余英時和唐君毅的關係那樣的僵化。

而余英時和《中國學生周報》的關係更為密切，當了前三個月的主編，主要負責撰寫社論，前三個月的社論都出自其手，創刊詞名為〈負起時代的責任〉，余英時強調，該報紙是學生自己獨立創辦的，服務的是全世界的學生，因此不會受任何黨派和政治的干擾，從而溝通中西文化，替未來的中國摸索出一條正確的出路。[8] 而余英時在第二期的社論中強調，要為了學術自由而奮鬥，余英時同時引用香港大學賴德校長的話：「凡獨裁者企圖向每間大學施加壓力控制，欲使成立獨裁機構，其結果必遭失敗無疑！」[9]

而余英時對當時許多青年學生的前途也有切實的關注，比如他在第三期的社論中討論香港學生回大陸升學是否有前途，在第四期社論中討論擇業自由的問題，余英時進而在第五期社論中呼籲香港教育應該擔負起職責，「瞭解一些中西文化的大問題，不僅是防止同學們回國升學的最可靠辦法，而且

8《中國學生周報》，一九五二年七月廿五日。
9《中國學生周報》，一九五二年八月一日。

也是抵抗共產主義毒化思想的最有效的藥劑。」[10]余英時一生反共，其少年時代的反共思想，便由此發端。與此同時，余英時的公共情懷，也在社論中得到充分的展現，在第七期社論中，余英時尤其強調了記者節的意義，呼籲新聞自由。[11]余英時自由民主思想的奠定，毫無疑問是在新亞書院時期養成。

10《中國學生周報》，一九五二年八月廿二日。
11《中國學生周報》，一九五二年九月五日。

第七章

余英時的香港時代

余英時與《自由陣線》

香港的五〇年代，是政治勢力角鬥的微妙年代，余英時身處其間，對此有所觀察和評論，因為余英時寫作勤奮，加上其和出版界、報界來往頗密，自己也曾經當過出版社和報社的負責人，因此文章、著作源源不斷，也因此取了許多筆名。他曾經參加《自由陣線》雜誌，在上面撰寫了大量追求民主自由的文章，由此被國民黨視為第三勢力，由此無法獲得赴美的簽證，當時余英時用「艾群」等諸多筆名，光在一九五一年這一年間在《自由陣線》發表了六篇文章，包括〈從民主革命到極權復辟〉、〈論革命的手段與目的〉和〈我的一點希望〉等篇，而一九五二年他在《自由陣線》上寫了二十一篇。[1] 艾群這個筆名是余先生較為人所熟知的筆名，這也是他自己比較中意的一個筆名，也是唯一一個親口承認過的筆名。

余英時後來自己在回憶文章中提起這一段經歷時說：「當時我自己尚在香港新亞書院讀書，但同時也在流亡知識分子所辦的一個周刊——《自由陣線》——兼任一部分編輯工作。我所負責的是『青年天地』一欄，專門在知識與思想範圍之內談些淺近而有趣的問題。因為物件都是像我自己一樣的青年讀者，所以這一欄的文字都是些卑之毋甚高論的東西，我自己也用艾群的筆名辟了一個專欄。」[2] 余英時後來在回憶錄中還曾提到，他在《自由陣線》先後工作了兩年，一九五三年秋季他參加了錢賓四師的一個研究團體，才辭去了《自由陣線》的編務。這是因為在亞洲協會支持下，研究人員每月接受生活費，必須全時研究，不能再兼他職。[3]

余英時先生的這個專欄叫做「山外叢談」，取蘇東坡「不見廬山真面目，只緣身在此山中」之意。余英時說，五〇年代的香港是文化的沙漠，一般青年人並不注重思想；而略有思想的又不免被所謂「革命」的狂潮席捲而去，情緒十分高昂，但是完全失去了理性，余英時當時深受「五四」以來的自由主義傳統的影響：在政治上嚮往民主，在思想上尊重理性和容忍，「山外叢談」所談的大體不出理性和容忍這一主題。[4]

而當時所謂的第三勢力，出自美國對華三人委員會中美國國務院巡迴大使吉普賽之口，他和費正清都傾向於中共，韓戰爆發後美國既不能親共，又不願意支持台灣，所以獨闢蹊徑，尋求一個既反共

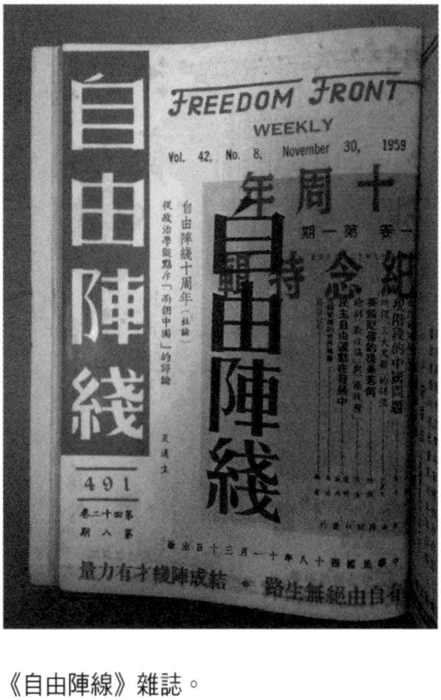

《自由陣線》雜誌。

1 參見劉紹銘：〈英時校長的時代關懷感〉，《東方早報》二〇一〇年一月十日。
2 參見何俊編：《余英時學術思想文選》，上海古籍出版社，二〇一〇年十月版。
3 余英時：《余英時回憶錄》，第一三五頁，允晨出版社，二〇一八年版。
4 參見何俊編：《余英時學術思想文選》，上海古籍出版社，二〇一〇年十月版。

又反蔣的政治勢力，吉普賽一九五〇年年初曾對記者說「美國希望中國出現第三勢力」，這便是第三勢力的由來。[5]

據第三勢力的代表何魯成之子何守樸介紹，五〇年代美國人在香港反共的宣傳和對中共問題的研究上投入了大量的資金，奠基了香港日後成為研究中國問題的重要中心。但是美國人花的是冤枉錢，一些得到部分津貼的雜誌，各自為營，美國人只能對他們隔靴騷癢，真正由美國大規模補貼的機構，不是荒腔走板，就是漸漸變成了私有化的商業集團，中規中矩，最像樣的只有亞洲出版社和友聯出版社。[6]余英時的《民主制度的發展》一書，就是一九五四年在亞洲出版社出版的。

當時的亞洲出版社可以說是執五〇年代香港出版界的牛耳，五〇年代其出版的書籍包括報導文學類如張孟桓的《蜀道青天》、曾白虛著的《東遊散記》等，學術著作類如唐君毅著的《心物與人生》、羅香林著的《歷史之認識》、殷海光著的《邏輯新引》、勞思光著的《存在主義哲學》等，專題研究類如余英時著的《民主制度之發展》、馬彬著的《轉型期的知識分子》、孫旗著的《論中國文藝的方向》等，「翻譯名著」類如梅榮李萊著、易文譯的《好萊塢工作實錄》等，「兒童叢書」類如安樂生著的《擦鞋子》、沈展如著的《唐太宗》等。[7]

而在這其中，辦的最成功的雜誌要算是《自由陣線》，他由青年黨元老左舜生、李璜、何魯之等創辦，因經費困難面臨停刊的時候，美援適時到達，當時青年黨第二代領袖謝澄平與CIA搭上了線，謝澄平認為，必須建立一個正式的文化團體作為掩護，於是在美援支持下，由《自由陣線》周刊擴展成了自由出版社，開辦平安書店，接著成立《中聲日報》、《中聲晚報》，一時聲勢大振。[8]

當時青年黨招攬人才不拘黨派，自由出版社扮演了一九四九年之後知識界的避風港，幾乎有六、七成的文化人士都和自由出版社有過接觸來往。那時候謝澄平推薦的人都可領到每月一千元或數百元港幣的津貼，當時香港一個中文小學教員的月薪約為二百元，這些錢救了不少當時中國文化人，然而這種沒有標準的作法一氾濫，認為不公平與爭執的風波就愈來愈多，後來青年黨紛爭日烈，而一些人依賴美援成隋性，一旦美援停止，事業體便告萎縮，被一些自力創業的《星島日報》、《明報》、《新報》、《信報》迎頭趕上，自由出版社一共辦了十二年，出過數百種叢書，對南洋及美國都產生了宣傳作用。[9]余英時早年的幾部著作，如《民主革命論》、《近代文明的新趨勢》、《自由與平等之間》，都是由自由出版社出版的。余英時先生曾經告訴筆者，當時他和其父親余協中都在《自由陣線》和自由出版社兼職，每個月二十多元補貼。

---

5 參見何守樸：〈我的父親何魯成和他走過的中國1〉，《檔案管理》，二〇一〇年第二期。

6 參見何守樸：〈我的父親何魯成和他走過的中國2〉，《檔案管理》，二〇一〇年第三期。

7 參見柯振中：〈二十世紀五〇年代香港一家出版社所做的世界華文文學工作〉，載陸士清主編：《新視野、新開拓：第十二屆世界華文文學國際學術研討會論文集》，復旦大學出版社，二〇〇二年版。

8 參見何守樸：〈我的父親何魯成和他走過的中國2〉，《檔案管理》，二〇一〇年第三期。

9 參見何守樸：〈我的父親何魯成和他走過的中國2〉，《檔案管理》，二〇一〇年第三期。

余英時與《中國學生周報》

當時中央情報局成立的「亞洲基金會」和香港的出版業繁榮有著密切的關係，一九五一年四月「友聯出版社」受中央情報局資助成立，同年「人人出版社」亦受資助成立，一九五二年九月則有「亞洲出版社」成立，由報人張國興主持，後並創辦「亞洲影業公司」。[10] 友聯出版社的出現是在當時第三勢力讓美國人大失所望之餘產生的，美國人有次在鑽石山一個單位的資料室裡看到了幾個孜孜努力於寫報告和摘資料的大陸青年流亡學生，大喜過望，認為中國未來的希望就在這裡，便予以大力援助，這些青年包括了後來香港中國筆會會長的徐東濱、名作家徐訏，他們拿到經費之後還拿來投資，準備長期發展，當時友聯出版社曾辦過幾個對香港有深遠影響的刊物，除了政治性的《祖國周刊》，還針對青年、青少年與兒童辦了《大學生活》、《中國學生周報》與《兒童樂園》，後二本刊物對香港中小學生影響頗大，當時的《中國學生周報》編輯中有一位青年，就是余英時。[11] 其實何守樸只知其一不知其二，余英時不僅僅是《中國學生周報》的編輯，他是該報的創刊主編，當時和他同事的有姚拓、趙聰等人，這些年輕人是五〇年代逃難的中國年輕人的代表，後來都在各自領域做出了傑出的成就。[12]

劉紹銘記後來回憶，他是通過投稿給《中國學生周報》的關係，認識了余英時。劉紹銘記得余英時那時是新亞書院的學生，第一次見劉紹銘時，還結了一個紅色的領結，給劉紹銘的印象是雄姿英發，神清氣爽，後來劉紹銘在回憶文章中寫道：「英時先生當時對我說了些什麼話，現在已經不記得了。但歲月不居，一晃眼已快三十年，去年在劍橋英時兄家中做客，談的話題太多，一時竟忘了問他是否還記得《中國學生周報》的日子，真是可惜。」[13]

鄭培凱曾經向余英時諮詢過當時他在《中國學生周報》等報刊上時寫稿的情況，余英時說那是一九五〇年到一九五二年之間的事，筆名用過好幾個，只是時過境遷記不起來了，只記得用過一個「艾群」，余英時同時表示說那些文章是「少作」，現在沒什麼看頭，余英時同時補充說當時寫的文章，好像都沒署名，不過前三個月的社評文章是他寫的，這些社論文章依稀可見余英時的家國情懷。[14]

余英時的學生王汎森先生曾經為編纂《余英時早年文存》，請鄭培凱代為複製余先生在《中國學生周報》上的文章，但是鄭一無所獲，後來鄭致電余先生才知道，余先生五〇年代初用過好幾個筆名，「只是時過境遷，記不起來了，只記得用過一個『艾群』」。同時余英時強調「那些文章是『少作』，現在沒甚麼看頭」。大陸出版《余英時文集》十卷本時，余先生在序言中也表達了類似的觀

10 參見《香港新文學年表（一九五〇—一九六九年）》，第一一四頁，天地圖書有限公司，二〇〇〇年版。
11 參見何守樸：〈我的父親何魯成和他走過的中國2〉，《檔案管理》，二〇一〇年第三期。
12 參見姚拓：《雪泥鴻爪》，紅蜻蜓出版社，二〇〇五年版。
13 參見劉紹銘：《文字還能感人的時代》，江蘇教育出版社，二〇〇六年六月版。
14 參見鄭培凱：《余英時早期文章的看頭》。

點：「這些少作只是我早年學習的紀錄，久已置於高閣。」但是《余英時文集》編者沈志佳幾次提議將這些少作收入，最終余英時接受了沈志佳的建議，談到再版這些少作的原因，余英時尤其強調：「對於西方史的參照功能和起源於西方但已成為普世性的現代價值，我至今仍然深信不疑。這也是我讓這些『少作』再度刊布的唯一理由。」余英時後來談及這些少作，不改初衷，他說：「年輕時是沒什麼學力，雖賣文章吃飯，卻都寫自己相信的話，並不胡寫。」

提到余英時的筆名和原名發表文章的情況，不得不說一下余先生的處女作，就要提到余英時與《星島日報》的關係。《星島日報》一九五一年一月一日刊登的〈能忍自安〉，是目前為止能找到的余英時最早的文章，算是余英時先生的「處女作」。這篇文章的署名是「余英時」，一般來說作者對於自己的處女作使用原名和筆名，都有充分的理由，而余英時在此處使用原名，充分體現了其對處女作的自信。另外余英時一九五四年三月在《自由中國》發表的〈平等概念的檢討〉，使用的也是原名，這篇文章也是余先生早年比較成熟的作品，所以才會用原名發表。而余先生當時在《新亞校刊》上的文章，也是用原名發表。

另外有一種情況是原名和筆名交互使用，這一點可以從余英時與《人生》雜誌的關係來看，余英時在《人生》雜誌上寫稿時，有時使用原名，比如一九五四年十二月發表的〈人生的徬徨——從《星星．月亮．太陽》說起〉，使用的便是原名。《星星．月亮．太陽》早年在《自由陣線》連載時，余英時也同時在《自由陣線》連載一些長篇的文章。從余英時為此書寫書評來看，余先生很有可能和徐速認識，《星星．月亮．太陽》一九五三年年由高原出版社出版，而余英時當時則是高原出版社首任總編輯。值得一提的是，《星星．月亮．太陽》後來被改變成電影，由易文導演，尤敏主演，獲得第一屆金馬獎最佳女主角獎。余英時也常常用「艾群」的筆名在《人生》雜誌上發表文章，還曾經用「艾群」的名字為《人生》雜誌三周年題詞。另外余先生在《自由陣線》上的文章，大部分用「艾群」的筆名，大概是因為《自由陣線》是第三勢力的文章，因此余先生用筆名來規避政治風險。但是也有特殊情況，比如余先生曾經翻譯過羅素的文章在《自由陣線》上連載，譯者用的是原名。

余英時使用筆名最多的雜誌，很有可能是《中國學生周報》。據我推測，余英時在主持《中國學生周報》時，發表文章有兩種方式，一種是不署名，一種是署筆名，而筆名也花樣翻新，但是萬變不離其宗，和其原名都有著千絲萬縷的關係。而且這些用筆名發表的文章，也留下了許多蛛絲馬跡，為後人認定這些文章的「原主」提供了清晰的線索。

能忍自安

余英時

一九五〇年十二月廿二日夜於九龍

余英時處女作〈能忍自安〉，刊載於《星島日報》一九五一年一月一日。

余英時在《中國學生周報》不署名的文章，基本上都是社評，按其所述，他是該報前三個月的主編，社評文章都是他寫的，如果以余先生「三個月」這個限定的時間段查考《中國學生周報》，可以看出他一共寫了約十四期的社評，從一九五二年七月十五日一直到十月二十四日，首期的「創刊詞」出自其手，其後的社評則以「學壇」為專欄名，第十四期的社評名為〈如果魯迅還活著？——也紀念魯迅逝世十六周年〉。

余英時在《中國學生周報》上署筆名發表的文章，則有各種各樣的樣式，筆名大約有兩三個，可能性最大的叫做「石英」，另外「愚公」也有很大的可能性。這兩個筆名看似和原名完全不同，實則由來有自，「石英」為「英時」兩個字的翻轉，改「時」為「石」，有趣的是後來台灣有一家出版社便叫做「時英出版社」；而「愚公」則更好理解，乃是「余公」的諧音。這期中用「石英」的筆名所發表的文章，和余英時五〇年代初的「少作」有著非常相通的地方，都在肯定自由、民主、人權等一系列普世價值。

我之所以斷定「石英」是余英時的筆名，在於其在《中國學生周報》創刊號上發表了一篇名為〈肯定自己的獨立思想〉的文章。一般來說，能在創刊號上發表文章的人，和報紙有著很密切的關係，另外從發表的篇幅來看，要遠遠大於余先生所撰寫的創刊詞，因此可以斷定這個「石英」就是余先生本人。值得注意的是，此文中出現了許多和余先生「少作」高度吻合的詞彙，而且出現頻率相當之高，比如「思想」、「獨立」、「以來」、「指出」等等，而且行文語氣也和這一時期余先生的文章有著極高的相似度。

「石英」在《中國學生周報》上發表的第二篇文章，是第三期上的〈遠在天邊，近在眼前〉，是專欄「請你想一想」的第二篇文章，文中「思想」、「文明」、「指出」等詞彙也是高密度出現。第四期發表了署名「石英」的第三篇文章〈剎那心和連續心〉，「思想」一詞依然是全文討論的焦點之所在。第五期發表的〈學而思，思而學〉，「文明」則成為了討論的重心。而另外值得一提的是，第七期報紙上刊登有余英時先生的弟弟——當時還在華仁小學讀書的余英華所寫的一首小詩〈秋陽〉。《中國學生周報》第十八期上刊登了一篇署名「愚公」的文章，名為〈求學之道〉，文章只有幾句話：「有一位哲學家自述他自己求學時期的讀書方法，當時他自己提出了這樣一個口號：用打仗的精神求學，以批評的眼光讀書。但讀書而不求甚解也是不行的，因此他提出了第二個口號：細心想道理，大膽下批評。」有以下幾個證據可以說明此文為余英時所寫，因為此文極短，所以此文的作用是補充排版時的空白，而這篇文章旁邊還有「思想」和「生活」兩個大字，和兩個人讀書的漫畫，很明顯是補白所用，因此作者必然和該報有著密切關係。而「細心想道理，大膽下批評」則化用自胡適的「大膽的假設，小心的求證」。一九五二年二月，余英時在《自由陣線》第八卷第十一期發表〈胡適思想的新意義〉一文，其中就談到了胡適的這一思想精髓。

《中國學生周報》在香港文學史上有著重要的作用，該報從一九五二年七月二十五日創刊一直到一九七四年七月二十四日停刊，歷經二十二年，雖然其一度被認定為反共刊物，但是這種政治的定性終究掩蓋不了其對香港文學的重要貢獻，余英時主持該報時，錢穆、唐君毅都曾經為該刊寫稿，六、七〇年代也斯、胡菊人等著名報人都曾經在該刊當過編輯。[15]

15 參見周麗娟：〈《中國學生周報》與香港文學發展的關係〉，《華文文學》，二〇〇二年第六期。

余英時與香港的出版社

五〇年代創立於香港的出版社中，有不少都和當時的流亡者有關，一九五〇年成立的人生出版雜誌社，主要出版錢穆、唐君毅、程兆熊等人的著作，並於一九五一年初創刊《人生雜誌》半月刊，一九四五年就在上海成立的環球出版社，自一九五〇年南遷香港後，先後復刊或創刊了多種通俗性雜誌，如《藍皮書》、《西點》、《黑白》、《武俠世界》等，並出版流行小說系統，其中數十種被改編拍成電影，可惜在一九五九年底逐漸結束營業。[16]

同年創辦的友聯出版社，是一個綜合性的文化機構，集研究、出版、印刷、發行於一身，在研究方面，創辦了友聯研究所，從事中共問題研究和資料搜集；在刊物出版方面，先後創辦《中國學生周報》、《祖國周刊》、《兒童樂園》半月刊、《學生周報》、《蕉風月刊》、《大學生活》半月刊、《銀河畫報》等；在圖書出版方面，先後推出各種文藝創作、世界名著譯述、青少年讀物、電影文藝、中共問題研究等數百種，在發行與印刷方面，創辦了發行機構、印刷廠及遍及各地的廣大發行網。[17]

友聯出版社源於當時在香港的中國流亡者創辦「中國民主同盟」，這個同盟成立沒有多久便宣告解體，解體之後當時同盟的陳濯生、徐東濱等人創辦了友聯出版社，後來史誠之在洪水橋開辦友聯資料室，後來擴展為友聯研究所，後來孫雅禮等人從友聯的發源地——鑽石山的半山別墅中分離出來，創辦了「平凡叢書」，節譯了很多宣傳民主自由的書籍。[18]

余英時和友聯出版社的主要編委胡欣平非常熟悉，胡欣平有兩個筆名最重要：一是「胡越」，一是「司馬長風」。余英時指出，他對馬克思、恩格斯的著作曾深入研究，凡是批評馬列與中共的文字都用胡越之名，但是他又愛好文學，因此寫這一領域的東西則用司馬長風四字。胡欣平還是《祖國周刊》的首屆總編輯，余英時與胡欣平的關係主要是一種編者與作者的關係，因為余英時在《祖國周刊》上發表過不少文章，從香港到美國，一直未斷。除此之外，他和胡欣平還有一種私生活的友情，這是因為他們我們同是圍棋的愛好者。[19]

這一年成立的高原出版社，首任總編輯便是余英時，此社以出版學術論著、文學創作和青少年課外讀物為主，並先後創辦《海瀾》文學月刊、《少年旬刊》、《學友雜誌》等。該社於一九五三年出版徐速的《星星．月亮．太陽》，暢銷海內外，奠定在出版界之聲譽。其實高原出版社是余英時等人從自由出版社分出來的，當時與余英時共事的還有徐直平、柳惠、鄭力匡等人，[20]余英時早年的兩本書：《到思維之路》和《文明論衡》分別在一九五四年、一九五五年在高原出版社出版。《到思維之路》一書據余英時自述，乃是由於社中朋友們的慫恿，是余英時在「山外叢談」的專欄中選了幾十

---

16 參見《香港的出版業發展階段》，中國文化出版社官方網站「出版常識」一欄介紹。
17 參見《香港的出版業發展階段》，中國文化出版社官方網站「出版常識」一欄介紹。
18 趙滋蕃著：《文學原理》，第六〇六頁，東大圖書股份有限公司，一九八八年三月版。
19 余英時：《余英時回憶錄》，第一三七頁，允晨出版社，二〇一八年版。
20 趙滋蕃著：《文學原理》，第六〇六頁，東大圖書股份有限公司，一九八八年三月版。

篇，印成這本《到思維之路》。余英時說：「這些淺薄的少作，當然沒有什麼學術價值可言，不用等到壯年便已自悔孟浪了。所以我後來一直叮嚀高原出版社不要重版。」[21]

高原出版社的創始人徐速，便曾經是一位編輯，其早年曾在《新大陸》雜誌任職，到港之後先在自由出版社任職，後在《人人雜誌》擔任編委，其後創辦了《海瀾》雜誌，後來他的所有書幾乎都在高原出版社出版，他和余英時認識，便是一九五二年在自由出版社共事之時，後來徐速還與左舜生等人發起香港中國筆會。

21 參見何俊編：《余英時學術思想文選》，上海古籍出版社，二〇一〇年十月版。

第八章

求索西方文明

追索民主與文明

余英時之所以在香港時轉向對自由民主的追索，和其早年閱讀《觀察》的影響有關，而另外一個被人忽視的原因是其繼母尤亞賢，尤亞賢早年畢業於之江大學，外交官楊公素在回憶錄中便提到了尤亞賢，當時一二九運動發生，楊公素看到清華大學學生會的陸催在演講，楊公素回憶：「她是我在東吳的同學，與她在一起的一位好朋友尤亞賢，曾在東吳大學與我認識。今天見她出面講話，知道她是個政治活躍分子，但還不知她是否是共產黨員。」[1] 楊公素是楊度的兒子，從他的記述中可以看出，尤亞賢非常積極的參與政治活動。

而當時尤亞賢還翻譯了許多西方有關軍事的文章，比如發表在《貫徹評論》一九四一年第三卷第五期上的〈日本海軍與美國〉，發表在《女青年》一九四五年第二卷第三期上的〈關於《戰地歸來》〉，發表在《女青年》一九四五年第二卷第四期上的〈女子職業之我見〉，發表在《軍事與政治》一九四五年第七卷第三期的〈戰爭與美國婦女〉等等。

而尤亞賢還曾經翻譯了貝恩斯的《民主政治之現在與將來》，這本書對余英時影響很大，還曾經在其早年著作中徵引用，[2] 貝恩斯的原書名叫 *Democracy: Today and Tomorrow*，一九三九年由 Macmillan Company 出版，尤亞賢的譯本於一九四四年在重慶商務印書館出版，很快再版，尤亞賢在譯者序中認為中國即將實行憲政，國人定能從此書中獲得不少教益。全書第一章從近代民主來考察近代歐洲知識與政治的發展，第二章考察了世界大戰對於民主進程的影響，第三章探討了戰後民主國家崩潰的主要原因，第四章則考察了國際聯盟的作用，第五章則集中探討近代反民主的思想和歐洲政治之間的關係，第六章則對民主政治的將來作出展望。[3]貝恩斯此著的具體觀點，對余英時的少作《民主制度的發展》一書有著鮮明的影響。

某種意義上說，《民主制度的發展》的發展算是余英時第一本專著，因為在此之前余英時所出版的《近代文明的新趨勢》只是集合了在報刊上發表的專欄文章，較為零散，不夠系統，而《民主制度的發展》則更為系統全面，余英時回憶，這本書無論在設計和剪裁方面，都和父親余協中有著密切的關係，所以此書和《近代文明的新趨勢》合而為一再版為《西方民主制度與近代文明》時，余英時特意在重版識語中寫上了「趁此重版之際，獻給他老人家在天之靈」這句話。[4]

余英時母親尤亞賢譯作。

1 參見楊公素：《滄桑九十年》，第二章，海南出版社，一九九九年版。
2 參見余英時：《民主制度與近代文明》，第二三八頁，廣西師大出版社，二〇〇六年版。
3 貝恩斯著，尤亞賢譯：《民主政治之現在與將來》，譯者序，商務印書館，一九四四年版。
4 參見余英時：《民主制度與近代文明》，第二一四頁，廣西師大出版社，二〇〇六年版。

余英時回憶寫作此書的時代背景時曾經指出，五〇年代初期，西方式的民主在中國人的觀念中正陷入一個空前的低潮，民主究竟是怎樣從西方的思想和制度中逐漸發展出來，當時一般讀者不但不大瞭解，而且根本已失去了瞭解的興趣，余英時當時住在中國大陸邊緣的香港，對這一情況體會得尤其深刻，因此《民主制度的發展》和《近代文明的新趨勢》這兩冊書便是在這種背景之下編寫出來的，由於當時新亞沒有圖書館，余英時家中藏書也因避難而蕩然無存，所以余英時所能利用的圖書館只有香港英國文化協會和美國新聞處兩地，這兩個機構都設在香港，離余英時在九龍的寓所甚遠，當時余英時正在上學，同時也承擔了一部分編輯工作，只有在閒暇時到這兩個地方去查書和借書，所以這兩冊書都是在資料極端困難的情形下寫成的。[5]

余英時後來自陳，以性質而言，《民主制度之發展》偏重在制度的成長，而《近代文明的新趨勢》則注重民主的一般的文化背景，故二者可以互相補充之處甚多，因而放在一起重新刊布。[6]其中《民主制度的發展》開篇主要通過對於民主的形式和內容的探討，考察古代希臘羅馬的民主制度和因素，同時也考察了中古代議制度和宗教改革之後民主的發展，余英時還開闢專章討論法國革命和十九世紀的民主進程，然後對民主在未來的發展做出預估，余英時尤其指出：「民主已經有了兩千年以上的歷史，雖然它遇到了很多的艱險，但總會迂回前進。」[7]

---

5 參見余英時：《民主制度與近代文明》，第二一三頁，廣西師大出版社，二〇〇六年版。
6 參見余英時：《民主制度與近代文明》，第二一三頁，廣西師大出版社，二〇〇六年版。
7 參見余英時：《民主制度與近代文明》，第一一八頁，廣西師大出版社，二〇〇六年版。

余英時少作《民主制度的發展》。

從余英時在書後所列出的參考書目可以知道，當時余英時閱讀西學著作的範圍，這其中包括了亞當斯的《中世紀的民主》（George Burton Adams, *Civilization During The Middle Ages*），亞里斯多德的《政治學》（Aristotélés, *Politics*），貝恩斯的《民主政治之現在與將來》（Edvard Beneš, *Democracy Today and Tomorrow*），亞瑟・伯克的《西元五六五年前羅馬史》（Arthur E. R. Boak, *History of Rome to A.D.565*），哈瑞特的《民主的歷史》（Harriet F Bunn, *Story of Democracy*），約翰・布理、魯塞爾・梅格思合著《希臘史》（J. B. Bury, *History of Greece*），喬治・凱特林爵士的《政治哲學家史》（Sir George Edward Gordon Catlin, *A History of the Political Philosophers*），亞瑟・伯維爾・大衛斯的《民主乃人類之廣闊未來》（A. Powell Davies, *Man's Vast Future, A Definition of Democracy*），菲利斯・道爾的《政治思想史》（Phyllis Doyle, *A History of Political Thought*），基爾克的《中世紀的政治理論》（Otto von Gierke, *Political Theories of the Middle Age*），史蒂芬・金—賀爵士《我們自己的時代，1913-1938》（Stephen King-Hall, Sir. *Our own times, 1913-1938*），貝克爾的《現代民主》（Carl L. Becker, *Modern Democracy*）。這些書出版的年份大多在一戰之後，也有五〇年代的新書，可見當時余英時的思想受到了戰後西方政治哲學學者的很大啟發。

而在《近代文明的新趨勢》中，則集合了余英時在《自由陣線》上所寫的一系列文章，這些文章大部分都是在探討近代文明從文藝復興宗教改革以來的新發展，尤其值得重視的是，余英時在序言中坦誠此書的寫作源於余英時在寫《民主革命論》一書的時候朋友的建議，當時曾有朋友建議余英時寫一本近代革命史，後來余英時考慮到中國一般讀者對西方歷史文化的認識太淺，與其寫一部革命史，倒不如以民主主義為主題來敘述西方自文藝復興以來的種種社會變遷，比較更能適合當前文化界的需要，這便是《近代文明的新趨勢》一書撰寫的最初緣起。[8]

但是余英時自己坦誠，「近代文明的新趨勢」是一個大題目，憑自己的歷史知識難以駕馭，但是余英時認為當西方極權主義的洪流已經氾濫之際，我們沒有理由對西方近代文明不加聞問，余英時同時指出，極權主義是西方近代文明的病症，這病症本和我們無關，而我們竟不幸先蒙其害，由此可見近代文明已具有世界的性質，我們既無法拒絕它的挑戰，就得徹底地去瞭解它，看看它究將何去何從，我們又到底應該選擇哪一條路。余英時更援引拉斯基在《歐洲自由主義的興起》一書的序言，希望讀者將這本書理解成一篇較長的論文。[9]

也正是因為如此，余英時集中考察了文藝復興、宗教革命與資本主義發展對於西方文明的重要推動作用，同時也敏銳的意識到了近代國家的形成和階級的分化，尤其重要的是，余英時花了一章專門探究極權主義起源的問題，余英時將其原因歸結為帝國主義的經濟侵略和機器工業所帶來的唯物思想的氾濫，余英時進而通過考察十九世紀以來民主進程的發展，指出未來要弘揚新人文主義，發動一場新的文化運動。[10]

而通過考察余英時在《近代文明的新趨勢》一書所徵引的書目來看，其閱讀的著作主要有羅素的《自由與組織》、湯姆森的《平等》、舍威爾的《歐洲史》、霍布遜的《帝國主義論》等，從這些書

8 參見余英時：《民主制度與近代文明》，第一二三頁，廣西師大出版社，二〇〇六年版。
9 參見余英時：《民主制度與近代文明》，第一二三頁，廣西師大出版社，二〇〇六年版。
10 參見余英時：《民主制度與近代文明》，第二二二頁，廣西師大出版社，二〇〇六年版。

目可以看出，余英時充分吸收了十九世紀以來尤其是歐戰之後人類思考文明的新成果，這些成果對於少年余英時來說，開闊了視野，堅定了自己的信仰，正如余英時自己所言：「對於西方史的參照功能和起源於西方但是成為普世性的現代價值，我至今仍然深信不疑。」[11]而余英時的這兩部著作與余協中編寫的《世界通史》對照起來看，余英時受到其父親的影響，是非常明顯的。

何謂革命

余英時對於西方民主與文明的追索，並沒有止步於此，他還更深入探討了發端於世界近代史上層出不窮的革命，而對於革命而言，在二十世紀，尤其是在二十世紀的中國，無疑是一個歷久彌新的話題，幾代中國歷史學者或者是國外的中國學者，對此問題都曾經有過論述，裴宜理在新近的一篇文章中指出，革命這一話題曾經在美國學界乃是熱點，但是近幾十年中國革命在美國學術界新老幾代學人中都甚少能吸引到歆慕者，甚至某些當年曾極力首肯中國革命之積極貢獻的學者，而今卻躋身於最尖刻的批評家之列。[12]

裴宜理列舉了幾個例子，比如周錫瑞在一九七二年曾寫過一篇題為〈哈佛研究中國：帝國主義的護教學〉的文章，以激烈的言辭來捍衛毛的革命，時隔二十年他對此提出了清醒、審慎的重估，周錫瑞認為中國革命「並非一場解放運動，而是用一種控制形式取代另一種而已」，而馬克·賽爾登也曾經認為「中國革命提供靈感，給世界各地的人們，他們所尋求創造的社會沒有令人窒息的壓迫和專斷獨裁的國家權力」，但是幾十年後馬克·賽爾登認為：「革命愈前進，愈覺政府好像寄生的……革命的洪流從政府中分裂出社會，從『他們』中分裂出『我們』。」[13]

這樣的反思，其實余英時早在五〇年代就已經開始，余英時在《民主革命論》一書中，開篇便提出，中國近百年來所發生的革命，都不是真正意義上的革命，它只是舊社會的解體，而不是新社會的重建，中國革命的一再陷入錯誤的泥淖之中，自有其客觀的社會因素，這些因素也是余英時寫這本書所要探究的中心課題之一。[14]

余英時認為，革命首先要有以天下為己任的精神，還得有衝破網路的精神，擁有這些精神還不夠，還需要依賴理性、需要弘毅精神，同時最重要的是「生而不有，為而不恃，長而不宰」防止變質的精神，這四種謹慎構成了健全的革命精神，在這樣的革命精神感召之下，革命才能熱情而不盲目，積極而不殘酷，建設而不妥協。[15]

余英時在《民主革命論》中徵引的書有亞里斯多德的《政治學》，柏拉圖的《共和國》（又譯作《國家篇》），古朗治的《古代城邦》，弗勞德的《英國史》，牟賽爾的《革命與反革命》，布羅甘

11 參見余英時：《民主制度與近代文明》，第二二頁，廣西師大出版社，二〇〇六年版。
12 參見裴宜理：〈重拾中國革命〉，《清華大學學報》，二〇一一年第五期。
13 參見裴宜理：〈重拾中國革命〉，《清華大學學報》，二〇一一年第五期。
14 參見余英時：《民主制度與近代文明》，第二二二頁，廣西師大出版社，二〇〇六年版。
15 參見余英時：《民主制度與近代文明》，第二一九—二二〇頁，廣西師大出版社，二〇〇六年版。

《革命的代價》等書，這些書和以往余英時所閱讀的書有很大的不同是開始偏向於古代世界史的研究，余英時在哈佛轉向研究古代中國史，與此不無關聯。

而余英時在《民主革命論》一書較諸以往的幾部著作，更為明顯的區別是閱讀量更大，引用的書目更多，同時每立一言，必要引用幾段材料支撐論點，同時一個微妙的變化是，余英時數次引用了當時出版不久的新書，可見余英時對當時學術界最新動態的觀察和思考。同時余英時的視野更為開闊，在世界各地的革命與中國革命做出了對比，突出了中國革命與世界革命的異同。

余英時自己也坦誠，這本《民主革命論》的撰寫，從初稿發表到全書改成，整整費去他兩年的時間，在這兩年期間他雖然曾寫了不少其他的文章，但真正牽繫著他的精神的還是這部書。所以，當他寫完本書的最後一個字時「感到一種從所未有的輕鬆，實在是卸下了一副千鈞的重擔」。[16]

自由與平等

談到少年時代余英時，不能不提到《自由中國》雜誌，正如余英時自己所言，自己思想的底色來自於儲安平的觀察，而一九四九年之後，《自由中國》對余英時的影響更大，余英時自己曾經在《自由中國》雜誌上刊登〈平等概念的檢討〉一文，[17]這是他的《自由與平等之間》一書的主幹，集中體現了當時余英時對於平等概念的認知。而自由與平等一書的主幹，就是余英時發表在《自由中國》、《自由陣線》、《民主評論》、《人生》等報刊上的文章的集合。

余英時曾經為人人出版社翻譯過一本湯姆生的《平等》，這本書的翻譯是促成余英時對於自由與平等這一話題展開興趣的重要原因，余英時在自序中認為，自己早年的思想的興趣集中在兩大問題上：一是文化哲學，一是社會哲學，前者以《文明論衡》為代表，後者則以此書為代表，全書頭兩章專門討論自由，三、四兩章專論平等，後兩章則綜論自由與平等的一般關係及其文化基礎。[18]

對於自由這個問題，余英時從嚴復的翻譯談起，繼而徵引諸家之說，討論「自然自由」、「積極自由」等幾個概念的異同，余英時同時引用拉斯基和瓦爾克的著作，討論社會自由及其實現的途徑，余英時討論平等時，則以自己翻譯的《平等》一書為契機，討論人人生而平等與天賦人權的重要意義，但是余英時也坦然承認，自由與平等之間會發生問題，因此才有了余英時對於平等這一概念的檢討。[19]

余英時認為，自由與平應該取得一種平衡，這二者必須是有機的配合與融會，而無從作機械的加或減，余英時繼而解釋道，自由所根據的乃是人的不同的、也就是個人性的那一面；而平等則建築在人的相同的、也就是社會性的基礎之上，而近代民主卻正是要在社會與個人之間覓取一種最恰到好處的協調，因此自由與平等兩大理想看似相反實則相承。[20]

---

16 參見余英時：《民主制度與近代文明》，第三一七頁，廣西師大出版社，二〇〇六年版。
17 《自由中國》，第十卷第五期，一九五四年三月。
18 參見余英時：《民主制度與近代文明》，第三二一頁，廣西師大出版社，二〇〇六年版。
19 參見余英時：《民主制度與近代文明》，第三三三—三七九頁，廣西師大出版社，二〇〇六年版。
20 參見余英時：《民主制度與近代文明》，第三六〇頁，廣西師大出版社，二〇〇六年版。

余英時後來談及這些少年時代的作品，曾經感慨萬千：「我受了五四思潮的影響，雖然已決定投入中國史的專業，但對於西方近代的文化史和思想史同樣抱著濃厚的興趣。我當時已不能接受任何抽象的歷史公式，更不承認西方史的階段劃分可以為中國史研究提供典型的模式。然而我深信西方的歷史與思想不失為一個重要的參照系統，使我更易於在比較的觀點下探索中國文化和歷史的特性。同時，對於五四時代所接受的西方近代文化主流中的一些基本價值，如容忍、理性、自由、平等、民主、法制、人權等，我也抱著肯定的態度。這些『少作』便是在這一心態下寫成的。」[21]

但是余英時同時指出，這些少作只是早年學習的紀錄，久已置於高閣。但是曾經重新再版，廣西師大出版社出版《余英時文集》時，編者沈志佳幾次提提議將這些少作收入，最終余英時接受了沈志佳的建議，談到再版這些少作的原因，余英時尤其強調：「對於西方史的參照功能和起源於西方但已成為普世性的現代價值，我至今仍然深信不疑。這也是我讓這些『少作』再度刊布的唯一理由。」[22] 余英時後來談及這些少作，不改初衷，他說：「年輕時是沒什麼學力，雖賣文章吃飯，卻都寫自己相信的話，並不胡寫。」[23]

王汎森後來曾經談到過余英時的《自由與平等》和余英時的其他少作，王汎森指出，一個二十幾歲的青年，大概當時非常饑渴的閱讀了各種西方近代歷史文化書籍，並且那麼有條理的梳理這種趨勢，已然顯示出他後來的學術路向，裡面那種梳理、論證的方式、看法，一直延續到三、四十歲。王汎森進而以《自由與平等》為例指出：「書名《自由與平等之間》就已經道出了它後面全部的背景——到底first priority是自由，還是社會主義的平等？兩者之間是否能找到一條新的路？我想當時很多流亡在港台的人也關心同樣的問題，這個問題值得細究，他們想在這兩者之間找到一個會通點。在西方到底是那個時代體現著這樣的意思？是羅斯福新政，還是別的時代？——當時這是一個大家關係的熱點。因為政治的震撼是很大的，逼迫人們去思考：到底自由主義和社會主義之間，或者說自由與平等之間，是否一定要完成一種拉鋸戰？另一個熱點是文明——人類文明要朝哪裡去？其思考結果就是《文明論衡》。」[24]

---

21 余英時：《文化評論與中國情懷》，第二頁，廣西師大出版社，二〇〇六年三月版。
22 余英時：《文化評論與中國情懷》，第二頁，廣西師大出版社，二〇〇六年三月版。
23 張鳳：《哈佛采薇》，第九二頁，陝西人民出版社，一九九八年版。
24 王汎森：〈史家與時代：余英時先生的學術研究〉，《書城》，二〇一一年第三期。

第九章

天才為何成群的來

二十世紀上葉的哈佛學生

從二十世紀二〇年代開始，在哈佛的中國學生愈來愈多，而哈佛後來也成為中國學的中心，陳懷宇的研究顯示，早在一九一九年三月七日出版的哈佛校報，當時哈佛學院錄取的外國本科學生僅二十人，中國學生最多，一共九人，加拿大有六人，其他日本、巴西、玻利維亞、法國、埃及各一人而已，根據一九一九年的《哈佛大學名錄》，參加中國同學會的人數是四十六人，大多是研究生，有些可能是旅美華僑，而根據一九二〇年二月十二日出版的《哈佛校友通訊》，當時全美大約有六千六百位外國留學生，主要來自日本、中國、拉美。其中哈佛約有兩百名外國留學生，中國學生最多，共五十三人。[1]

當時哈佛學院要求入學的學生完成了一些入學大學的準備課程，通過英語考試，並參加數學、物理、化學三科任選一門的考試。如果是讀文學士，還需要通過一門古代語言如希臘文或拉丁文的考試。但當時在哈佛讀本科的中國和日本留學生並不多，大多數人都是讀研究院或者專業學院，如商學院、神學院和牙醫學院。中國學習文學的學生有林語堂、張歆海、吳宓三位，學習戲劇的有洪深。[2]

這一階段的中國學生，其中最出名的就是陳寅恪。陳懷宇統計，一九一九年在哈佛學習人文的學生包括陳寅恪、俞大維、林語堂、張歆海、顧泰來、吳宓、湯用彤、韋卓民、洪深等九人，這九人均是學有所成的知名人物，而這之前有一九一八年畢業的趙元任，之後有一九二〇年入學的李濟，前述九人之中只有陳寅恪未拿學位，俞大維、張歆海兩人分別拿到哲學和文學專業的博士學位，其他人則拿到碩士學位。[3]

而二〇年代燕京大學的成立，則加強了中國學生和哈佛之間的密切關係，哈佛本有意和北大合作，無奈事與願違，轉而與燕京大學等教會學校加強合作，隨後成立了燕京學社，加強中國與哈佛之間的聯繫，哈佛燕京學社接受研究生申請，依照燕京研究院標準來加審核，學社提供獎學金，成績優異的學生可在哈佛大學深造攻讀博士，如歷史學的齊思和、翁獨健、王伊同、蒙思明、楊聯陞、鄧嗣禹等；考古學鄭德坤；日本文化與佛學有周一良；佛學與印度語言有陳觀勝等。獎學金計畫包括每年中文及歷史系等文科研究生，可申請攻讀學位或繼續研究工作，款項足夠包括學費、膳宿費及零雜費用。[4]

這其中有多人學成歸來執教於燕京大學，余英時在燕京大學讀書時，便直接受到齊思和與翁獨健的教誨，齊思和、翁獨健和蒙思明、周一良等人一樣，一九四九年選擇留在大陸，最終飽受文革之苦，而王伊同、鄧嗣禹、楊聯陞則大為幸運，王伊同生於一九一四年，於匹茲堡大學榮退，得享百歲高齡，至今身體康健，而楊聯陞則於哈佛東亞系開花結果，作育英才無數，人稱海外漢學第一人。

1 參見陳懷宇：《哈佛園中多英傑》，未刊稿。
2 參見嚴平、陳懷宇：〈一九一九年哈佛中日留學生之比較研究〉，《中國人民大學教育學刊》，二〇一一年第四期。
3 參見陳懷宇：《哈佛園中多英傑》，未刊稿。
4 參見張鳳：〈哈佛燕京學社七十五年的貢獻〉，《文史哲》，二〇〇四年第三期。

這其中還有一位非常獨特的學者，便是數理邏輯學家王浩，王浩早年就讀於西南聯大，抗戰結束後留學哈佛，取得博士學位後在哈佛任教，在哈佛時他和湯瑪斯・庫恩是同學。[5]但是王浩由於受其父親影響，從中學起已信仰馬克思主義，立場一直親共，並在一九五二年偕同趙國鈞與胡適就共產黨的問題爆發衝突，後來余英時在一九八七年十二月在哈佛大學舉辦的一次研討會上曾親自領教過一次。[6]王浩同時更在文革達到頂點的一九七一年訪華，對文革中的中國大肆讚揚。[7]

而和王浩一樣在一九五二年和胡適爆發衝突的趙國鈞，也畢業於哈佛大學，是非常著名的農業經濟學家，余英時記得他曾在費正清的東亞研究中心出版過一本關於大陸農業的小書，余英時剛到哈佛時，趙國鈞當時已準備回國，趙國鈞當時知道余英時從香港來，還特別和他在茶館中聚談了一個下午，余英時勸趙國鈞最好鄭重考慮一下，但趙國鈞是一個「很誠懇而質樸的人」，「富有民族主義的激情」，不久便拋下家庭獨自去了大陸，後來遭遇了很大的挫折。[8]有傳聞稱後來趙國鈞到了印度，和一位在印度工作的華人女性相戀，兩個人說好要回中國，但趙國鈞卻在歐洲出車禍死亡。[9]

洪業的哈佛歲月

在這群留學生和學者之間，尤其值得重視的是自一九四九年之後一直在哈佛工作的洪業，尤其能折射出一九四九年巨變之際知識人的遭遇，洪業早年曾在燕京大學擔任教務長。

哈佛燕京學社新成立時，邀請了幾位傑出的漢學家到哈佛擔任諮詢的工作。伯希和為其中之一，司徒雷登派洪業及燕大美國教授傅晨光為代表。當時洪業在哈佛的名義是講師，每學期教幾門課，但是洪業沒有博士學位，也沒有符合西方學術規範的英文著作，所以他在歐洲探望知名漢學家時，屢受冷眼，這也是他後來在哈佛沒能取得正式教職的原因。[10]

洪業在一九三〇年建議哈佛燕京學社撥出經費主辦「引得叢書」，有系統地替中國古代主要典籍編索引，讓現代學者易於查檢，燕京學社的管事者之一伯利克馬上明瞭這工程的重要性，而予以全力支援。洪業後來回到燕京大學，一直到一九四六年才離開，期間曾任哈佛燕京學社引得編纂處處長，同時還曾經兼任哈佛燕京學社執行幹事。洪業其間還曾經就任燕京圖書館委員會委員長，不但對燕京圖書館藏書出力甚多，對哈佛大學的東亞藏書也很有貢獻。他請負責哈佛大學東亞藏書的裘開明到燕京整頓燕大圖書館，後來替燕大圖書館買中文、日文或韓文的書時，也替哈佛買一份。碰上善本書，因為哈佛錢比較多，便替哈佛先買，而影印一份給燕大收藏。[11]

一九四六年洪業因受哈佛邀請赴美講學，未過幾年國民黨敗退台灣，原設在北京的燕京學社只能

---

5 湯瑪斯‧庫恩：《科學革命的結構》，第一九七頁，北京大學出版社，二〇〇三年版本。
6 余英時：《現代危機與思想人物》，第三一四頁，三聯書店，二〇〇四年版。
7 謝泳：〈西南聯大知識分子的家國情感與事實判斷〉，《開放時代》，二〇〇七年第六期。
8 余英時：《現代危機與思想人物》，第三一四頁，三聯書店，二〇〇四年版。
9 台灣大學社會科學院：譚中教授口述歷史訪談，二〇〇八年五月十八—卅日。
10 參見陳毓賢：《洪業傳》，第九九—一〇一頁，北京大學出版社，一九九六年版。
11 參見陳毓賢：《洪業傳》，第一〇八頁，北京大學出版社，一九九六年版。

撤回哈佛，洪業因此只能定居波士頓，掛靠在燕京學社下作一名普通的職員，晚年更義務指導研究生，澤被學林，洪業傳的作者如此描繪洪業：「好幾代哈佛研究中國文學歷史的學生陸續發現康橋有這位學問淵博的學者，像一座寶礦任他們挖掘。他雖沒有正式地位審查考試，但無數的博士論文在他的指導下完成。」也正是因為這種默默無聞的貢獻，洪業七十大壽那年，哈佛同仁把一九六三年《哈佛亞洲學報》在開篇獻詞中向他致敬，表揚他「對中國文學歷史的貢獻以及對幾代學者嚴慈並加的輔導」。[12]

余英時對洪業印象極好，在回憶文章中余英時認為：「洪先生平素與人論學，無論是同輩或晚輩，絕對『實事求是』，不稍假借。他博聞強記，最善於批評，真像清初人說閻若璩那樣，『書不經閻先生過眼，謬誤百出』。」余英時在一九七三年哈佛燕京學社的同仁為洪業舉辦的八十歲生日集會上還曾寫詩慶賀，詩云：「矯矯仙姿八十翁，名山業富德符充。才兼文史天人際，教育溫柔敦厚中。孫況傳經開漢運，老聃浮海化胡風。儒林別有衡才論，未必曹公勝馬融。」[13]

洪業一九八一年在波士頓安然去世，楊聯陞曾經寫詩哀悼，詩云：「康橋歲暮詩重詠，夫子音容尚儼然。東布春風西化雨，量如巨海德長川。子玄子美功臣並，八十八年福壽全。文史洪門多健者，先生含笑住鈞天。」但是洪業身後淒涼，他去世十五年後，他四十六歲的外孫女，在一個秋日清晨很冷靜地走到賓夕法尼亞大學校園中心，朝自己的身上倒汽油點火自焚，在五十人圍觀下死亡。[14]

哈佛園中多英傑

余英時一九五五年以燕京學社訪問學者的名義赴美，第二年正式開始博士課程，據當時和余英時同學的梅祖麟後來回憶道：「跟我同一年進哈佛研究院的有高友工、余英時、張光直、林繼儉、吳大鈞、楊振平。當時哈佛中國學生總共一二十個人。我們都沒有結婚，也沒有女朋友，平時在飯堂裡一起吃飯，周末就七個人擠進楊振平的老爺車到唐人街打牙祭。我們在一起聊天談的是自己的本行，這兩年從朋友口中學了不少東西。張光直講考古，余英時講中國歷史，高友工講文學，林繼儉講生化，吳大鈞講物理、數學，楊振平講電腦，可以算是我延晚的通識教育。」這其中林繼儉後來擔任哈佛醫學院生化系主任，楊振平則是楊振寧的弟弟當時學電腦，後來學物理。[15]

李亦園在哈佛讀書時便結識了余英時、張春樹、成中英、楊希枚等人，李亦園記得當時楊聯陞對於他們十分關照，李亦園剛到哈佛時，住在楊聯陞的隔壁，因此和楊聯陞有一些來往，李亦園家中至

12 參見陳毓賢：《洪業傳》，第一五三—一七一頁，北京大學出版社，一九九六年版。
13 參見余英時：《師友記往》，第一〇一一一頁，北京大學出版社，二〇一三年版。
14 陳毓賢：〈《洪業傳》出版以後〉，《東方早報》，二〇一三年一月廿三日。
15 參見梅祖麟：《我的學思歷程》，未刊稿。

今還保存著楊聯陞送給李亦園的畫。李亦園剛到哈佛時，李濟先生來哈佛訪問，得到了燕京學社非常隆重的招待，余英時、張光直、李亦園等人經常去李濟那裡聊天，有時候還陪李濟夫婦在波士頓周圍遊玩。[16]當時張灝也是在哈佛認識的余英時，張灝回憶：「我聽到余英時的名字，就去找他，從此變成朋友。在私誼上，我視他為老大哥，一直到現在。」[17]

那時的中國學生，還經常到余英時家聚會，陳方正便曾回憶，在哈佛大學的時候，他和余英時已經很熟，到他家裡去過好幾趟，當時中國留學生都是孤家寡人，精神上比較孤寂，到周末總要聚一下，余英時的父母當時住在波士頓，家裡地方也很大，大家有賓至如歸的感覺。[18]陳方正還記得他去余英時家那次，余英時剛到哈佛不久，還是研究生身分，正坐擁書城，不慌不忙地潛心研讀。[19]

梅祖麟還記得除了中國學生以外，一九五四年年以後哈佛陸續來了一批中研院史語所的學者，來做哈佛燕京學社的訪問學者。最早的是董同龢、勞幹，後來還有全漢升、張秉權、管東貴[20]、張存武等等。趙元任先生一九五四年到一九五五年休假，有半年在劍橋，住在他女兒卞趙如蘭家裡，趙如蘭、趙元任夫人都好客，於是卞家就成為劍橋華人經常聚會的地方，常客有董同龢、勞幹、楊聯陞夫婦、高友工、張光直等人。有一回還有李濟之先生，遇到過年過節大請客，是趙太太掌廚，趙如蘭二把刀，高友工和梅管洗盤子，餐後打掃廚房，趙太太還誇獎過梅祖麟和高友工，說碗盤洗得乾淨，工作俐落。[21]

這其間給余英時印象最深刻的朋友，是張光直，余英時還記得當時他到哈佛是以哈佛燕京學社的訪問學人的身分到美國的，和他一起到美國的就是張光直，張光直是人類學系的研究生，兩人住在同一條街（Shepard Street）的斜對面。余英時回憶，當時張光直和台灣大學的董同龢、高友工同住一所公寓，張光直也修過董先生中國語言學的課，所以他們是一師二徒的組合相處極為融洽，張光直不但聰慧過人，而且用功的程度更不是常人所能想像余英時偶然在晚間到他們的住處相訪，但絕大部分時間都在董先生的房裡談話，不敢多打擾張光直，張光直也有時走過來湊湊熱鬧，但不到十分鐘便回房用功去了，自律之嚴，即此可見。[22]

一九五六年秋季余英時也從訪問的身分轉變為研究生，這才和張光直在哈佛有先後六年的交往，余英時記得一九五八年以後張光直修完了博士課程，進入寫論文的階段，有了較多的自由支配的時間，加上新婚之喜，他們兩人都熱情好客，常常在周末招待一些單身同學，張光直頗有烹飪功夫，所以偶然也下廚一顯身手，這一類的聚會為了放鬆，所以打麻將和談武俠小說基本消遣，有一年嚴耕望恰好在哈佛訪問，偶然參加他們這個小圈子的聚會，在這群朋友的感染之下竟然也對武俠小說發生了好奇心，臨行時特意向余英時借了一部武俠小說為途中的讀物，張光直在台大時的導師李濟來哈佛講學時，張光直和余英時還陪他們打了幾圈麻將。[23]

16 參見黃克武訪問、潘彥蓉記錄：《李亦園先生訪問記錄》，二〇〇五年九月版。
17 李懷宇：《家國萬里》，第五〇頁，中華書局，二〇一三年六月版。
18 李懷宇：《訪問時代》，第一四四頁，江蘇文藝出版社，二〇一二年八月版。
19 陳方正：《站在美妙新世紀的門檻上》，第七五一頁，遼寧教育出版社，二〇〇二年版。
20 黃克武訪問：《李亦園先生訪問記錄》，第八二頁，中央研究院近代史研究所，二〇〇五年九月版。
21 參見梅祖麟：《我的學思歷程》，未刊稿。
22 余英時：《師友記往》，第一四一—一四二頁，北京大學出版社，二〇一三年版。
23 余英時：《師友記往》，第一四二—一四三頁，北京大學出版社，二〇一三年版。

嚴耕望和余英時師出同門，有一次余英時問錢穆他過去教過的許多學生之中，究竟誰是他最欣賞的，錢穆毫不猶豫的回答他最看重的是中央研究院史語所的嚴耕望，錢穆同時還告訴余英時嚴耕望和余英時是同鄉，嚴耕望是安徽桐城人。從此余英時便留心嚴耕望的著作。一九五七年嚴耕望到哈佛訪學，當時嚴耕望不但在中古政治制度史的領域內已卓然成家，而且足以傳世的《唐僕尚丞郎表》四巨冊業已出版，但是在哈佛的兩年中嚴耕望仍然孜孜不倦地苦讀，每天早晨九點鐘不到嚴耕望已在哈佛燕京圖書館前面等著開門，下午五點鐘圖書館關門他才離開。余英時後來才知道他正在為他的下一個巨大的研究計畫作準備，遍讀有關唐代歷史地理的中日文書籍，並作詳細的筆記，嚴耕望日文並不好，為了要通解日文，當時他還和哈佛的研究生一同上了整整一學年的初級日文，當時教日文的是哈佛燕京社社長賴世和，由於講授是用英語，嚴耕望有時不甚明白，便找余英時一起討論。[24]

而在哈佛中還有一位學者高友工，日後成為了中國文學研究領域的翹楚，高友工比余英時年長一歲，一九五二年自台灣大學中文系畢業後留美，一九六二年在哈佛取得博士學位，此後一直在史丹福大學和普林斯頓大學任教，高友工的貢獻在於能兼采西方各派理論之長，對中國美學作新的發明與塑造，他的中國古典文藝研究，歷歷可見多種西學思潮所烙下的印痕，尤其是高友工在陳世驤所提出的「抒情傳統」的基礎上對中國文學的傳統概括為「美典架構」，尤為學界稱道。[25]

---

24 徐承：《高友工與中國抒情傳統》，第四頁，中國社會科學出版社，二〇〇九年版。
25 余英時：《師友記往》，第一一六—一一七頁，北京大學出版社，二〇一三年版。

第十章

中國文化的海外媒介：余英時與楊聯陞

帶藝投師

余英時初到哈佛時，身分是哈佛燕京學社訪問學者，但是訪問學者結束過後，轉為繼續讀博士，這一緣起以前外界不大知曉。余英時回憶，大約在一九五〇年，美國成立了一個半官方半民間的組織，名為中國流亡知識人援助會，其功能在通過種種方式幫助從大陸逃出的知識界人士重獲安定的生活，包括移民至其他國家在內。余協中很早便向援助會登記，申請移居美國，但因久無回應，已將這件事淡忘。然而事有湊巧，余英時到美國不久，余協中竟收到援助會通知，申請已獲通過，唯一的條件是必須得到在美親友或機構的書面保證，在生活困難時願意提供經濟支援。由於這一非常意外的變化，余協中首先想到的是，余英時不要在一、兩年之內回香港，所以余協中寫快信給余英時，讓其向哈佛探詢，是否可以轉入博士研究計畫，以延長留美期限，並且告知余英時，他已取得錢穆的首肯。就這樣在余協中的推動和錢穆的允許下，余英時得以繼續在哈佛的學業。[1]

余英時入讀哈佛大學，導師是便是當時在西方漢學界如日中天的楊聯陞，普林斯頓大學劉子健教授在楊聯陞去世後所寫的追憶文章中，曾回憶起四〇年代的楊聯陞的風華正茂：「楊先生帶著舊學根基，先入北京師範大學附中，而後再入清華大學，主修經濟學，可是卻有好幾位歷史系教授賞識他。抗戰前一年，我剛入學，他是四年級，無緣拜識，但早有人遙指著他向我說，那位楊君真是天才，不但是學生領袖之一，並且已經有學術論文，發表在第一流的期刊《食貨》上。本科學生，如此出人頭地，向所未有，難得之極。」[2]

無獨有偶，芝加哥大學教授何炳棣對楊聯陞的評價更高，何炳棣回憶：「海外清華大學史學傳人最早成名者是九級的楊聯陞。由於特殊私人機緣，他在上世紀四〇年代中期已以《晉書食貨志譯釋》獲哈佛東亞語文及歷史系合授的博士學位，繼周一良任助教授。楊才思敏捷，博聞強記，精通日文，既能大量利用日人研究成果，往往又能指摘其史料或詮釋之不足，任教三十餘年間寫作廣涉經濟史、宗教史、及中國語文，尤以七、八十篇書評聞於海外漢學界。一九五六年夏楊曾坦白對我說：『你是歷史家，我是漢學家。什麼是漢學家？是開雜貨鋪的』。我立即回應：可是你這雜貨鋪主人的貨源，確實充足，連像我這樣『傲慢』的歷史家還非向你買貨不可。這固然是老同學間的談笑，事實上卻代表清華史學傳統中兩個不同方向的發展。最啟人深思的是，楊一生最重要的史學論文是一九三五年到一九三六年在雷海宗先生秦漢史班指導下完成的《東漢的豪族》，隨即刊於《清華學報》。」[3]

楊聯陞青年時代的風華正茂，實際上有來有自，有兩篇文章可以想見少年時代楊聯陞的風采，一九二七年楊聯陞在《學生雜誌》上發表名為〈告境遇不好而有志求學的同學們〉一文，以自己的經歷鼓勵家境貧寒的子弟努力完成學業，同時建議家境不好的學生積極投稿賺錢、或者用借貸的方式完

1 余英時：《余英時回憶錄》，第一七九—一八〇頁，允晨出版社，二〇一八年版。
2 《歷史月刊》，第三十七期，第七六—七九頁。
3 楊聯陞：《東漢的豪族》，第三七一—三七二頁，商務印書館，二〇一一年十二月版。

成學業。[4] 同年他還發表了一篇書評，對青年人的生活做出規畫，提倡健康、積極的生活方式，言語中頗有後來胡適青年導師的味道。[5]

當時的胡適也對楊聯陞頗為賞識，兩人在一九四三年相識，一九四四年胡適已經打定主意準備把楊聯陞和周一良延攬到北京大學任教，但是當時周一良必須先回到燕京大學服務，而楊聯陞則已經答應張其昀去浙大任教，一九四九年之後胡適重返美國，楊聯陞的地位已經不可同日而語。[6] 一九五七年胡適生病，曾經修改遺囑，指名讓楊聯陞和毛子水在其去世後處理其遺稿。[7] 一九五九年楊聯陞當選中央研究院院士，也是胡適寫信給趙元任和其聯手促成，信中說：「中研院也催我辦院士提名，濟之信上問的是『史學』的老輩『廷黻從吾』應否提出及如何提出的問題，我今天下午要寫長信給他。我也想到聯陞，但如果顧到史學『老輩』，聯陞怕將等候一年了。」[8]

余英時初到哈佛時，哈佛燕京學社社長葉理綏親口告訴余英時，楊聯陞受過最嚴格的現代學術訓練，是最傑出的中國史學家，後來余英時才知道那時楊聯陞的許多重要的英文著作那時都已經發表，並且在西方漢學界引起了普遍而熱烈的反響，余英時後來套用楊聯陞〈與周法高先生論漢學人物書〉中的話，稱斯時的楊聯陞乃是世界漢學界「第一流」兼「第一線」的學者。[9]

余英時後來自嘲自己初到哈佛時既沒有入「流」，也沒有上「線」，不僅沒有聽說過楊聯陞的名字，也不知道哈佛大學有中國史研究的課程，一九五五年十月，當時身為哈佛燕京學社訪問學人的余英時和另外兩位訪問學人——語言學家董同龢、經濟學家邢慕寰，一起去看望楊聯陞，董同龢和楊聯陞是清華的老同學，彼此非常熟悉，因此連電話都沒有打便直接上門，當時楊聯陞給余英時留下了深刻的印象，但是當時余英時並不知道楊聯陞的學術背景等相關情況，後來在給錢穆的信中，余英時認為楊聯陞在中國文史方面的造詣深度和廣度兼而有之，錢穆回信表示贊成，並且希望余英時和楊聯陞多與之接觸。[10]

余英時第二次見到楊聯陞的時候鬧了個笑話，那是在費正清家的茶會上，費正清介紹余英時和楊聯陞交談，余英時告訴楊聯陞自己和錢穆的通信中知道了他專治中國社會經濟史，但隨後余英時問楊聯陞專門研究什麼問題，楊聯陞涵養很好，微笑的告訴余英時在美國講中國學問，範圍很難控制，因為學生興趣各有不同，所以老師就不能不跟著擴大研究的領域，這一回答顯然是在緩解尷尬的局面，余英時後來追憶此事，認為這一發問不僅暴露了自己的無知，也體現了自己社交技術的拙劣，余英時自嘲這一問在哈佛校園傳為笑柄。[11]

---

4 《學生雜誌》，第十四卷，第四期。
5 《學生雜誌》，第十四卷，第五期。
6 胡適紀念館編：《論學談詩二十年》，第五－一一頁，安徽教育出版社，二〇〇一年八月版。
7 胡適紀念館編：《論學談詩二十年》，第三九七－三九八頁，安徽教育出版社，二〇〇一年八月版。
8 胡頌平編：《胡適之先生年譜長編初稿》，第五冊，第二五八六頁，聯經出版社。
9 余英時：《錢穆與現代中國學術》，第一三九頁，廣西師大出版社，二〇〇六年四月版。
10 余英時：《錢穆與現代中國學術》，第一四〇頁，廣西師大出版社，二〇〇六年四月版。
11 余英時：《錢穆與現代中國學術》，第一四〇頁，廣西師大出版社，二〇〇六年四月版。

公誼與私誼

周一良在楊聯陞去世時撰寫的悼念文章中曾經回憶，一九七四年楊聯陞夫婦曾經訪問北京，當時楊聯陞極為小心謹慎，許多老朋友都未要求會面，只提出要見周一良，周一良記得這一上午的會面他異常興奮，談了很多，而他自己卻沒有說太多話：「我問他在哈佛有無接班人，他舉出余英時。這是我第一次聽到余英時教授之名，而識荊又在十五年之後。」[12]

這次會面給周一良留下最深印象的是在飯店門口握手告別時，楊聯陞表示要和周一良「行個洋禮兒」，隨後緊緊擁抱了周一良，周一良非常感動，隨後兩人又是天各一方，一九七七年夏天楊聯陞再次到北京時，周一良已經因為參加「梁效」寫作組，正在政治審查中，因此根本不知道楊聯陞有此一行。[13]

但是余英時並沒有和楊聯陞一樣在哈佛終老，余英時為《胡適楊聯陞往來書劄》所寫的序言中曾對楊聯陞滿是歉意：「一九六六年我回到哈佛任教，這個新添的職位是他全力爭取得來的。我終於沒有能夠等到他退休便決定離開了哈佛，從私人情感上說，我對他的歉意是永久的。但是和適之先生一樣，他具有異乎尋常的寬容精神。他不但沒有半點介意的表示，而且尊重我的決定，鼓勵我在學術上充分發展自己的個性。」[14]

實際上不僅僅是公誼，余英時和楊聯陞私誼也非常密切，兩家往來頻繁，余英時在楊聯陞家的留言冊上有許多記錄，有一條記錄寫的是：「一九六〇年七月三日第一次在楊聯陞家打麻雀八圈，逛花園一次，共輸了五分錢。」可見兩人關係之其樂融融，有一次余英時在楊聯陞家打麻將大敗，余英時在留言薄上留有「詩成滿貫輸」之句自嘲。楊聯陞夫婦過壽時，余英時都曾經寫詩祝賀，楊聯陞五十歲生日之時，余英時賀詩中有「皮簧初把啼聲試，不尚言談愛叔岩」之句，表達兩人對於京劇大師余叔岩的喜愛，楊聯陞夫人繆鈐（宛君）過壽時，余英時賀詩中有「相夫教子人爭仰，孟母原來是孟光」之句。

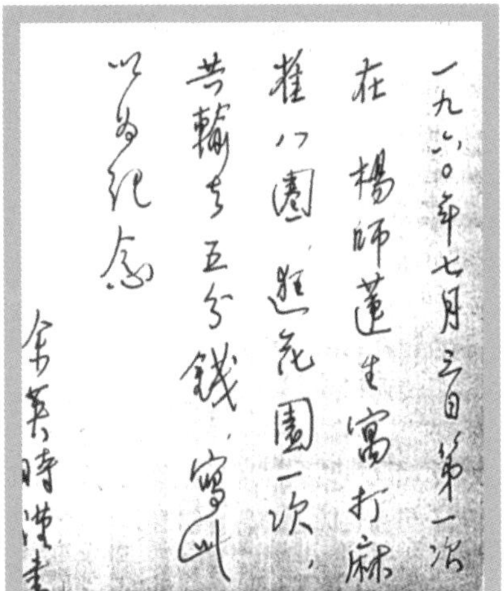
一九六〇年七月三日第一次
在楊師蓮生寓打麻
雀八圈，逛花園一次，
共輸去五分錢，寫此
以為紀念
余英時謹書

余英時在楊聯陞家留言冊上的記錄。

一九六〇年，楊聯陞在哈佛兩次宴請錢穆，作陪者包括洪業、李田意、瞿同祖和余英時，洪業在楊聯陞家的留言簿上寫道：「一九六〇勞動節日，幸與聯陞宛君兄嫂歡迎賓四先生及夫人旅遊劍橋盛會，惜內人以在舍久候修理火爐工友不克來耳。」錢穆寫道：「本日和楊蓮生先生余英時弟及內人同下四人棋，此為平生之第一次。」余英時也在留言簿上留言：「承蓮生師及師母之約，教陪歡迎賓四

12 周一良：〈紀念楊聯陞教授〉，《中國文化》，一九九二年第一期。
13 周一良：〈紀念楊聯陞教授〉，《中國文化》，一九九二年第一期。
14 余英時：《重尋胡適歷程》，第一五六頁，廣西師大出版社，二〇〇四年九月版。

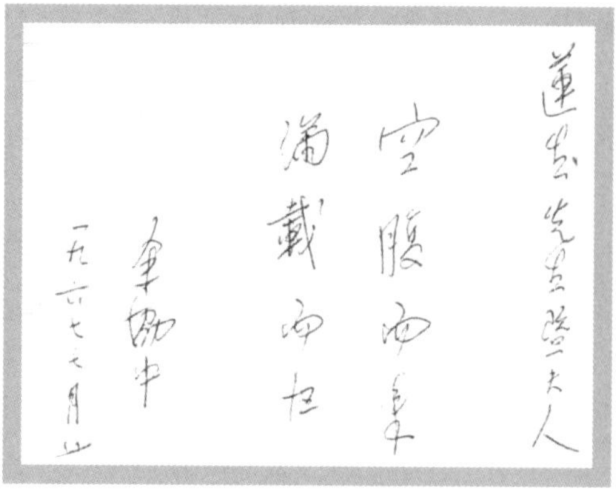

余協中在楊聯陞家留言冊上的記錄。

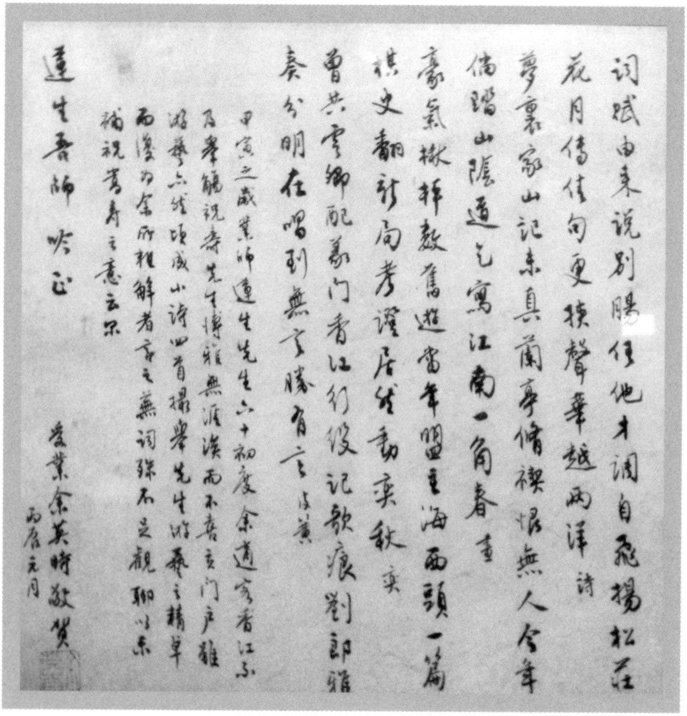

余英時為楊聯陞生日所寫賀詩。

師及師母之盛筵，一局未終，繼之薄酌微醺，蓋旅美以來鮮有之樂也。余因代父母陪宴，所食過平時之倍，詩思遂盡為之驅盡，謹書實況以代之，以博諸師長一笑之耳。」[15]次年日本學者宮崎市定應楊聯陞和費正清之邀，來哈佛做客座教授，期間認識了當時在美國的眾多中國學者，如瞿同祖、張光直和余英時，宮崎市定對於余英時印象深刻，對余英時的評價是「俊秀」，當時楊對宮崎多方照顧，宮崎稱這段時間是其一生中最幸福的黃金時代。[16]

楊聯陞對余英時的父親余協中也非常關心，余協中在楊聯陞家留言冊上有「空腹而來，滿載而歸」之戲言，余協中還曾經請楊聯陞代為借書，同時表示「暮年記憶力與精力均已衰退，研究只緣興趣所在，事倍功半，弟並不重其之成也。」信中同時談到余英時的婚事：「英時婚期在邇，舍間屋小而什物過多，頓形混亂，彼已另賃屋居住。弟與內人亦在學校附近賃得一三房兩廳獨立屋宇，遠較今日公寓寬敞。先生與楊太太如能來此，雖曰簡陋，亦可勉強招待。」[17]

一九七三年一月十日余協中曾經寫信給楊聯陞，信中對他託余英時帶來的火腿表示感謝，同時兩人「彼此相交以心」，余協中同時對楊聯陞的康復感到高興，勸楊聯陞今後「應選一優良嗜好，以鬆弛精神」，余協中還談到自己數年來非常喜歡古董，「六十以後始覺此嗜好，對於健康為益甚大」，「每購得一珍品，輒興奮。累日玩久，興趣漸減，即賣去，另購新物。如此興趣可以長長維持，而經

15 參見楊聯陞：《哈佛遺墨》後記，商務印書館，二〇〇四年版。
16 宮崎市定：《遊心譜》，第二四六頁，中央公論社，一九九五年版。此則材料承蒙京都大學王前先生提供，謹此致謝。
17 余協中致楊聯陞，具體年分不詳細，從上下文推斷應為一九六〇年代。

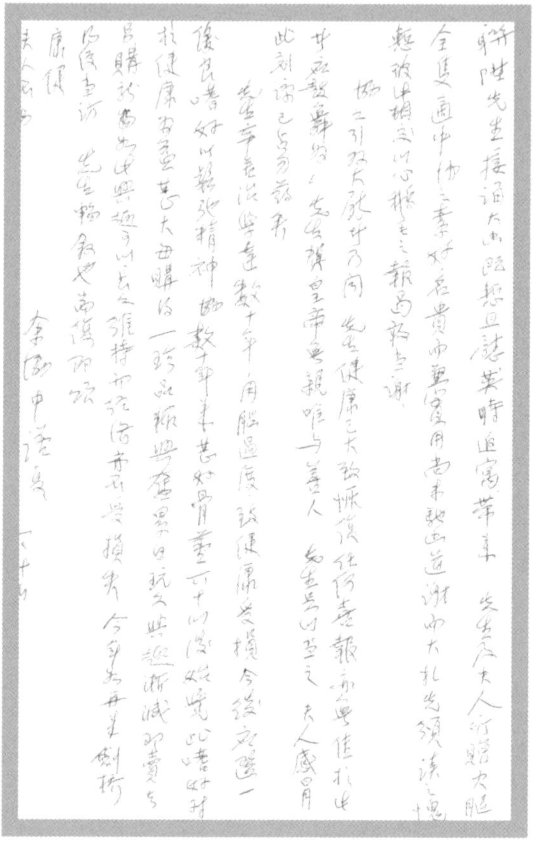

余協中致楊聯陞，談到自己數年來對古董的興趣。

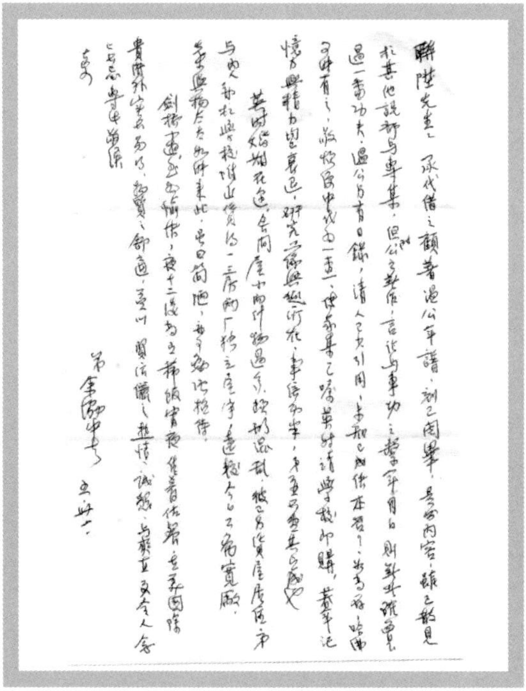

聯陞先生：承代借之顧著湛公年譜，刻已閱畢。其中內容，雖已散見於其他說部與專集，但公之著作、言論與事功，[illegible]年月日則[illegible]過一番功夫。湛公另有日錄，清人已大引用，未知已[illegible]本否？[illegible]可供有之。[illegible]中或有一套，[illegible]英時請學校即購。[illegible]憶力與精力[illegible]退，研究[illegible]，事倍功半，[illegible]也。

英時婚姻[illegible]，[illegible]

與內人[illegible]

[illegible]

劍橋[illegible]

貴府[illegible]

[illegible]

弟 余協中 [illegible]

余協中致楊聯陞信，信中談及余英時的婚事。

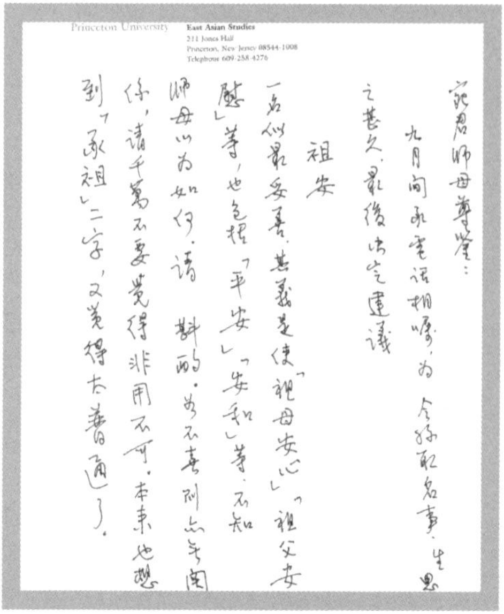

Princeton University
East Asian Studies
211 Jones Hall
Princeton, New Jersey 08544-1008
Telephone 609-258-4276

宛君師母尊鑒：

九月間承電話相囑，為 令孫取名事，生思之甚久，最後出之建議

祖安

一名似最妥善，其義是使「祖母安心」，「祖父安慰」等，也包括「平安」，「安和」等，不知

師母以為如何，請 斟酌。如不喜則亦無關係，請千萬不要覺得非用不可。本來也想到「承祖」二字，又覺得太普通了。

余英時致楊聯陞夫人繆宛君1

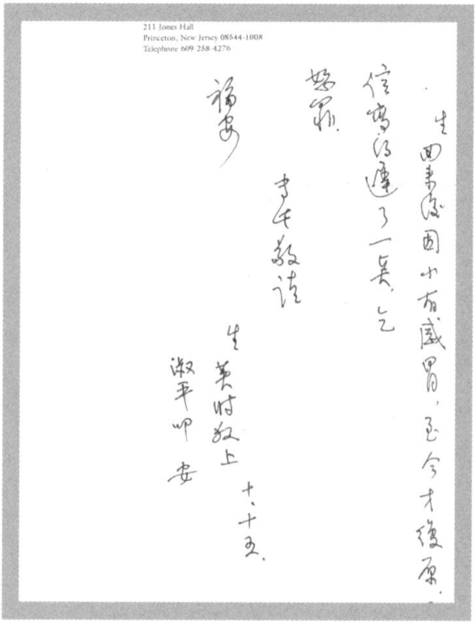

211 Jones Hall
Princeton, New Jersey 08544-1008
Telephone 609-258-4276

生回來後因小有感冒，至今才恢復，信寫得遲了一些，乞

恕罪。

專此敬請

福安

生 英時敬上

淑平叩安

十、十五。

余英時致楊聯陞夫人繆宛君2

濟亦不受損失。」[18]

楊聯陞在一九七三年寫給劉廣京的信中，提到了余英時即將回到新亞之事，信中提到《思想史專號》的編輯工作時云：「希望梅貽寶先生在卸去新亞校長之後余英時繼任兩年，可以有暇主編」[19]，楊聯升在一九七三年五月十二日的日記中記載：「歡迎英時淑平壯遊，英時將掌新亞。」[20]這也是楊聯陞始終關心余英時事業發展的明證。這一年楊聯陞在寫給余英時的送別詩中寫道：「少年分袂易前期，壯歲揚鞭莫復時。為仰清風濡沫侶，摘茶撥火總相思。」

淒涼晚年

但是即便是楊聯陞這樣的大學問家，晚年也是淒涼的，由於健康問題，導致他五十歲之後生活遇到了極大的困難，曾經在哈佛大學讀書的陳方正回憶自己一九八七年回哈佛進修時，當時碰上費正清的八十大壽，楊聯陞也來了，「然而冠蓋滿京華，斯人獨憔悴，他踽踽獨行，幾乎沒人認識他，後來

18 余協中致楊聯陞，一九七三年一月十日。
19 楊聯陞致劉廣京，一九七三年一月廿五日。
20 楊聯陞日記，一九七三年五月十二日。

我去辦公室看他，他帶一個三明治一個人在辦公室吃，真令人心酸。」[21]

陳方正認為楊聯陞沒有趕上好時代，他身處的時代和余英時完全不一樣，楊聯陞的時代，歧視依然很普遍，但是余英時的時代風氣大變，楊聯陞的時代哈佛和耶魯都比較保守，依然是白人世界，楊聯陞一直不能夠揚眉吐氣，陳方正同時還認為，楊聯陞和余英時師徒二人的背景和學風都有些不同。[22]

但是周一良認為楊聯陞被排擠這一說法，可能是因為抑鬱症所導致的，周認為直到去世為止，楊聯陞有時顯得心胸狹窄，多所疑慮，可能是病態之一，一九八二年周一良在哈佛聽楊聯陞對他談了很多學術上的新見解，同時表示哈佛在排擠壓抑他，因此心情不愉快，周一良當時就問過哈佛瞭解情況的人，他們都說楊聯陞絕沒有受排擠壓抑之事，並且舉出實例：如在退休之前，楊聯陞被授予哈佛燕京講座教授的稱號；退休以後，仍保留楊聯陞的研究室。周一良認為這些都是受重視而不是受排擠的證據。[23]

楊聯陞的晚年就這樣被嚴重的抑鬱症困擾，同時國內學人的許多請託也讓他非常無奈，八〇年代初期山東大學王仲犖教授寫信請楊聯陞幫忙，希望哈佛請其去講學，楊聯陞回信告知王自己已經退休數年，在系中已無所謂「法力」，同時表示自

楊聯陞去世的報導。

已原來所在之東亞語文系，在大學中並無太大影響，楊聯陞同時推薦王嘗試申請孔飛力主持的費正清東亞研究中心和哈佛燕京學社，但是表示先前的一些訪問學者費用皆由所屬機關自理。[24]

而且就楊聯陞所處的時代而言，正值哈佛燕京學社的葉理綏所代表的漢學系統和費正清所代表的中國學系統爭鋒之時，楊聯陞和孔飛力的關係便可說明此點，楊聯陞的《哈佛遺墨》裡，收有一九八一年六月十八日楊聯陞寫給繆鉞先生的信，信中談及哈佛大學向四川大學贈書之事，信中談到了開書單的Kuhn教授：「蓋開單者Kuhn君，雖亦曾從弟學，今已以費正清的繼承人自居，實則學問尚不及乃師十之一。」[25] Kuhn指的就是孔飛力（Alden Kuhn）。

楊聯陞在此之後還和山東大學的趙儷生頗有不快，以至於趙後來在回憶錄中對楊聯陞頗有微辭，趙當時在哈佛訪問，但是因為語言不通等其他原因，過的頗不愉快，因此打電話給老同學楊聯陞求助，據趙儷生所言，當時他遭到了楊聯陞的痛罵，謝泳認為這體現了兩人政治觀點的相異，[26]而周一良則反駁謝泳，認為楊聯陞患有抑鬱症，而且楊聯陞也不可能說出有失禮數的話，[27]不管孰對孰

---

21 李懷宇：《訪問時代》，第一四四頁，江蘇文藝出版社，二〇一二年八月版。
22 李懷宇：《訪問時代》，第一四四頁，江蘇文藝出版社，二〇一二年八月版。
23 周一良：《郊叟曝言》，第三九—四〇頁，新世界出版社，二〇〇一年九月第一版。
24 楊聯陞致王仲犖，具體時間不詳，從上下文推斷應為一九八〇年代初。
25 楊聯陞：《哈佛遺墨》，第三八一頁，商務印書館，二〇〇五年版。
26 謝泳：〈楊聯陞為什麼生氣？〉，《書屋》二〇〇〇年第十期。
27 周一良：〈〈楊聯陞為什麼生氣〉一文質疑〉，《書屋》，二〇〇一年第七期。

暮年楊聯陞。

錯，當時楊聯陞惡劣的心境卻可見一斑。

八〇年代末周一良赴紐約休養，十月底去探望楊聯陞，當時楊聯陞已是小中風癒後，行動非常不便，當時楊聯陞雖然頭腦清晰，但是思路已不太連貫，口齒也不是非常清楚，因此周一良和楊聯陞一個上午的相聚，只能聽他談，周一良想向楊聯陞問的問題也無從問起，當天周的日記只留下了「回憶楊公所談，竟無法記」十個字。[28] 一九九〇年，楊聯陞在美國安然去世，楊去世之後，楊夫人將楊的日記、書信全部交給余英時，負責整理出版，其生前著作，則由楊聯陞的後人整理出版，計有《哈佛遺墨》、《中國語文箚記》、《國史探微》、《中國制度史研究》等數十種。

28 周一良：〈紀念楊聯陞教授〉，《中國文化》，一九九二年第一期。

第十一章

思想、學術的新動向

楊聯陞與漢代研究

余英時在哈佛大學的博士論文選擇研究漢代，顯然是受到了楊聯陞的影響，一九五六年他剛到哈佛沒多久便在《新亞學報》上發表了〈東漢政權之建立與士族大姓之關係〉一文。[1]而考察楊聯陞的學術歷程也可以看出，楊早在三〇年代便已經發表過漢代研究的論文，一九三五年在《食貨》上發表〈從四民月令所見到的漢代家族的生產〉一文，[2]一九三六年又在《食貨》上發表〈陳嘯江西漢社會經濟研究的一斑〉一文，[3]楊聯陞在清華讀書時，在《清華學報》上發表〈漢武帝始建年號時期之我見〉一文，[4]同時還曾經在《思想與時代》雜誌上發表書評，點評韋第柏的《前漢奴隸制度》一書。[5]這其中〈東漢的豪族〉一文，是楊聯陞一九四九年之前研究漢代的代表作，[6]數年之後其後人為其編訂的文集便以此為題目。

但是余英時的研究和楊聯陞的研究也有不同之處，楊聯陞更著眼從社會學、經濟學角度考察漢代的經濟與社會變動，而余英時更著眼於漢代的思想狀況，其博士論文《東漢生死觀》便是分析漢代人們思想中生死觀念的變遷，也就是從《東漢生死觀》開始，西方學術世界對於余英時的認識從一開始就是一位研究古代中國的學者，這也難怪，因為余英時的英文專著和論文，絕大部分都是研究東漢或者是漢代的政治、交通等等。

一九六二年余英時發表在《哈佛亞洲學報》（*Harvard Journal of Asiatic Studies*）上的〈東漢生死

觀〉（"Views of Life and Death in Later Han China"）是他的研究漢代論文的代表作，一九六七年又在加州大學出版社（University of California Press）出版了《漢代貿易與擴張》（*Trade and Expansion in Han China: A Study in the Structure of Sino-Barbarian Economic Relations*），隨後在一九八一年參與了《劍橋中國秦漢史》中〈漢朝的對外關係〉一章，作為全書的第六章出版。與此同時，余英時在一九六四年到一九六五年在《哈佛亞洲學報》發表了〈漢代觀念中的生與不朽〉（"Life and Immortality in the Mind of Han China"）一文，一九七七年又用英文發表了〈漢代的飲食：人類學與歷史學的透視〉一文，這篇文章是張光直主編的《中國文化中的飲食》其中的一章，余英時認為這篇文章是他和張光直唯一的合作成績，是他值得珍惜的友誼的象徵。[7]

余英時的學生田浩後來如此評價余英時研究漢代歷史的過程：「在哈佛大學的時候，余老師的研究方向有一些主要的改變。他一九六二年的博士論文*Views of Life and Death in Later Han China*可以說是一種宗教史的題目。五年以後，他的*Trade and Expansion in Han China: A Study in the Structure of*

1 《新亞學報》，一九五六年，第一卷，第二期。
2 《食貨》，一九三五年，第一卷，第六期。
3 《食貨》，一九三六年，第四卷，第六期。
4 《清華學報》，一九三七年，第十一卷，第一期。
5 《思想與時代》，一九四三年，第廿八期。
6 《清華學報》，一九三六年，第十一卷，第四期。
7 余英時：《師友記往》，第一四七頁，北京大學出版社，二〇一三年版。

*Sino-Barbarian Economic Relations*出來，所以他的注意力轉到經濟史、民族關係史和制度史。」[8]

作為余英時的博士論文，《東漢生死觀》依稀可以看到余英時在香港讀書時的痕跡，余英時在序言中表明此書側重於思想史的研究，余英時認為，思想史家通常將他們的研究物件劃分成兩個層次，一個是思想的「高」層次，或正式的思想，另一個是思想的「低」層次，或民間思想，在歷史領域內，作為獨立的分支，高層次思想的研究久已得到良好地確立，大多數思想史的研究成果屬於這個範疇，與此相反，民間思想極少得到思想史家的關注，儘管談得並不少。[9]

余英時認為，造成這種現象的原因是思想史家如果從事民間思想的研究，便總是會使自己的研究面臨與社會史家的工作很難區分的困難，因為民間思想不僅包括了老百姓的所思所信，而且還包括了他們的所行，有時人們的所思所信還只能通過他們的所行才能得到把握，在這個層次上思想史與社會史必須結合起來研究。[10]

余英時在第一章討論了漢代「生與不朽」的概念，第二章討論了漢代民間乃至士人中「養生與長壽」的風氣，第三章集中探討「死與神滅的爭論」，而從書後所附的徵引書目也可以看出，余英時在哈佛的幾年時間裡閱讀了大量的著作，這其中包括當時剛剛刊行不久的國內學者的研究著作和國外學者的研究著作。從余英時書後這份書單裡可以看出以下四點，余英時深受錢穆影響，其引用的錢穆各類著作論文多達七種，有《兩漢經學今古文平議》、《莊子纂箋》、《國史大綱》、《莊老通辨》，《先秦諸子繫年》、《讀文選》等；第二是他對中國大陸的最新研究也非常熟悉，比如賀昌群發表在一九五六年《歷史研究》上的〈論黃巾起義的口號〉一文；其三是他對日本學者的研究也有所關注，比如秋月觀瑛的〈黃老觀念的系譜〉、〈黃巾之亂的總教性〉等文章。[11]

而《漢代貿易與擴張》，則是余英時壯年之際的著作，比起《東漢生死觀》有著長足的進步，表明了余英時對於漢代思想領域的關注轉向對於漢代社會、經濟的考察。此書由楊聯陞作序，余英時在書前自序中感謝了他的兩位老師：「我首先要提到錢穆博士，我在香港新亞書院本科學習期間，正是他激勵我進入中國研究領域，同時教導我熱愛中國歷史。我要特別感謝哈佛大學的楊聯陞教授，他不僅指導了本書每一階段的寫作，而且親自作序，為本書增色不少」。余英時同時認為，這本著作的出版還要感謝哈佛大學的費正清、芝加哥大學的何炳棣和洛杉磯加利福尼亞大學的勞幹，這三人提出了許多修改意見，而這項研究工作得到了密西根大學洛克罕研究生院的三筆研究經費，使余英時能夠有機會到美國的幾個亞洲圖書館收集資料，當時密西根大學中國研究中心不僅給予了余英時大量的列印服務，而且為余英時

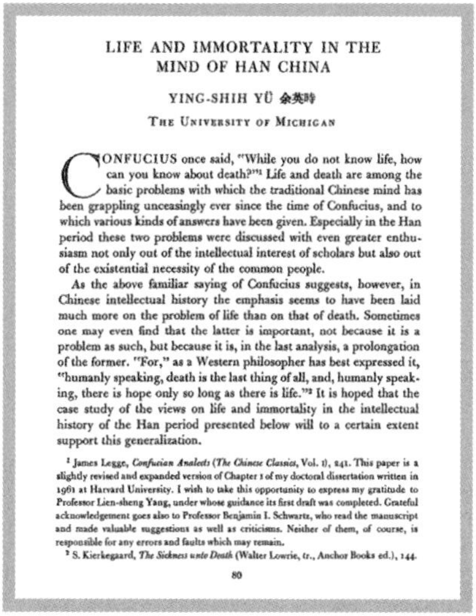
LIFE AND IMMORTALITY IN THE MIND OF HAN CHINA

YING-SHIH YÜ 余英時

THE UNIVERSITY OF MICHIGAN

CONFUCIUS once said, "While you do not know life, how can you know about death?"[1] Life and death are among the basic problems with which the traditional Chinese mind has been grappling unceasingly ever since the time of Confucius, and to which various kinds of answers have been given. Especially in the Han period these two problems were discussed with even greater enthusiasm not only out of the intellectual interest of scholars but also out of the existential necessity of the common people.

As the above familiar saying of Confucius suggests, however, in Chinese intellectual history the emphasis seems to have been laid much more on the problem of life than on that of death. Sometimes one may even find that the latter is important, not because it is a problem as such, but because it is, in the last analysis, a prolongation of the former. "For," as a Western philosopher has best expressed it, "humanly speaking, death is the last thing of all, and, humanly speaking, there is hope only so long as there is life."[2] It is hoped that the case study of the views on life and immortality in the intellectual history of the Han period presented below will to a certain extent support this generalization.

[1] James Legge, *Confucian Analects* (*The Chinese Classics*, Vol. 1), 241. This paper is a slightly revised and expanded version of Chapter 1 of my doctoral dissertation written in 1961 at Harvard University. I wish to take this opportunity to express my gratitude to Professor Lien-sheng Yang, under whose guidance its first draft was completed. Grateful acknowledgement goes also to Professor Benjamin I. Schwartz, who read the manuscript and made valuable suggestions as well as criticisms. Neither of them, of course, is responsible for any errors and faults which may remain.

[2] S. Kierkegaard, *The Sickness unto Death* (Walter Lowrie, tr., Anchor Books ed.), 144.

80

余英時博士論文發表頁。

8 田浩編：《文化與歷史的追索：余英時教授八秩壽慶論文集》，前言，聯經出版社，二〇〇九年十二月版。

9 余英時：《東漢生死觀》，第三頁，上海古籍出版社，二〇〇五年九月版。

10 余英時：《東漢生死觀》，第三—四頁，上海古籍出版社，二〇〇五年九月版。

11 余英時：《東漢生死觀》，第一〇九—一一四頁，上海古籍出版社，二〇〇五年九月版。

配備研究助手，使余英時能夠將重要的德國和俄國考古資料結合到研究之中，而這些都要歸功於當時密西根大學中國研究中心主任費維愷（Albert Feuerwerker）。[12] 余英時此書從引用書目和論文來看，遠遠超過《東漢生死觀》，中文著作一共引用了一百四十餘種，日文著作接近六十種，而英文著作的引用量也和中文著作差不多，約為一百五十餘種。[13] 從這份書單來看，余英時對東漢的研究已經熟稔，而且對當時歐美學界的相關研究也非常熟悉。

王汎森指出，余英時的《漢代貿易與擴張》在其學術歷程中相當特別，是在思想文化是和他早期關於社會經濟史研究之外的一本經濟交通史方面的書，他要追尋漢代中外經濟貿易的問題，但此後他沒有重拾此道，這本書用了大量新疆、中亞的考古材料，是二手的資料，余英時告訴王汎森，因為他沒有辦法讀原文，就請了助理讀那些考古報告，這本書令他在這個領域有一定的知名度，比如《劍橋中亞史》其中就有一篇余英時談匈奴史的文章。王汎森認為，後來余英時在哈佛轉向研究思想文化史，離開了原來的研究，逐漸讓思想文化史成為其研究的主要基調。[14]

陳啟雲的質疑

《漢代貿易與擴張》發表之後的數年中，西方學術界出現了許多的評論，褒貶不一，蒲立本（E.G.Pulleyblank）認為他對「作者在研究中所持立場和基本研究方法表示深切不滿」，同時「對余英時此書持極強的否定態度」，[15] 許倬雲則認為余英時「通過軍事、政治、文化等層面，來分析漢帝國擴張至過程……向讀者揭示了一份詳實有據的漢代歷史的畫面」。[16]

余英時的漢代研究，雖然褒貶不一，但是在北美學界影響極大，尤其是余英時晚年移居普林斯頓，更被視作漢學界的一樁盛事，陳玨在一篇文章中不無激動的談到了余英時和二十世紀八〇年代的普林斯頓高等研究院：「普林斯頓高等研究院於上世紀末達到鼎盛時期……余英時先生治漢史，杜希德先生治唐史，劉子健先生治宋史，牟復禮先生治明史，遂使美國研究漢唐宋明的權威雲集在一個校園裡，真可謂人才集一時之選，而令普林斯頓的斷代史研究的大格局，就此奠定，並維持了將近半個世紀。」[17]這種地位最典型的例子，就是余英時參與到《劍橋中國秦漢史》的撰寫當中，余英時當時撰寫的是第六章〈漢代的對外交通〉，但是由於此書的通俗性，所以余英時沒有按照常規的學術論文的寫法，而是以《史記》、《漢書》、《後漢書》為主題，描繪漢代與外部世界的交流，可讀性也非常強。

但是余英時漢代的研究，招致同門乃至「同事」陳啟雲的駁難，陳啟雲和余英時不僅都曾經師從

12 余英時：《漢代貿易與擴張》，第六頁，上海古籍出版社，二〇〇五年六月版。
13 余英時：《漢代貿易與擴張》，第一七九—一九六頁，上海古籍出版社，二〇〇五年六月版。
14 王汎森：《史家與時代：余英時先生的學術研究》，《書城》，二〇一一年第三期。
15 Pacific Affairs, Vol. 41, No. 4 (Winter, 1968-1969), pp. 594-597
16 Harvard Journal of Asiatic Studies, Vol. 28 (1968), pp. 242-245
17 施吉瑞：《人境廬內：黃遵憲其人其詩考》，第六頁，上海古籍出版社，二〇一〇年三月版。此處經陳懷宇提示，「高等研究院」應為「東亞系」。

錢穆，而且都曾經在哈佛拿到博士學位，導師都是楊聯陞，楊聯陞有一次去加州，陳啟雲給楊聯陞寫了一封信，從住宿到接機，事無巨細安排好，信末還提到「若在日間（到達），生可開車前來迎接；夜間則L.A.北上沿海有霧，開車可能不安全，且無景物可看。」[18]

陳啟雲還曾經和余英時合寫《劍橋中國秦漢史》，擔任第十五章〈後漢的儒家、法家和道家思想〉的寫作，是《劍橋中國秦漢史》撰寫成員中中為數不多的兩位華裔作者，當時余英時在東部的耶魯執教，陳啟雲在西部的加州大學聖巴巴拉分校執教，陳啟雲對余英時的駁難，一定程度上可以看出美國學界尤其是某一領域內學術研究的分歧。

陳啟雲對余英時的駁難在漢代問題上，主要是關於西漢初年「儒法合流」的問題，余英時曾經在《反智論與中國政治傳統》認為，漢代重用儒生的結果是「儒生法吏化」，而「法吏」是「反智」的，於是「主智」的結果是「反智」；陳啟雲認為余英時在論理邏輯上存在問題，陳啟雲進而認為，從史證上看，即使照余英時的論點，把「反智」的「法家」和「主智」的「儒家」絕然分割，漢代「儒法合流」的後果，是如余氏所說的「儒生法吏化」，抑或是其所注重的「法吏儒士化」？[19]

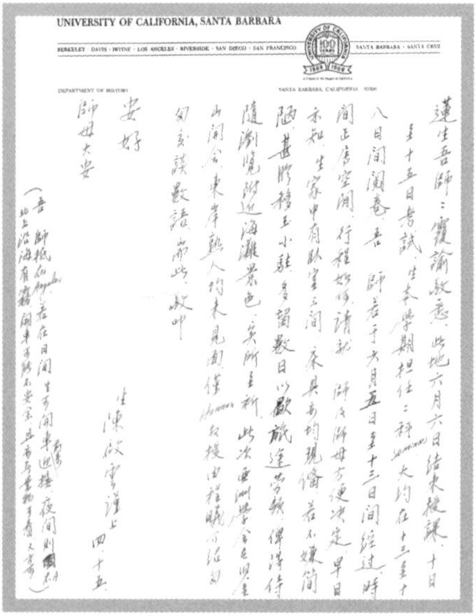
UNIVERSITY OF CALIFORNIA, SANTA BARBARA
BERKELEY · DAVIS · IRVINE · LOS ANGELES · RIVERSIDE · SAN DIEGO · SAN FRANCISCO　SANTA BARBARA · SANTA CRUZ
DEPARTMENT OF HISTORY　SANTA BARBARA, CALIFORNIA

蓮生吾師：覆諭敬悉，此地六月六日結束授課，十日至十五日考試，生本學期担任二科（seminar）大約在十三至十八日間閱卷，吾師若於六月五日至十三日間經過，時間上應空閒，行程如何請就師及師母方便決定，早日示知，生家中有臥室二間，來其寓均現備，若不嫌簡陋，甚盼轄至小駐，多留數日以歡敘，[illegible]得侍隨瀏覽附近海灘景色，實所至祈，此次西洲學會[illegible]山間合東岸熟人均未見面[illegible]擬由[illegible]

匆上數語，肅此，敬叩
安好
師母大安
生 陳啟雲謹上 四、十五

（吾師抵Los Angeles若在日間生可開車迎接，夜間則[illegible]北上沿海有霧，開車可能不安全，且無景物可看[illegible]）

陳啟雲致楊聯陞信。

陳啟雲認為，西漢初年「儒法合流」有很多因素，韓非、李斯同為荀子門下，和儒法諸子都源自西周「王官之學」，是思想上的原因，其次從漢初歷史境況而言，歷代帝王幾乎都是道家的支持者，但是當時的儒生靠著本身的學問，以文化教育工作謀生，由於漢初很多人珍惜「書本」重視「古學」，因而儒學的影響力，在政府體制之外，大有增進。而政府中人也因時代需要和文化社會上的壓力不得不選用儒生，這樣入仕的儒生在「法吏」官員間任事，不能不瞭解、熟稔甚而勝任此種「文法吏事」職事。陳啟雲進而認為，余英時是以一己之私怨偏見，為了某種政治目的，歪曲事理，把法儒的學理抹殺，加上「反智」的標籤（等同政治上的帽子），是「曲學阿世」。[20]

有趣的是余英時對於陳啟雲寫於二〇〇六年的此文似乎沒有回應，反倒是在一九八〇年一篇文章中認為陳啟雲調和了他和畢漢思之間的學術分歧，陳啟雲認為他只是取兩者之長，修正了余英時的許多結論。[21]但是有趣的是，陳啟雲的這篇文章以收入著作的形式與大陸讀者見面，是由廣西師範大學出版的《陳啟雲文集》得以實現的，而《陳啟雲文集》無論從裝幀還是排版，都和廣西師大出版社二〇〇五年出版的《余英時文集》存在著驚人的一致，當然這只是茶餘飯後的一則助興的談資。

---

18 陳啟雲致楊聯陞，四月十五日，年代不詳。
19 陳啟雲：《儒學與漢代歷史文化》，第二四頁，廣西師大出版社，二〇〇七年十月版。
20 陳啟雲：《儒學與漢代歷史文化》，第二三頁，廣西師大出版社，二〇〇七年十月版。
21 陳啟雲：《儒學與漢代歷史文化》，第二三頁，廣西師大出版社，二〇〇七年十月版。

傾心人文主義

余英時到了哈佛之後，思想上有一個新的動向，便是對柯林伍德（Robin George Callingwood，余先生譯為柯靈烏）產生興趣，他在一九五六年發表的〈一個人文主義的歷史觀——介紹柯靈烏的歷史哲學〉，和在一九五七年發表的〈章實齋與柯靈烏的歷史思想——中西歷史哲學的一點比較〉，便是他對柯林伍德產生興趣的直接證據，其中〈一個人文主義的歷史觀〉是對柯林伍德《歷史的觀念》一書的介紹，而〈章實齋與柯靈烏的歷史思想〉則是余英時對章學誠和柯林伍德的思想觀念所做的比較。

余英時在〈一個人文主義的歷史觀〉中明確指出，柯林伍德的歷史哲學的根本特點在於他處處以人為中心，處處要將人從一般自然事物中超拔出來，以顯示人在宇宙間特有之尊貴，余英時之所以要稱他思想為「人文主義的歷史觀」，其故便在此。余英時繼而指出，柯林伍德並不想對人性問題提出任何直截了當的答案，不過是借此以引出他自己的歷史哲學而已，柯林伍德認為，今日學術世界與十七世紀時有一極顯著的差別，十七世紀世紀正是物理學剛剛興起的時代，而近代的歷史概念則仍未出現，具有批評性與建設性的近代歷史概念則遲到十九世紀才逐漸建立起來，這種新史學在範圍上包括了整個人類的過去，在方法上則是對一切文字與非文字的史料加以批判地分析與解釋，以重建人類的過去。[22]

余英時後來在〈章實齋與柯靈烏的歷史思想〉一文中，再次重申了柯林伍德的這一觀點，余英時寫道：「柯林伍德曾指出歷史學具有四大特徵，其中最後一個是歷史是人為了求自知而有的學問，因此它的價值也就在於指示我們：人曾經做了什麼並因而顯出人究竟是什麼。同時柯林伍德還駁斥了人性的科學可以用類似自然科學的方法建立起來的說法，柯林伍德更進一步地指出：我所要爭論的是，人性科學所做的工作實際上已由，而且也只能由歷史學完成之；歷史學即是研究人性的科學。」[23]余英時在此基礎上進一步指出，在中國傳統史學中，儘管存在著上述的分不清歷史與自然的小毛病，但通體而論，它實具有極深厚的人文傳統，正如柯柯林伍德所說是「人所以求自知的學問」。[24]

王汎森指出，余英時這一時期對柯林伍德產生興趣，乃至寫出〈章實齋與柯靈烏的歷史思想〉這樣的文章，緣由是選修了莫頓．懷特（Morton White）的歷史哲學課，這篇文章便是課程的隨堂報告，因為當時柯林伍德正在美國史學界風行，其著作《歷史的觀念》是由他的有人在其死後結集而成，一九五〇年代末到一九六〇年年代初的美國，很多人都讀這本書，這本書主要反對的是不經過消化吸收，不經過理解解釋的史學，柯林伍德痛斥「剪刀加漿糊」的歷史寫作，認為光有歷史材料還不夠，光把資料搞清楚、引注做的詳細還不夠，還要對資料達到「心領神會」，要用自己的思想去追訪體驗古代人的心智，王汎森進而指出：「顯然余先生認為柯靈烏的這套思想和章學誠的《文史通義》

22 余英時：《文史傳統與文化重建》，第二一三頁，三聯書店，二〇〇四年八月版。
23 余英時：《論戴震與章學誠》，第二四一頁，三聯書店，二〇〇〇年六月版。
24 余英時：《論戴震與章學誠》，第二四三頁，三聯書店，二〇〇〇年六月版。

有相匯通的地方。」[25]

有趣的是，王汎森記得自己剛到普林斯頓的時候，莫頓・懷特當時也在普林斯頓的高等研究所做研究，王汎森讀書的時候，沒有料到懷特教授也在普林斯頓，甚至連余英時也不知道自己曾經的老師在同一所大學工作，後來經過普林斯頓大學艾爾曼教授的介紹，九十多歲的懷特才和當時七十多歲的余英時重逢。[26]

也正是因為如此，余英時在五〇年代末到六〇年代初在寫作博士論文之外所關注的問題，都和這一命題相關，比如一九五八年余英時所寫的〈工業文明之精神基礎〉一文，便是借芝加哥大學社會思想委員會創始人、經濟史學教授奈夫《*Coutural Foundations of Industrial Civilization*》一書，來介紹奈夫這位經濟史學教授對於工業時代人文精神的看法。余英時認為這本書之所以特別值得介紹給中國讀者，有兩點理由特別重要，其一是這本書是對近代西方文化的精神本源的全面檢討，著者的文化觀不但新穎而且深刻，在近數十年中尚沒有一部同類的著作可與之相提並論。余英時認為其用心很像韋伯寫《新教倫理與資本主義之精神》，但余英時同時指出，這兩本書範圍大不相同，韋伯主要做專題分析，而奈夫則是綜合論斷；其次奈夫此書象徵著一種新學術風氣的可能到來，半世紀以來西方的學風是一直向分析的途程邁進，因此在哲學上我們的時代已被稱作「分析的時代」，但分析太過則使人只見樹木不見森林，這一弊病現在已愈來愈明顯，以致西方學人亦漸感到學術有趨向整合的必要，因此奈夫此書在這一方面具有開創性，他以往的論著可以說是極盡窄而深之能事，但在他悟及單線直上的研究法不足以認識近代工業文明的本源之後，轉而試圖嘗試進行整合。[27]

余英時的這篇文章，其實某種程度上可以看作其日後研究的「夫子自道」，奈夫的研究方法對於余英時其後的研究路徑極為重要，縱觀余英時的學術研究軌跡，其早年傾向於「統合」，他的諸多少作便一直嘗試這樣的努力，等到其受到嚴格規範的現代學術訓練之後，開始從事「窄而深」的研究，比如《方以智晚節考》等著作，便鮮明體現了余英時的這一特點，但是在從事了一系列「窄而深」的研究之後，余英時也嘗試重新轉向「統合」的工作，代表性的著作《中國思想傳統的現代詮釋》，便是在「窄而深的研究」基礎上進行「通合」的工作。

時隔兩年之後的一九五九年，余英時發表《文藝復興與人文思潮》一文，所談也大致不出上文範圍，余英時在此文的上篇回顧了近代文藝復興觀的變遷，而在下篇則轉向對人文思潮及其影響的探索。[28]時隔一年，余英時在《西方古典時代之人文精神》一文中，再次重申了自己的文化觀點，同時將人文精神進一步向更為古老的時代追溯。[29]

王汎森指出，余英時在哈佛時期的西洋中古史的老師是古典學名家菲利斯・吉伯特（Phillis Gilbert），後現代主義才開始在史學界流行的時候，余英時對後現代史學輕視史料的態度非常不滿，曾經引用吉伯特的話說，西方許多古典學者都可以背誦經典，意思是西方本來也有重視史料的傳統。

25 王汎森：〈史家與時代：余英時先生的學術研究〉，《書城》，二〇一一年第三期。
26 王汎森：〈史家與時代：余英時先生的學術研究〉，《書城》，二〇一一年第三期。
27 余英時：《文史傳統與文化重建》，第二三—二五頁，三聯書店，二〇〇四年八月版。
28 余英時：《文史傳統與文化重建》，第六三—九二頁，三聯書店，二〇〇四年八月版。
29 余英時：《文史傳統與文化重建》，第九三—一一二頁，三聯書店，二〇〇四年八月版。

王汎森繼而指出，另外一位叫莫米利亞諾（Arnaldo Momigliano）的學者也對余英時有影響，余英時之所以對古典學感興趣，因為他有很長一段時間在研究中國的中古時代，余英時希望中國和西方的中古時代能夠相互照應。[30]而這恰恰可以解釋余英時的另外一段學術轉型——即從漢代的研究逐漸轉向魏晉的研究。

余英時的這些變化，看似細緻入微，卻包含著研究轉軌的新動向，也就是從這時開始，余英時開始試圖將自己的研究和西方的研究相結合，一九五九年發表的〈漢晉之際士之新自覺與新思潮〉便是這段時間余英時研究開始轉向的一個例子，這也是余英時研究「士」這一階層的第一篇論文，余英時寫作此文時曾經與錢穆和楊聯陞詳細商討，楊聯陞還曾經仔細研讀，校正了其中的若干訛誤，因此余英時對此文極為看重，後將其收入代表作《士與中國文化》一書中。有意思的是這篇文章是用文言文寫的，因此更有一番意味。

余英時在這篇文章的起始也承認，近代以來中外學者考論魏晉士族發展與清談思想者很多，自己不過是「聊以補諸家之所未及」，余英時同時指出，以往的學者大多將視點偏重於士族政治、經濟勢力的成長，或者討論魏晉士人清談之政治背景，余英時則將注意力集中於「士之自覺」這一一以貫之的線索，對於漢晉之際的士人風貌做出考察。[31]余英時認為，漢晉之際士人不僅僅存在著「群體自覺」，同時還有「個體自覺」，同時漢晉之際士族思想頗為複雜，余英時以「避世思想」、「養生與老莊」等章節一一考察，余英時進而指出，漢晉之際士族之所以有「群體自覺」，和其經濟背景密不可分，在此基礎上，余英時對於漢晉之際的新思潮的發展進行梳理，明確指出當時儒學漸衰，而玄學大為發展，同時余英時還著重考察了漢晉之際文學、音樂等藝術的發展，對於當時思潮的把握，可謂精細入微。[32]

在此基礎上，余英時在一九七九年所發表的〈名教危機與魏晉士風的轉變〉，則就這一命題進行了進一步的發揮，與一九五九年發表的〈漢晉之際士之新自覺與新思潮〉，已經相隔二十年，此時的余英時已經出版《歷史與思想》這一代表作，產生了巨大的影響，余英時也由此開始全面轉向用中文著述，〈名教危機與魏晉士風的轉變〉便是在這一背景下寫成的。

余英時在〈名教危機與魏晉士風的轉變〉一文中指出，魏晉的士風是環繞著名教與自然的問題展開的，余英時特別指出，東晉家族主要將家族秩序置於政治秩序之上，因此東晉之後的清談有重大的現實意義，而在此之中，名教的危機主要體現在君臣關係的危機，其次包括家族倫理的危機，玄風南渡之後，這種名教的危機體現的更為明顯，因此名教與自然之爭日烈，由此爆發了情與禮的衝突，這才有了後來「緣情制禮」的規則，余英時總結認為，魏晉的名教危機持續了相當長的時期，這在中國社會史上是一個罕見的例外。[33]

而從學術的脈絡上來看，寫作〈名教危機與魏晉士風的轉變〉一文時，余英時正在忙於反智論和遺民方以智的研究，次年余英時寫下《中國知識階層史論》（《士與中國文化》台灣版）自序，將

30 王汎森：〈史家與時代：余英時先生的學術研究〉，《書城》，二〇一一年第三期。
31 余英時：《士與中國文化》，第二八七頁，上海人民出版社，一九八七年十二月版。
32 余英時：《士與中國文化》，第二八七—四〇〇頁，上海人民出版社，一九八七年十二月版。
33 余英時：《士與中國文化》，第四〇一—四四〇頁，上海人民出版社，一九八七年十二月版。

〈名教危機與魏晉士風的轉變〉收入書中，這也是繼《歷史與思想》之後余英時代表作的第二次結集，其重要性不言而喻。

第十二章

余英時的岳父陳雪屏

從學界到政界

從哈佛大學畢業之後的一九六四年，余英時和陳淑平結為夫婦，從此相濡以沫，一同走過了近半個世紀，兩人育有二女。陳淑平是著名教育家陳雪屏的女兒，有意思的是，余英時和陳淑平結婚七年之後的一九七一年，才第一次見到了陳雪屏。和余英時的父親余協中一樣，陳雪屏也是聲名不顯，甚至一度被中共視為「戰犯」，但是縱觀陳雪屏的一生，可見二十世紀中國知識人在政治與學問之間的徘徊。

一九〇一年陳雪屏出生在江蘇宜興，一九二六年畢業於北京大學哲學系，同年赴美國哥倫比亞大學求學，次年獲得碩士學位。一九三〇年陳雪屏返回國內，任教東北大學，梁漱溟、章士釗等人先後在此任教，當時余英時剛剛出生。一九三一年九一八事件爆發後，陳雪屏從東北到了北京，先後就職於北平師範大學，隨後回到母校北京大學任教，先後任心理學系、教育學系教授。一九三七年陳雪屏隨學校遷居昆明，擔任西南聯大公民訓育系主任。[1]

從二〇年代陳雪屏讀書起一直到四〇年代初，陳雪屏的文章都很少，目前能找到的只有一九二一年發表在《新曉》雜誌上的一首譯作，題為〈小川〉，作者是滕那遜，陳雪屏在翻譯的前言寫道：「藤那遜是十九世紀的一個大詩家，他的詩富於情感，讀之很可淘淑性靈，這一首〈小川〉詩，是他得意之作，大凡研究西洋文學的，都能背誦，音調之和美，遣詞之雅逸，命意之超妙，實在令人歎賞不置。」[2]應該說陳雪屏二〇年代的這首譯作，和他之後從事的心理學和教育學，有著一定的關係。

陳雪屏四〇年代初曾經參加過戰國策派，在《戰國策》雜誌上發表過一篇名為〈唯我觀的剖析〉，戰國策派主要有陳銓、林同濟、雷海宗等人發起，編輯《戰國策》雜誌，撰稿人包括朱光潛、馮友蘭等西南聯大的人，著名作家沈從文也曾擔任過該刊的編輯。編輯在為陳雪屏發表的這篇文章所寫的前言中稱文章「供給了我們人自省自修的啟迪」，同時「也指示了社會上的一切人事盡可以用『人的因素』的立場來建立一個有系統的解釋」。[3]

四〇年代的陳雪屏。

一九四一年到一九四四年，當時陳雪屏主要給《當代評論》雜誌寫稿，這份刊物也是由西南聯大的教授編輯出版，陳雪屏在上面一共發表了六篇文章，分別是〈今日青年所遭遇的危機〉、〈十年來國民心理的變遷〉、〈工業建國應有的準備〉、〈論學生服兵役〉、〈論大學學生應徵服役〉、〈戰後世界的心理改造〉。

1 方繼孝：《舊墨三記》，第二〇五頁，北京圖書館出版社，二〇〇七年版。
2 藤那遜著、陳雪屏譯：〈小川〉，《新曉》，一九二一年，第三卷第一期。
3 陳雪屏：〈唯我觀的剖析〉，《戰國策》，一九四一年，第十五—十六期。

當時陳雪屏逐漸顯示出其在心理學研究領域的地位，繼其一九三九年二月在《今日評論》上發表〈談謠言〉一文之後，隨後又出版了《謠言心理學》一書，一九四一年重慶正中書局出版了陳雪屏的《從心理的觀點談人事問題》一書，該書十分暢銷，據不完全統計，僅僅從一九四一年到一九四七年之間，該書就重印了三次。

或許正是這些文章引起了國民黨中央的注意，加上當時西南聯大有許多教授從政，陳雪屏因此也由學界跨入政界，一九四三年陳雪屏被選為三民主義青年團第一屆中央幹事會幹事，並任三青團雲南支部負責人和西南聯大分部負責人，一九四五年陳雪屏擔任中國國民黨第六屆中央執行委員。[4] 據當時的西南聯大學生楊天堂回憶，在香港淪陷前的緊急關頭，孔祥熙把他的馬桶、洋狗、老媽子等都空運到重慶，而許多政府要員因上不了飛機而做了日本人的階下囚，輿論譁然，紛紛聲討孔氏，西南聯大首先掀起「倒孔運動」，後來楊天堂才知道策畫這次運動的幕後人便是是陳雪屏，楊天堂認為，正是因為如此，陳雪屏才因此獲得國民黨中樞權要的賞識而大加重用。[5]

陳雪屏擔任國民黨中央執行委員之後，抗戰勝利，當時陳雪屏已經回到北京，政府已經任命胡適擔任北大校長，胡適當時在美國，校務暫時由代理校長傅斯年主持，傅斯年委派陳雪屏和鄭天挺接收校產，為學校復原做準備，陳雪屏對周作人等在抗戰期間附逆的師生態度沒有像傅斯年那樣激烈，在迎接傅斯年回北京時，傅斯年問陳雪屏和偽北大的教職員有無來往，陳雪屏答只限於一些必要的場合，傅斯年說：「漢賊不兩立，連握手都不應該。」陳雪屏解釋說：「這是不可能的。」陳雪屏當時連續接收了十二個學校，沒有停過一天課，而且陳雪屏認為有些師生因為種種原因，抗戰爆發時沒有離開北京，不得已而留下繼續教學，這和一些附逆的師生應該加以甄別，為此陳雪屏和傅斯年就此類問題爆發過不少衝突。[6]

但是陳雪屏一直對傅斯年頗為尊重，陳雪屏回憶，當年他投考北大時，傅斯年已經從北大畢業，遠赴國外求學，直到抗戰期間他才和傅斯年過從甚密，而且在北大復校和建設台大等問題上和傅斯年有著密切的接觸，陳雪屏認為傅斯年的民族意識和愛國情操特別熱烈，而且擁護民主憲政的熱情特別讓人感動。[7]

一九四九之際

陳雪屏在抗戰之後，逐漸進入國民黨權力核心，一九四六年陳雪屏連任三青團幹事，同時獲選制憲國大代表，一九四七年國民黨和三青團合併，陳雪屏擔任中央黨部青年部部長。一九四八年年底，陳雪屏由胡適推薦，任總統府教育部政務次長。[8]連陳雪屏自己都認為自己不適合繼續在北大教

4 劉國銘主編：《中國國民黨百年人物全書》，下冊，第一四〇四頁，團結出版社，二〇〇五年十二月版。
5 楊天堂：《楊天堂文集》，第二二頁，暨南大學出版社，一九九八年版。
6 陳雪屏：〈北大和台大的兩段往事〉，《傳記文學》，一九七六年第二十八卷第一期。
7 陳雪屏：〈北大和台大的兩段往事〉，《傳記文學》，一九七六年第二十八卷第一期。
8 劉國銘主編：《中國國民黨百年人物全書》，下冊，第一四〇四頁，團結出版社，二〇〇五年十二月版。

書，寫信給胡適辭去北京大學訓導長一職。[9]

胡適和陳雪屏的來往頗為密切，一直持續到胡適六〇年代回台灣接任中央研究院院長，《胡適遺稿及祕藏書信》收錄了陳雪屏給胡適的三封信，而《胡適全集》中也收錄了胡適給陳雪屏及其夫人的若干通書信，這些書信前後跨度近二十多年。而且涉及到一個重要的問題，就是四〇年代末期的中國學潮。

一九四八年底，北平的學潮已經愈演愈烈，當時擔任國民黨青年部部長的陳雪屏忙得焦頭爛額，陳雪屏在這一年寫給胡適的信中曾經屢次談到當時的學潮，信中說：「這裡因為選舉的關係，一切停頓，部裡幾件大事都未決定，簡直無法走開。浙大又發生不幸的事件。學生于子山確是自殺，但既出了人命，總是不好解決的。藕舫先生前天來京，今晨返校，在此受新聞記者的包圍，隨便說了幾句話，而《大公報》記者卻在語氣輕重間製作一番，遂與原意大有出入，恐怕又會引起不少的糾紛。今晨看到參考消息，知昨日各校學生在北大開會，因為有學生在街頭募捐而被捕，決定繼續罷課。先生為此事已煞費苦心，而終於橫生枝節，不能阻止學業的犧牲。」[10]

陳雪屏同時提到，當時由於經過幾次的學潮，黨政軍對於學生又怕又恨，陳雪屏深怕這樣發展下去會演變成極大的悲劇，陳雪屏當時和蔣介石談到浙大學潮，提出北平被捕學生拘留已久，宜速送法院處理，陳雪屏深恐蔣介石說話不作數，還遞了一個對應付學潮的三點意見的簽呈請蔣介石簽字。陳雪屏向胡適抱怨：「現在是管事的太多，到了緊要關頭誰都不做主。即如浙大之事，本可迅速解決，而竟拖延至今，影響到別的地方。北平各校的罷課是否能在短時期內平息下來，地方和學校的配合如何，我因為瞭解北平的情形，所以也特別著急。」[11]

當時陳雪屏還托鄭天挺給胡適發電報，電報中談到了處理學潮的三點意見，其一，今後非有確實證據，不得濫捕學生；其二，被捕學生在限期內先送法院；其三，已捕之學生，須依照上項辦法迅速處理。[12]也正是因為陳雪屏處理學潮的良性方法，被策動學潮的中共視為眼中釘，早在陳雪屏擔北大訓導長之時，在中共地下黨的策動下，北大學生派出代表和胡適交涉，希望胡適把陳雪屏撤職。同時寫信給學校行政會議，要求陳辭職，同時表示要公布陳雪屏和胡適的交談記錄。[13]

一九四七年下半年，陳雪屏被蔣經國調往南京任中央青年部部長，時隔半年，陳雪屏從南京飛抵北平，為了總統選舉問題代表蔣介石徵求胡適的意見，一九四八年下半年，陳雪屏再度到北平，和當時當時北平政府的石志仁、劉瑤章三人，為蔣經國發起的「反貪汙運動」在北平的落實出謀畫策。[14]對於能夠出任青年部部長，陳雪屏曾經對往訪的記者說：「不但是新聞記者詫異，就連我自己也是出乎預料。」[15]

一九四九年國民黨敗局已定，傅作義和中共正在北京激戰，國民黨當局因而有了「搶救學人計

---

9 中國社會科學近代史研究所中華民國史組編：《胡適來往書信選》，下冊，第二三四頁，中華書局，一九八〇年版。
10 中國社會科學近代史研究所中華民國史組編：《胡適來往書信選》，下冊，第二六五頁，中華書局，一九八〇年版。
11 中國社會科學近代史研究所中華民國史組編：《胡適來往書信選》，下冊，第二六六頁，中華書局，一九八〇年版。
12 中國社會科學近代史研究所中華民國史組編：《胡適來往書信選》，下冊，第二六六頁，中華書局，一九八〇年版。
13《文匯報》，一九四七年一月十五日。
14 全國政協文史和學習委員會編：《平津戰役親歷記》，第三二〇頁，中國文史出版社，二〇一二年二月版。
15 楊天堂：《楊天堂文集》，第二二一頁，暨南大學出版社，一九九八年版。

畫」，當時陳雪屏、傅斯年和蔣經國是搶救計畫的三個負責人，陳雪屏當時負責派專機把陳寅恪從北京接出來，據陳寅恪的學生鄧廣銘回憶：「胡（適）到我家，問我能找到陳先生否，我答以可能找得到。隨即到俞大縝教授處問明陳先生的大嫂的住處，我估計陳先生一家必在那裡。到那裡果然看到了陳先生，我把事情原委說了之後，便問他是否肯與胡同走。他答說：『走，前許多天，陳雪屏曾專機來接我。他是國民黨的官僚，坐的是國民黨的飛機，我絕不跟他走！現在跟胡先生一起走，我心安理得。』」鄧廣銘寫道：「到北平迎接胡的專機乃是由教育部派出的，而胡適又畢竟不是國民黨官僚。於此也可看出陳先生總是要盡可能與國民黨保持距離。」[16]

終老台灣

陳雪屏一九四九年赴台，此後一直在台灣任職，先後任台灣省政府委員兼教育廳廳長，隨後擔任國民黨中央改造委員會委員兼普通黨務組組長。一九五二年兼任「中國青年反共救國團」團務指導委員。次年任正中書局董事長。國民黨第七次全國代表大會召開時，陳雪屏當選為中央委員，並被推舉為中央常務委員。此後歷任各種職務，一九七三年之後由於年事已高，主要擔任「總統府」國策顧問，一九九〇年年任「總統府」資政。[17]

陳雪屏初到台灣時，曾經和傅斯年一起建設台灣大學，傅斯年就任台灣大學校長四個月後，陳雪屏赴台任教育廳廳長，當時陳雪屏和傅斯年的住處近在咫尺，兩人時時往來。陳雪屏回憶：「這時候他的健康情形已頗可慮，但他一方面心憂大局，同時銳志要把台大建設成一個夠世界水準的學府，殫精竭慮，竟無一刻的輕鬆，延至一九五〇年年底。不幸的事件終於發生。」[18]

一九五〇年十二月二十日，傅斯年突發腦溢血去世，當時有謠言說傅斯年乃是被議員郭國基「氣死」，以至於學潮四起，當時陳雪屏是當事人，他後來回憶：「十二月十九日上午他和我一同參加農復會蔣夢麟先生召集的會議，商討農業教育改進問題。孟真先生曾多次發言，和平常一樣，內容深刻，言詞犀利。二十日省參議會開會，一整天都是有關教育行政的詢問，下午的會議中開始都由我答覆，最後郭參議員國基提出台大招生放寬尺度及教育部存放台大的器材處理問題，須由孟真先生答覆，他答覆完畢走下發言台時我看到他步履不穩，上前扶持，他只說『不好……』便倒在我身上，立即昏迷……從此他再未清醒。」[19]

陳雪屏也駁斥了當時社會上的種種謠言，認為傅斯年絕非被郭國基「氣死」，陳雪屏指出：「郭參議員平日在議壇上對行政方面詢問，往往盛氣淩人，不留情面，故有大砲之稱。而他卻非常敬佩孟真先生，視為前輩。當日所詢問的兩點本來很容易說明，五分鐘便足以了事。孟真先生費了三十分鐘，主要在以教育家的態度，委婉解釋大學的入學考試必須保持公平，杜絕情面，因而不便輕易降低

---

16 鄧廣銘：《鄧廣銘全集》，第十卷，第三三二頁，河北教育出版社，二〇〇五年版。
17 劉國銘主編：《中國國民黨百年人物全書》，下冊，第一四〇四頁，團結出版社，二〇〇五年十二月版。
18 陳雪屏：〈北大和台大的兩段往事〉，《傳記文學》，一九七六年第二十八卷第一期。
19 陳雪屏：〈北大和台大的兩段往事〉，《傳記文學》，一九七六年第二十八卷第一期。

陳雪屏為余英時所書條幅。

標準，意欲使地方民意代表能透徹明瞭此點，故不惜費辭。無論問者、答者雙方詞意中均未攙雜火藥氣味。」陳雪屏還記得第二天一部分台大學生包圍省參議會，要對郭國基有所行動，當時陳雪屏曾經趕到現場，和黃朝琴將當時實際情況說明，學生方才散去。[20]

胡適六〇年代回到台灣，一度和陳雪屏過從甚密，一九六〇年，還在醫院中的胡適，還曾經專門寫信給陳雪屏，對時局頗為憂心，信中說：「在醫院收到一封有趣味又很動人的信，談的是一個真實又很嚴重的問題，所以我送給老兄看看。我盼望這個問題能得著政府諸公的注意，此信可複寫分呈辭公與雲老看看。」[21]辭公即副總統陳誠，而雲老指的是王雲五。當時胡適還不時就一些瑣事請陳雪屏夫婦幫忙，一九五八年胡適給陳雪屏寫信，信中說：「送上佟明璋君從香港來信，請你看了即在信上批幾個字。一九四四年七月教育系畢業，他必是『偽北大』的學生，那時我還沒回國。此項學生的畢業辦法，當時似有一種補習辦法。你若記得此人，乞示知此項學生的請求補發證書應如何辦理。」[22]一九六一年胡適給陳雪屏的夫人寫信，信中說：「今天收到沈維甫從醫院裡寫來『告幫忙』的一信。此人似是昆三家那位很不高明的姪兒，我記不清他的名字了。所以送給您看看。」[23]

胡適去世之後，陳雪屏在回憶文章〈談胡適之先生最後四年的生活〉中曾言，胡適的健康狀況，

---

20 陳雪屏：〈北大和台大的兩段往事〉，《傳記文學》，一九七六年第二十八卷第一期。
21 胡適：《胡適全集》，第二十六卷，第四三二頁，安徽教育出版社，二〇〇三年九月版。
22 胡適：《胡適全集》，第二十六卷，第一九六頁，安徽教育出版社，二〇〇三年九月版。
23 胡適：《胡適全集》，第二十六卷，第五九五頁，安徽教育出版社，二〇〇三年九月版。

多年以來一直困擾著胡適，而且在胡適晚年回到台灣之後，演講邀約不斷，成為胡適一個很大的負擔，以至於胡適晚年有很多文稿尚未完成，很多草稿都沒有寫定，成為胡適晚年的遺憾之一。[24]而在胡適身後，作為胡適的學生兼摯友，在胡適去世之後，陳雪屏不僅親自參與到胡適墓地的挑選，而且在胡適下葬時和羅家倫、楊亮功、毛子水三人，一起把北大校旗覆蓋在胡適的靈柩上，而後一度為胡適紀念館的籌建奔波，他曾經寫信給台大校長錢思亮，請求將胡適贈送給台大的其在紐約的藏書移送至胡適紀念館保存，得到錢思亮的許可，使得胡適的藏書得以盡量完整的保存在胡適紀念館中。[25]

一九七八年，余英時的《紅樓夢的兩個世界》在聯經出版社出版，陳雪屏為該書題字，至今余英時家客廳中還有有一副陳雪屏的題字：「未成小隱聊中隱，卻恐他鄉勝故鄉。」前者取自蘇東坡〈六月二十七日望湖樓醉書〉第五首，原詩為：「未成小隱聊中隱，可得長閒勝暫閒。我本無家更安往，故鄉無此好湖山。」後者取自陸游〈南鄉子．歸夢寄吳檣〉，原詞為：「歸夢寄吳檣，水驛江程去路長。想見芳洲初繫纜，斜陽，煙樹參差認武昌。愁鬢點新霜，曾是朝衣染御香。重到故鄉交舊少，淒涼，卻恐他鄉勝故鄉。」集句中所透露出的鄉愁，恰好是陳雪屏晚年的困境，一九九九年陳雪屏在台灣謝世，享年九十八歲。

24 耿雲志編：《胡適評傳》，第二七〇頁，上海古籍出版社，一九九九年版。
25 中央研究院近代史研究所胡適紀念館編：《胡適紀念館大事記》，未刊稿。

第十三章

緣起陳寅恪之一：《論再生緣》出版風波

說不盡的陳寅恪

自上世紀八、九〇年代以來，陳寅恪逐漸走出學界，成為報章雜誌熱議的話題，這固然與《陳寅恪的最後二十年》一書的一紙風靡有關，究其深意恐怕與八〇年代末以來知識人整體失語不無聯繫，對此王元化在九〇年代初中曾經提倡「有學術的思想，有思想的學術」，雖此語然略顯粗疏空乏，但多少道出了陳寅恪於九〇年代出場的時代背景。

至少從一九四九年之前的學界來看，陳寅恪的一舉一動，都會引起學界極大的關注，雖然陳寅恪當年入職清華頗多爭議，近來更有學人指出其中多少有些祖輩的人脈關係在內，但是陳寅恪本人極高的學術水準乃是其中最主要的因素，一九二五年陳寅恪應吳宓之招回國，就任清華國學院導師，同時期北大研究所國學門也請陳寅恪前來開課，陳寅恪為當時的北大學子開了四門選題，其一為長慶唐蕃會盟碑藏文之研究，其二為鳩摩羅什之研究，其三為中國古代天文星曆諸問題之研究，其四為搜集滿洲文學史材料。[1] 從統計資料來看，該公告一共在《北京大學日刊》上刊登了十五次，可想而知當時陳寅恪的地位。

而當時的清華也不落後，更加重視陳寅恪的一舉一動，一九二七年王國維投湖自盡，梁啟超也因為久居天津不常來校，隨後於一九二九年病故，趙元任因為前往各地調查方言，亦不常在校，清華國學院中陳寅恪遂成一枝獨秀，當時陳授課的情況，校刊都有介紹，一九二八年清華校刊登出本年度陳寅恪授課情況的簡介：「《梵文文法》每周兩小時，《唯識二十論校讀》每周一小時。」[2]三〇年代《清華暑期周刊》還登過一則描寫陳寅恪的小文章，其中有云：「上課鈴響後，你們看到一位裡面穿著皮袍外面套著藍布大褂青布馬褂，頭上戴著一頂兩邊有遮耳的皮帽，腿上蓋著棉褲足下登著棉鞋，右手抱著一個藍布大包袱，走路一高一下，相貌稀奇古怪純粹國貨式的老先生從對面彳亍而來，這就是陳寅恪先生了。」[3]

當時與陳寅恪論學的一些書信也不時出現在報章雜誌上，陳寅恪寫給徐炳昶的一封論學的信件發表在一九二七年《北京大學研究所國學門月刊》第一期上，更可以窺見當時陳寅恪的學術聲望，而後又有〈與劉叔雅先生論國文試題書〉，刊登在《青鶴》雜誌一九三二年第一卷第三期上，而張蔭麟也寫下〈與陳寅恪論漢朝儒生行書〉，發表在《燕京學報》一九三四年第十五期上，更有學者以陳寅恪覆信為榮，三〇年代專研契丹文的學者厲鼎煃便曾經將《契丹國書略說》寄給陳寅恪指正，陳寅恪覆信表示嘉許，隨後厲將陳寅恪覆信收在論著之首，以為增重，時隔數年，又將其錄出刊行在《國學通訊》中。[4]

而有關陳寅恪的奇聞軼事，也不時在民間傳播，《西北風》雜誌便曾經刊出一則〈陳寅恪教授〉

---

1 《北京大學日刊》，一九二六年，第一九九八期。
2 《國立清華大學校刊》一九二八年，第十五期。
3 《清華暑期周刊》，一九三四年，第八期。
4 《國學通訊》，一九四〇年十二月廿六日。

的小文章，文中也談及陳寅恪的穿著經常裝書用的包裹：「陳先生全身上下，差不多找不出一件外國貨。藍布大褂（有時也穿灰色的），冬天在路上戴著一頂大皮帽，兩旁的耳子遮著耳朵，可是常常有一隻翹起，一隻垂下。陳先生不用教授皮包，而用藍布和紅布的大包袱，這些包袱跟隨陳先生的年歲久了，上面都是斑斑駁駁，有幾處顏色淡了些，有幾處竟成了白色，裡面包著的東西，都是木刻的書，不是《大藏經》，便是二十四史、《資治通鑑》。」[5] 該文深入人心，三年之後的一九三九年還曾經被轉載，主標題為「近代名人軼事的一則」，可見當時社會對於陳寅恪的矚目。[6]

也正是在三〇年代末期，陳寅恪受聘牛津大學，當時《學生雜誌》、《教育通訊》等都有報導，《英文自修大學》雜誌還專門刊登了陳寅恪中英文對照的生平簡介，但是因為戰爭受阻，未能成行，《史學季刊》以〈陳寅恪教授赴英講學未果〉為題發表文章，對此無限惋惜，並且表示希望歐戰早日結束，陳寅恪能夠赴英傳播漢學種子，並將歐洲漢學的新發展介紹到中國。[7] 可見當時陳寅恪的學術影響，而有名為譚凱光的人更是接連撰文，認為中國最傑出的史學家不是胡適之，而是陳寅恪。[8]《燕京新聞》對陳寅恪的一舉一動都有觀察，陳寅恪在聯大所授科目，陳寅恪住院與否，該刊都曾經加以報導。[9] 抗戰勝利後，陳寅恪出版的兩部隋唐史的著作，《燕京學報》在第一時間發表了兩篇書評予以加以推介。[10]

此時陳寅恪已經成為傳奇，在哪裡授課，到哪裡教書，報章皆有跡可循，比如陳寅恪剛答應陳序經到嶺南大學教書，《私立嶺南大學學報》便稱「名教授陳寅恪等將應聘到校授課」，[11] 可見嶺南大學之迫切。而就在陳寅恪安居嶺南之時，夏承燾寫下〈讀「長恨歌」——兼評陳寅恪教授之「箋證」〉一文，對陳寅恪提出商榷，夏承燾的這篇文章，也是一九四九年關於陳寅恪文章的最後一篇。

文字惹禍 事已多有

陳寅恪一九四九年之後為何不去台灣，留在大陸，歷來學界爭議頗多，但是經過若干年幾代學者的爬梳，陳寅恪一九四九年有意赴台已成鐵案，而敏銳注意到陳寅恪一九四九年之後動向的，首推余英時。一九五四年陳寅恪《論再生緣》定稿後，油印若干冊，並交存學校數冊，後來此油印本被余英時看到，隨後余英時在香港《人生》雜誌一九五八年十二月號發表〈陳寅恪先生《論再生緣》書後〉一文，推斷《論再生緣》「實是寫『興亡遺恨』為主旨，個人感懷身世，猶其次焉者矣！」第二年，香港友聯出版社出版了《論再生緣》，在海外轟傳一時，議論紛紜。一九六〇消息傳到內地，引起廣

5 《西北風》，一九三六年，第三期。
6 《明燈道聲非常時期合刊》，一九三九年。
7 《史學季刊》一九四〇年，第一卷，第一期。
8 《民大導報》，一九四二年，第五期。
9 《燕京新聞》，一九四四年，第十卷，第十七期，一九四五年，第十一卷，第十六期。
10 《燕京學報》，一九四六年，第三十期。
11 《私立嶺南大學學報》，一九四九年，第九十一期。

東和北京方面關注。[12] 同期雜誌還有區惠本〈當代史學家陳寅恪〉一文，置於余文之前，可見當時香港對於陳寅恪的矚目。[13]

當時中山大學領導得到了一本香港出版的《論再生緣》，追查書稿如何流出境外，凡接觸過書稿的人都在審查之列。這卻難為了不知原委的陳寅恪，陳記起章士釗經廣州赴香港，專程來訪，曾將油印本《論再生緣》相贈，於是陳夫人唐曉瑩向校方反映，可能是章士釗帶到香港。以章士釗的名位和聲望，此事後來不了了之。[14]

當時在香港的牟潤孫也讀到了陳寅恪的《論再生緣》，牟潤孫後來回憶：「我到香港後陳先生曾托朋友帶出來幾本《論再生緣》油印本，也送給我一本，我讀後，很明瞭他老人家的心情，感覺十分悽涼，一句話也沒有講。」[15] 而後陳寅恪在文革前夕致牟潤孫的信中說：「數月前奉到大著。『烏台』正學兼而有之。甚佩，甚佩！近年失明斷腿，不復能聽讀。敬請以後不必再寄書為感。」[16]

牟潤孫在回憶文章中對陳寅恪此信做出解釋，認為當時陳寅恪的處境已經非常困難：「一九六六年八九月間，我寄了一冊《魏晉以後崇尚詭辯之由來及其影響》給陳寅恪先生，後來就得到這封信。

---

12 徐慶全：〈陳寅恪《論再生緣》出版風波〉，《南方周末》，二〇〇八年八月廿八日。
13 《人生》，一九五八年十二月號。
14 徐慶全：〈陳寅恪《論再生緣》出版風波〉，《南方周末》，二〇〇八年八月廿八日。
15 張傑、楊燕麗選編：《追憶陳寅恪》，第三一三頁，社會科學文獻出版社一九九九年版。
16 陳寅恪：《書信集》，第二八三頁，三聯書店，二〇〇一年六月版。

陳寅恪先生「論再生緣」書後

余英時

近偶自友人處借得海外油印本陳寅恪先生「論再生緣」一書，據所附「校勘表」知原書亦爲油印，固未嘗正式出版也。此書流傳情況至爲不明，書成年月，遂亦無明確之記載，然稍考書中所附載之詩及案語，則知此書實作於一九五三及一九五四年之間，玆請先證明成書年代：

陳先生於「蒙自南湖作」詩中注云：「寅恪案，十六年前作此詩……」是知書成之際上距陳先生在蒙自時已逾十六年，陳先生原執敎淸華大學，其南遷時間與北大同，據錢師賓四「國史大綱」之「書成自記」云：「二十六年秋……學校南遷……。取道香港，轉長沙，至南嶽。又隨校遷滇，路出廣西，借道越南，至昆明。文學院暫設蒙自……則二十七年之四月也。……秋後，學校又遷回昆明。」則陳先生此詩必作於二十七年滯留蒙自之數月間。自二十七年下推十六年爲民國四十三年，卽西曆一九五四年。

又書末附詩兩首之序言有云：「癸巳秋夜，聽讀淸乾隆時錢唐才女陳端生所著再生緣……」癸巳爲一九五三年，蓋陳先生聽讀「再生緣」之時也。今案此書考證甚繁，決非短期內可成之作，陳先生雙目失明，材料之搜集與爬梳，處處須有人爲之助力，則所需時日必更長。書中有一處記考證之經過云：「寅恪初疑陳端生之夫范某爲乾隆時因收藏顧亭林獲罪，讁遣戍而被赦免之范起鳳。後又疑爲乾隆間才女陳雲貞之夫，以罪遣戍伊犂之范秋塘。搜索研討，終知非是。然以此耗去日力不少，甚可嘆，亦可笑也。」可見此書非倉卒可成。今姑推定此書之寫作始於一九五三年秋，而成於一九五四年，雖不中當亦不甚遠也。英時之所以如此斷斷於年代之考定者；固不僅出於對先生考證學之傾慕之忱而故爲東施之效顰，而實亦由於成書年代之確定足以反映陳先生撰述之動機及其時代之背景，關係陳先生近數年來身陷大陸之思想狀況者，至大且鉅。陳先生云：「寅恪讀再生緣，自謂頗能識作者之用心，非泛引杜句，以虛詞讚美也。」今英時草此文亦猶先生之意也！

今按陳先生此書之作蓋具兩重意義，其一爲藉考證再生緣作者陳端生之身世以寓自傷之意，故一則曰：「偶聽讀再生緣，深感陳端生之身世，因草此文。」再則曰：「江都汪中者，有淸中葉極負盛名之文士，而又與端生生值同時者也。作弔馬守眞文，以寓自傷之意……。」其二則爲藉論再生緣之書而感慨世變，以抒發其對當前之極權統治之深惡痛絕之情，此序則爲本文後節所欲三致其意而暫時不能不擱置者也。玆請先申論其感懷身世一點。

陳先生自抗戰初期卽患目疾，而當時醫藥條件不佳，一誤再誤，終至雙目失明，以先生之「絕世才華」及其史學造詣之深，又值最能著述之年（病目時大約纔過五十），而遽失雙目，其內心之痛苦殆不可以言喻。此種痛苦積之旣久，自不能不一求傾吐，而再生緣作者陳端生之遭遇適頗有可以與陳先生相通者，此「論再生緣」一書之所以作也。故序文中有云：

「衰年病目，廢書不觀，唯聽讀小說消日，偶至再生緣一書，深有感於其作者之身世，遂稍稍考證其本末，草成此文，承平豢養，無取用心，付文章之得失，興窈窕之哀思，聊作無益之事，以遣有涯己生云爾！」

夫陳端生爲乾隆時寫彈詞之才女，而陳先生則當代隋唐史之權威

余英時〈陳寅恪先生《論再生緣》書後〉發表頁。

『烏台』是御史台，藉以指史學。正學，正統之學，即經學。北郊為徐君伯郊，諧音也。另外又託人打電話給我，說千萬不要再去信，並請轉告伯郊不要再寄東西或藥品。我才知道寅老在當時的遭遇，後悔莫及，數年來珍重的保存這封信，以為紀念。今日檢出重讀，百感交集。懺悔之外更有知音難遇之感。」[17] 牟潤孫在另一篇文章中也描述了當時陳寅恪的狀況：「後來有認識陳家的人告訴我說，紅衛兵曾經去罰先生跪，要他背毛語錄，背不上就打他，我聽了之後十分難過。」[18]

胡文輝通過考察陳寅恪致牟潤孫函件的影印本，指出陳信暗藏玄機，胡文輝指出，原件中的「烏台」兩字加了引號，「正學」兩字加了專名線，若按牟氏的解釋，就不合標點符號的規範，顯得不倫不類。因此胡文輝在此基礎上認為，加引號的「烏台」，疑指蘇軾著名的「烏台詩案」，蘇軾反對王安石新法，賦詩託諷，被下御史台問罪，此處可借指文字獄；而加專名線的「正學」，則當指明初方孝孺，世號正學先生；方孝孺抗燕王朱棣（明成祖）之命，被淩遲處死，並株連十族，此處可借指政治株連。[19]

而陳寅恪的《論再生緣》的流傳，則使得陳寅恪的處境變得更加微妙。宗亮考察了《論再生緣》的流傳過程，進而指出，余英時的老師楊聯陞早在一九五六年就看過《論再生緣》，一九五六年八月十日和九月八日，楊聯陞兩次給胡適寫信，其中都提到了陳寅恪的《論再生緣》，第一封信說：「周法高說，台灣收到過陳寅恪先生《論再生緣》一篇長文，討論彈詞，本是油印的。後來史語所與台大又油印若干份，我很想看看，已經寫信向濟之先生去要一本，不知您曾見此書否。」第二封信說：「《論再生緣》已經收到了，很有趣味。」[20]

楊聯陞給胡適的信中包含著豐富的歷史資訊，至少可以從第一封信斷定，在五〇年代，陳寅恪的

《論再生緣》至少有三、四個版本，其一為陳寅恪油印本，其二為台大和史語所油印本，其三為友聯出版社排印本。許倬雲曾藏有一冊陳寅恪油印本，封面為牛皮紙，上有「論再生緣瑩題」幾個字，出自陳夫人唐曉瑩之手，按常理推測，許倬雲獲得此油印本的時間和楊聯陞獲得油印本的時間，不會相去太遠，當時楊聯陞在美國任哈佛大學教授，而許倬雲則在台灣史語所擔任助理研究員，從範圍上來看，可見油印本《論再生緣》的傳播之廣，加上當時台大和史語所都有油印本，更促進了《論再生緣》的流傳。

但是事實卻被余英時披露出來，余英時在一九八〇年發表的〈陳寅恪的學術精神和晚年心境〉一文中坦率承認，自己是《論再生緣》在香港出版的始作俑者，據余英時稱，一九五八年的秋天，當時余英時偶然在波士頓發現了《論再生緣》的油印本，是輾轉由台北中央研究院傳來的，余英時讀了之後，在精神上、情感上都受到極大的震動，深覺這不是一篇普通的考證文字，因為字裡行間到處躍動著作者的情感與生命，當時余英時自信頗識作者用心，所以寫了〈陳寅恪先生《論再生緣》書後〉。當時余英時又與香港的友聯出版社接洽，希望該社能把《論再生緣》正式排印出來，以饗海外讀者，而友聯負責接洽者是余英時的朋友司馬長風，為了謹慎起見，余英時特別請友聯在出版時不要提及

17 牟潤孫：〈讀《陳寅恪先生論集》〉《明報月刊》，一九七二年第二期。
18 張傑、楊燕麗選編：《追憶陳寅恪》，第三一三頁，社會科學文獻出版社一九九九年版。
19 胡文輝：〈陳寅恪致牟潤孫函中的隱語〉，《南方周末》，二〇〇七年十一月八日。
20 宗亮：〈《論再生緣》究竟何時流出海外〉，《南方周末》，二〇一三年七月廿六日。

他，只詭稱在香港覓得即可，余英時同時讓出版社不要把他的〈書後〉附載書末，以免攀附驥尾之嫌。[21]這才使得這一祕密隱藏了二十多年。但是由於楊聯陞早在一九五六年就讀到了《論再生緣》，因此其同在波士頓的學生余英時一九五八年讀到，顯然沒有任何問題。

余英時在〈陳寅恪先生論再生緣書後〉一文中寫道：「此書考證甚索，絕非短期內可成之作，陳先生雙目失明，材料之搜集與爬梳，處處須有人為之助力，則所需時日必更長。」余英時同時指出：「英時之所以如此斷斷於年代之考定者，固不僅出於對先生考證學之傾慕之忱而故為東施之效顰，而實亦由於成書年代之確定足以反映陳先生撰述之動機及其時代之背景，關係陳先生近數年來身陷大陸之思想狀況者，至大且巨。」[22]

余英時進而指出，陳寅恪寫作此書，絕非無的放矢，實則暗含深意，其一乃是借考證《再生緣》作者陳端生之身世以寓自傷之意，其二則為借論《再生緣》之書感慨世變。[23]余英時更在〈讀陳寅恪先生《寒柳堂集》感賦二律〉中為陳寅恪的悲慘遭遇感慨不已，詩中有云：「又譜玄恭萬古愁，隔簾寒柳報殘秋，哀時早感浮江木，失計終迷泛海舟；嶺外新篇花滿紙，江東舊義雪盈頭。誰教更曆紅

友聯出版社陳寅恪《論再生緣》封面。

羊劫，絕命猶聞歎死囚。」又云：「看盡典亡目失明，殘詩和淚寫窩孤貞，才兼文史名難隱，智澈人天劫早成；吃菜事魔傷後死，食毛踐土記前生，逢蒙射羿何須怨，禍世從來是黨爭。」[24]

時代的反響

但是當時余英時並不知道，他的文章已經引起了巨大的反響，由於當時陳寅恪身在中國大陸且身分敏感，因此其《論《再生緣》》在香港出版，一時轟動海外，有關方面與郭沫若、周揚、齊燕銘等人交換意見後，決定在內地出版陳寅恪著作與郭沫若校定的十七卷本《再生緣》，「以響應海外議論」，然而由於《再生緣》語涉「征東」，在上世紀六〇年代初的特殊國際環境下，周恩來、康生出面中止對《再生緣》的討論，陳寅恪的著作與郭沫若校訂本也被擱置起來。[25]

周恩來和康生是如何干預這場討論的，余英時引用了兩條史料，據當年中宣部幹部黎之回憶：「有一次周揚正在教育樓主持部分文藝領導人會議。康生突然進來，站著說：那個『孟麗君』（《再

21 余英時：《陳寅恪晚年詩文釋證》，第四四—四五頁，時報出版文化事業有限公司，一九八四年六月版。
22 余英時：《陳寅恪晚年詩文釋證》，第一五八—一五九頁，時報出版文化事業有限公司，一九八四年六月版。
23 余英時：《陳寅恪晚年詩文釋證》，第一五九頁，時報出版文化事業有限公司，一九八四年六月版。
24 余英時：《陳寅恪晚年詩文釋證》，第一—二頁，時報出版文化事業有限公司，一九八四年六月版。
25 余英時：〈陳寅恪研究的反思與展望〉，《東方早報》，二〇一一年一月十六日。

生緣》中的主人公）可不能再宣傳了，那裡面講打高麗，朝鮮方面有意見。他講完轉身走了。」另外據穆欣考證，周恩來總理曾經讓人給郭沫若打招呼：「不要再在報紙上討論《再生緣》，以免由此傷害中朝友誼，在國際上造成不良影響。」郭沫若後來未再就此續寫文章，從此在報紙上停止了這場討論。[26]郭沫若恰好在一九五八年訪問過朝鮮並且和當地的文藝界人士有密切的互動，因此對於周恩來的打招呼，立刻心領神會，其校訂的《論再生緣》也拖延多年結集成書。

停止《再生緣》的討論源於中央高層的決定，也得到了郭沫若忘年交陳明遠的證實，余英時援引卞僧慧《陳寅恪先生年譜長編初稿》中所引用的陳明遠的回憶，稱「一九六一年郭沫若在研究《再生緣》之前，曾與康生交換過意見，隱約揭示出郭突然對《論再生緣》產生興趣的深層背景」，[27]但是經過核對陳明遠原書中的回憶，康生並沒有直接和郭沫若交換過意見，陳明遠的原文是：「一九六一年學術界忽然討論《再生緣》，文章發了不少，他也發了文章，我又問他找書看。這也有上面的意思。有封信裡他對我說，你不用看，知道有陳端生這麼個人就行了。」[28]

而余英時的文章，其實當時也引起了廣東的關注，並且經過陳寅恪本人的過目，據陳寅恪的學生胡守為所撰《陳寅恪傳略》說：「一九五九年《論再生緣》的油印本流出香港後，被某出版商據以翻印，又在小冊子之前寫了一篇〈關於出版的話〉，香港《大公報》一位記者把這小冊子帶回廣州，交給陳寅恪，陳對這篇〈出版的話〉非常不滿，即把書送到中山大學黨委書記馮乃超處，並說明自己沒有送書到香港出版，當時馮乃超指出，〈出版的話〉無非想挑撥他同黨的關係，陳表示同意這一分析。」[29]胡守為和陳寅恪的表態，帶有鮮明的時代痕跡，可能是陳寅恪本人的誇張表演，而從某種程度上來說也可能是胡守為的誇張描述。

但是無論如何，陳寅恪讀過余英時的文章，是鐵板釘釘的事實，一九八七年十月二十五日，香港大學的李玉梅特意寫信給余英時，信中提及，陳寅恪女兒陳小彭特意托李玉梅轉告余英時：「陳老當年讀過教授〈陳寅恪《論再生緣》書後〉一文後，曾說：作者知我。」余英時還清楚地記得自己當時讀到寅恪先生「作者知我」四字的評語，心中的感動真是莫可言宣，余英時同時覺得無論自己化多少工夫為陳「代下注腳，發皇心曲」，無論因此遭到多少誣毀和攻訐，有此一語，他所獲得的酬報都已遠遠超過所付出的代價。[30] 也正是因為如此，才有了余英時就陳寅恪一而再再而三的發表文章、將《陳寅恪晚年詩文釋正》再三增補，一直持續到了二〇一一年《陳寅恪晚年詩文釋證》增訂三版，余英時為這第三版寫了一篇長達萬言的序言，回望了自己持續了半個多世紀的陳寅恪研究。

另外值得注意的是，當時黨中央為了「反擊」余英時，特意請郭沫若出馬，在《光明日報》上發表了一系列關於《再生緣》的文章，「以響應海外議論」，選擇在《光明日報》上發表這些文章，顯然是深思熟慮的結果，因為在此之前，郭沫若的大部分文章都發表在《人民日報》上，發表在《光明日報》上，某種程度上能稍微淡化此事的政治色彩。而郭沫若對於《再生緣》的興趣，初步看起來既

26 余英時：〈陳寅恪研究的反思與展望〉，《東方早報》，二〇一一年一月十六日。
27 卞僧慧：《陳寅恪先生年譜長編初稿》，第三二四頁，中華書局，二〇一〇年四月版。卞僧慧稱援引陳明遠的說法來自陳明遠《我和郭沫若、田漢的忘年交》，此處有誤，應為《忘年交：我與郭沫若、田漢的交往》。
28 陳明遠：《忘年交：我與郭沫若、田漢的交往》，第一一九頁，學林出版社，一九九九年版。
29 余英時：〈陳寅恪研究的反思與展望〉，《東方早報》，二〇一一年一月十六日。
30 余英時：《陳寅恪晚年詩文釋證》，第五—六頁，東大出版社，一九九八年一月版。

有偶然因素，也有必然因素，偶然是因為其一九六〇年十二月上旬經過金燦然的介紹，讀了陳寅恪的《論再生緣》，產生了極大的興趣，[31]必然是因為其身為國家領導人，對於《論再生緣》在海外翻印一事，必定有所耳聞。

郭沫若對於《再生緣》的興趣，維持了相當長的一段時間，而且得到了對《再生緣》同樣有興趣的作家阿英的幫助，郭沫若相關的文章都發表在《光明日報》上，一九六一年五月四日《光明日報》刊登了郭沫若撰寫的〈《再生緣》前十七卷和它的作者陳端生〉，五月下旬，阿英送來《再生緣》的道光二年寶仁堂本和錢三錫編的清代女詩人選集《妝樓摘豔》各一部，在隨後的六月四日，郭沫若根據阿英提供的材料和其與阿英的討論，撰寫〈再談《再生緣》的作者陳端生〉，認為《妝樓摘豔》中寫〈寄外詩〉的陳雲貞就是陳端生，隨後此文發表在六月八日的《光明日報》上；六月二十四日，因為許多作者來信否認陳雲貞就是陳端生，郭沫若經過各種史料的比對，又撰寫〈陳雲貞〈寄外詩〉之謎〉一文，堅持認為陳雲貞就是陳端生，隨後此文發表在六月二十九日的《光明日報》上；時隔一個月，郭沫若撰成〈序《再生緣》前十七回校本〉，附錄有〈陳端生年譜〉和〈關於范菼充軍的經過〉，回顧了兩個月以來校訂《再生緣》的過程，「證明了陳寅恪的評價是正確的」。[32]

31 王繼權、童煒剛編：《郭沫若年譜》，下冊，第二六二頁，江蘇人民出版社，一九八三年四月版。
32 王繼權、童煒剛編：《郭沫若年譜》，下冊，第二七一—二七五頁，江蘇人民出版社，一九八三年四月版。

第十四章

從哈佛到密西根

余英時與費正清

其實很多五〇年代就讀於哈佛大學的中國學生，起初並不知道費正清是誰，比如陳方正便曾經回憶：「（我的）一年級時導師是遠東語言系的研究生，記憶中他為我只做了兩件事：初見面請喝一杯前此從未嘗過的些厘酒，和帶我到費正清（John King Fairbank）家喝下午茶。費正清是誰，當時我茫無頭緒，對他正在建立的現代中國研究『哈佛學派』更一無所知；下一次再見此公，則已是將近三十年之後，在慶祝他八十大壽的酒會上了。」[1]

在周陽山、傅偉勳主編的《西方漢學家論中國》一書中，余英時所撰寫的〈費正清的中國研究〉一文置於卷首，通觀此書可以看出，余英時被看作最為瞭解費正清之人，此書篇章的撰寫者和被研究者之間，都存在著「相知」的關係，同時有些也有私人的交往，比如張朋園與韋慕庭，林毓生與史華慈，馬曉宏與高羅佩，朱榮貴與狄百瑞，劉笑敢與孟旦。[2]

費正清一九九一年在波士頓辭世，余英時在回憶文章中曾言及，五〇年代中期他在哈佛研究院進修時，曾選修過費正清的中國近代史，後來在哈佛又和費正清共事多年，余英時認為費正清無疑是一位具有高度爭議性的人物，中國人對於他更有種種不同的看法，這主要是因為他的中國近代、現代史研究直接涉及美國的對華政策，而他的史學也確實是有意識地為美國政策服務，所以余英時在寫悼念文字時希望盡量避免一切成見，根據其所瞭解的客觀事實，談談他的學術生涯的幾個側面。[3]

有趣的是，余英時先生的父親二〇年代從哈佛大學回國，一九二七年接替蔣廷黻擔任南開大學歷史系主任時，費正清剛剛進入哈佛學習，當時蔣廷黻則北上擔任清華大學歷史系教授，一九三二年費正清來華時，便師從蔣廷黻學習中國歷史，而一九五五年余英時則在哈佛見到了費正清，並且成為費正清的學生。或許正是因為這段特殊的因緣，加上楊聯陞在其中的作用，余英時對於費正清陷入了言說的兩難，一方面余英時和費正清存在著多年的公誼和私誼，另外一方面余英時對於費正清在中國現代史上之於中國的作用又有所保留，因此〈費正清與中國〉一文基本保持了客觀公正的立場，不像余英時懷念錢穆和楊聯陞的文章那樣夾雜許多的個人情感。

至少從三〇年代開始，費正清已經深度參與到現代中國的變動之中，早在蔣廷黻在清華執教時，費正清就與蔣廷黻確立了良好的師生關係，一九三三年到三四年蔣廷黻甚至為費正清提供了在清華的教職，幫助費正清在蔣廷黻主編的刊物上發表論文，費正清回憶起這些事情依舊感到驕傲，當時在華的許多外國學生中，其中有一位名叫拉鐵摩爾，他深深的影響了費正清。[4] 余英時則敏銳的指出，從費正清的回憶錄和早期著作中可以看出，費正清在中國史的研究上受三個人的影響最大：第一是三卷本《中華帝國的國際關係》的作者摩爾斯，第二位對他發生影響力的學者是邊疆史家拉鐵摩爾，第

1 陳方正著：《站在美妙新世紀的門檻上》，第七五〇頁，遼寧教育出版社，二〇〇二年十一月版。
2 參見周陽山、傅偉勳主編：《西方漢學家論中國》，正中書局，一九九三年版。
3 余英時：《師友記往》，第七三—七四頁，北京大學出版社，二〇一三年一月版。
4 保羅埃文斯：《費正清看中國》，第二三—二七頁，上海人民出版社，一九九五年五月版。

三位則是蔣廷黻。[5]

但是余英時同時指出，費正清所有刊行的著作中，其中《美國與中國》、《中國沿海的貿易與外交》兩本書最具有代表性，前者代表了其對中國史及美國對華政策的整體見解；後者則代表了他的史學專業上的造詣，但《中國沿海的貿易與外交》只是是費氏的博士論文的擴大，費氏在這部書的結論一章中曾企圖把這一專題的意義放大，和中國史的現代轉化連繫起來。其中的推論得失互見，余英時認為費正清在書中也暴露了他的限制，那便是在西方史料上的功夫遠過於他對中國史料的運用能力。他所依據的文獻以英國為最重要，其次則是美國和法國。中文檔案則以《籌辦夷務始末》為主體。然而通體而論，此書所反映的主要是英國檔案中的歷史面相。而《美國與中國》從某種意義上來說，是一本美國知識階層認識中國的一本入門書，其實對於中國文化的理解終顯隔閡。[6]

余英時同時認為，費正清是一個具有「霸才」的人，楊聯陞更用「縱横捭闔」來形容他，在他主持東亞研究中心的期間，他對中心的事情當然擁有最高的決策權。研究中心的其他同事因為尊重他是創辦人，也很少反對他的決定。久而久之費正清自然有點「大家長」的風範，余英時還記得研究中心設在敦斯特街十六號的時候，研究中心收發檯上有兩個文件盒子，上面分別寫著「上諭」和「奏章」的中文名字，凡是由費正清發出去的文件叫做「上諭」，凡是收進來的文件都叫「奏章」。但是余英時認為這不過是開玩笑的舉動，絕對認真不得。余英時還記得另外一個笑話，當時東亞研究中心東亞研究中心設有一個執行委員會，委員由文理學院院長每年函聘，有一年費正清休假，由一位年輕的美國同事代理主任的職位。第一次開會時，這位代主任開口第一句話便說：「好了，現在我們大家都是平等的了。」[7]

但是余英時本人並沒有感到費正清有什麼特別霸道之處，他回憶起自己曾經參加執行委員會先後十年，從一九六七年一直到一九七七年，和費正清開過無數次的會，一切提案都是經過公開討論然後通過的，也許他在會前會後有運用他的特殊影響力的地方，但是由於余英時個人對校園中的所謂「政治」毫無興趣，因此他從來不曾發生過任何敏感，有時楊聯陞和余英時想推動早期中國史的研究，只要提案的理由充足，也同樣可以在執行會議上獲得一致通過。[8]

余英時指出，早在一九四六年，費正清便在美國輿論界公開主張美國應該完全放棄對國民黨的支持，趕快和中共取得諒解。他相信中共所領導的革命是無可阻擋的。但中共並不是蘇聯的附庸，它的努力主要是為了改善農民的經濟生活。到了一九四八年年底國民黨眼看著要敗亡大陸，費正清警告美國政府決不能繼續承認蔣介石的流亡政府，他堅信中共已得到中國農民的支持，他們固然是真正的共產主義者，但同時也是真正的中國人，美國只有及早回頭，支持中共，才有可能把中國從蘇聯那裡爭取過來。[9]至少從後來歷史發展來看，冷戰格局的形成和美國所付出的沉重代價，可見費正清當年的先見之明。費正清自己在回憶錄中也提到，早在一九四三年，費正清就已經對蔣介石失去信心，費

5 余英時：《師友記往》，第七四—七五頁，北京大學出版社，二〇一三年一月版。
6 余英時：《師友記往》，第七七—八一頁，北京大學出版社，二〇一三年一月版。
7 余英時：《師友記往》，第八八—八九頁，北京大學出版社，二〇一三年一月版。
8 余英時：《師友記往》，第八九頁，北京大學出版社，二〇一三年一月版。
9 余英時：《師友記往》，第九二—九三頁，北京大學出版社，二〇一三年一月版。

正清在回憶錄中如此記錄他的一九四三年：「在戰時的重慶又度過一年之後，我開始堅信我們的同盟者，國民黨政權正在自我摧毀，並最終走向喪失政權的下場。國民黨的沒落隨同我對這一現實的認識一起逐漸成為現實。」[10]

余英時指出，費正清對於中共的好感是毋庸諱言的，為此他曾經和余英時有過不愉快，余英時記得自己剛到哈佛不久，在費正清家中的周四茶會上，便聽到他們夫婦和其他的美國客人討論聯合國中國代表權的問題，他們那一堆人幾乎都是主張中國共產黨取代國民黨。費正清反國民黨已到了情緒化的地步，這和他的冷靜深沉的性格極不相稱。余英時認為這一情緒的根源在於他重慶時代的經歷——被戴笠的特務監視，而費正清的夫人當時問余英時是否因為反共而擁護國民黨，余英時答自己是香港來的，國民黨懷疑他是第三勢力，因此不願意發護照給他，至今他只能以無國籍的身分去的簽證，而余英時與這些人話不投機，於是談話沒有繼續，此後余英時和費正清再也沒有討論過現實政治。但是唯獨的一次例外是一九六七年，當時台大要解聘殷海光，費正清晚上找到余英時談話，商量怎樣由哈佛燕京學社出面給殷海光一筆研究費，邀請他來訪問，余英時的任務是根據殷海光的著作向哈佛燕京學社陳詞，在談話中余英時告訴費正清，國民黨恐怕不會讓殷海光出境，費正清表示要通過美國政府對台灣施加壓力，但是最後殷海光還是未能成行，只能由哈佛燕京學社按月寄研究費給他，使他可以繼續留在台大。[11]

而從當時的時代北京來看，五〇年代初美國麥卡錫主義猖獗一時，費正清索性躲在學院裡專心研究學術，組織東亞研究中心，但是在六〇年代美國參院舉辦的一系列有關中國問題和美國對華政策的聽證會上，費正清用提供證詞的方式將自己的關於中國問題的新思考公布於世，他從美國的國家利益和戰略利益出發，主張美國政府應儘早放棄對中國的「遏制和孤立」的政策，轉向「遏制而不孤立」的政策，但是他遭到了台灣當局和台灣右翼文人的攻擊和謾罵，從一九六六年開始，台北相繼出版了一批攻擊費正清的書籍，這其中包括作《太平洋關係協會與費正清集團》、《費正清集團在台灣的大陰謀》、《費正清和毛共》等等。[12]

無獨有偶，台灣中央研究院近代史研究所張朋園先生也曾經指出，當時費正清和韋慕庭積極支援中央研究院近代史研究所的工作，鼓勵近代史所所長郭廷以向福特基金會申請研究補助，後來果然成功，福特基金會十年中補助了近史所四十二萬多美金，對於近史所的發展居功至偉，但是也正是如此，招致了台灣島內對於郭廷以乃至費正清等人的激烈批評，郭廷以隨後更去國離鄉，客死美國，台灣島內對於費正清大加抨擊雖然起源於台灣島內對於福特基金會補助的覬覦，但是當時費正清的政治立場與言論，也是重要原因。[13]

九一三事件之後，中美關係正常化，台灣問題顯得越發突出，費正清在一九七一年的《紐約時報》上發表了〈台北能與北京和平共處〉一文，論證「北京統轄下的台北自治」，同時對「任何台灣獨立運動的力量表示懷疑」，又在台灣引起了軒然大波，尤其到了一九七七年中美關係進一步恢復，

10 費正清：《費正清自傳》，第二九五頁，天津人民出版社，一九九三年八月版。
11 余英時：《師友記往》，第九七—九八頁，北京大學出版社，二〇一三年一月版。
12 侯且岸：《當代中國的顯學》，第二六三頁，人民出版社，二〇〇〇年版。
13 張朋園：《郭廷以、費正清、韋慕庭：台灣與美國學術交流個案初探》，第七—三六頁，中央研究院近代史研究所，一九九七年版。

費正清在台灣所遭到的激烈攻擊幾乎達到了頂點，在費正清訪台期間，台北立法委員胡秋原等出面組織了批判費正清的「反對費正清出賣自由中國座談會」，鄭學稼、任卓宣、侯立朝等參加了會議，座談會上的發言充斥著汙辱、謾罵的語言，他們指責費正清是「出賣台灣的罪人」、「毛主義的文化特務」、「共黨間諜」、「披著學者外衣的共黨同路人」。當時對費正清的攻擊也涉及到學術方面，胡秋原、陳鼓應等學者主要從學術角度批判了費正清的中國學研究，也同時批判了台灣內部擁護費正清的一部分自由主義學者，他們認為費正清「不學無術」、根本不瞭解中國。[14]這其中的侯立朝，日後寫下了臭名昭彰的大批判小冊子《美帝漢奸台獨反華：並斥漢奸院士余英時》，書中對費正清和余英時極盡侮辱之能事。

余英時認為，無論費正清對於中共如何保持好感，但是他的立足點始終是美國自身的利益，徹底體現了美國實用主義的精神，這種觀點直到今天依舊支撐著美國的外交政策和對華政策。但是余英時認為費正清的某些觀點，從今天看來完全屬於天真的想法，比如費正清曾經認為美國早點和中共妥協，也許韓戰和越戰的悲劇都可以避免，但是余英時指出，其實美國早在一九四九年便試探過和中共妥協，所以使領館都遲遲不肯撤退，北平的總領事館是在一九五〇年被中共沒收的，之後過了一周美國才宣告撤退一切官員及其眷屬，余英時更援引毛澤東在抗戰末期對左舜生講過的話，認為毛澤東早有和美國拚命的決心，當時毛對左舜生說：「我這幾條爛槍，既可同日本人打，也就可以同美國人打。」余英時繼而總結道：「由於認識不清中共所繼承的傳統，三四十年來他和許多中國通對中共發展的估計幾乎沒有一次不錯，對於中國的歷史和文化缺乏深厚的知識才是費正清觀點的致命弱點」，余英時同時一意味深長的指出，美國政策和中共政權對今天的台灣都有無比的重要性，因此費正清的成功和失敗在這兩個聯繫著台灣命運的問題上都包含著無限的啟示和深刻的教訓。[15]

留美與回港之間

余英時從哈佛畢業時，除了應錢穆之邀回新亞教書之外，曾經一度被哥倫比亞大學考慮為丁龍講座教授的接任者，丁龍講座教授是哥倫比亞大學漢學系傑出的榮譽，這個講座由華工丁龍捐出一生所得設立，王海龍曾經在《哥大與現代中國》一書中介紹，華工丁龍大約在十九世紀五〇年代跟隨卡本蒂埃將軍，他是卡本蒂埃的私人管家，為他做飯以及打理日常事務，一八八九年卡本蒂埃離開加州返回紐約的時候，丁龍跟隨他來到了紐約，最後丁龍退休的時候他向丁龍許個大願要為他做件事的時候，丁龍請他的主人出面，捐出丁龍一生的積蓄，在美國知名大學設立漢學系，研究中國文化，丁龍申述他這麼做的理由是美國人一點也不瞭解中國和中華文明，他想以卑微之身為促進中美兩國人之間的互相理解做點事。丁龍的這一善舉，就連慈禧太后、李鴻章、伍廷芳亦都對此加以援手，於是卡本蒂埃出面與哥倫比亞大學交涉，並且拒絕了哥大校長提出的講座由卡本蒂埃命名的建議，於是哥大的

14 侯且岸：《當代中國的顯學》，第二六三—二六四頁，人民出版社，二〇〇〇年版。
15 余英時：《師友記往》，第一〇五—一〇六頁，北京大學出版社，二〇一三年一月版。

漢學系和丁龍講座就此誕生。[16]

當時余英時曾經寫信給錢穆告知相關情況，當時的《新時代》雜誌曾經就此時做出報導，報導中稱：「哥大幾經考慮，從年老一輩的考慮到年輕一輩的，結果竟決定有意請香港新亞書院的第一屆畢業生余英時君去擔任。余君年事輕，資歷淺，當然不能直接當丁龍講座的主持人；但他們決把此講座虛懸著，待余君到哥大任教幾年後，再正式任此講座。余君現在哈佛大學攻讀博士學位，功課很好，今年就可得到博士學位。原來已經答應學成回香港新亞書院任教，現在哥大方面既有此計畫，他便寫信回母校徵求錢院長的同意錢院長曾經在本年三月二十七日新亞書院的第三十九次月會上報告哥大準備請余英時君擔任此項講座的消息。他說還未復余君信，但他認為無論余君去不去，這究竟是新亞的光榮。」[17]

錢穆在新亞書院的月會上報告了余英時尋找教職的新動向之後，給余英時寫了回信，信中極為贊成余英時去哥大任教：「穆之對弟去任丁龍講座教授一缺，心下萬分歡暢，盼弟自省徑直商定，勿多顧慮。惟為學校計，弟若能於秋間返港，任課一年，再去哥大，則最為上上辦法。因弟之允諾歸來，穆已屢屢言之不止一二十次，此刻穆將關於丁龍講座之意義強調說明，贊成弟去膺此職，在校師生同深歡忭。但此後學校陸續有人派至美國或英國進修，仍必有期滿必返校服務一約束，而弟先已不克履行在前，萬一此後有人援弟為口實，一去不返，則似乎此例乃弟開之。穆所心中躊躇者惟此而已。」[18]

但是時隔四個月，情況發生變化，余英時寫信給錢穆稟明情況，錢穆回信稱：「竊意學術界之風氣，必須有老師宿儒德高望重者主持在上，始可以激濁揚清主持公道，否則必走上朋黨奔競爭名奪利之路，並不能與其他世俗情況有異常，美國人研究漢學，大抵尚是淺嘗速化，一知半解。善活動即據要津，較為沉潛自守，即可被摒一旁，與國內學術界實無甚大相異，來函云云，亦非意外，與其傾軋排擠在後，尚不如早露端倪在前，尚可多做考慮。鄙意就哥大事，最多的事相半，以前所以不直言相勸，一則已有定議，二則默體吾弟堂上之意，似乎都願弟再留彼邦，因此未相勸阻，今既有此變，盼弟安靜待之，若哥大仍以前議相邀，自當仍踐宿諾。若哥大決變前議，弟亦當再自斟酌。」[19]

同時錢穆還給余英時寫信，勸余英時返回新亞任教，同時認為美國的學術環境不利於余英時以後的發展，錢穆同時提到了自己另外的兩位學生孫國棟和陳啟雲，認為假如余英時回新亞教書，新亞可數年內奠定規模，希望余英時在三四月間早作定奪。[20]但是後來余英時在密西根大學找到教職，在一九六二年十月三日寫信給錢穆告知此事，錢穆當時也沒有勉強余英時回港，反而回信對余英時找到教職感到欣慰。[21]

余英時在密西根大學任教期間，他的弟弟余英華此時也到密西根大學讀書，從本科一直讀到博

16 王海龍：《哥大與現代中國》，第一—二二頁，上海文藝出版社，二〇〇〇年一月版。
17 《新時代》一九六一年，第五期。
18 錢穆：《素書樓餘瀋》，第四三四頁，聯經出版社，一九九八年版。
19 錢穆：《素書樓餘瀋》，第四三五—四三六頁，聯經出版社，一九九八年版。
20 錢穆：《素書樓餘瀋》，第四三八頁，聯經出版社，一九九八年版。
21 錢穆：《素書樓餘瀋》，第四三八頁，聯經出版社，一九九八年版。

士，接著留校任職，余英華四〇年代出生在重慶，是余協中和尤亞賢的兒子，研究的領域主要是哲學和邏輯學，一九六八年獲得博士學位，這一時期尤亞賢似乎也在密西根擔任解剖系的研究員，當時余英時一家遷居密西根，余先生曾經提到，他一生中多次搬家，其父親余協中的許多文稿散佚不存。

余英時與黃仁宇

一九六二年，余英時正式在密西根大學執教，當時台灣的趙岡從密西根大學博士畢業，也任職於該校，開始與余英時共事，兩人後來就《紅樓夢》開展的若干爭論頗有趣味。[22]余英時在密西根執教的第一年，就擔任一位「在安亞堡修歷史學的學生」的論文指導老師，這位學生便是黃仁宇。若干年後黃仁宇在他的回憶錄《黃河青山》中如此回憶和余英時的交集：「一九六七年年，格爾（黃仁宇妻子）懷著傑夫時，我正在找工作。伊利諾有個工作等著我，但我們都不想回去。我正要飛到印第安那去面試，但那也不是我們的第一選擇。電話適時響起。紐普茲區域研究系的系主任彼得萊特問我，是否願意去教中國歷史。他才去過芝加哥，參加亞洲研究協會的年度大會，希望找到教師，但沒有收穫。在回程的飛機上，他的鄰座坐著我的朋友余英時，他們彼此介紹自己，當成開場白……余英時這次去參加大會，也想替我在東岸謀職，不過沒有成功，在下飛機前，他把我的姓名和住址給了萊特。」[23]

黃仁宇繼而回憶，其實余英時之所以和他在人生的旅途相遇，也算是一段奇遇，早在一九四六年時，當時黃仁宇就曾經在東北遇到余英時的父親余協中，當時余協中是國民黨東北保安長官司令部參謀長，而黃仁宇當時則是代理司令官的副官，因而曾經在總部的晚宴時坐在余協中的旁邊，一九六二年，十六年後黃仁宇在密西根大學安亞堡分校修歷史學的博士學位，剛從哈佛畢業的余英時成為了黃仁宇的指導老師。[24]

黃仁宇在密西根大學完成的博士論文《明代的漕運》（*The Grand Canal During the Ming Dynasty: 1368-1644*），博士學位委員會由四個人組成，其中委員會主席是費維愷（Albert Feuerwerker），其他三位分別為普萊斯（Jacob M. Price），趙岡（Kang Chao）和余英時（Ying-shih Yu）。[25]

余英時後來如此回憶黃仁宇：「黃先生早年在密西根大學寫明代運河的博士論文時，我恰好趕上做他的論文指導人。論文完成後，我又介紹他到哈佛大學東亞研究中心繼續作研究，寫成了《明代的稅制》（或稱為《十六世紀明代財政與稅收》）一書。甚至他在紐約州立大學的教職，也是由我一力推薦的。」[26]黃仁宇也是余英時在密西根大學指導的唯一的博士生。黃仁宇後來在六十一歲時被紐約州紐普茲州立大學所解聘，賦閒在家撰寫新書《資本主義與廿一世紀》，經余英時告知台灣《聯合

---

22 周汝昌等著：《四海紅樓》，第三九九頁，作家出版社，二〇〇六年九月版。

23 黃仁宇：《黃河青山》，第八五—八六頁，聯經出版社，二〇〇一年六月版。

24 黃仁宇：《黃河青山》，第八五—八六頁，聯經出版社，二〇〇一年六月版。

25 黃仁宇博士論文承蒙原密西根大學圖書館館長楊繼東先生提供影印本，謹致謝忱。

26 余英時：《會友集》，第三二一頁，三民書局，二〇一〇年九月版。

報》老闆王惕吾，資助黃仁宇兩年的研究費用，使其生活無虞，專心寫作。[27]

余英時繼而回憶道：「我和他的關係很深，不能不說幾句話。黃先生比我年長十幾歲，他是軍人出身，三十多歲才在美國上大學，勤苦奮鬥，著述不輟，是一位極可敬佩的學人。他深受中國文化傳統影響，最初堅持以『師禮』待我，但我堅謝拒絕，因為在西方擔任論文指導的名義只是一形式，即使有所商榷，也是彼此都有進益。我引戴震不肯接受段玉裁、姚鼐為弟子的話，主張不妨『交相師』。他不得已而讓步，但仍引傅君劍贈胡適句：『文章風義友兼師』。因此我和他的關係可以說是『在師友之間』。但是他對中國史的看法和我頗有不同。這在西方是十分正常的事，我們之間也並未因之而減少互相間的尊重，一直到他逝世前都是如此。」[28]

余英時對黃仁宇的研究有著自己的看法，余英時認為，黃仁宇是研究經濟史出身，他的《明代的稅制》引用了《明實錄》中大量的統計數字，這是他「數目字管理」說的來源，他大概又受到法國年鑑學派的社會經濟史的影響，重視長期性的結構，這樣便形成了「歷史的長期合理性」的觀點，所以他的看法有堅強根據，絕非興到亂說。但是余英時也認為，西方史學早已進入多元化的階段，不再有統一的史觀，多元並存是正常的現象，而且恰恰顯出史學界的活力。[29]

余英時後來還曾經為黃仁宇的《資本主義與廿一世紀》寫序，但是由於其中的若干言辭，大陸版的《資本

THE GRAND CANAL DURING THE MING DYNASTY

1368 - 1644

by Ray Huang

A dissertation submitted in partial fulfillment of the requirements for the degree of Doctor of Philosophy in the University of Michigan

1964

Doctoral Committee:

Professor Albert Feuerwerker, Chairman
Assistant Professor Kang Chao
Associate Professor Jacob M. Price
Assistant Professor Ying-shih Yü

黃仁宇論文第一頁，最下為余英時。

主義與廿一世紀》並未收入此序，後在《中國文化的重建》一書中得以與大陸學者見面，余英時在這篇寫於一九九一年的序言中認為，黃仁宇來發憤研究資本主義在西方各國發展的歷史而寫成的《資本主義與廿一世紀》，是最值得史學界重視的一件大事。[30] 余英時認為，自二十世紀初以來，中國知識界雖然人人都熟悉資本主義這個名詞，但是資本主義究竟在歷史上是怎樣發生、成長和變化的，則很少人有親切的認識，對於這樣重要的一個概念竟缺乏基本的知識，中國史學家在這一題目上完全交了白卷。現在這個缺陷已由黃仁宇填補。[31]

余英時為黃仁宇寫序的背景，是五〇年代初一直到九〇年代初余英時對於資本主義這一命題持續的思考，一九八五年余英時在國立清華大學發表〈中國近世宗教倫理和商人精神〉的演講，後來演講稿後經修改補訂，於一九八六年由聯經出版事業公司印行單行本，余英時為此撰寫了序言，後〈中國近世宗教倫理和商人精神〉一文收入《士與中國文化》等書，一九八八年余英時又為《中國近世宗教倫理與商人精神》日譯本撰寫了題為「士魂商才」的序言，可以看作余英時對於資本主義這一問題的持續性關注。

27 李懷宇：〈余英時：知人論世〉，《思想》，第二十輯，聯經出版社，二〇一二年版。
28 余英時：《會友集》，第三二一頁，三民書局，二〇一〇年九月版。
29 余英時：《會友集》，第三二一—三二二頁，三民書局，二〇一〇年九月版。
30 余英時：《中國文化的重建》，第一〇一頁，中信出版社，二〇一一年五月版。
31 余英時：《中國文化的重建》，第一〇一頁，中信出版社，二〇一一年五月版。

第十五章

重返哈佛

楊聯陞的舉薦

余英時一九六六年離開密西根大學，回到了哈佛執教，余英時後來曾經回憶：「一九六六年我回到哈佛任教，這個新添的職位是他全力爭取得來的。我終於沒有能夠等到他退休便決定離開了哈佛，從私人情感上說，我對他的歉意是永久的。但是和適之先生一樣，他具有異乎尋常的寬容精神。他不但沒有半點介意的表示，而且尊重我的決定，鼓勵我在學術上充分發展自己的個性。」[1]

錢穆一九六〇年去耶魯講學，曾應哈佛燕京社邀請作學術講演《人與學》，楊當時擔任翻譯，此時余英時已經快拿到博士學位。[2] 當時楊聯陞的身體已經很差，余英時回到哈佛之後，經常為其代課，余英時後來回憶，楊聯陞到四十五、六歲之後基本上不能做大規模的研究，余英時代他教書時用他的書房，看見費正清給楊聯陞的條子：「你就好好休息一年，你還是第一人，放心好了。」[3]

余英時在哈佛時，恰逢費正清中心鼎盛發展時期，余英時一方面承擔在東亞系的教職，一方面投入到費正清中心的建設中，《費正清中心五十年史》的作者稱余英時「是新儒家和傳統哲學思想的專家」，同時指出，從一九六八年到一九七七年，余英時一直在哈佛執教，並且是費正清東亞研究中心執委會成員，「他總是為年輕的華裔學者提供幫助，經常鼓勵他們，可能是因為他對這些年輕人為在美國發展事業而做的奮鬥感同身受。」[4]

那時和余英時同在哈佛執教的，還有著名的古典文學專家葉嘉瑩，龔忠武就曾經回憶，一九六九年五月十三日，他通過博士生資格口試，當時的主考官為教授中國近代史的費正清、教授歐洲近代思想史的斯圖爾特・休斯（H. Stuart Hughes）和教授中國通史的余英時，龔忠武課餘之暇，經常和余英時、葉嘉瑩等師友品茶論道，日子亂中取靜，過得逍遙寫意。[5]

但是龔忠武很快捲入到保釣運動中，荒廢了學業，費正清、史華慈、余英時等人都曾試圖勸說他不要捲入學運，回到研究室裡安心撰寫論文，一九七二年春天，費正清讓他的祕書小姐特別把龔忠武叫到他辦公室共進早餐，以嚴肅的語氣提醒他儘快動筆撰寫論文，余英時在此前後，也把龔忠武叫到他在哈佛燕京圖書館裡的研究室，向他陳述參加學運的利害，希望龔忠武從速「迷途知返」，甚至龔忠武的同班同學，也都這樣勸過他，但是龔忠武最終還是沒有聽從這些師友的勸告，所幸後來他完成了學業。[6]

余英時在哈佛的學生除了龔忠武之外，還有田浩、洪金富、黃進興等，其中田浩受余英時影響最深，他的博士論文便是在余英時和史華慈的指導下完成，他的代表作有《功利主義儒家——陳亮對朱熹的挑戰》、《朱熹的思維世界》，編有《宋代思想史論》等，他還是余英時先生八秩壽慶論文集

---

1 余英時：《會友集》，第一一七頁，三民書局，二〇一〇年九月版。
2 參見楊聯陞：《哈佛遺墨》後記，商務印書館，二〇〇四年版。
3 李懷宇：〈余英時：知人論世的歷史研究〉，《時代周報》，二〇一一年二月十日。
4 薛龍著、路克利譯：《哈佛大學費正清中心五十年史》，新星出版社，二〇一二年版。
5 龔忠武：《哈佛的激情歲月》，未刊稿。
6 龔忠武：《哈佛的激情歲月》，未刊稿。

《文化與歷史的追索》的編者，余英時為他的《朱熹的思維世界》分別寫過英文版的前言和中文版的序言，同時也為他的《功利主義儒家——陳亮對朱熹的挑戰》寫了序言。

洪金富是元代歷史專家，代表作有《元代台憲文書彙編》、《遼宋夏金元五朝日曆》等書，專攻一門，心無旁騖。而黃進興則發揚了余英時廣博的一面，既有《聖賢與聖徒》這類研究性質的專書，同時也有《後現代主義與史學研究》這種偏向史學理論類的專著，同時黃進興還寫過《半世紀的奮鬥：吳火獅先生口述傳記》這樣通俗易懂的人物傳記，閒暇之余，黃進興還以其太太的名字吳詠慧為筆名，撰寫了隨筆集《哈佛瑣記》，最為讀者傳誦。

田浩與余英時

余英時一九七一年利用美國人的身分，第一次去台灣，當時余英時帶著田浩去看望錢穆先生，當時錢穆的《朱子新學案》剛出不久，田浩非常想向錢穆請教，余英時見到田浩時笑著問他：「這樣熱的天氣，你幹嘛打領帶？」余英時的太太陳淑平笑著說：「假如田浩覺得拜訪時候應該正式一點，沒關係。」余英時和田浩到了錢穆的住所素書樓，看到客廳牆上有很多朱熹之文的壁掛，田浩第一次看到錢穆，覺得他雖然身軀不高，但學問地位、權威非常高。但是錢穆的口音很重，只能讓余英時翻譯。田浩記得當時錢先生年齡已經很大，可是身體看起來還很好，所以田浩問他如何鍛練，錢穆回答：「在家面前的院子裡天天散步，一直散步到流汗就行。」[7]

田浩最感到震驚的還是錢穆廣博的學識，田浩回憶，當時錢先生會說出很多古代原文，一旦談到一個哲學範疇或者歷史事實，錢先生一面用其手指輕輕地碰頭想，一面說出原文，而且配其個人的解釋，當然田浩最感興趣的，還是錢穆對於朱熹的研究，余英時為了鼓勵田浩，特意對田浩說：「賓四先生自己把《朱子新學案》當做開路的工具而已，希望別的人繼續發展，還有很多可以研究，連你也有可能性做出一點貢獻。」田浩在當研究生的時候，正是中國的文革時期，當時不單在中國大陸國內很激烈地批判儒家思想、朱熹等人，而且在海外也同樣如此，哈佛大學有些教授看到田浩在研究宋代的儒家思想和朱熹，就笑田浩太封建，當田浩看到錢穆晚年轉到對朱熹的研究上來，給了他很大的鼓勵。

田浩開始做博士論文研究之前，都需要通過一個大考口試，由史華慈、拜能和余英時三位主考，余英時考試的方法跟別人完全不同，其它人都是提出一個題目讓他講一講，可是余英時從大的題目開始問一個問題，當田浩開始回答時候余英時覺得田浩能夠答出，馬上就問一個窄一點的題目，這樣一直下去，當田浩不能回答一個很窄、很具體的題目的時候，余英時就換到另外一個大題目，田浩後來回憶：「他的這一做法很聰明，可以在很短的時間內搞清楚我對有關知識具體瞭解到怎樣的程度。」後來田浩的博士論文題目也是余英時定下來的，便是後來出版的《功利主義儒家：陳亮對朱熹的挑

---

7 田浩編：《文化與歷史的追索：余英時教授八秩壽慶論文集》，前言，聯經出版社，二〇〇九年十二月版。本節大部分內容源於書中所載田浩的回憶文章〈哈佛大學的年代〉，本節凡未注明出處者，皆引自該書。

戰》。

但是田浩同時指出，余英時在哈佛大學執教的時候不太重視宋代學術思想史，這其間含有內在邏輯，田浩旋即指出，余英時的老師錢穆早年在北京大學任教的時候，研究的重點或是漢代、或是清代，都屬於「漢學」的範疇，從這個角度來看，朱熹屬於「宋學」陣營，錢穆晚期退休以後的學術興趣發生了轉變，開始研究朱熹，而余英時也一樣，本來也不太重視宋代，特別是朱熹與清代漢學家所說狹義的「宋學」，但是余英時和錢穆一樣，退休之後把朱熹當作主要的研究方向之一，當時余英時的學生黃進興請余英時為《朱子文集》出版寫一個序言，結果寫成了厚厚一本幾十萬言的《朱熹的歷史世界》。

田浩認為，《朱熹的歷史世界》不僅表現余英時的研究方向的演變，同時也證明他的永久史學方法與他永遠不放棄的價值觀和政治文化的立場。例如他繼續強調文化、宗教和思想一定跟歷史、政治、經濟等等互相有關係和影響。他一輩子掛心實在、具體的政治、制度、經濟、教育等問題。大概甚至可以將他視為一個經世思想家。他崇尚民主、民權，而主張當代知識分子學習朱熹、呂祖謙、張栻那樣道學群體裡的士人，要求有參與政治的職責；而在史學方法上，雖然重視宋代學術思想史，但還是避免抽象的探討，而繼續漢學的考證傳統。

黃進興與余英時

余英時在哈佛執教時期所教授的弟子中，除了田浩之外，還有黃進興，黃進興後來回憶，初次看到余英時是一九七五年二月，當時余英時剛當選中研院院士不久，為台灣大學歷史研究所做了一次講演，題目是「清代思想史的一個新解釋」，這個演講整理成稿後成為以後二十年研究中國思想史「內在理路」的典範，影響極為深遠，當時黃進興還是「批余小將」，以打倒學術權威為己志，聽了這個講演後心中若有所失。[8]

黃進興後來曾經追憶，自己在台大就讀研究所時，林毓生教授從美國回台義務講學。林毓生課堂上大量引介紹西方思想家的著作，令黃進興耳目一新正是林毓生的精彩授課，讓黃進興對西方的學術重鎮充滿了無限的憧憬。有一次黃進興自告奮勇地告訴林老師，擬以「比較思想史」作為未來的治學目標，但林老師告誡「比較思想史」委實不易。最後黃進興只好帶著滿腔的疑惑與不解，踏上「前往西方取經的道路」。[9]

8 田浩編：《文化與歷史的追索：余英時教授八秩壽慶論文集》，前言，聯經出版社，二〇〇九年十二月版。本節大部分內容源于黃進興的回憶文章〈師門六年記：一九七七—一九八三〉，本節凡未注明出處者，皆引自該書。

9 黃進興：〈思想的蘆葦〉，《文匯報》，二〇一四年四月廿一日。

黃進興因緣際會到哈佛大學念書，正是因為余英時的推薦，一九七六年黃進興到匹茲堡大學讀書，還沒有註冊就聽到紐約的同學說，哈佛大學的余英時教授要找黃進興談話，當時黃的同學幫黃找到了余英時的電話，余英時邀請黃進興到波士頓玩，在哈佛的燕京圖書館，黃進興跟余先生談了三個多小時，當時黃進興把陳寅恪批判了一通，但余英時很包容，聊了三個多小時後說：「你明年轉到哈佛來吧。」黃進興回到匹茲堡大學見到許倬雲老實講了情況，許先生說：「既然你的興趣在思想史、學術史，還是跟余先生比較好。」在匹茲堡大學七個月裡，黃進興就跟著許倬雲做一些導讀，瞭解余英時的學問，但黃進興剛到哈佛大學那一年，余英時即受耶魯大學禮聘為講座教授。

剛開始黃進興的研究方向是西方思想史和史學史，後來起了變化，和史華慈、余英時有著密切的關係，史華慈對黃進興說：「你要在中國學方面打點基礎，我介紹你到耶魯去跟余英時教授好了。」當時史華慈不知道黃進興事先就認識余英時，黃進興自然喜出望外，史華慈先生打了電話給余英時，後來黃進興每隔兩、三個月就會去余先生家住一兩晚，有時候和同學康樂兩個人一起去，每一次都聊到晚上三、四點，因為聊得太晚，就乾脆在余英時家打地鋪，醒來再聊，下午才走。

史華慈對黃進興影響重大，經常教育黃進興如何以批判的眼光，處理中國思想的問題；黃進興認為史華慈對他更大的影響是把他從西學遊騎無歸，拉回到中學，因為史華慈認為黃進興原先的西學背景，「有助於探討中國文化的特色」；而余英時對於黃進興的影響則更大，把黃進興從「概念取向」的迷途，導正到正確的研究軌道。[10]

黃進興眼中的康樂為人熱情有理想，對政治獨有見解，常跟余先生做台灣輿情分析，而黃進興則把握難得的機會作了很多的提問，余英時每次有文章總會讓他們先睹為快，這些學生算是最初的讀者，有時這些學生會提供一些意見，黃進興充當主要批評者，黃進興回憶：「我那時等於讀了兩個學校，耶魯和哈佛，常常來來去去。余老師和師母除了學問上給我們指導，生活上也幫了我們很多。我們在高談闊論時，師母便忙著做飯、準備晚餐與宵夜。師母對我們很體貼，很照顧。」

在哈佛黃進興打了一個比較全面、扎實的學問底子，那時受余英時影響，在學習的過程中彌補舊學的不足，史華慈是黃進興真正的指導教授，他的博士論文題目《十八世紀中國的哲學、考據學和政治：李紱和清代陸王學派》，實際上是余英時設計的，而且設計頗有深意，找一個沒人做過的題目，讓黃進興無所依傍，沒有二手資料，唯一的只有太老師錢穆的《中國近三百年學術史》中有一章專門寫到李紱，黃進興只有把李紱的著作一本一本地看，歸納出自己的看法。

黃進興記得後來余英時曾經兩次路過波士頓，第一次電話召黃進興前去談話，黃進興回憶：「難得有機會在名家面前表達己見，是故不免大放厥詞，得意忘形。」但是余英時並沒有批評黃進興，反而鼓勵他說：「年輕人立志不妨高，但是不要犯近代學者鋼筋（觀念架構）太多，水泥（材料）太少的毛病。」那天夜晚余英時和黃進興去吃宵夜，兩人在走夜路，余英時忽然對黃進興說：「做學問說穿了就是『敬業』二字。」讓黃進興靈光一閃。黃進興記得還有一次余英時和他一起走過哈佛廣場，黃進興指著「古墳場」對余英時說：「這些人能在此擁有一席之地真不簡單啊！」余英時斥責道：「糊塗，死人有什麼好羨慕的！」[11]

---

10 黃進興：〈思想的蘆葦〉，《文匯報》，二〇一四年四月廿一日。

11 黃進興：《哈佛瑣記》，第九二—九三頁，三聯書店，一九九七年三月版。

一九八二年黃進興完成了博士論文初稿，本來繳上去了就可以畢業，但系上祕書告訴黃進興明年的獎學金已批示下來，黃進興為了多留一年在哈佛，又將論文取回來，當時余英時推薦黃進興申請到「國際朱子學會」論文發表的機會，當時大陸剛開放，代表團裡有李澤厚、任繼愈、馮友蘭等，但在幾天的會議李大陸代表卻刻意與馮友蘭區隔，余英時和陳榮捷偶爾過去跟他寒暄兩句，當時日本方面島田虔次也應邀出席，島田虔次在會上和黃進興說：「雖與余教授的學術論點不盡相同，卻不能不推崇他是當今中國最了不起的學者。」這個評斷讓黃進興迄今記憶猶新。

第十六章

從秦漢到明清

學術潛伏期

余英時在密西根的四、五年裡，發表的文章較少，一九六二年其博士論文《東漢生死觀》（*Views of Life and Death in Later Han China*）完成，隨後第一章修改後以Life and Immortality in the Mind of Han China為題發表於一九六四—一九六五年的《哈佛亞洲研究學報》（*Harvard Journal of Asiatic Studies*），一九六四年他還為崔瑞德《唐代的財政管理》寫了一則書評，刊於《美國東方學會雜誌》（*Journal of the American Oriental Society*）。

一九六六年余英時離開密西根，回到哈佛大學任教，隨後在一九六七年出版《漢代貿易與擴張——胡漢經濟關聯式結構的研究》（*Trade and Expansion in Han China: A Study in the Structure of Sino-Barbarian Economic Relations*），從時間上推斷，余英時此書的成稿和修改，應該是其在密西根大學任教期間的完成，而此項研究也是余英時在學術上受到較多關注的一本書，當時各種學術雜誌都刊發了一些書評，前文已經述及，此處加以展開。

大約在兩年間，西方學界對於余英時《漢代貿易與擴張》的評論大約有七八篇文章，而且立場迥異，支持者以許倬雲、Tsing Yuan（袁清，袁同禮之子）、Jack L. Dull（杜敬軻）為主，反對者主要有E. G. Pulleyblank（蒲立本）、A. F. P. Hulsewé（何四維）、Judith M. Treistman（朱迪思）等，但是總的來說以褒揚為主，批評者在展開批評之前，都會對全書的優點作細緻的說明。

許倬雲在書評中指出，漢代為中華文明中許多基本要素形成之時，中國，日本，英國及許多其他西方學者都對漢朝時的對外關係有所研究，而余英時將這些現代學者所做之研究進行整理並呈現在讀者面前，此書之主要議題是漢代帝國在西元前二世紀到西元後二世紀間怎樣發展並影響東亞秩序與格局。而余英時通過軍事，政治，文化等層面來分析漢帝國擴張之過程。書中所用材料不僅有流傳千年至今的古文材料，還包括很多最新的考古學發現，而余英時將這些材料巧妙的聯繫起來，向讀者揭示了一份翔實有據的漢朝歷史之圖面。[1]

而Tsing Yuan則指出，對於漢朝經濟的論述向來紛繁複雜，而且觀點各自相去甚多，所以學界長期以來需要一本書對各種論述加以全面且穩妥的總結。余英時的著作「終遂此願」，並且也幫助我們更好的理解了早期中國對外擴張這一動態過程之變化，另外余英時在書中將各語言中與此主題相關之研究成果分門別類的鋪陳出來，此種安排令人印象深刻，因此作者書中所得之結論在相當長一段時間內都將有著絕對的權威性，而此書中另一獨有價值之處便是作者對在中國邊疆新近出土的漢代遺址等考古學材料進行了審慎的運用。[2]

而Jack L. Dull在讚揚此書之時，尤其強調書中關於最有意思的一章是關於貢納體系的論述，Jack L. Dull指出，自漢以降，貢納體系在中國對外關係中經常被用到，而余英時在書中一大半論述了漢朝怎樣對待歸降的胡族人，以及漢朝邊境上對胡貿易的變化規律，雖然其中很多資料並不十分新鮮，但

---

1 Harvard Journal of Asiatic Studies, Vol. 28 (1968), pp. 242-245.

2 The Journal of Economic History, Vol. 28, No. 4 (Dec., 1968), pp. 754-755

把他們綜合起來看的話，就變得很有意義，而余英時在全書最後一章中對他研究主題的歷史後續問題做了廣闊的探索：他用漢人胡化和胡人漢化等史實來闡述漢朝之後胡人在五胡亂華時期的影響應歸功於漢朝期間的經濟和擴張政策。[3]

與之相反的是，E. G. Pulleyblank等人的批評則要激烈的多，E. G. Pulleyblank自稱自己對余英時在研究中所持立場和基本研究方法表示「深切不滿」，Pulleyblank進而指出，在古代，中國人將自己放在「中央」地位並將周邊視為「胡人」以體現優越感是很自然的一件事，而他們這種世界觀也是以他們無可匹敵的世界觀為基礎的，但這些「胡人」也有他們自己的觀點，但由於他們大都是不通文字的，因此我們很少找到從他們觀點出發的記載，當然我們不難想像「胡人」之世界觀必與中國人的世界觀大為不同，而現在的史學家們，即便他是中國人，也應當認識到這一點。Pulleyblank進而援引正如另一位書評人W.Eberhard的觀點，認為「胡人」一詞在余英時的這本書中被肆意使用。[4]

Pulleyblank進而指出，匈奴在西元前三世紀時便已對周朝造成威脅，但是對中國而言，他們經過長時期的擴張並與羌狄部落聯合才踏上了草原高地，而很令人吃驚的是余英時在書中沒有在Owen Lattimore（歐文・拉鐵摩爾）對中國與北方邊關遊牧民族關係的分析上做更多闡述，而從另一角度而言，Pulleyblank認為自己更願看到漢胡關係以時間為軸的發展歷程，但與此相反的是，余英時卻更願意展現中國邊境關係的整體態勢而非對細節進行闡述。[5]

A. F. P. Hulsewé對於E. G. Pulleyblank的觀點表示贊同，並且在批評余英時的幾個論點上和E. G. Pulleyblank的交集頗多，比如在「胡人」稱謂，對於Owen Lattimore研究的忽視等等，A. F. P. Hulsewé進而指出，從余英時在附記中所列的〈東漢政權之建立與士族大姓之關係〉一文中可以看到，余英時讀過Bielenstein（畢漢思）關於漢朝早期歷史的作品，但他對其中所展示的如古史中名詞解讀等史學史基本理念卻未必贊同，另外關於中國向南擴張這一點，Hervouet（吳德民）對司馬相如的研究可謂佳作，其中對中國向雲南的擴張一點處理的得極為出色，但這樣一份細緻且堅實的研究成果卻被余英時完全忽略。[6]

與此相比，Judith M. Treistman的批評則比較含蓄，Treistman強調，余英時在關於內外胡人的討論非常有趣，他強調了漢朝擴張的雙重性和將外族人歸納進帝國版圖的政策，而這種「綏靖政策」有著與當代的關聯性。但是Treistman也強調，在另一方面，有些人可能會推測貢納關係式遊牧民族和中國農耕民族所達成的一種生態上的微妙平衡，但很遺憾的是，余英時在此書中對於經濟關係處理的過於正式，而且有些內容並不與主題密切相關，如果對於生態學上有些描述，那此論述會更有價值。[7]

---

3 The American Historical Review, Vol. 74, No. 1 (Oct., 1968), pp. 248-249
4 Pacific Affairs, Vol. 41, No. 4 (Winter, 1968-1969), pp. 594-597
5 Pacific Affairs, Vol. 41, No. 4 (Winter, 1968-1969), pp. 594-597
6 Bulletin of the School of Oriental and African Studies, University of London, Vol. 31, No. 3(1968), pp. 638-640
7 American Anthropologist, New Series, Vol. 70, No. 6 (Dec., 1968), pp. 1213-1214

追尋明遺民方以智

在密西根任教的後期，余英時開始對方以智產生興趣，並且在哈佛任教期間著重研究明遺民方以智，隨後在一九七二年出版《方以智晚節考》，此書看似和余英時之前的研究沒有關係，其實暗中所接續的乃是余英時在一九五八年所寫的〈陳寅恪先生《論再生緣》書後〉，對此余英時曾經多次加以申說。

一九八六年，余英時在《方以智晚節考》增訂版自序中曾言：「《方以智晚節考》與《陳寅恪晚年詩文釋證》皆為考據之書，然其旨則有超乎一人一事之考證以外者，蓋亦欲觀微知著，借『個人良知』以察『集體良知』也。『考證』、『箋釋』雖皆屬傳統文史研究之體制，若善盡其變，則亦未嘗不能與時俱新，以供今之研治文化史與思想史者之驅遣。」[8]

余英時後來在二〇〇三年為《方以智晚節考》在大陸三聯書店重版的序言中也說：「我是希望通過他在明亡後的生活與思想，試圖揭開當時遺民士大夫的精神世界的一角，因為明、清的交替恰好是中國史上一個天翻地覆的悲劇時代。這一精神世界今天已在陳寅恪先生《柳如是別傳》中獲得驚心動魄的展開，但一九七一年我寫《晚節考》時，《別傳》的原稿尚在塵封之中。後來我果然在《別傳》中讀到方以智與錢謙益曾共謀復明，可惜語焉不詳。在這個意義上，《晚節考》也許可以算作《別傳》的一條附注。」[9]

當然對於余英時撰寫此書的因緣，錢穆的概括最為準確，錢穆指出：「英時此文之貢獻，所謂發潛德之幽光，其對於密之之生平志節之表揚，以證晚明遺老遭際沉痛深哀之一般，以及滿清異族政權所加於中國傳統士氣之摧殘壓迫，不啻是鉤畫一輪廓，描繪一形態，使後之讀者更益有以想見其時之情況，而不禁然以思，愓然以悚，而油然生其對當時諸老無窮的同情，而悼古憐今亦必有不勝之感慨發乎其間者，則莫大如此文最後之〈死節考〉一章。」[10]

而余英時在《方以智晚節考》的增訂版自序中也曾提到，八〇年代大陸有許多討論方以智晚年事蹟，「皆以此書為諍議之對象」，「而尤集矢於〈死節考〉一節」。[11] 比如冒懷辛在一九八一年發表的〈方以智死難事蹟續考〉一文，便對余英時《方以智晚節考》提出商榷：「唯其論證方之死事為出於自裁，則予不能無疑而尚有說焉。」[12] 而在冒懷辛之外，余英時寫作此書之後之所以一再增訂，還有李學勤的功勞，而且李學勤曾經以「儀真」的筆名在一九六二年和冒懷辛一起發表過〈方以智死難事蹟考〉，一九七八年余英時訪問大陸時和李學勤談起方以智研究，李學勤隨後以舊文相贈，而後余英時又讀了容肇祖的《方以智和他的思想》和張永堂的博士論文《方以智的生平與思想》等文

---

8 余英時：《方以智晚節考》，第五頁，三聯書店，二〇〇四年八月版。
9 余英時：《方以智晚節考》，總序，三聯書店，二〇〇四年八月版。
10 余英時：《方以智晚節考》，第二頁，三聯書店，二〇〇四年八月版。
11 余英時：《方以智晚節考》，第二頁，三聯書店，二〇〇四年八月版。
12 冒懷辛：〈方以智死難事蹟續考〉，《江淮論壇》，一九八一年第三期。

獻，撰寫成〈方以智晚節考新證〉。[13]

當然考證還在繼續，一九七九年余英時從徐復觀處獲贈北京汪世清先生手稿一份，內容為根據方中通《陪集》以及方中發《白鹿山房詩集》訂正余英時的《方以智晚節考》，余英時大喜過望，撰寫〈方以智死節新考〉。[14]隨後又過六年，一九八五年余英時又讀到了任道斌所撰寫的《方以智年譜》，在此書的基礎上又撰寫了〈方以智自沉惶恐灘考〉。[15]謝國楨在為《方以智年譜》的序言中，還特意提到了余英時的三篇文章——《晚節考》、《新考》、《新證》。[16]時隔十三年，余英時才結束了自己對於方以智的研究。

清代思想史的新解釋

在進行方以智研究的同時，余英時把自己研究的領域擴展到了清代的思想史，並且鎖定了兩個關鍵人物：戴震和章學誠，隨後在一九七六年出版《論戴震與章學誠》。與此同時，余英時有關清代思想史的一些想法集中體現在《清代思想史的一個新解釋》這篇經講稿處理成的文章當中，余英時的學生黃進興後來回憶：「初次看到余英時老師是一九七五年二月，他剛當選中研院院士不久，為台灣大學歷史研究所做了一次講演，題目是『清代思想史的一個新解釋』。這個演講整理成稿後，成為以後二十年研究中國思想史『內在理路』的典範，影響極為深遠。」[17]

余英時在《論戴震與章學誠》中，按其所述，「是為了解答為什麼宋、明理學一變而為清代經典考證的問題」。余英時指出，關於中國學術思想史上這一重大轉變，從二十世紀初開始史學家先後已提出種種不同的解釋。這些說法雖各有根據，但他始終覺得還有一個更關鍵性線索沒有抓住。宋明理學和清代考證學同在儒學的整體傳統之內是沒有人可以否認，既然如此，這一轉變必然另有內在的因素，絕不是僅僅從外緣方面所能解釋。[18] 而余英時在書中所提出的「內在理路」（「inner logic」），「尤為聚訟的所在」，因此余英時在一九九六年增訂本〈自序〉中作了一次較扼要的回應，而余英時研究戴震和章學誠，曾經遭到徐復觀的批評，時在一九七七年，當時余英時的《論戴震與章學誠：清代中期學術思想史研究》剛出版不久，在這一年由杜維明主持的「中國十八世紀學術研討會」上，余英時與徐復觀相遇，當時徐復觀七十四歲，余英時四十八歲。

據徐復觀追憶，當時參加這次會議的學者，最為年長的是台灣學者陳榮捷，和徐復觀一樣，都是七十四歲。其他較為年長的分別是生於一九〇八年的日本學者岡田武彥、生於一九一九年的美國學者狄百瑞，「其餘多是四十餘歲上下」；徐復觀還記得「會中對唐君毅先生學術成就的評價，比港台兩地更高」，當時有一位學者還在他的著作中為唐君毅專門設了一章，當時大家也很關心唐君毅的身體

---

13 余英時：《方以智晚節考》，第一三二—一三三頁，三聯書店，二〇〇四年八月版。
14 余英時：《方以智晚節考》，第一五五頁，三聯書店，二〇〇四年八月版。
15 余英時：《方以智晚節考》，第一六四頁，三聯書店，二〇〇四年八月版。
16 任道斌：《方以智年譜》，第五頁，安徽教育出版社，一九八三年六月版。
17 田浩編：《文化與歷史的追索：余英時教授八秩壽慶論文集》，前言，聯經出版社，二〇〇九年十二月版。
18 余英時：《論戴震與章學誠》，總序，三聯書店，二〇〇四年八月版。

情況。[19]這次會議過後不久，唐君毅病逝。

徐復觀在這次會議上提交的論文是〈清代漢學衡論〉，徐復觀自稱對所謂「乾嘉學派」作了總的批評，在徐復觀宣讀論文前，已宣讀了六篇論文，其中有三篇是專談戴震，在其他的論文中，也多關涉到戴震，徐復觀因此覺得「這次討論會無形中是以戴震思想為中心」，同時認為「大家對他有過高的評價」，徐復觀同時認為，戴震之所以在北美學界有如此地位，和梁啟超、胡適等人的鼓吹有關，即徐復觀所謂「主要是通過梁胡兩公的著作議論而來」，也正是因為有感於此，徐復觀便「撇開論文的主要內容」，集中到對戴震的批評中，因此引起一連串的討論。[20]

徐復觀批評的面很廣，其中專門批評了余英時，徐復觀指出：「余英時說他對戴震和章學誠的研究法，重心理分析，這是治思想史的最後達點，但一個人的心理是與其人格關聯在一起。」徐復觀進而提出三點批評戴震人品有問題，其一，戴震三十三歲到北京，尚對他的老師江慎修推崇備至，因為江氏兼治漢宋之學，與當時專門標榜漢學反宋學的風氣不合，所以當他四十歲寫《江氏行狀》時，便避提彼此間的師生關係，以後則只稱之為「老儒」；其二，戴震集中有〈與王光祿書〉，稱《堯典》「光被四表」的「光」字，應作「充」字解。但王鳴盛在《蛾術編》則稱戴震並未寫這樣一封信給他，此書乃戴氏偽託以提高自己的地位，另外據徐復觀的考查，戴震對「光」的解釋是站不住腳的。其三，戴震的《水經校注》，與趙一清的完全相同，趙一清的著作，在戴震進四庫館的前一年已經進呈到四庫館，所以當時只認為戴震抄襲趙一清的著作，而沒有人懷疑趙抄襲戴的著作。聽完徐復觀的發言之後，日本學者岡田武彥立即站起來，表達對於徐復觀的支持。[21]

徐復觀在這次討論中，雖然批評了余英時，但是余先生似乎並不介意，徐復觀晚年回憶此事，對余英時頗為感激：「我非常感謝余英時先生，因為他的飽學及俊俏的口才與筆調，在美國的中國學人中，已居於第一人第二人的地位。我的話雖完全不是針對他的論文而發，但我與他的意見是顯然不同。他不僅未曾稍為介意，並且他在討論會結束時向我說，徐先生的態度，我早已知道，也看過你的文章，但此次聽徐先生的講話，和看文章時的感受不同。許多美國朋友，受到徐先生的話的感動。」徐復觀因此稱讚余英時的「識量之宏」。[22]

19 徐復觀：《中國人的生命精神：徐復觀自述》，第二三九—二四〇頁，華東師範大學出版社，二〇〇四年版。
20 徐復觀：《中國人的生命精神：徐復觀自述》，第二四〇頁，華東師範大學出版社，二〇〇四年版。
21 徐復觀：《中國人的生命精神：徐復觀自述》，第二四一—二四二頁，華東師範大學出版社，二〇〇四年版。
22 徐復觀：《中國人的生命精神：徐復觀自述》，第二四三—二四四頁，華東師範大學出版社，二〇〇四年版。

第十七章

重返新亞

余英時與孫國棟

一般來說，人們都認為余英時七〇年代回港執掌新亞，乃是因為五〇年代赴美曾有回港任教的約定，因而七〇年代回港只不過是履行已經過期的約定。但是最近原新亞書院文學院院長孫國棟先生去世，余英時在為孫國棟撰寫的悼文中透露，自己七〇年代之所以敢於返回新亞擔任行政工作，是因為當時唐君毅曾經親口向他保證，孫國棟將會全力幫助余英時處理各種疑難雜務，當時孫國棟在新亞有二十多項兼職，余英時對唐君毅的保證非常相信，因為在唐君毅向他保證之前，余英時的老師錢穆就已經在一九六〇年寫給余英時的信中說：「此君為人為學極篤實，在學校擔負事情不少……明年若去哈佛，學系中少一柱子。」[1]

余英時與孫國棟的感情極深，早在五〇年代初期，兩人便因為《人生》結識，當時余英時曾向《人生》雜誌投稿，而孫國棟則是《人生》雜誌的編輯，孫國棟因為仰慕辛棄疾的原因，以「慕稼」的筆名發表文章，而且兩人後來成為同門，孫國棟在一九五五年秋天考入新亞研究所，成為錢穆的研究生，後來余英時為錢穆八十歲生日祝壽論文集寫的序言和新亞書院紀念碑銘都曾經得到孫國棟的潤色和修改。在余英時剛回新亞的前兩年，都是孫國棟說明其處理各類事務，當時孫國棟是新亞書院文學院院長。[2]

余英時在一九七三年接任梅貽寶擔任新亞書院院長，交接會相當隆重，董事長李祖法致辭，隨後梅貽寶發表講話，余英時在致辭中非常謙遜，表示學校前途都靠師生努力，余英時同時提到新亞早期的辦學條件相當困難，如今雖然有所改善，但是依然需要大家同策群力。余英時接任校長的消息刊登於九月的《新亞生活月刊》，月刊同期配發的余英時的簡歷提到余英時一九五二年七月畢業於新亞書院，畢業之後曾經擔任文史系助教。[3]

一九七三年九月十四日，是新亞書院第一百四十三次月會，也是余英時就任新亞書院院長之後第一次在月會上發表講詞，余英時提到自己做學生的時候，當時新亞書院還沒有月會制度，後來從《新亞生活》雙周刊上讀到許多月會講詞，很羨慕學生們的耳福，寒暄過後，余英時著重強調了新亞精神下的師生關係，余英時指出，現在新亞已經是三代同堂，五六十歲的人是一代，三四十歲的人是一代，現在的年輕學生又是一代，余英

新亞書院院長任上的余英時。

1 余英時：〈儒家傳統 新亞精神——敬悼孫國棟兄〉，《明報月刊》，二〇一三年九月。
2 余英時：〈儒家傳統 新亞精神——敬悼孫國棟兄〉，《明報月刊》，二〇一三年九月。
3 〈余英時博士接任本校校長〉，《新亞生活月刊》，一九七三年九月十五日。

時希望自己可以在老少兩代之間，起到一個橋梁的作用。[4]

余英時此話，顯然別有所指，也明確瞭解了自己擔任行政工作所面臨的種種「夾縫中的生存」，余英時特意援引戴震和姚鼐的故事，戴震一生不肯收徒，姚鼐送了門生帖子給他，被戴震退回，而且寫信告訴姚鼐「吾與足下無妨交相師」，余英時進而援引段玉裁與戴震的故事，段玉裁和姚鼐一樣，也曾經因為拜師被戴震拒絕，後來感動戴震，終於成為戴震弟子，但是戴震在給段玉裁的信中還是自稱「友師」，余英時認為，老師和學生之間除了「尊師重道」之外，還應該提倡「師道即友道」。[5]

余英時講話之後，孫國棟發表了演講，孫國棟援引自己曾耳聞錢穆先生的一則故事，一次錢穆和友人去遊覽一個古寺，寺廟因為戰火連綿，所以損毀嚴重，後來戰事結束，一些和尚回到寺廟中，在門口種了兩株夾竹桃，煞是好看，但是錢先生卻感到很失望，因為夾竹桃雖然很美，但是卻不耐久，寺廟裡的僧人卻不想著種一些松柏，因為松柏終究可以成為參天巨木。孫國棟援引錢穆的故事告誡同學們「要把眼界放高，把胸襟放大」。孫國棟進而告誡學生不僅僅要在德性的世界中做一個堂堂正正的人，也要在知性的世界中做一個堂堂正正的人。[6]

激辯新亞精神

早在余英時正式就任新亞書院院長之後，唐君毅在該年的九月發表〈新亞的過去、現在和將來〉

的演講，與上文余英時、孫國棟的月會講詞刊登在同一期的《新亞生活月刊》上，顯然別有深意，唐君毅全面、系統的回顧了整個新亞的校史，同時指出了新亞書院等三校組成香港中文大學之後的種種困難，最後唐君毅表明了自己的立場，提出了自己對於新亞未來的期望。

唐君毅的這一演講，顯然是說給余英時聽的，因而其爭取余英時回港執掌新亞的苦心也就得到了解釋，唐君毅試圖以新亞出身的余英時，抗衡日漸逼近的改制浪潮，而唐君毅對於余英時的保證，也僅僅是事務上的保證，假如余英時的意見與唐君毅相左，那麼唐君毅便會立即與余英時劃清界限，在改制這一問題上，唐君毅在余英時就任院長那一天，便已經抱定了寸土必爭的決心。

唐君毅的立場相當強硬，在這一演講中，唐君毅赤誠的表達了自己的觀點：「我認為中文大學三間學院之邦聯制度，必須真正維持，不容破壞。此乃依三院之教育原各有其特色，如崇基學院是基督教大學，著重宗教性的教育，並透過教會，而有更多之國際性的關係。聯合書院辦了許多適合地方需要的學系，如公共行政系和電腦系。新亞書院自開辦以來，就是求多繼承一些中國大陸文化的傳統而更求發展。這三院之各有特色之事實，是有其歷史根源的。」[7]

---

4 余英時：〈月會講詞〉之一，《新亞生活月刊》，一九七三年十月十五日。
5 余英時：〈月會講詞〉之一，《新亞生活月刊》，一九七三年十月十五日。
6 孫國棟：〈月會講詞〉之二，《新亞生活月刊》，一九七三年十月十五日。
7 唐君毅：〈新亞的過去、現在和將來〉，《新亞生活月刊》，一九七三年十月十五日。

重回新亞的任院長的余英時（後排右四，七〇年代）。

唐君毅的這一演講，很快得到了新亞早期畢業生，余英時的同學唐端正的響應，一時間大家紛紛就自己心中的新亞發表看法，唐端正在一九七三年十月十二日第一百四十四次月會上發表〈我所瞭解的新亞學風與新亞精神〉，明確表態支持唐君毅，唐端正在回顧了新亞書院的校史之後，忽然針對香港中文大學大發議論：「今天的中文大學，仍未能對以往的錯誤改正過來。根據唐君毅先生去年在新亞學生報的新亞精神特輯中，指出現時中文大學的教育宗旨，至少有兩點和新亞有不同的觀點，其一是香港主義或是地方主義，以為中文大學的教育，應以香港政府和香港社會的利益為前提；其二是國際主義，認為中文大學的教育，主要是取得國際的承認和尊重。以上兩種的觀點，不能說完全的不對，但卻不是教育中國青年應取的正確態度。」[8]

或許正是唐君毅和唐端正的表態，加上迫在眉睫的改制浪潮，余英時被迫再次重申新亞的精神，在一九七四年的畢業典禮上，余英時發表了〈為「新亞精神」進一新解〉的演講，很明顯是針對唐君毅和唐端正的演講有感而發，但是余英時沒有直接點名，余英時和唐君毅、唐端正一樣，肯定了新亞創校初期的艱苦奮鬥，同時也指出了現在的新亞已經得到了長足的發展，已經變得「安定」、「免於匱乏」，但是余英時轉而指出：「『安定』、『免於匱乏』自然是正確的價值，但也帶來了副作用，即沖淡了開創時代的憂思意識。」[9]

余英時同時強調：「課程範圍的擴張是現代大學教育的應有之義，但院系的不斷增添則難免要造

---

8 唐端正：〈我所瞭解的新亞學風與新亞精神〉，《新亞生活月刊》，一九七三年十二月十五日。

9 余英時：〈為「新亞精神」進一新解〉，《新亞生活月刊》，一九七四年七月一日。

成門戶之見，加重隔膜之情。使得原始新亞精神中的『殊途同歸』、『百慮一致』的企求愈來愈高不可攀。師生人數的膨脹更是新亞教育事業蒸蒸日上的一個明證，然而仍然不是沒有代價的。最明顯的是早期那種和睦的『家庭』氣氛逐漸為一種組織化、制度化的『客觀』關係所代替。」余英時隨後強調，按照他的分析，現在的新亞書院，擁有三個客觀條件，即「環境安定化」、「學術分工化」和「關係制度化」。[10]

余英時的這一表態，其實是暗示唐君毅在改制的問題上應該抱持開放的態度，現代大學的發展，需要現代的思維和方法才能推動，傳統的師生關係，已經在改制的浪潮中無法維繫，對此孫國棟給予了余英時及時的支持，在同期《新亞生活月刊》刊登的孫國棟的〈贈別短簡：寄畢業同學〉一文中，孫國棟的態度顯然更為激烈，孫國棟指出：「早期新亞精神所遭遇到的最大的障礙是物質上的『艱險』和『匱乏』，這只是王陽明所謂的『山中賊』。相反的，今天『新亞精神』的最可怕的敵人是因環境安定而產生的懈怠和痲痹，但這則是王陽明所謂的『心中賊』。『破山中賊易，破心中賊難』，我們應該三復這位提倡『知行合一』的思想家之言！」[11]

余英時、孫國棟等人與唐君毅激辯新亞精神，一直持續到了一九七五年，一九七五年五月十五日，余英時在〈我對於新亞校友會的期望〉一文中，尤其強調新亞不應該有「門戶之見」、「派別之私」，[12]隨後在第二十四屆新亞書院畢業生畢業典禮上，余英時強調學生應該「事上煉磨」，同時以自己為例，說自己「是一個不及格的校長」，「忽略了我的舊理想和新亞的新現實之間的距離」，並且隱約透露出自己回港擔任新亞書院院長的後悔之意。[13]

校務之外

當然與唐君毅等人的爭執並非余英時在新亞生活的全部，一九七四年在院長任上的余英時在中央研究院第十次院士選舉中榮膺中央研究院院士，一時間影響極大，余英時當選院士時剛滿四十四歲，而大部分院士當選的年紀都在五十歲之後，因而當時余英時被稱為「少年院士」，這給身陷改制浪潮中的余英時不少的安慰。二〇〇四年余英時在普林斯頓大學的學生王汎森也當選中央研究院院士，當時王汎森也只有四十六歲，同樣被稱為「少年院士」。

也同樣在一九七四年，余英時在新亞書院接待了圍棋神童

10 余英時：〈為「新亞精神」進一新解〉，《新亞生活月刊》，一九七四年七月一日。
11 孫國棟：〈贈別短簡：寄畢業同學〉，《新亞生活月刊》，一九七四年七月一日。
12 余英時：〈我對於新亞校友會的期望〉，《新亞生活月刊》，一九七五年五月十五日。
13 余英時：〈事上煉磨〉，《新亞生活月刊》，一九七五年六月十五日。

余英時與圍棋神童王琬銘對弈。

王銘琬，並且與之對弈，大過棋癮。王銘琬生於一九六一年，隨台灣中國圍棋會訪問香港時還只有十三歲，在新亞書院曾和余英時合影留念，余英時後來專門寫了〈殿上垂裳有二王〉一文，稱讚王銘琬和另外一位棋手王立誠的棋藝高超。

余英時對於圍棋的癡迷，在退休之後，一度維持了相當的熱度，而且在退休前後一度撰寫了好幾篇文章專談棋藝，〈「用志不分，乃凝於神」：吳清源印象〉、〈林海峰：欲超勝負入中年〉等幾篇描寫吳清源、林海峰師徒的文章都是在二〇〇〇年前後發表，可以看做余英時退休前閒適的心境。二〇〇七年余英時受聘日本關西大學名譽博士，還特意去看望林海峰，並且與之對弈，可見余英時對於棋藝的癡迷。

在港閒暇之余，余英時還鑽研起了《紅樓夢》，一九七三年發表〈紅樓夢的兩個世界〉，隨後在一九七四年發表〈關於紅樓夢的作者和思想問題的商榷〉、〈近代紅學的發展與紅學革命：一個學術史的分析〉兩篇文章，隨後引發余英時在密西根執教時期的同事趙岡的商榷，趙岡的商榷文章，直接導致一九七六年余英時接連撰寫數篇文章，考證《紅樓夢》的相關問題，一九七七年這些文章以《紅樓夢

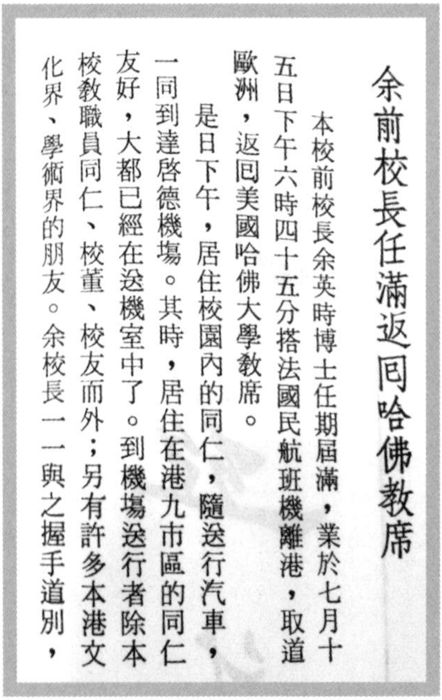

余前校長任滿返回哈佛教席

本校前校長余英時博士任期屆滿，業於七月十五日下午六時四十五分搭法國民航班機離港，取道歐洲，返回美國哈佛大學教席。

是日下午，居住校園內的同仁，隨送行汽車，一同到達啓德機場。其時，居住在港九市區的同仁友好，大都已經在送機室中了。到機場送行者除本校教職員同仁、校董、校友而外；另有許多本港文化界、學術界的朋友。余校長一一與之握手道別，

《新亞生活》刊登余英時返哈佛消息。

的兩個世界》結集出版。余英時曾在致劉心武的信中自稱是研究《紅樓夢》的「落伍逃兵」，實在太過自謙。

一九七五年，身陷改制浪潮的余英時任期滿三年，回到哈佛大學任教，全漢昇接任代理院長，《新亞生活月刊》刊登了兩場為余英時送行的短訊，一場為新亞校友會為余英時舉行的送別會，一場為新亞書院教職員會和新亞書院董事會為余英時舉辦的送別會，兩場送別會都相當隆重，前者有六十餘人出席，後者則達百餘人，但是唐君毅等新亞書院的元老幾乎全部缺席。

當然，許多人對於余英時的離開，依然非常不捨，一九七五年余英時取道歐洲返回美國，當日去機場送行的除了中大校董會、校友會、教職員而外，還有很多香港本土的文化界人士，據《新亞生活月刊》刊登的〈余前校長任滿返回哈佛教席〉記載，當時余英時夫婦已經進入登機口，而李祖法夫婦剛趕到機場，經過祕書張端友的一番交涉，李祖法夫婦得以進入登機口與余英時夫婦話別，三年行政生涯，由此畫上句號。余英時離開新亞之後，其實中大改制並未真正結束，但是大局已經底定，余英時因為中大改制，徹底和唐君毅鬧翻，多年後余英時回憶起中大改制，依舊對唐君毅耿耿於懷。

或許正是因為與唐君毅之間的不快，在錢穆去世後有許多人將錢穆稱為新儒家，但是余英時對此不以為然，余英時在〈錢穆與新儒家〉一文中強調，錢穆生前不願意接受新儒家的「榮銜」，因為錢穆極力要避免建立任何「門戶」，而且更因為「新儒家」具有特殊的涵義，不是錢穆所能認同。[14]

14 余英時：《現代儒學論》，第二三六頁，上海人民出版社，二〇一〇年版。

余英時在此處極力將錢穆與唐君毅等新儒家刻意區隔，同時指責新儒家關於中國現代化的設想「恰好是一個反命題」。[15]

15 余英時：《現代儒學論》，第一七五頁，上海人民出版社，二〇一〇年版。

第十八章

中大改制的台前幕後　上

中大改制的緣起

大學的制度改革問題，在香港爭論了數十年，而余英時所親歷的七〇年代香港中文大學的改制，情況更為複雜，中大最初是以一九六三年第一次的《富爾敦報告書》為基礎，再由政府通過法案而成立的，該報告指明中大是一所邦聯式的大學，由崇基、新亞、聯合三個書院組成，早在中大成立之先，這三個書院已各具規模，有自己的傳統和社會基礎，崇基書院承接中國大陸基督教大學的精神，推崇自由民主；新亞書院由一班酷愛中國文化的流亡者創立，他們以前在國立大學任教，有深厚的傳統氣息；至於聯合書院，則由若干小學院合併而成，教員大多是廣東學者，得香港人士支持。中大前校長李卓敏曾言：「在這裡（中大）我們可以看到半世紀已以來形成中國高等教育的三個分子，那便是教會大學、國立大學、及省立大學。」[1]但也正是因為這種複雜的關係，因此在余英時承擔香港中文大學改制的任務時，才會遭遇到種種意想不到的困難。

由於三家書院先於中大存在，而且在六〇年代各據一方，因此實際上已經是獨立操作的行政實體，每個書院都有自己的校董會，管轄書院的財政和事務，至於書院本身，可謂「麻雀雖小五臟俱全」，都各自有行政樓、教學樓、圖書館及活動中心、學生宿舍等，崇基甚至有教職工宿舍，各書院的科系雖然不盡相同，但基本上文理工商俱全或者只缺其一，所以改制一旦來臨，各家反應不一，聯合書院由於歷史較短，而且勢力較為分散，因此對改制基本上不太反對，崇基基本上保持中立，而新亞的反對勢力最強。[2]

改制為何複雜，原因在於改制的動因複雜，三校聯合組成香港中文大學，開始就蘊含著諸多矛盾，這些矛盾日漸積蓄，長久以來必將爆發，院校都有其獨特的傳統和影響力，各校的傳統不可以一日抹去，所以這種變動是緩慢的變動，但很多地方同時反映出這種傳統的內在矛盾，這就是人們常說的「一校四院」的矛盾。[3] 而余英時則最為倒楣，在矛盾達到頂點改制勢在必行的時候，充當了替罪羔羊。尤其是當三校集中到馬料水校區之後，改制的行程驟然加快。

「一校四院」的意思，是指三個聯合書院之外，大學本部恰似一所獨立的院校，這是因為在削弱各院校的獨立性過程中，自不能不培植自己的力量，使三個書院的獨立性和權力相對地減低，由此中大開始希望徹底打破原有的邦聯制，走上完全統一的途徑。[4]

改制的過程也非常複雜，首先由港督向李卓敏校長提出改制，隨後李卓敏認為必須由大學自己先來討論改制，港督接受此議。於是在一九七四年，李卓敏委任以余英時為主席的「工作小組」討論改制方案，並且向全校諮詢意見。「工作小組」每周開會半天，持續了一年，隨著向全校諮詢的展開，

1 吳倫霓霞編：《邁進中的大學：香港中文大學三十年》，第五八頁，中文大學出版社，一九九三年版。另外中大改制兩章承蒙陳方正先生提供了詳細的意見，謹此致謝。
2 吳倫霓霞編：《邁進中的大學：香港中文大學三十年》，第五九頁，中文大學出版社，一九九三年版。
3 魏克智、劉維英主編：《香港百年風雲錄》，第二二七九頁，吉林人民出版社，一九九七年五月版。
4 魏克智、劉維英主編：《香港百年風雲錄》，第二二七九—二二八〇頁，吉林人民出版社，一九九七年五月版。

反對聲浪即日益增加。尤其是一九七五年夏天「工作小組」遞交報告，此時反對聲浪已經高漲入雲。此後政府撇開「工作小組」報告，另行委任「第二富爾敦委員會」研究改制。[5]

當時新亞的老人，有許多反對改制，尤其是「工作小組」成立之初便已經開始，這和當時新亞的格局有關，由於當時新亞書院最重要的靈魂人物、余英時的老師錢穆退休多年，早已安居台灣，因此不復過問新亞的事務，而當時新亞的創始人張丕介也早已去世，實際上最能左右新亞的，是當時的唐君毅，唐君毅也是新亞的創辦人之一，資歷最深、主持校政最久，當時更與李祖法、吳俊升、沈亦珍諸位聯合，反復商討議案，反對中大改制。[6]

中大改制的過程

中大改制，乃是一個循序漸進的過程，從一九六八年開始，香港中文大學決定從下一學年學開始三個成員書院統一編訂校曆，一九七〇年三書院學生會成立「香港中文大學學生會爭取中文成為法定語文運動委員會」，當時全港多個學生組織組成「中運聯」，行動獲得社會各階層支持，次年三月，中大學生會成立，學生會章程由全民投票通過，三書院集中辦理入學申請，合格學生只需填寫一份表格，依次列明希望就讀的書院及選修的科目即可。至此改制已經呼之欲出。[7]中大改制起初是緩慢的，但是三院都集中到原來崇基書院所在的馬料水社區，在同一個校園之內，變動就很自然的大大加速，中大改制於是走上了「快車道」。

一九七五年十一月，香港總督以香港中文大學校監的名義，宣布任命由校外人士組成的「香港中文大學調查委員會」研究香港中文大學及其成員書院的組織應否有所改變，富爾敦再度出任該委員會主席，隨後在次年五月發表第二次《富爾敦報告書》，將改制再次推到風口浪尖，該報告書建議對中文大學及其成員書院的組織及條例進行重大改革，同時建議香港中文大學應對教學與發展方等方面負起責任，並加強高級教務人員參與治校。在此報告的建議下，香港中文大學新條例與規程於一九七六年十二月進入立法程序，並將改制報告書為主要內容變為行政局行文的「中文大學法案」公布於憲報，該報告公布後，立即引起中大部分師生的猛烈抨擊，改制的浪潮激蕩，至此已經達到頂端，[8]

新亞書院校董吳俊升態度最為激烈，在一次聯席例會所作的一次演講中，吳俊升稱改制一法案將大學與各基礎學院的條例和規程完全廢止，而代以新擬的中文大學新條例與規程，吳氏同時認為：法案事先未經大學與各基礎學院研討而遞行擬訂，程序上和英國尊重大學自治的傳統不合，這種法案如經通過，乃是將立法權行使到極端。中大法案成立的程度，乃是一個危險的先例。[9]

諸如此類的評論，當時密密麻麻，據不完全統計有十多萬字的相關報導，各派人物也是意見不

---

5 此點承蒙陳方正先生提示，謹此致謝。
6 霍韜晦編：《唐君毅全集》，第二十九冊，第一九六頁，學生書局，一九九一年版。
7 賀國慶主編：《教育史研究：觀念、視野與方法——中國教育學會教育史分會第十一屆學術年會論文集》，第二五六—二五七頁，河北大學出版社，二〇〇九年七月版。
8 魏克智、劉維英主編：《香港百年風雲錄》，第二二八〇頁，吉林人民出版社，一九九七年五月版。
9 魏克智、劉維英主編：《香港百年風雲錄》，第二二八〇頁，吉林人民出版社，一九九七年五月版。

一，當時也有人表示積極支持，當時出席立法院修改中大改制法案的胡鴻烈議員曾發表評論說：中文大學的一項要務，乃是重新提倡戰國時代中國文藝復興時期的精神，香港學術界的自由氣氛，正適合發揚此種精神，使之成為中文大學的優良傳統，並使該大學成為提倡及研究中國文化的主要中心；牧師班佐時也認為根據該法案，成員書院校董會將有足夠權力去保存其個別的優點，而每間書院亦可保其特色而不致遭大學中央行政當局破壞。[10]

但是新亞的創校者依然不依不饒，李祖法、吳俊升、唐君毅、徐季良、沈亦珍、劉漢棟、郭正達、任國榮等九位校董聯名在各報章發表辭職聲明，認為香港中文大學在一九六三年成立時用聯合制，立法局通過中文大學法案，行政當局未按規定及承諾先徵同意，即進行草擬法案提送立法局將大學改為單一制，使基礎學院名存實亡，有違當初成立中文大學之原意。聲明尤其強調「同人等過去慘澹經營新亞書院以及參加創設與發展中文大學所抱之教育理想將無法實現」。[11]

改制過後，余英時再也無心糾纏中大政事，回到哈佛執教。中大三個聯合書院院長人選有所更易，原任聯合書院院長鄭棟材出任教育學院兼中文大學副校長，其聯合書院院長一職由薛壽生博士接任，譚尚渭博士掌崇基學院，而新亞書院則由金耀基博士接任。[12] 兩年後李卓敏退休，馬臨接任香港中文大學校長，中大改制的成效初步顯現，一九八〇年香港中文大學正式開設博士課程。一九八七年高錕接任校長，隨後高錕在二〇〇九年榮獲諾貝爾物理學獎。二〇〇二年新亞書院院長金耀基曾經短暫接任香港中文大學校長。

改制急流中的余英時

據當時參加改制的陳方正回憶，當時改制的風波鬧得很大，余英時首當其衝，自然最受傷害，余英時是新亞的第一屆畢業生，學術成就也最高，回到新亞做院長，大家對他期望殷切，上上下下的關係都得照顧，當時李卓敏校長「深謀遠慮」，讓余英時當改制工作組的主席，由於當時聯合書院的鄭棟才是港府出身，因為基本支持改制，崇基書院的容啟東雖然對改制有顧慮，但大體能夠接受改制，新亞的情況最複雜，當時錢穆已經離職，大部分在校元老、教師和校外的校董、校友都反對改制，他們認為這是香港政府顛覆書院法定地位的陰謀，因此他們對余英時極為不滿，明槍暗箭讓余英時腹背受敵、舉步維艱，付出了極大的代價。[13]

李卓敏的深謀遠慮，在任命余英時做改制小組主席這一關節點上，體現的尤其明顯，在開會宣布成立「工作小組」之前，李卓敏沒有和余英時做任何的溝通，在開會前幾分鐘把余請到辦公室，請他

---

10 魏克智、劉維英主編：《香港百年風雲錄》，第二二八〇頁，吉林人民出版社，一九九七年五月版。
11 魏克智、劉維英主編：《香港百年風雲錄》，第二二八三頁，吉林人民出版社，一九九七年五月版。
12 魏克智、劉維英主編：《香港百年風雲錄》，第二二八三頁，吉林人民出版社，一九九七年五月版。
13 李懷宇：《訪問時代》，第一四七頁，江蘇文藝出版社，二〇一二年八月版。

務必答應出任小組主席，余英時來不及反應，「做了過河卒子，只能拚命向前」。

陳方正的回憶，絕非編造，而是有確鑿的事實依據，即便是《唐君毅全集》的編者也絲毫不隱晦這一點，當時唐君毅居然默許新亞的同學在新亞校園內以唐君毅的名義張貼大字報，攻擊改制小組的主席余英時，這一頗似文革的做法，全集的編者還補充道：「但先生從未就私人方面攻擊主張改制者，當時新亞書院校長為余英時先生，在改制問題上與先生意見不合，先生曾對同情新亞董事會立場的同學說：這些人在中大仍算你的老師，在事上可以據理力爭，但就輩分及關係上，仍然對他們尊敬。」[14]

當時改制小組最重要的人是余英時、邢慕寰和馬臨，金耀基、傅元國、陳方正屬於「跑在前面的年輕人」，中大後來的所有格局，就是這次改制定下來的，當時改制報告

中文大學海外校董訪問本校
右起：Dr. Kingman Brewster, Sir C. H. Philips, 本校李董事長
Lord Fulton of Falmer, Dr. Clark Kerr, 本校余校長。
（一九七四年一月十六日）

余英時在中文大學副校長任上接待來賓。

完成之後，由李校長轉給香港政府，政府立刻委任了一個新的委員會，負責人就是富爾敦勳爵，對於中大的制度以後究竟應該怎樣，委員會給出了一個和改制小組完全不同的建議，香港政府立即接受並且付諸實施，這就是港中大現行體制的由來。[15]

在富爾敦勳爵向港府作出建議之前，曾經先到美國和余英時長談，又到中大和校內各方見面，聽取意見，可以看出富爾敦勳爵的慎重，「書院」作為大學基本制度的一部分，因此保留下來，這一點至關重要，而另外值得注意的是富爾敦出身牛津，對書院制度有很深感情和瞭解，這也是中大改制中的一個相當重要因素。[16]

但是當時反對改制的主要還是唐君毅，牟宗三後來對改制一直沒有明確反對，後來也沒有在反對改制的公開信上簽名，余英時回憶有一次和牟先生相聚，兩人曾討論及新亞哲學系的未來。牟宗三忽然很鄭重地表示，他和唐君毅都應該趕快站遠點，好讓下一代的人有機會發抒自己的思想，牟宗三回憶在北大追隨熊十力讀書時，雖然已完全認同了熊十力的論學宗旨，卻不願亦步亦趨地跟著熊十力講《新唯識論》，相反他轉而去研究西方哲學，因此後來才能在不同的基礎上發揚師說，牟宗三用了一個比喻說他和唐君毅好象是兩棵大樹，這樹蔭太濃密，壓得樹下的草木都不能自由成長。余英時回

14 霍韜晦編：《唐君毅全集》，第二十九冊，第一九六頁，學生書局，一九九一年版。
15 李懷宇：《訪問時代》，第一四八頁，江蘇文藝出版社，二〇一二年八月版。
16 此點承蒙陳方正先生提示，謹此致謝。

憶：「我只是聽他說，未便贊一辭。但我心裡則十分佩服他的識見明通。」[17]

牟宗三不僅僅在改制這件事上沒有公開反對余英時，而且和唐君毅在背後貼余英時大字報不同，牟宗三會就一些具體事務和余英時開誠布公的談，同時得到了圓滿的解決。余英時後來追憶，一九七三年秋季他剛到新亞書院時，忽然收到牟先生一封親筆長信，當時余英時和牟宗三還算是初識，而且私人間並無交往，但讀下去余英時才知道這並不是一封私函，而是哲學系主任給新亞校方的公文。信中所談是當時新亞書院剛從農圃道遷到沙田新址，哲學系所分配到的辦公室恰恰是在一個最不理想的地方，牟宗三認為這不是偶然事件，而是新亞總務處方面對哲學和中國文化完全不知尊重的表現，當時牟宗三在信中的語氣相當嚴重，並且連帶指出了哲學系為何受歧視的種種事蹟，余英時趕快把牟宗三請來一同去察看實況，然後作了使他滿意的處理。這是余英時任職新亞最早的一件公事，也是余英時和牟宗三之間唯一的一次公事交涉。[18] 後來唐君毅為何堅決反對改制，和這件事情多多少少有聯繫。

余英時回憶，這件事情過去一年後，牟先生便退休了，當時牟先生在新亞從不介意個人的名位和待遇，香港中文大學對教職員的房租津貼提很高，不少人都因此依照津貼的最高額遷居到較為高級的寓所，但牟先生仍然住在農圃道附近一所據說是十分簡陋的房子裡，從沒有想到要改善自己的生活，余英時回想起他為哲學系的辦公室不惜全力抗爭，覺得正是孟子的「義利之辨」在牟先生那裡發生作用，「他把哲學系辦公室看成了『道』的象徵，他可以完全不計較一己的得失，但卻不能讓『道』受到一絲一毫委屈。」[19]

與牟宗三一樣，當時的徐復觀不像唐君毅那樣反對改制，以至於和余英時爆發正面衝突，一直到八〇年代，徐復觀和余英時都保持著聯繫，徐復觀日記一九八〇年十月二十七日記：「汪宗衍先生來信，內附汪世清先生補充余英時教授《方以智晚節考》補論的材料，即轉余教授。」該年十二月三十日還曾接到劉述先來信，次年十二月五日劉述先還曾經開車來接徐復觀共赴晚宴，讓徐復觀頗為感動。[20]

17 余英時：《師友記往》，第一一一頁，北京大學出版社，二〇一三年版。
18 余英時：《師友記往》，第一〇九頁，北京大學出版社，二〇一三年版。
19 余英時：《師友記往》，第一〇九頁，北京大學出版社，二〇一三年版。
20 徐復觀日記，一九八〇年十月廿七日，一九八〇年十二月廿三日，一九八一年十二月五日。

第十九章

中大改制的台前幕後　下

改制小組成員的回憶

余英時擔任「大學改制工作小組」主席時，成員中有金耀基和陳方正，金耀基曾經回憶；「一九七五年大學正在改制，學校裡各方面有不同的理念衝突。這時候我拿到去劍橋大學訪問的通知，多麼愉快啊！這樣就沒有這麼多煩的事情。」陳方正則回憶：「他（余英時）翩然回歸，出掌母校新亞書院，跟著又擔任中文大學副校長，真所謂英才俊發，風華正茂，不料旋即捲入大學體制改革風波，為這所嶄新學府的轉型付出沉重代價，兩年後就黯然返美，似乎是絢爛歸於平淡了。其實，那才是他事業的真正開始。」[1]

當然，身為改制小組成員的劉述先回憶最為完整，劉述先回憶：「一九七四年唐、牟兩位先生退休，中大哲學系的領導層出現真空的狀態，他們乃商請我回來主管系務一個時期。我答應了，但不意這個決定竟把我捲進了一個意想不到的漩渦之中。」[2]這個意想不到的漩渦，毫無疑問指的就是中大改制。

劉述先和余英時一九六九年於西北大學一次學術會議上初識，一九七一年余英時訪問新亞曾和劉述先同遊落馬洲，由於接觸機會不多，兩人並無深交，後來兩人在中大同事，共同遭遇了中大改制的風波，才使得二人結為良友。一九七四年，在劉述先的推動下，中大修改了哲學系的課程以適應未來的形勢，劉述先當時雖身兼中大哲學系主任、研究部主任、新亞系主任三要職，但他採取民主的方式處理系務，獲得了同事一致的支持。[3]

當時新亞的院長是余英時，提前劉述先一年為新亞徵召回來主持院務，余英時那時正主持中大改制設計的委員會，委員會幾乎把當時中大上層的精英一網打盡，劉述先剛到校園時改制的報告書還沒有做出來，他的情感無疑是偏向新亞，但是劉述先保持著開放的態度，沒有就此表態，而改制報告書發表以後，舊新亞的人認為余英時出賣了新亞，各種大字報漫天飛舞。[4]

唐君毅當時要求哲學系出面，反對報告書的建議，劉述先仔細研究了報告書的內容，覺得無論就道理、策略來說，哲學系都無法反對這一份報告書，因此唐君毅對劉述先有了很深的意見，發展到後來竟有人誣告劉述先任用私人，中大李卓敏校長指派委員會調查這件事，由文學院長鄭德坤教授主其事，結果完全澄清了劉述先的名譽。[5] 這樁誣告案雖然不了了之，但是很明顯有唐君毅在背後作祟的嫌疑。

誣告案雖對劉述先無損，但卻使劉述先認識到現實人心的卑汙以及泛道德主義的可怕，一九七六年劉述先回到美國，新亞的事使他對中大感到心灰意冷，興味索然，哪知劉述先離開一年之後，就由於哲學宗教的合併問題，哲學系內部弄得分崩離析，非要劉述先回去平息爭端不可。劉只有在

1 李懷宇：〈余英時：知人論世的歷史研究〉，《時代周報》，二〇一二年二月十日。
2 劉述先著，景海峰編：《儒家思想與現代化：劉述先新儒學論著輯要》，第五八四頁，中國廣播電視出版社，一九九二年五月版。
3 劉述先著，景海峰編：《儒家思想與現代化：劉述先新儒學論著輯要》，第五八五頁，中國廣播電視出版社，一九九二年五月版。
4 劉述先著，景海峰編：《儒家思想與現代化：劉述先新儒學論著輯要》，第五八五頁，中國廣播電視出版社，一九九二年五月版。
5 劉述先著，景海峰編：《儒家思想與現代化：劉述先新儒學論著輯要》，第五八五頁，中國廣播電視出版社，一九九二年五月版。

一九七八年再回中大兩年。[6]

劉述先後來在中研院接受朱元魁訪談時指出：「唐先生有一段時間對自己的學生非常不諒解，說你們這些人背棄了傳統的新亞，跟新的學校投降。可是那時候促成改制的主要人物是余英時，所以結果就把余英時當成大叛徒，把我當成小叛徒。可是過了十年以後，大家明白沒有這樣的事情，我們沒有背叛新亞任何事情，新亞的價值也沒有在我們手中終結。」[7]

與劉述先的回憶類似的是，余英時本人也對唐君毅耿耿於懷，雖然余英時在〈唐君毅先生像銘〉中對唐君毅不吝贊辭，但是他在接受記者採訪時，還是忍不住對唐先生發牢騷，余英時記得自己曾經對唐君毅當面發火：「唐先生你在背後算計我，這個不對，我是你學生，你有什麼問題，應該找我當面好好談，當面一句話不說，背後卻來整我，貼我大字報，這個我不能原諒。」余英時同時指出：「（中大改制）在我生平上是一件大事，剛好碰上了，在我前後的校長都像太平天子，沒什麼風波，一到我手上就有風波，也許我命裡帶風波，不管做學問，還是搞行政，一定出大問題。」[8]

劉述先也說：「余英時當時痛心疾首，他比我的情緒性強，和新亞的關係也比我深，中文大學要向前走，新亞書院要向前走，除了改制以外，沒有第二條路，我也相信這個樣子（改制），所以那時我們認為，老一輩那時像唐先生他們是錯的，你不能抗拒新的情勢。事實上後來過了十年二十年之後，證明我們做的事情是對的。」[9]

中大改制中的唐君毅

中大改制之中，最大的阻力，來自於當時新亞校董、余英時的老師唐君毅，而且唐君毅在日記中對於改制一事大為不滿，數次約余英時會談，對余極為不客氣。余英時回到新亞的時間是一九七三年秋天，在此之前，唐君毅因為目疾，日記中出現了其夫人廷光代筆的現象，可見當時唐君毅內心深處的微妙。[10]

至少從目前存世的唐君毅書信來看，余英時的老師錢穆退休之後，唐君毅雖然不時去信表示慰問，但是頻率極低，幾乎每一兩年才去信一次，在一九六八年寫給錢穆的最後一封信中更為自己去信少辯解：「年來亦時欲作書奉候起居，唯據所聞皆言先生在台一切佳適為慰，此間事不欲更擾清聽。」[11] 顯然錢穆早已在台灣安居，不復過問新亞事務，也正是如此，當改制激流湧動時，錢穆遠

---

6 劉述先著，景海峰編：《儒家思想與現代化：劉述先新儒學論著輯要》，第五八五頁，中國廣播電視出版社，一九九二年五月版。
7 朱元魁：劉述先先生訪談，二〇〇九年九月二日。
8 香港電視台：傑出華人系列余英時篇。
9 香港電視台：傑出華人系列余英時篇。
10 霍韜晦編：《唐君毅全集》，第二十八冊，第三三二頁，學生書局，一九九一年版。
11 霍韜晦編：《唐君毅全集》，第二十六冊，第四四頁，學生書局，一九九一年版。

在台灣，沒有及時向自己的學生余英時伸出援手。

改制進行時，唐君毅已經快要退休，所以才會盡全力和余英時所領導的改制小組周旋，唐君毅在致陳榮捷的書信中袒露心跡：「弟退休後擬稍作休息，此間新亞研究所不屬大學管，一向由新亞同仁義務維持，弟或尚須負一段時間之責任。」[12]顯然此時唐君毅已經做好了與改制小組周旋到底的準備。

當然唐君毅對於香港中文大學本部的厭惡，也是由來有之，從遠而言，香港中文大學本部日漸集中權力，乃是本部和新亞書院長久以來積蓄的矛盾，自不必言，就近而言，本部不敢接收扶輪捐贈的孔子像，乃是直接刺激新儒家代表人物之一唐君毅的直接誘因。而當時另外一個原因則是唐君毅的父母在七〇年代初先後去世，唐君毅臨近退休，勉力維持新亞工作之際，還陸續編訂了父母的詩集文集，其心緒之低沉可想而知。

而所謂中大不敢接收孔子像之事，有其時代背景，當時中國大陸批孔之風盛行，香港的左派報紙大加贊成，香港中文大學中也有呼應之聲，對此唐君毅非常惱火，曾在致陳榮捷的信中痛感中文大學莫名其妙：「扶輪送大學一尊孔子銅像，大學當局竟然不敢擺出，而置之地牢中，此諸事使弟甚不愉快，唯哲學系學生及同事尚能不隨波逐流，可為告慰，然其勢亦太孤矣！」[13]

無獨有偶，唐君毅在一九七四年三月二十一日給程兆熊的信中也曾經提及此事：「此間香港中文大學之中國文化研究所，原有人贈一孔子銅像，以批孔故，遂置於地牢中，不敢拿出。但中文大學仍壓迫新亞書院及研究所，可惡已極。弟本欲早得休息，因此之故，今秋恐仍不能來台。俟研所有人接替再來與兄同遊，大約在明年春可行。」[14]

余英時剛回新亞時對唐君毅非常尊敬，這一年十月余英時剛落腳沒多久就請唐君毅吃飯，[15]次月余英時父親余協中親訪唐君毅話舊，暗含了請唐君毅協助余英時工作的意思，當晚唐君毅請余協中、余英時父子以及新亞同仁一起晚餐。[16]十二月唐君毅參加了余英時的演講會，還和余英時就校內事務在一起討論。[17]至少在一九七三年這一年，唐君毅和余英時之間沒有出現任何的不愉快。

一九七四年二月二十一日，唐君毅約余英時和嚴耕望、全漢升、孫國棟等人同商研究所事，時隔一月又談了一次，在第二次會談之後，唐君毅約了李祖法和吳士選，商量「新亞校長事」，[18]當時余英時是新亞書院的院長，很明顯唐君毅從此時開始準備把槍口對準了余英時。這一年五月十八日，唐君毅和牟宗三正式退休。[19]

但是退休之後沒多久，五月二十二日唐君毅乘新亞董事會開會之機，約余英時和孫國棟一起談論

---

12 霍韜晦編：《唐君毅全集》，第二十六冊，第五七頁，學生書局，一九九一年版。
13 霍韜晦編：《唐君毅全集》，第二十六冊，第五七頁，學生書局，一九九一年版。
14 霍韜晦編：《唐君毅全集》，第二十六冊，第一九三頁，學生書局，一九九一年版。
15 霍韜晦編：《唐君毅全集》，第二十八冊，第三二五頁，學生書局，一九九一年版。
16 霍韜晦編：《唐君毅全集》，第二十八冊，第三二八頁，學生書局，一九九一年版。
17 霍韜晦編：《唐君毅全集》，第二十八冊，第三二九頁，學生書局，一九九一年版。
18 霍韜晦編：《唐君毅全集》，第二十八冊，第三三六—三三九頁，學生書局，一九九一年版。
19 霍韜晦編：《唐君毅全集》，第二十八冊，第三四二頁，學生書局，一九九一年版。

校中諸事，次月又和余英時商量致函教育部，把新亞研究所改隸屬新亞文化教育公司，八月十六日，余英時請唐君毅吃飯，席間所談內容不得而知，但是必然和校務尤其是新亞研究所有關，因為唐君毅在此之後不久赴台，臨行前數度致電各處談新亞研究所事。[20]此時的新亞研究所，其實是唐君毅的最後一塊陣地，唐君毅自中文大學退休後，一直擔任新亞研究所所長一職，直到一九八五年赴台擔任客座教授一年。

一九七四年十一月，當時改制已經開始醞釀，唐君毅日記中數次出現了新亞學生來找他談改制的記錄，十一月十一日唐君毅寫成〈中大改制之基本假定〉一文，下午改制小組的成員金耀基來找唐君毅談話，次日唐君毅參加了新亞董事會的小組會議，董事會時隔兩日後又召開小組會，內容所依然是改制。[21]此時正是「山雨欲來風滿樓」。也就是從此時開始，各路人馬紛紛出動，來找唐君毅談改制一事，逼迫唐君毅站出來抵制改制，新亞書院也和崇基書院召開聯席會議，討論改制。[22]也就是從此時開始，唐君毅與余英時的關係全面破裂，唐君毅日記中再也沒有關於余英時的記錄。

但是即便是改制已經成為定局，唐君毅依然對此耿耿於懷，他在寫給《中大學生報》的信中認為，中大改制之事，許多人皆「不見廬山真面目，只緣身在此山中」，「而只在改制之進程中當了過渡的工具」，唐君毅同時指出，中大改制之事，已成過去，但此事之「是非」，並未過去，無論如何說，香港政府先以聯合制度之名義，邀約新亞、崇基參加中文大學之創辦，而終於背信食言，改為實際上之統一制，「是犯了道德上的罪過」，「此背信食言，則應留交歷史作為見證」。[23]據後來新亞研究所所長廖伯源回憶，自此唐君毅和余英時分道揚鑣，二人再無來往，余英時曾在長達十幾年的時間位列《新亞研究所概況》畢業生名錄的第一名，但經過中大改制一事，余英時向新亞所的工作人員要求把自己的名字去掉，可見中大改制這件事情對他的傷害至深。[24]

與唐君毅「和解」

一九七七年，唐君毅因新亞書院於中大的改制後其原來的教育理想不能維持，而與錢穆、李祖法、吳俊升等人聯名一起辭新亞董事會董事職，一九七八年二月二日因肺癌病逝於香港九龍浸會醫院，依遺願移柩台灣。[25]有一年劉敍述先回到台灣開中國哲學會的時候，會上許多人去唐君毅的墓前去祭拜，他們就推選劉述先去主祭，劉述先後來回憶：「現在過了十年之後，唐先生在天之靈應該明白，我們像金耀基、余英時這些人根本不可能出賣新亞。」所以在唐君毅百年祭的時候，新亞書院還是還是邀請劉述先回去做一場主題的演講，劉述先十分感慨：「在當時有一些忠於原來新亞理想的

20 霍韜晦編：《唐君毅全集》，第二十八冊，第三四六—三五四頁，學生書局，一九九一年版。
21 霍韜晦編：《唐君毅全集》，第二十八冊，第三六〇—三六一頁，學生書局，一九九一年版。
22 霍韜晦編：《唐君毅全集》，第二十八冊，第三六一—三六五頁，學生書局，一九九一年版。
23 唐君毅著：《中華人文與當今世界補編（一）》第五四一頁，廣西師大出版社，二〇〇五年十一月版。
24 陳良飛：〈香港新亞研究所：甚矣，吾衰也〉，《東方早報》，二〇一三年九月廿七日。
25 鄭大華等著：《中國歷代思想家：現代卷》，第三九七頁，二〇一一年五月版。

人，就在那裡貼大字報罵余英時罵我的都有，可是過了十年這種事情也都煙消雲散了。」[26]

而在唐君毅日記中被痛罵的余英時，也在唐先生百年之後，與唐先生達成了「和解」，余英時在談及唐君毅百歲冥壽時，肯定了香港中文大學為唐先生立像的意義：「唐先生去世後，我們在形式方面沒有給他一個適當的紀念。今天哲學系以及新亞受過唐先生教育的許多同仁，決定要建立一個銅像，我覺得是一個重大的文化發展，也是一個文化標誌。這說明我們從一九四九年到今天，整整六十年來香港的文化面貌所起的重大變化，而這個變化的一個最重要因素就是唐君毅先生。」[27]

余英時還同時特別指出，香港的哲學教育，特別是中國哲學教育，是從唐君毅開始的，他宣導中國哲學和文化的功能，值得後人永遠懷念，如果不是唐君毅，就不會有後來香港在許多思想方面的新發展，余英時進而強調，唐先生重視道德意識，而道德意識可以說是文化創造的根源，唐君毅當年就是帶著這樣的意識，在新亞書院種下了根源並產生了作用，然後這個根源又得以繁盛發展，余英時隨後舉出實例，一九五八年的〈中國世界與文化宣言〉，代表了張君勱、牟宗三和徐復觀諸位先生的智慧，但基本上是由唐君毅起草的，於保存宏揚中國文化，影響深遠。這就是唐君毅在新亞、在香港發生的一連串作用。[28]

余英時同時在〈唐君毅先生像銘〉中對唐君毅大加讚揚：「先生精思明辨，出於秉賦，初治西哲之言即若針芥之投，所造既深，則於德意志辯證思維冥契尤多。平生以重振中國人文精神為己任，故治舊學新知於一爐，逐層為系統之建構，堂廡開闊，階次森然，道德自我之建立，其始基也；中國文化之精神價值，其全幅呈現也；心靈九境，其終極歸宿也。先生之學與年俱進，此其明證也。」[29]

當然這裡面多少有些客套的成分。

余英時還回憶了當時唐君毅創辦新亞書院哲學系的艱苦，對唐君毅的功勞大加表彰：「一九四九年先生參與新亞書院之始建而首創哲學系，迄一九七四年自中文大學講座引退，先後主持香港哲學壇坫二十有五年，濟濟多士出於門下者，極一時之盛。風雨如晦，花果飄零，神州哲理猶能續慧命於海隅，先生之功莫大焉。」余英時同時指出：「先生講學不忘理亂，親歷世變，惄焉憂之，於是發憤返本開新，持孔子之教為天下倡，此海外新儒家之所由興也。新儒家之宗旨與規模定於先生所撰文化宣言，數十年來流布海內外，駸駸乎與世運共升降，不亦卓乎！」余英時在落款自稱自己乃是唐君毅的「門人」，可見余英時的謙虛和寬容。[30]

當然，余英時不時還會對當年因中大改制與唐君毅失和而透露出內心深處的無奈，當年新亞書院的蘇慶彬回憶：「余教授經過改制一事後，心中感受良深，一直耿耿於懷，記得有一年我們去台灣旅遊，恰逢錢賓四師壽辰，逯耀東在台北的六福酒家定了一席，這次難得集合了台、港、美三地校友為錢賓四師祝壽，恰好當天颳起十號風球，酒家老闆與逯耀東的關係很好，特別於颱風中獨開一席，師生難得相聚一起，酒量好的，飲得大醉，特別是余英時兄和何佑森兄，醉的很厲害，余英時醉的還要

26 朱元魁：劉述先先生訪談，二〇〇九年九月二日。
27 〈余英時：唐先生改變香港文化面貌〉，《中大通訊》，第三三九期。
28 〈余英時：唐先生改變香港文化面貌〉，《中大通訊》，第三三九期。
29 余英時：《中國情懷》，第三五八頁，北京大學出版社，二〇一二年四月版。
30 余英時：《中國情懷》，第三五八頁，北京大學出版社，二〇一二年四月版。

人扶持，才能進入的士返回旅店，他在醉中仍喃喃細語說：我是很尊敬唐先生的，他重複說了好幾次，可知他在改制時與唐君毅老師意見分歧，仍然是停留在內心深處揮之不去的感受。」[31]

31 蘇慶彬：《七十雜憶：從香港淪陷到新亞書院的歲月》，第二五六頁，香港中華書局，二〇一一年三月版。

第二十章

轉向東方

《歷史與思想》出版

讀過余英時很多文章的人都知道，余英時很多文章和著作，往往都是「被動」寫成，或者是源於一種「偶然」，其研究陳寅恪如此，研究《紅樓夢》更是如此，而為人所忽略的是，余英時轉向研究《紅樓夢》，至少有幾重含義，其一，余英時一九七四年開始正式發表有關《紅樓夢》的文字（思考《紅樓夢》的年代則更早），恰好是中國大陸政治運動一波接一波，達到頂點繼而退潮之時；其二，余英時從此時開始重新用中文撰寫大量文章，並將重心關注到「中國」這一大命題上；其三，〈紅樓夢的兩個世界〉發表後被余英時收入其代表文集《歷史與思想》一書中，成為了余英時壯年之際的一次學術總結。

〈紅樓夢的兩個世界〉影響極大，原為一九七三年年香港中文大學十周年校慶講座演講辭，後被多次轉載，並且翻譯成英文，廣為流傳，此文收入余英時各種代表性的選集，後來余英時將其所有關於《紅樓夢》的文章集為一冊，書名就定為《紅樓夢的兩個世界》。在〈紅樓夢的兩個世界〉發表之後，余英時在一九七四年又接連發表了〈關於紅樓夢的作者和思想問題的商榷〉、〈近代紅學的發展與紅學革命：一個學術史的分析〉等文章，興致勃勃的討論《紅樓夢》等相關問題。[1]

當然與此相類似的，是余英時對於戴震和章學誠的研究，和其《紅樓夢》研究差不多在同一時期，余英時在此之前系統完成的專著除了研究漢代的博士論文之外，只有一本《方以智晚節考》，而

《戴震與章學誠》中一系列文章的發表，更奠定了余英時在史學界的權威地位。九〇年代在普林斯頓讀書的陳懷宇，曾經親自聽余英時談過其代表作，余英時在列舉了《陳寅恪晚年詩文釋證》之後，隨後即舉出了這本《論戴震與章學誠》，陳懷宇對此念念不忘，曾經希望把自己有關陳寅恪的著作命名為《論陳寅恪與赫爾德》，以此向余英時致敬。[2]

而最能體現這一時期余英時學術軌跡和學術總結的，是《歷史與思想》這本選集，從這本選集的目錄可以看出，這是余英時第一次總結自己近二十年的學術思想發展的脈絡，最早的一篇發表於一九五六年，最遲的一篇寫於一九七六年，橫跨了二十個年頭，但余英時自己承認，其實實際的撰寫則集中在五〇年代末和七〇年代初這兩個時間段，中間足足有十年的歲月因為各種原因幾乎沒有寫中文論著的機會，直到余英時回到新亞工作，因此大多數都是在新亞工作時期所寫。[3]

為了照顧到一般讀者的興趣，余英時選在《歷史與思想》書中的文字大體上屬於通論的性質，專門性、考證性的東西都沒有收，所以這部選集的對象並不是專治歷史與思想的學者，而是關心歷史和思想問題的一般知識分子。[4]也正是因為如此，《歷史與思想》銷路極廣，引起了國民黨方面的恐慌，曾經試圖將其查禁，但是最後不了了之。[5]

---

1 參見本書附錄，馬子本、周言輯：〈余英時先生著述繫年要目〉。
2 陳懷宇先生訪問記錄，二〇一三年五月廿一日。
3 余英時：《歷史與思想》，第一頁，聯經出版社，一九七六年五月版。
4 余英時：《歷史與思想》，第一頁，聯經出版社，一九七六年五月版。
5 香港電視台：傑出華人系列余英時篇。

余英時後來在《歷史與思想》新版序言中回憶，自己當時之所以轉而大量用中文寫作，是因為他在一九七一年夏天初訪日本和台北，並重回新亞書院會晤師友，他發現自己的英文專著和學報論文，在整個東方學界的同行中，根本無人問津，尤其是在日本京都大學的人文研究所訪談之後，這一印象更是牢牢地銘刻於心。當時余英時已萌生了用中文著述的念頭，希望我的研究成果可以傳布到西方漢學的小圈子以外，恰巧一九七三至七五兩年，余英時回到香港工作，重新運用中文變成了理所當然之事。從那時起，便決定先用中文寫出比較詳盡的研究報告，然後再以英文另撰簡要的論文。[6] 正是因為這一原因，余英時才在日後的大陸獲得了空前的影響力。

當選中央研究院院士

一九七四年，余英時在香港中文大學副校長任上當選為台灣中央研究院院士，時年四十四歲，比同時代的許倬雲早六年，比張灝早十八年，比林毓生早二十年，是當之無愧的「少年院士」。也就是從此時開始，余英時終於摘去了國民黨將其視為「第三勢力」的有色眼鏡，開始逐步和台灣密切聯繫。

其實不僅僅是余英時，余英時的老師錢穆當選院士也非常坎坷，這與當時學術界的門戶之見有著密切的關係，即便是胸懷寬廣的中央研究院院長胡適，生前也沒有全力幫助錢穆當選，直到胡適去世六年後錢穆才以高票當選院士，錢穆的學生嚴耕望後來回憶：「（一九五七年）中研院代院長朱家驊先生辭職，胡先生回台繼任。我想中央研究院院士不能盡羅全國顯著學人，任令錢先生獨樹一幟於院士團體之外，已不應該。別人擔任院長。事猶可諒，胡先生無疑為全國學術界領袖，若仍不能注意到此一問題，更屬遺憾。所以我勇敢地給胡先生寫了一封長信。陳述此項意見，希望他積極考慮，並很直率地說，我此番心意不是為錢先生爭取此項無用的榮銜，因為先生學術地位、中外聲譽早已大著，獨樹一幟，愈孤立，愈顯光榮。但就研究院而言，尤其就胡先生而言，不能不有此一舉，以顯示胡先生領袖群倫的形象。」[7]

當時據說胡適對於嚴耕望的建議深表同意，與在台幾位年長院士籌議提名，但少數有力人士門戶之見仍深，所以錢穆依舊沒有當選，一九五九年嚴耕望從美國回台灣，胡適曾有一次想和嚴耕望討論此事，但又默然中止，後來姚從吾才將其中的原委簡略的告訴嚴耕望。[8]說到底還是因為中研院中某些人的門戶之見。

一九六六年夏，中央研究院將舉辦第七次院士會議，這時幾位年長院士擬提名錢穆為候選人，當時嚴耕望已在香港，收到史語所同人的來信，請他就近徵詢錢穆的同意，但是錢穆憤然拒絕提名，同時相當憤慨的表示：「民國三十七年第一次選舉院士，當選者多到八十餘人，我難道不該預其數！」嚴耕望笑著向錢穆解釋說：「先生講學意趣與他們不同，門戶之見，自古而然。現在他們幡然悔悟，

6 余英時：〈《歷史與思想》三十八年〉，《蘋果日報》，二〇一四年四月廿七日。
7 嚴耕望：《治史三書》，第二五九—二六〇頁，上海人民出版社，二〇一一年五月版。
8 嚴耕望：《治史三書》，第二五九—二六〇頁，上海人民出版社，二〇一一年五月版。

為了表示中國學術界的團結，似也不必計較。」但是錢穆先生終究沒有同意，嚴耕望只好通知史語所撤銷提名，過了兩年中央研究院舉辦第八次院士會議，錢穆再次獲得提名，錢穆這才勉強答應，嚴耕望認為錢穆當選院士，不僅僅「象徵中國學術界之團結」，而且「也一洗中研院排斥異己之形象」。[9]

當然錢穆對中央研究院直到六〇年代才正式推舉他當選院士，是極為不滿的，一九五九年他在寫給余英時的信中說：「此次中央研究院推選院士，台北方面事先亦有人輾轉函告，窺其意似亦恐穆有堅拒不接受之意，惟最後結果據聞乃提出鄙名而未獲多數通過。穆對此事固惟有一笑置之。穆一向論學甚不喜門戶之見，惟為青年指點路徑，為社會闡發正論，見仁見智，自當直抒己見。凡屬相邀作公開講演，此事亦當有一些影響，穆豈能閉拒不應，又豈能自掩其誠，為不痛不癢不盡不實之遊辭，而俗人不察，卻以私關係猜度，穆亦唯有一笑置之而已……數月前嚴君耕望來信，亦甚道胡君對穆著書極表同意云云，其意似亦謂穆於胡君或有所誤會，實則穆之為學向來不為目前私人利害計，更豈有私人恩怨夾雜其間。」[10]雖然錢穆在信中屢次表示「惟有一笑置之」，但是終究對此耿耿於懷。

當然往事已經過去，錢穆和余英時自此與台灣冰釋前嫌，也正是從余英時當選院士這段時間開始，余英時頻繁的在香港的《明報月刊》和台灣《聯合報》副刊、《中國時報》人間副刊發表長篇文章，涉及政治和學術，影響越來越大，最典型的例子則是同時期出版的《歷史與思想》，截止到二〇〇六年出版三十年之際已經加印了二十五次，堪稱台灣歷史上第一學術暢銷書。中央研究院近代史研究所所長黃克武在一次訪談中聲稱：「在台灣，像我這樣年齡的人，大多經歷過英雄崇拜的時代，最崇拜的是：梁啟超、胡適、余英時。」[11]

余英時在《明報月刊》、《中國時報》人間副刊經常發表的都是皇皇大文，經常分好幾次刊登，比如一九七五年在《聯合報》上發表的〈中國現代的民族主義和知識分子〉，一九七六年發表在《明報月刊》上的〈反智論與中國政治傳統〉，隨後此文又在《聯合報》連載八天，再如一九七六年發表的〈「君尊臣卑」下的君權與相權——〈反智論與中國政治傳統〉餘論〉，在《聯合報》上連載五天，再如一九七九年發表在《中國時報》上的〈從「反智論」談起〉，如此種種，不一而足。

與錢新祖的論爭

這一時期能夠鮮明體現余英時「轉向東方」的學術轉軌，是其與錢新祖之間的論戰，一九八六年錢新祖在哥倫比亞大學出版了《焦竑與晚明新儒思想的重構》（*Chiao Hung and the Restructuring of Neo- Confucianism in the Late Ming*），兩年後余英時撰寫了長文嚴厲的批評了這本書，[12] 錢新祖也撰文回應，但是回應沒有針對余英時的批評，因此顯得很沒有說服力。

9 嚴耕望：《治史三書》，第二六〇頁，上海人民出版社，二〇一一年五月版。
10 錢穆：《素書樓餘瀋》，第四一四頁，聯經出版社，一九九八年版。
11 〈黃克武：還原一個真胡適〉，《南方人物周刊》，二〇〇七年第二十六期。
12 "The Intellectual World of Chiao Hung Revisited," Ming Studies 25 (Spring 1988): 24-66.

後來的研究者指出，余英時和錢新祖之間的爭論，是八〇年代明史研究領域裡最大的爭議，當時余英時認為錢新祖的許多觀點是空洞的，運用了不相關的「現象學、結構主義對話」的方法，余英時認為思想史研究應當建立在對一個個人物特有思想復原的基礎之上，而錢新祖的思想史研究卻形成於一個自我封閉、只有一個個抽象概念的世界裡，余英時同時認為，正是由於錢新祖對明朝思想史之瞭解過於淺薄，其所謂明末清初陸王學派壓倒程朱學派之結論也是錯誤的。錢新祖隨即作了回應，他在文章題目中使用了兩個新的自造詞彙，這種「後現代主義」態度正是余英時所批的，在文章中錢祖新反對余英時對於原始史料的強調以及應重視思想史之獨創性的觀點。[13]

當然這場爭論之所以如此受重視，和當時余英時對於錢新祖的嚴厲批評有關，余英時認為錢新祖寫作此書不過是提供了「一個自己玩遊戲的便利」，認為「書中大多數討論常常拐彎抹角，在形而上學的領域天馬行空，以至於往往弄不清楚如何把它們同晚明中國思想世界的實際聯繫起來」，余英時繼而寫道：「為了確定它們的精確含義，我被迫逐條考察這些好高騖遠的議論的文獻依據。在枝枝蔓蔓的尋尋覓覓中，我不知不覺地深陷於一個研究項目之中。結果，我幾乎重新研讀了焦竑所有的基本作品，以及與他相關的晚明時期文獻。」所以余英時的批評文章差不多已是「焦竑思想世界的重訪，而不只是針對該書的一篇評論」。[14]

葛兆光後來在一次講課中，曾經以兩人的爭論為例，討論思想史研究中的若干方法，葛兆光指出，余英時對錢新祖的批評中，最讓錢氏無法正面回應的就是第二節裡批評他在描述焦竑「這個人」的時候，主要依靠了《明史》和《明儒學案》，而這兩本書已經被證明通常是不全面或不精確的，余英時同時指出錢新祖並沒有去尋找「當時的一些原始資料」，「對於歷史學家來說，在方法論上重視二手資料而忽視當時人的記述，是說不過去的」。[15]

當然也有許多後輩看待當年余英時和錢新祖的這場論戰，硝煙味的感覺要少了很多，比如錢新祖曾經的學生傅月庵便在悼念錢新祖的文章中說：「錢先生的學問到底如何？我跟他從學時間很短，也沒花過力氣去探查，講實在話，一無所悉，更難窺堂奧之妙。然而從惹得余英時先生願意以他為『對手』，費氣力寫文章加以辯論一事推測，想來也非等閒之輩，應該是有相當的功力與修為才對。」[16]

13 張海惠主編：《北美中國學：研究概述與文獻資源》，第一七八－一七九頁，中華書局，二〇一〇年十一月版。
14 余英時：《人文與理性的中國》，第六九頁，上海古籍出版社，二〇〇七年版。
15 葛兆光：〈從學術書評到研究綜述〉，《杭州師範大學學報》，二〇一二年第五期。
16 傅月庵：《生涯一蠹魚》，第一〇一頁，上海書店出版社，二〇〇七年七月版。

第二十一章

從哈佛到耶魯到普林斯頓

從哈佛到耶魯

余英時從香港中文大學副校長職務上退下來之後，從哈佛轉到耶魯教書，余英時後來在追憶張光直的文章中追憶，張光直可以說是余英時到耶魯的最大原動力。一九七六年的時候，耶魯大學中國史教授萊特突然去世，張光直便想把余英時請到耶魯接替萊特的位置，張光直一方面向余英時重申合作之議，另一方面努力說服了歷史系的史景遷，由他出面和余英時正式接洽。[1]後來余英時和史景遷在耶魯大學共同指導了一些學生，有一位就是後來成為日本關西大學校長的河田悌一。

但是余英時沒有想到的是，就在張光直積極謀求讓余英時來耶魯的同時，哈佛人類學系也在積極進行把張光直請回去，等到余英時知道這件事時，他和耶魯的商談差不多已至最後階段，已經不便出爾反爾。余英時後來回憶：「我和耶魯歷史系、東亞系的同仁都無深交，光直是我惟一的熟朋友。如果早知道光直可能離開，我大概從頭便不會考慮耶魯的事了。最後我們兩人只好同意各自做抉擇，結果則是我去他來，移形換位。這是一個巧得不能再巧的陰錯陽差，大概只有佛教『緣』之一字可以解釋：我們沒有共事的緣分。」[2]

余英時後來對於張光直，雖然不是耿耿於懷，至少也是頗有微詞，余英時回憶：「一九七六年耶魯清代以前的中國史講席出缺，光直發動一切力量想把我搬過去。他向我提出了一個最有力的說詞：『這是我們長期合作的最好機會』。我的確為他的情詞所動，表示願意考慮耶魯史學系的邀請。但萬萬料不到哈佛人類學系正在同一時間內爭取光直前來任教，而光直事先卻未透露半點消息。」結果陰錯陽差，兩人移形換位。[3]

余英時在耶魯任教時期，當時歷史學者夏伯嘉還在讀書，雖然他不是余英時的學生，但是過年時和還是會受邀到余英時家吃飯，當時夏伯嘉和余英時的學生康樂住在同一個宿舍裡，同住的還有一個美國女學生，她跟隨史景遷學清史，後來成為夏伯嘉的第一任太太。[4]

夏伯嘉在耶魯時，未曾選修過余英時和史景遷的課，不過他對這兩位大學者都很關注，他曾指出兩個學者之間很大的不同，史景遷是一個學術明星，講課常用大課室，余英時則不喜歡大場面的演講，有時索性把康樂等幾名學生叫到家裡吃飯，晚上談到兩三點，比較像傳統中國的師生關係。夏伯嘉同時強調：「余英時先生基本上是一個中國知識分子，他的情懷還是大中國文化，從一個旁觀者的角度來看中國歷史，而不直接參與到社會變動。又因他在美國自由的學術圈裡，可以很客觀地看大中國文化圈的發展，思考中國歷史的問題。所以，他的文章主要是寫給中國人看。」[5]

康樂是一九七八年到耶魯讀書的，當時余英時剛到耶魯不久，就讀耶魯期間，康樂的副主修為拜占庭史，成績獲得特優，任課教授對康樂指導教授余英時表示，康樂以後有資格開拜占庭史的課，但

1 余英時：《師友記往》，第一四七頁，北京大學出版社，二〇一三年一月版。
2 《四海為家：追憶考古學家張光直》，第二〇四頁，三聯書店，二〇〇二年五月版。
3 余英時：《余英時回憶錄》，第二一九頁，允晨出版社，二〇一八年版。
4 〈夏伯嘉：寫得有意思，是對所有歷史學家的挑戰〉，《時代周報》，二〇一二年五月十七日。
5 〈夏伯嘉：寫得有意思，是對所有歷史學家的挑戰〉，《時代周報》，二〇一二年五月十七日。

是康樂並未繼續從事研究拜占廷史研究，一九八三年，康樂以論文《北魏孝文帝的文化革新》（*An Empire for a City: The Cultural Reform of Emperor Hsiao-Wen* (471-499)），取得博士學位。[6]

取得博士學位後，康樂帶著他在耶魯的同學柯嬌豔送的一本地圖赴歐洲旅行一個月，隨即束裝返台，任職於中央研究院歷史語言研究所，臨行前他的老師余英時書一直幅，引梁啟超〈自勵二首〉詩相期許：「十年以後當思我，舉國猶狂欲語誰，世界無窮願無盡，海天寥廓立多時。」康樂一直將這幅字掛在客廳，以自我惕勵。[7]

但是非常不幸，康樂因為患病，不幸於二〇〇七年病逝，余英時非常悲傷，在給康樂所撰寫的悼詞中說：「你的心地如光風霽月，性格灑脫超逸，一生在率情適性中度過，但工作認真，堅持到最後一分鐘。你走得也爽快俐落，一彈指間便已神遊天外，我們深信你現在正逍遙雲端，無羈無絆。」[8]

執教耶魯

有關於耶魯時期的余英時，余英時的學生陳弱水留下了最完整的回憶，陳弱水是一九八一年到耶魯追隨余英時讀書的，但是一九八七年的時候余英時轉往普林斯頓大學執教，當時陳弱水的博士論文大約完成百分之六十，余英時離開耶魯後，陳弱水一面受聘教授他負責的課程，一面繼續寫論文。陳弱水的回憶，目前為止可以看作余英時在耶魯時期最直接、最完整的材料。[9]

耶魯大學在康乃狄克州的新港，位於紐約市地方交通網的北方頂點，由新港往北，距離余英時原先任教的哈佛大學車程約三小時，回頭往南越過紐約，離普林斯頓大學也是差不多的車程，耶魯剛好在哈佛、普林斯頓兩校間的中點，陳弱水開玩笑說：「就工作地點而言，余師是一路往暖和的地方移動。」陳弱水當時和接觸最密的時段大概是在耶魯的第三、四年，頭兩年因為忙於適應環境，花很多力氣在歐洲史的課業上，從第三年下學期開始，一方面由於準備博士候選人資格考，加上陳弱水自己的求知需求，幾乎每星期都跟余英時見面一、兩個小時。

陳弱水記得當時除了和余英時單獨會面，還曾長期擔任余英時的助教，在余英時任教的所有學校中，耶魯最為重視大學部教育，不僅僅有完整的助教制度，而且所有大學部的基礎課，不管修課人數多少，都配有助教，陳弱水到耶魯的第二年就擔任余英時的助教，陳弱水當時英文並不好，所以勉為其難，余英時當時也感覺頗為難，但是後來陳弱水勉力撐過，也奠定了陳弱水長任助教的基礎，陳弱水記得一共擔任過余英時三、四次的助教，除了一次是「中國思想史」，其它都是傳統中國史的導論課，陳弱水通過這些課得知余英時對中國歷史有著通貫的瞭解，這對陳弱水後來的研究有很深的影響。

6 潘永堂：《康樂，我們的朋友》，未刊稿。
7 潘永堂：《康樂，我們的朋友》，未刊稿。
8 潘永堂：《康樂，我們的朋友》，未刊稿。
9 田浩編：《文化與歷史的追索：余英時教授八秩壽慶論文集》，前言，聯經出版社，二〇〇九年十二月版。本節大部分內容源於書中所載陳弱水的回憶文章〈回憶耶魯歲月的余英時老師〉，本節凡未注明出處者，皆引自該書。

陳弱水當時還經常到余英時家聚會，有一次余英時在哈佛的黃進興來找余英時，陳弱水便跟在耶魯的康樂學兄陪黃進興一同前往，余英時當時住在距離新港約二、三十分鐘車程的橘鄉，晚上從新港到橘鄉之間有路燈的地方很少，往往漆黑一片，陳弱水開著車，「感覺車燈就像神奇的挖路機，從寒林之中開出一條通往余府的路。」當時和余英時的談話一定到深夜，然後盡興而歸。

據說陳弱水的觀察，余英時的創造力驚人，也非常勤奮，有一次余英時剛從台灣回來，上完課之後和陳弱水聊天，余英時說自己這次到台灣，在去程的十七個小時旅途中一口氣讀完漢娜・鄂蘭（Hannah Arendt）的《人的條件》（*The Human Condition*），全書大約三百多頁，這讓陳弱水大吃一驚。還有一次台灣成功大學任教的張永堂先生來耶魯歷史系擔任訪問學人，一天張永堂和余英時陳弱水吃飯一起進午餐，余英時吃飯的時候說了一句：「我每天都在想問題。」陳弱水聽了一愣，張永堂立刻反問：「你是說每天都想問題嗎？」當時張永堂還在「重點」兩個字加重了語氣，余英時正色作答：「是每天，我沒有一天不想問題的。」

當時傅佩榮也是余英時的學生，但是為多數人所不知，余英時曾經為其著作《儒道天論發微》寫序，傅佩榮自承：「我對中國哲學的興趣與關懷，始於一九七二年在台灣大學當碩士生時，有幸連續五年親炙方東美先生而深受啟發。真正著手認真研究，則是一九八〇年到美國耶魯大學念書時，選讀余英時先生的課才開始的。方先生以中國哲學的精神與發展『博』我，余先生以歷史文獻的考證與論據『約』我。經過這一博一約，我才敢謹慎地踏入中國哲學的園地，提出我的初步心得。」[10]

傅佩榮後來在不同的場合和文字中，記載了許多他在耶魯讀書時和余英時相處的故事，傅佩榮記得他在美國讀書時，某日和余英時聊到算命，傅佩榮說：「來美國前我去算過命，算命先生說我到耶魯四年就能拿到博士學位。」余英時和他開玩笑：「這不一定，我不讓你畢業你就拿不到學位。」傅佩榮接著說：「能碰到你這麼好的老師，我也早就算出來了。」[11]

傅佩榮還記得一九八一年他在耶魯讀書時，曾經選修過余英時的「中國古代宗教與社會」這門課。[12]當時這個班大約有十七八個研究生聽課，余英時當時還教了一個班，以漢文資料作為講課資料，用的教材是《中國哲學史資料選輯（宋元明之部）》，還有一個班講授史學史，選的教參是清朝趙翼的《廿四史劄記》一書，當時余英時在耶魯所教課程，涵蓋了從先秦到明末的思想史和社會史，是耶魯大學歷史學系當之無愧的中流砥柱。[13]

當然傅佩榮對於余英時的嚴格也深有體會，當時余英時主業是歷史，但傅佩榮更關心哲學，有時候談話不是很投機，因為學科不一樣。但是如果傅佩榮所談的稍微跨進中國傳統文化的領域，比如講一個觀念，講的時候余英時會瞪他一眼，傅佩榮就知道自己錯了，但是也不知道自己錯在哪裡，傅佩榮若干年後回想起來，還會覺得很有趣味。[14]

當時傅佩榮還有些口吃的毛病，但是和余英時在一起聊天，絲毫沒有障礙，傅佩榮記得他最長的

10 傅佩榮：《儒道天論發微》新版序，聯經出版社，二〇一〇年九月版。
11 傅佩榮：《自我的意義》，第三五—三六頁，北京理工大學出版社，二〇一一年一月版。
12 季嘯風主編：《哲學研究》第三輯，第五一頁，書目文獻出版社，一九八六年十月版。
13 上海中西哲學與文化交流研究中心編：《時代與思潮：中西文化衝撞》，第一八六頁，華東師範大學出版社，一九八九年十二月版。
14 傅佩榮：《自我的覺醒》，第一六七頁，國際文化出版公司，二〇〇六年版。

聊天紀錄是在一九八三年春節創下的，當時他還在耶魯念書，過節照例要到余英時家裡去，中外同學十餘人且吃且談，從下午六點到晚上十二點，眼看都半夜了，外國同學起身告辭，傅佩榮也準備要走，余師母說：「我才忙完，你們就走，中國同學留下來再聊吧！」傅佩榮當然遵命，繼續天南地北地從夜裡十二點談到第二天中午十二點，半年之後，傅佩榮遇到高信疆，高信疆轉述余英時的話說：「佩榮這個人很坦誠」，其實余英時不知道傅佩榮當時大概是受到潛意識的驅策，抓到機會就拚命說話，以求彌補多年口吃的壓抑心情，至於說話內容是否得體，當時不在考慮之列。[15]

當時同在耶魯讀書的楊振章記得第一次和余英時見面的場景，楊振章記得當時余英時在哈佛已經是正教授，只是沒有給講座教授，耶魯大學禮聘余英時先生為講座教授，第一次見余英時覺得余英時身材短小，其貌不揚，楊振章笑言以後同余英時接觸多了，覺得余英時具有相當高雅的學人風度，似乎個子矮也成了一種學識的結晶，後來楊振章轉往哈佛讀書，余英時特意介紹哈佛的陸惠風和黃進興給他認識，囑咐他有事可找這兩位關照。[16]

從耶魯到普林斯頓

現存材料無法得知余英時為何從耶魯大學轉而到普林斯頓大學任教，但是余英時在普林斯頓的學生王汎森在一次採訪中曾提到此事：「我跟余先生是同時到達普林斯頓，他那時剛好從耶魯轉過來。我還在做助理研究員的時候，已經聽到各種傳言說余先生要到普林斯頓。他到普林斯頓演講，好像寫了一首詩，有人從中讀出他有移居普林斯頓的意思。」[17]余英時自稱從耶魯到普林斯頓乃是「應舊友之招」，詩云：「招隱園林事偶然，浮海久托鳥窠禪，莊周曠達猶求友，王粲流離莫問天。桑下自生三宿戀，榆城終負十年緣。輕車已入西州境，景物窗前任換遷。」[18]

王汎森記得自己剛到普大時，曾好奇地問余英時何以由哈佛搬到耶魯、又由耶魯搬到普林斯頓？余英時回答說哈佛地處大都會，來來往往的人太多，耶魯稍好，普林斯頓在鄉下，離紐約起碼一小時車程，要想找他就更不容易。王汎森不忘開玩笑：「然而這一道天然籓籬很快就無法發生作用。」[19]

王汎森記得自己第一次見到余英時，實在七〇年代末或者八〇年代初，當時《聯合報》副刊辦了一場有關紅樓夢的座談會，當時在觀眾席的王汎森從來沒有料到有一天會到美國普林斯頓大學成為余先生的研究生，一九八七年夏天余英時從耶魯大學轉到普林斯頓大學任講座教授，王汎森也在同一年八月從史語所到普大攻讀博士。第一天到系裡，王汎森就在走廊遇到余英時，不得不說是一種冥冥之中的緣分。

---

15 傅佩榮：《EQ！命運？贏家》，第六—七頁，中國紡織出版社，二〇〇〇年版。
16 楊振章：《不平則鳴：我在哈佛十五年》，第三六頁，經濟日報出版社，二〇〇〇年版。
17 《時代周報》，二〇〇九年九月卅日。
18 李懷宇：《家國萬里》，第三〇頁，中華書局，二〇一三年六月版。
19 田浩編：《文化與歷史的追索：余英時教授八秩壽慶論文集》，前言，聯經出版社，二〇〇九年十二月版。本節大部分內容源於書中所載王汎森的回憶文章〈普林斯頓時期所見的余英時老師〉，本節凡未注明出處者，皆引自該書。

王汎森記得在蔣經國病逝後不久，羅格斯大學（Rutgers University）學生會請余英時去演講，當日講題王汎森已經忘記，但記得與台灣的政治走向有關。當時李登輝接任黨主席之事將定而未定，傳說宋美齡可能有意出山，聽眾中有人提出這一類現實問題，余英時的回答中有一句說：「我對政治只有遙遠的興趣。」

當時王汎森眼中的余英時總是徹夜讀書、趕稿，據說余英時當年在哈佛有一次搬家向鄰居道別，鄰居問余師母說：「請問你們是做什麼的？為什麼一天二十四小時都有燈亮著？」

在普林斯頓那幾年，王汎森注意到余英時似乎隨時都在思索，而且總是在繁重的稿債中，有一次農曆過年前，大家喜氣洋洋，但余先生仍然若有所思，王汎森問余英時：「寫文章很難吧？」余先生回答說：「如果腹稿打好了，也就不難。」而且還補了一句「債多不愁」，然後從容含著菸斗而去。

在王汎森的眼中，他在普林斯頓大學讀書的時候，余英時對其相當寬容。王汎森曾言，普林斯頓大學是一所號稱「勞斯萊斯主義」的大學，收研究生一次就收四、五個，這四、五個學生中還會有人中途離開，有個玩笑說哈佛的獎學金是資本主義的——有本事的拿兩份，沒本事的一毛錢有沒有，而耶魯的獎學金是社會主義的——沒有錢大家分一點，而普林斯頓大學的獎學金是貴族主義的——天生的，你來了就全部給你。但是在普林斯頓大學第四年，必須拿出兩章論文，證明你沒有拿了獎學金在玩。當時王汎森不用電腦，所有的東西都寫在稿紙上，而且王汎森的寫作習慣是——有就全部，沒有就零，因此他無法交出那兩章論文。王汎森記得有一次他在河邊散步，碰到余英時，余英時停車讓王汎森過來，「委婉的暗示我要交那兩章」，王汎森對余英時說沒有，以後寫好了全部一起交給余英時，後來余英時給系裡寫了報告，替王汎森撒謊說已經看過那兩章論文，進度沒問題，半年之後王汎森寫了一千頁的稿紙交給了余英時。[20]王汎森的博士論文後來經過杜希德的推薦在劍橋大學出版社出版，不久前此書翻譯成中文在台灣聯經出版社和大陸三聯書店出版。

余英時當時在普林斯頓大學的影響很大，學校後來把愛因斯坦的辦公室分配給余英時使用。余英時在普林斯頓的學生陸揚如此評價余英時：「在牟先生（牟復禮）任教期間，普大的東亞系成立並發展為人材濟濟的一方雄鎮。光就中國史而言，七〇年代末和八〇年代初，除了牟先生負責明清以外，隋唐方面有杜希德先生，宋史則有劉子健先生，所以一時間普大有中華帝國的稱譽。雖然於八〇年代後期牟、劉二先生相繼退休，余英時先生的到來又使這一盛況保持了相當長的一段時間。」[21]

王汎森博士論文封面。

陸揚申請到普林斯頓大學讀書也是事出偶然，一九九〇年陸揚赴美探親，原想停留一個月就走，但陸揚的父母希望陸揚能在美國深造，於是陸揚想試著申請美國的研究所，陸揚給余英時打了一個電

20 王汎森：〈史家與時代：余英時先生的學術研究〉，《書城》，二〇一一年第三期。
21 陸揚：《追憶牟復禮先生》，《當代》，第二二一期。

話，也許英語還算流利，余英時開始以為陸揚是歐洲人，當陸揚說自己是中國學生時，余英時希望陸揚立刻能去找他。陸揚於是去找余英時，余英時很熱情地接待了陸揚，談了不到二十分鐘當余英時聽陸揚要學中古史，余英時立刻問陸揚知不知道杜希德，陸揚回答說知道，當時杜希德就在普林斯頓執教，余英時立刻去把杜希德請來，杜希德一聽說陸揚讀中古史，非常高興，當即希望陸揚能申請。[22]

但當時陸揚最大的問題是沒有本科學位，余英時和杜希德表示他們願意幫忙向學校提出推薦，而且陸揚那時也沒正規學過中國史，要推薦信也不知找誰來寫，但陸揚在談話中提到在北大讀書時曾向周一良請教過，恰好當時周一良正在紐約，陸揚立刻去找周一良，周一良對陸揚很熱情，還親手寫了一份推薦，一份寄學校，一份給陸揚自己保留，由於當時已經是四月，余英時建議陸揚留在美國，到秋天再作入學申請，陸揚按照兩位先生的建議，在加州耐心等待到秋天，結果普大錄取了陸揚，就這樣陸揚走上了中國史研究之路。[23]

22 陸揚：《我的出國經歷》，未刊稿。
23 陸揚：《我的出國經歷》，未刊稿。

第二十二章

大陸之行

張光直的推動

一九七八年闊別中國大陸接近三十年的余英時第一次返回大陸，也是最後一次，後來余英時在接受記者採訪時表示：「我回來之後，有幾個月都精神不振，非常低落，主要是我覺得我認識的中國文化已經沒有了，從那以後我有一個想法，我覺得那已經不是我的故國了，我的故國已經成為記憶了，只能在記憶裡面。」同時余英時對於大陸一九四九年之後文化的「連根拔起」有著嚴肅的批評：「歷史不能由人來做主，不能說我想怎麼樣就怎麼樣，那是很危險很狂妄的想法，所謂致命的狂妄，致命的狂妄就是以為可以憑個人智慧去改造社會……胡適早就指出文明是一點一滴造成的，這就是我們研究歷史一個很大的教訓。」[1]

余英時之所以第一次返回大陸，和張光直的推動有著直接的關係，早在一九七三年張光直已參加過一個學術訪華團，在大陸訪問了一段時期，張光直回程經過香港時，還曾打電話給當時在新亞工作的余英時，希望他能去九龍接站。一九七八年夏天，「美中學術交流委員會」忽然要余英時擔任「漢代研究代表團」的領隊，去大陸做一個月的訪問，這件事突如其來，余英時完全沒有心理上的準備，而且余英時和這個組織素無來往，後來余英時很快便明白這件事完全是張光直在後面一手促成，余英時認為張光直覺得他對中國大陸太隔膜，這次訪問是余英時大開眼界的好機會。[2] 余英時對此還有另外一種描述，即張光直一向瞭解其反共批共的立場，因此也許想運用這次訪問的機會使其有所轉變。但是余英時相信他的動機與「統戰」無關。[3]

余英時所領隊的代表團於一九七八年十月十六日從東京直飛北京，先後參觀了洛陽、西安、敦煌、蘭州、長沙、昆明、成都等地的漢代遺址和出土文物，最後於十一月十七日從北京啟程返美，除了北京之外，其他地方都是余英時一九四九年底離開中國以前所未到過的，余英時先後會見了俞平伯、錢鍾書、唐蘭、唐長孺、繆鉞諸先生，後來余英時回想起來，至今對光直感念不已。[4]

當然張光直本人在這次訪問中也收穫頗多，最重要的就是認識了李學勤，兩人早在認識之前，學術上早有交涉，李學勤一九五七年曾經發表〈論殷代親族制度〉、〈評陳夢家《殷墟卜辭綜述》〉，得到了遠在海外的張光直的回應，張光直在一九六三年發表的〈商王廟號新考〉，引用了李學勤的文章，從此李學勤的文章經過張光直的引介，被台灣、日本不少學者廣為引用，李學勤談及此頗為得意，一九七八年張光直訪華時，李學勤剛調回歷史研究所，負責接待張光直等人，因此有機會和張光直晤談，當時代表團去北大歷史系、長城等地遊覽，李學勤都全程陪同。[5]

余英時訪問大陸期間，除了見到了許多心儀已久的學者，最重要的是他見到了一九四九年之後再也沒有晤面的弟弟余振時和養母張韻華，當時兩人住在東城區北兵馬司胡同二十三號，這處住在是余

---

1 香港電視台：傑出華人繫列余英時篇。
2 《四海為家：追念考古學家張光直》，第二〇四頁，三聯書店，二〇〇二年五月版。
3 余英時：《余英時回憶錄》，第二二〇頁，允晨出版社，二〇一八年版。
4 《四海為家：追念考古學家張光直》，第二〇四頁，三聯書店，二〇〇二年五月版。
5 《四海為家：追念考古學家張光直》，第六九—七〇頁，三聯書店，二〇〇二年五月版。

協中四〇年代以其夫人尤雅賢的名義購買的，余英時離開大陸之後不久充公，政府另外安排了許多居民遷入，張韻華和余振時只住其中一間，政府至今也沒有歸還余家這套住宅。[6]

各地見聞

余英時一行剛到北京時，一個全國性的史學會議剛在吉林召開，這是當時中國大陸古代史研究的新動向，會上重新討論了古代史分期問題，十月十八日的午餐會上于光遠向余英時一行介紹了六種不同的分期理論。[7]研討會由《歷史研究》雜誌和《社會科學戰線》雜誌聯合舉辦，共有五十一個單位八十六名代表參會，雲集了當時史學界的各路德高望重的學者，如何茲全、金景芳、白壽彝等。[8]

余英時在北京見到了許多學者，並且後來成為朋友，比如任繼愈，但是任繼愈去世的時候，余英時認為任晚年學術成就不高，余英時在接受自由亞洲電台採訪時追憶他一九七八年訪問北京時，任繼愈還專門到酒店看他，任繼愈去美國時，還在余家住過一陣，余英時認為任繼愈「很早就陷入權力、勢力範圍之內」，同時認為任繼愈「早期也做了一些學問，寫過佛教史的論集，都是早期的作品，到後來就沒見到有什麼新的工作，這是環境使然。」

余英時和唐長孺的見面也讓余英時印象深刻，余英時對唐長孺的第一個深刻印象是唐先生的高度近視，但當時余英時還不知道他的右眼已失明，其次是唐先生一望即是一位飽學之士，很合乎中國傳統中所謂「老師宿儒」的典型，兩人的談話開始後，余英時很快便警覺到他是一位異常謹慎的人，唐長孺只答覆他提出的問題，而且必三思而後言，但從頭到尾沒有主動地問過余英時任何問題，余英時總覺得唐長孺多少有些顧忌，唯恐在余英時面前失言，因此余英時說話時也不得不加倍小心，以免為他添上困擾。[9]

與見唐長孺的小心謹慎不一樣，余英時和繆鉞的見面則要輕鬆很多，繆鉞是余英時的老師楊聯陞的內兄，也是錢穆先生的朋友，余英時訪問成都的時候表示要去看他，當時繆鉞所在四川大學提出晚上讓繆鉞到旅館來看余英時。余英時說：「不行。第一，中國規矩是行客拜坐客。第二，他是我的前輩，如果把他搞到這裡來，我就不見了。要麼就讓我去看他，不要就算了。」第二天，四川大學就把繆鉞的家搬了，余英時去拜訪繆鉞的時候，完全不知道是新搬的房子，學校裡的人也不參加會面，兩個人就很自由地暢談學術上的問題，繆鉞後來在給楊聯陞的信中說：「因為余先生來訪，川大很快的給我調整了住房，並布置樓下那一個大間作為接待室。」[10]

當然還有人像繆鉞一樣因為余英時的直接或者間接的原因改善了工作環境，比如當時余英時在北

6 余德民先生訪問記錄，二〇〇八年十月廿八日。
7 余英時：《十字路口的中國史學》，第六—七頁，上海古籍出版社，二〇〇四年十月版。
8 《社會科學戰線》，一九七八年第四期。
9 余英時：《師友記往》，第一五五—一五六頁，北京大學出版社，二〇一三年版。
10 李懷宇：《家國萬里》，第二五一—二六頁，中華書局，二〇一三年七月版。

京見到了裘錫圭，裘錫圭奉命向余英時一行介紹了山東臨沂銀雀山兩個西漢墓出圖的竹簡情況。[11]裘錫圭後來追憶：「我很感激的一位領導，是任（北大）黨委書記的項子明先生。八〇年代初，我的研究生李家浩畢業留系後，在湖北的家屬遲遲調不進北京。與此同時，學校裡有的食堂炊事員的家屬，卻從外地調進了北大。這件事反映到了項先生那裡。有一天，他把我叫到他的辦公室，同時把人事處的一位負責人也叫了來。他開門見山地問那位負責人，為什麼食堂炊事員的家屬能調進來，業務骨幹的家屬卻不能調進來，那位負責人只好答應去辦把李家浩的家屬調入北京的手續。不是項先生親自過問，家浩恐怕就只能回湖北去工作了。」[12]裘錫圭可能至今也不知道，這位項子明就是余英時的表哥。

當然余英時對楊聯陞的另一位朋友周一良則沒有像對待繆鉞那樣客氣，在考察報告中余英時如此寫道：「周一良是哈佛培養的史學家，專門研究魏晉南北朝史。他在《哈佛亞洲研究學報》一九四五年卷八上發表的〈中國密教〉和〈魏晉南北朝史論集〉充分顯示了他淵博的學識。他是最受江青信賴的主要學術顧問之一和『四人幫』在北京的寫作班子（即臭名昭著的梁效）裡的重要成員。一九七四年他發表了兩篇文章，一篇關於諸葛亮的法家路線，另一篇關於柳宗元的〈封建論〉。據最近一位作者說，後一篇尤受江青賞識，因為文章正好包含了針對軍區司令的資訊，即他們必須服從『四人幫』的集中控制。對諸葛亮的研究也是為『四人幫』的政治需要服務的，他得出的『教訓』是：一群人只要遵循『法家路線』，就可以很快創建一個統一帝國，而他指的『法家路線』就是『四人幫』的『革命路線』。顯然，在質而不是在量上，周的文章為『影射史學』的興起做出了獨特的貢獻。」[13]

周一良後來訪問普林斯頓大學，和余英時時相過從，兩人似乎沒有余英時在文中寫的那樣水火不容，余英時之所以在文中對周一良提出批評，某種程度上是因為陳寅恪晚年拒絕承認周一良是其學生，蓋因周一良「曲學阿世」。但是周一良對他的晚輩余英時卻非常尊敬，余英時送給周一良的著作，周一良都用牛皮紙包好恭恭敬敬的放在床頭。[14]

後來周一良也認識到了自己愧對陳寅恪，不僅細讀了余英時的《陳寅恪晚年詩文釋證》同時在給余英時的信中稱：「一良一直不明白為什麼先生在晚年花那麼多的時間來頌紅妝，並且間下表達自己心跡的按語，今觀先生之書，遂渙然冰釋矣……」[15]周一良在獲贈的余英時著作上寫了如下的文字：「一九八九年五月重訪普林斯頓大學，余英時教授見贈。書中論寅老晚年悔未浮海，頗近情理。否則無以解釋其傾注偌大精力於錢柳事，且在考據文字中時時插入表達個人心境之詩句，皆我夙所懷疑，今得此解矣。」[16]

當時余英時還見到了夏鼐，《夏鼐日記》中有簡單的記載，有趣的是後來擔任中國社科院副院長的夏鼐還曾經捲入過「《陳寅恪晚年詩文解釋證》風波」，《夏鼐日記》一九八三年四月十八日記：

---

11 余英時：《十字路口的中國史學》，第二九頁，上海古籍出版社，二〇〇四年十月版。
12 裘錫圭：《裘錫圭學術文集》，雜著卷，第二五一頁，復旦大學出版社，二〇一二年十月版。
13 余英時：《十字路口的中國史學》，第四—五頁，上海古籍出版社，二〇〇四年十月版。
14 此處承蒙《周一良讀書題記》的整理者孟剛先生告知，謹致謝忱。
15 余英時：〈陳寅恪熱的新收穫〉，《聯合報》，一九九六年七月一日。
16 參見周啟銳、孟剛整理：《周一良讀書題記》，海豚出版社，二〇一二年十二月版。

「下午至鮑正鵠同志處，送余英時關於陳寅恪先生的文章，因為院中託他處理此事也。」一九八三年八月十二日記：「下午在家，閱由鮑正鵠同志處借來的香港《七〇年代》一九八三年第三期，該刊總編輯李怡所寫〈余英時教授訪問記〉。這位余教授是國民黨陳雪屏的女婿，雖然入了美國籍，仍是國民黨的立場。」[17]

余英時和錢鍾書

當然余英時大陸之行最大的收穫是見到了錢鍾書，而且兩人成為摯友，時常魚雁往返。余英時第一次見錢鍾書時問錢鍾書認不認識錢穆，錢鍾書的表情忽然變得很幽默，說他可能還是賓四師的「小長輩」，後來余英時在台北問錢穆此事，錢穆說他和錢基博、鍾書父子通譜而不同支，無輩分可計。[18]當然錢穆對於錢鍾書父子肯定是耿耿於懷的，當年錢穆寫成《國學概論》，請錢基博作序，若干年後楊絳在文章中透露，此序為錢鍾書代筆，錢穆後來得知此事，再版時將序言刪去，同時把書中致謝的部分也刪的一乾二淨。[19]

余英時當時對於錢鍾書的博聞強記印象很深，當時錢鍾書大概已經知道余英時在耶魯教書，所以特別提及當時耶魯大學一些同事的英文著作。余英時評價道：「他確實看過這些作品，評論得頭頭是道。偶爾箭在弦上，也會流露出銳利的鋒芒，就像《談藝錄》中說亞瑟・偉利（Authlr Waley），『宜入群盲評古圖』那樣，但他始終出之於一種溫文儒雅的風度，謔而不謔。」[20]

余英時和錢鍾書的第二次見面是在美國，一九七九年春天中國社會科學院派出一個代表團到美國訪問。其時正值中美建交之後，雙方都在熱絡期間。代表團的一部分人訪問耶魯，其中便有錢鍾書，余英時和傅漢思等人到火車站去迎接代表團，當余英時正要向錢鍾書行握手禮時，錢鍾書忽然很熱情地和余英時行「熊抱」禮，讓余英時頗有「舊交」的感覺。[21]

當時外面流傳錢鍾書在一九四九年之後擔任了毛澤東的英文祕書，余英時向他求證此事，錢鍾書告訴余英時這完全是誤會，大陸曾有一個英譯毛澤東選集的編委會，而錢是顧問之一，其實是掛名的，難得偶爾提供一點意見，如此而已。余英時注意到《宋詩選注》引了〈在延安文藝座談會上的講話〉，為什麼也會受到批判，錢鍾書說他引〈講話〉中的一段其實只是常識而已。余英時當時隱約地意識到他關於引用〈講話〉的解釋也許是暗示他的人生態度，余英時認為錢鍾書一個純淨的讀書人，不但半點也沒有在政治上「向上爬」的雅興，而且避之唯恐不及。余英時更引用一九五五年錢鍾書所寫〈重九日雨〉「筋力新來樓懶上，漫言高處不勝寒」兩句詩為錢鍾書的政治態度「代下注

---

17 參見《夏鼐日記》，第八冊，第二四七、二五二、四五六頁；第九冊，第二三三、二七二頁，華東師範大學出版社，二〇一一年七月版。

18 余英時：《師友記往》，第一二六頁，北京大學出版社，二〇一三年版。

19 陳致：《余英時訪談錄》，第一五三頁，中華書局，二〇一二年版。

20 余英時：《師友記往》，第一二七頁，北京大學出版社，二〇一三年版。

21 余英時：《師友記往》，第一二七—一二八頁，北京大學出版社，二〇一三年版。

腳」。[22]

後來余英時和陳致談話時，也曾經提到錢鍾書出任毛選翻譯委員會顧問的事情，余英時說錢鍾書當時向他解釋，說《毛選》是別人翻譯，他只是看看，而且當時毛選當中有一些錯誤，比如毛澤東曾經說過「孫悟空鑽進牛魔王的肚子裡」，很明顯就是一句錯話，當時大家都不敢指出，最後只好讓毛澤東自己改。余英時同時認為，翻譯《毛選》或許對錢鍾書起一些保護作用，但是錢鍾書當時也不是完全沒有危險。[23]

當時大家吃飯，錢鍾書說了不少「名聞海內外的頭面人物」的故事，給余英時印象最深的是關於吳晗的事，余英時問起歷史學家吳晗一家的悲慘遭遇，有人說了一些前因後果，但錢鍾書忽然看著費孝通說：「你記得嗎？吳晗在一九五七年『反右』時期整起別人來不也一樣地無情得很嗎？」費孝通則以一絲苦笑默認了他的話。在這次聚會中，余英時發現了錢鍾書嫉惡如仇、激昂慷慨的另一面，余英時指出，錢鍾書在一九八九年寫出〈閱世〉這樣的詩，其實暗藏深意，詩云：「閱世遷流兩鬢摧，塊然孤喟發群嚎。星星未熄焚餘火，寸寸難燃溺後灰。對症亦知須藥換，出新何術得陳推。不圖𧸘長支離叟，留命桑田又一回。」[24]

自那次見面之後，余英時再也沒見過錢鍾書，但是錢鍾書和余英時依舊書信往返不斷，《管錐編》第一、二冊出版後，錢鍾書給余英時寄了兩冊，扉頁上還有親筆題識。不久又收到錢鍾書的《舊文四篇》和楊絳所題贈的《春泥集》。余英時恭恭敬敬地寫了一首謝詩。後來余英時還曾經將這首詩重新謄寫，送給了楊聯陞。[25]

錢鍾書對於余英時十分客氣，對余著也是倍加推崇，錢鍾書曾經在送給余英時的《管錐編》扉頁上留下這樣的字樣：「每得君書，感其詞翰之妙，來客有解事者，輒出而共賞焉。今晨客過，睹而歎曰：『海外當推獨步矣。』應之曰：『即在中原亦豈作第二人想乎！』」當然這是錢鍾書的客氣話，與錢鍾書寫給余英時的信中讚譽有加是相同的：「兩奉惠書及贈什，寓意深永，琢句工適，足使老於吟事者咋舌斂手，自是君身有仙骨也。弟如田光，恨不相逢於壯盛之日，友聲和答；今則臣精銷亡，愚才竭盡，惟有把君詩過日耳。」[26]

當然錢鍾書當面稱許余著，給余英時「灌迷魂湯」，背後卻批評余英時舊體詩，范旭侖指出，錢鍾書在給宋淇的信中曾言：「今日作舊詩者，亦有美才，而多不在行，往往『吃力』，『舉止生澀』。余君英時、周君縱策之作，非無佳句，每苦無舉重若輕『面不紅，氣不喘』之雍容自在。」[27]當面奉承，背後批評，乃是錢鍾書一貫的作風。

---

22 余英時：《師友記往》，第一二八—一二九頁，北京大學出版社，二〇一三年版。
23 陳致：《余英時訪談錄》，第一五五頁，中華書局，二〇一二年版。
24 余英時：《師友記往》，第一二九—一三〇頁，北京大學出版社，二〇一三年版。
25 余英時：《師友記往》，第一三〇頁，北京大學出版社，二〇一三年版。
26 余英時：《十字路口的中國史學》，第三頁，上海古籍出版社，二〇〇四年十月版。
27 范旭侖：〈錢縫裡（續四）〉，《東方早報》二〇一一年八月七日。

第二十三章

緣起陳寅恪之二：《陳寅恪晚年詩文釋證》風波

「一輪排炮」

一九八三年，余英時應香港《明報月刊》、台灣《中國時報》、《聯合報》等報刊之邀，再次就陳寅恪的問題發聲，此時與一九五八年余英時在《人生》雜誌上發表〈陳寅恪先生《論再生緣》書後〉一文，已經相隔二十五年。這一年《明報月刊》的第一、第二期上登出余英時的〈陳寅恪的學術精神和晚年心境〉，時隔一年半後，余英時又一次在《明報月刊》上分別刊出〈陳寅恪晚年詩文釋證〉、〈陳寅恪晚年心境新證〉等兩篇長文，同年七月在《中國時報》上刊載〈陳寅恪的「欠砍頭」詩文發微〉等文，一九八四年余英時〈文史互證、顯隱交融——談怎樣通解陳寅恪詩文中的「古典」和「今情」〉一文分別在十月份的台灣《聯合報》副刊上連載五天。[1]

按照陸鍵東在《陳寅恪的最後二十年》一書中的說法，余英時近十萬字的文章可以稱得上是「一輪排炮」，並且「在海外學術界引起相當反響」。[2]這一次當局必然有所反應，早在五〇年代末余英時發表〈陳寅恪的學術精神和晚年心境〉時，便已經「上達中共黨內最高決策層，最後必須由周恩來、康生出面中止」。[3]這一次部署反擊人物的，是當時中共的文化長官、接替郭沫若任中國社科院院長的胡喬木。

余英時後來追憶，其實他早在一九八三年年尾便已知道胡喬木「在積極布置向他進攻」，余英時之所以得知此事，乃是事有湊巧，當年中國社會科學院有一位明清史專家到余英時任教的耶魯大學訪問，一見面便向余英時索閱《明報月刊》所刊長文，余英時大為詫異，問他怎麼會知道余英時寫了這些文章，那位先生回答在他訪美前，胡喬木曾有意讓他出面寫反駁余英時的文章，並說明只有在他應允以後才能將那兩期的《明報月刊》交給他，但是他婉拒了這一任務，因此也失去了讀余英時原文的機會。也正是因為這一次親身經歷，余英時據此認定：「很顯然的，胡喬木在北京一直未能覓得他所需要的寫手，最後才通過『廣東省委文教戰線負責人』找到了一個『馮衣北』。」[4]

余英時提到的這位「明清史專家」，很有可能是著名明清史學者王毓銓，王毓銓在一九二五年還只有十五歲的時候就加入了共青團，十六歲的時候就擔任了曲阜縣團縣委書記，即便是在國外求學工作時還曾經加入當地的黨組織，可謂「根正苗紅」，被胡喬木視為「自己人」，必然在情理之中。而且陳在二〇年代末到三〇年代中期，一直在北京大學讀書，老師就是胡適，在此之後由於抗戰爆發，王毓銓幾經波折赴美讀書，一九四六年獲得哥倫比亞大學碩士，並在一九五〇年返回大陸。文革結束後的一九八〇年，王毓銓應邀訪問美國從事研究工作，並且在以「魯斯學者」的名義在在普林斯頓待了兩年，一九八二年又應其母校哥倫比亞大學和普林斯頓大學邀請在美國待了大約半年時間，一九八二年上半年，王毓銓曾經和普林斯頓大學東亞系的靈魂人物牟復禮共同擔任博士研究生的指

1 陸鍵東：《陳寅恪的最後二十年》（增訂本），第四七九頁，三聯書店，二〇一三年六月版。
2 陸鍵東：《陳寅恪的最後二十年》（增訂本），第四七九頁，三聯書店，二〇一三年六月版。
3 余英時：〈陳寅恪研究的反思與展望〉，《東方早報》，二〇一一年，一月十六日。
4 余英時：〈陳寅恪研究的反思與展望〉，《東方早報》，二〇一一年，一月十六日。

導，當時還認識了普林斯頓大學的劉子健教授，王毓銓回憶：「那幾年我結識了若干位美國朋友、香港朋友和台灣朋友。和香港台灣朋友在一起特別感到一種親切滋味。」[5]由於劉子健和牟復禮都是余英時的朋友，而且普林斯頓和耶魯所在的紐黑文相去不遠，因此王毓泰認識余英時，必然在情理之中。

而胡喬木拉攏社科院專家來布置反擊，其「反駁」的情緒表現得異常強烈，其中是不是含有某種個人的動機，對此余英時認為存在著一定的可能性，余英時認為有一件他親身經歷的小事，可能與胡喬木部署反擊余英時有關，從這件事中恰恰可以看出胡喬木歷經政治風雨的老辣、果斷和心思縝密。一九七八年底，余英時參加美國漢代研究代表團在中國大陸各地進行學術交流，接待這個代表團的機構恰好是中國社會科學院，當時由副院長之一于光遠出面主持，在這一個月中，代表團受到了高規格的禮遇，由於擔任了團長的職位，余英時個人所得到的照顧更是特別周到，但是當時余英時並未見到院長胡喬木，在離開北京前兩天，余英時有機會和俞平伯、錢鍾書兩先生談話，最初的討論集中在「曹學」、「紅學」的問題上，錢鍾書在討論中不經意地插了一句話，錢鍾書說「喬木同志」也認為「曹學」之說在國內很少受注意，還要靠海外漢學家指出來，余英時當時只是聽聽而已，沒有介意，後來回想起來，這也許是胡喬木對余英時表示善意的一種間接方式。[6]

胡喬木為何要透過錢鍾書向余英時表達善意，實際上大有深意，余英時認為，以中共官方接待外賓的慣例而言，他們對於來訪者的背景事先一定經過非常徹底的調查，然後才決定如何對待，余英時以往的一言一行，只要是有文獻可稽，社科院有關部門大概都已弄得很清楚，同理推測，余英時在《論再生緣》一案中的「罪行」當然更逃不過他們的注意，雖然胡喬木當年未直接捲入《論再生緣》

出版風波，然而他在一九六二年曾拜訪過陳寅恪，並為陳的著作出版作過努力，他對《論再生緣》案瞭若指掌，幾乎可以斷言，在這一背景下，胡喬木依然願意以善意相待余英時，余英時也認為相當難得，但是就在余英時接受了中國社會科學院的招待之後，仍然寫出「晚年心境」這種「是可忍孰不可忍」的文字，僅憑這一點，胡喬木非要對余英時窮追猛打不可，余英時認為「也是可以理解的」。[7]

而余英時對於胡喬木，其實很早之前也有看法，一九七八年余英時在北京，當時陪同余英時的一個人叫林甘泉，是歷史所的副所長。林甘泉談到胡適的問題引用了胡喬木的一句話：「你想想看，如果我們新華書店賣的是胡適的書，那我們這個革命不是白革了嗎？」這話余英時數年後回想起來依舊印象深刻。[8]

胡喬木的這種鮮明的個人性格，早在他和余英時的這種間接接觸之前，早已初露端倪，比如胡喬木與周揚之間的關係便可以說明這一點，早在三〇年代，胡喬木與周揚在上海就在一起，左聯時期胡喬木在周揚領導下工作。四〇年代的延安時期周揚編《馬克思主義與文藝》時，還在序言中對喬木的出力，表示過感謝。[9]但是在八〇年代初兩人就「人道主義及其異化問題」發生衝突，胡喬木直接

5 高增德、丁東編：《世紀學人自述》，第四卷，第二九一—四六頁，十月文藝出版社，二〇〇〇年版。
6 余英時：〈陳寅恪研究的反思與展望〉，《東方早報》，二〇一一年，一月十六日。
7 余英時：〈陳寅恪研究的反思與展望〉，《東方早報》，二〇一一年，一月十六日。
8 北明記錄：《中國當代社會諸問題——余英時先生與中國部分海外知識分子座談錄》，普林斯頓大學，二〇〇七年一月六日。
9 參見盛夏：《毛澤東與周揚》，人民出版社，二〇一一年版。

給周揚扣上了反黨的帽子，周揚被迫檢討，隨後一病不起，鬱鬱而終，後來胡喬木還給周揚寫了一首詩撫慰周揚：「誰讓你逃出劍匣，誰讓你割傷我的好友的手指？血從他手上流出，也從我心頭流出，就在同時。請原諒！可鋒利不是過失。傷口會癒合，友情支保持。雨後的陽光將照見大地更美了：擁抱著一對戰士。」[10]

馮衣北出場

當時《明報月刊》刊發馮衣北的文章，金庸是經手人，金庸在給《明報月刊》的編輯黃俊東的信中說：「有一篇關於陳寅恪先生的文章，是與余英時先生辯論的，我已答允了作者在八月號《月刊》發表，我正修改中，明日可以奉上，盼在月刊留位。」[11] 落款是七月十七號，果然過了兩周，馮衣北的文章得以順利發表。

一九八四年八月，署名「馮衣北」的辯駁文章〈也談陳寅恪先生的晚年心境——與余英時先生商榷〉在第二二四期的《明報月刊》刊出，「馮衣北」的反駁是在當時任中共中央局委員的胡喬木的指示下及廣東省委文教戰線負責人的布置下進行的，一年後「馮衣北」再撰〈陳寅恪晚年心境再商榷〉一文，兩個月後，余英時以〈弦箭文章哪日休〉作答，發表在同年十月號的《明報月刊》上，陸鍵東認為辯論雙方都有充足的理由，但是都逃脫不了「弦箭文章」的色彩。[12]

但是作為「馮衣北」出戰的劉斯奮對於陸鍵東的看法並不認同，認為余英時乃是單方面宣告「論戰的勝利」，劉斯奮同時表示「有沒有勝利，學術界自會做出公論」，劉斯奮同時認為，對一個問題持有不同認識，是十分正常的事，繼續討論，使之深化，對於陳寅恪先生的研究也是必要和有好處的，劉斯奮同時對余英時大為不滿：「可惜余先生這些年來，雖然在各種場合提起這件事，但又始終拿不出能反駁我的論點的新憑據，卻不厭其煩地繼續給我扣上各種帽子。考慮到余先生的學界耆宿身分，這確實令我感到難以理解。」[13]

但是劉斯奮同時承認：「這場論戰無疑是有背景的。但我參與其中卻是很偶然的事。」劉斯奮回憶：「因為當時我只是一個三十來歲的無名之輩，而且正埋頭寫《白門柳》第一部。原中南局宣傳部長王匡將余英時的文章交給我父親劉逸生，問他能否發表點意見，結果我看到了。我覺得余的文章是學術其表、政治其裡。加上余的文章口氣異常傲慢，視大陸學人如無物，也使我頗為反感，於是才代

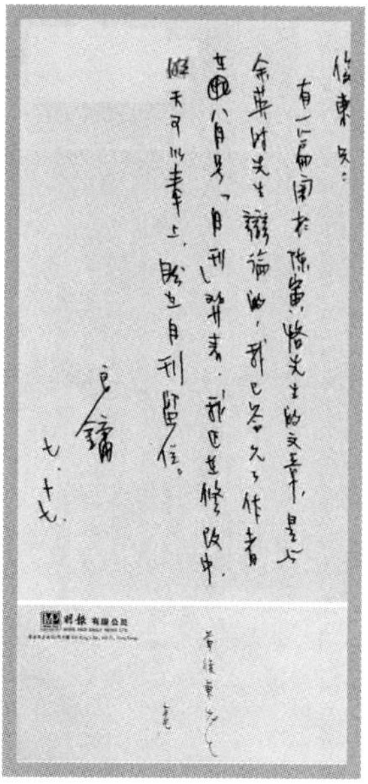
俊東兄：
有一篇關於陳寅恪先生的文章，是與余英時先生辯論的，我已答允了作者在明八月號「月刊」發表，稿正在修改中。哪天可以奉上，暫在月刊留信。
良鏞
七．十七．

金庸就馮衣北文章刊登問題致黃俊東信。

10 參見盛夏：《毛澤東與周揚》，人民出版社，二〇一一年版，顧驤：《晚年周揚》，文匯出版社，二〇〇三年版，李輝：《搖盪的秋千——是是非非說周揚》，海天出版社，一九九八年版。
11 金庸致黃俊東，一九八〇年七月十七日。
12 陸鍵東：《陳寅恪的最後二十年》（增訂本），第四七九頁，三聯書店，二〇一三年六月版。
13 《新快報》，二〇一二年九月十二日。

父上陣，參與了進去。這件事後來竟成了一樁學術公案，是我始料不及的。」[14]

劉斯奮的這一說法，其實並不新鮮，早在譚運長所撰寫的《劉斯奮評傳》中便曾經加以披露，由於譚運長和劉斯奮常年都在廣州，而且來往密切，《劉斯奮評傳》中有關於此事的說法可以看做劉斯奮本人的自陳，評傳中稱：「有一次前中南局局長王匡去北京，在胡喬木那裡看到了《明報月刊》余英時的文章，也歎起這篇文章引起的種種議論，王匡回廣州的時候，隨身帶回了那一期的《明報月刊》，他和劉逸生相熟，所以就給了劉逸生，劉逸生帶回家，結果劉斯奮也看到了余英時的文章，就這樣劉斯奮進行了和余英時的一場學術論辯。」[15]

譚運長在書中同時認為，當時劉斯奮剛剛完成《白門柳》的第一部，正在撰寫第二部，以他當時創作的專心致志，一般是不願也不會分心來進行這場爭論的，而且他在學術界不認識什麼人，也沒有什麼地位，真正要和余英時進行論辯，本應該有更加合適的人，至少也要有一個在學術界為人所熟悉的名字才好，按照劉斯奮的讀書習慣而言，余英時的長文劉斯奮是看也不會看的，但是由於上述的原因，加上學術界對余英時的觀點一致保持沉默，所以劉斯奮要寫文章反駁余英時。[16]

而譚運長也指出，劉斯奮認為余英時這些文章觀點的問題是很明顯的，甚至不用太精密的學術準備，憑常識就可以看出來，而且劉斯奮當時為了《白門柳》的創作，曾經對錢謙益和柳如是的生活進行過全方位的考證，而解讀古典詩詞恰恰是劉斯奮向來最為自負的，看到余英時在文章中「那樣隨意的解讀陳寅恪的詩文」，劉斯奮簡直有點「忍無可忍」，所以劉斯奮自認為「很有發言權」，而且由於家庭、工作等相對便利的條件，劉對於陳寅恪的晚年有著直接和間接的瞭解，而且劉斯奮對於余英時「簡直視大陸學人為無物」，所以要忍不住要出來反駁余英時，「至少挫一挫他那股傲慢之氣」。[17]

當時劉斯奮如此意氣風發，因為不但有王匡這樣的「組織」給予的支援，還有學術大佬諸如錢鍾書的暗中策應。王匡的女兒王曉吟曾經寫過文章，余英時文章發表後，胡喬木向王匡提及，並且由王在廣東尋找，「搜遍中大而不可得」，王曉吟同時提到，劉的文章在北京「得到了胡喬木、林默涵、季羨林、錢鍾書等前輩和大家的贊許」。一九八八年季羨林在廣東參加陳寅恪紀念會，當面稱許劉斯奮，並且稱自己「近年已很少看完一本書，你的書我是看完了的，我同意你的意見。」[18]季羨林的這一態度，在他回憶陳寅恪的文章中也有所表露：「幾年前，一位台灣學者偏偏尋章摘句，說寅恪先生早有意到台灣去。這真是天下一大怪事。」

劉斯奮本人接受記者採訪時首次提到，錢鍾書曾經看過他的文章，並且說「劉文甚好！」，但錢是在什麼場合提的，又是和誰說的，劉斯奮是如何知曉的，這是長期以來徘徊在我心中的一道難題。後北京友人通過管道，找到了錢鍾書給王匡的信，信是一九八四年年初錢鍾書寫給王匡的，全文如下：

14《新快報》，二〇一二年九月十二日。
15 譚運長：《劉斯奮評傳》，第一五五頁，嶺南美術出版社，二〇〇六年三月版。
16 譚運長：《劉斯奮評傳》，第一五五—一五六頁，嶺南美術出版社，二〇〇六年三月版。
17 譚運長：《劉斯奮評傳》，第一五六頁，嶺南美術出版社，二〇〇六年三月版。
18 劉斯奮：《劉斯奮集》，第二九五頁，廣東人民出版社，二〇一八年版。

匡兄：

劉文閱一遍，甚好！批識數處，聊比他山之石，以答虛懷垂問爾。順頌新禧，不備。

弟　鍾書上

二十七日

內人同候

錢鍾書的這封信沒有幾句話，但透漏的資訊是至關重要的。第一，王匡曾把「劉文」寄給錢鍾書，請錢掌眼。而錢不僅看過，而且修改了若干處，同時他認為劉斯奮的文章「甚好」，即便是和王匡客氣，但願意看，並且發表意見同時修改，足見錢鍾書對此事的態度。錢鍾書雖然花費心血為陳詩補字，但他輕巧的一句「劉文甚好」，其為陳寅恪改詩的功勞就幾乎被自己一筆抹殺。楊絳去世前幾年，曾經將錢補陳詩的手稿送給了陳的三女兒陳美延，希望美延女士儘快刊布這一手稿，看錢當時補了什麼字，和原意有何出入。

金庸的修改，當然是作為編輯的修改，絕非錢鍾書所謂可以攻玉的「他山之石」，但一篇文章讓錢鍾書、金庸兩位文化巨人差不多同一時間修改，這在近幾十年的文化史上，恐怕也是非常罕見的。

前幾年汪榮祖出版論錢鍾書的專書《槐聚心史》，書中提到，一九八八年他在廣州參加陳寅恪紀念會，會後去北京拜訪錢鍾書，錢問及與會情況，並且評價陳寅恪「不喜共產黨，瞧不起國民黨，既有遺少味，又不喜歡清政府，乃其矛盾所在」。汪榮祖後知後覺，問錢鍾書馮衣北係何人？錢只答：

「據知馮原姓劉。」錢同時指出，陳詩中多「徹骨」語，宋詩中多見。[19]

我曾經此事當面向余英時先生求證，提到劉斯奮說起過錢鍾書參與了此次風波，余先生說當年他也曾聽過此事，並且金庸親口告訴他馮衣北就是劉斯奮，但與錢鍾書有來往的他並沒有直接問過錢鍾書。余先生鄭重的補充說，後來他曾經託李歐梵向錢先生當面質詢，錢先生只是笑而不語，並未承認，而這封信的出現則證明，錢先生的笑而不語，其實就是默認。李歐梵先生還在世可為證明，錢鍾書牽涉此次風波，基本可以定案。

汪榮祖的意外加入

當然這其中最為意外的，算是汪榮祖的意外加入，更使得這場論戰格外好看，汪榮祖和余英時一樣，在海外執教多年，亦是中國史研究的大家，但是在關於陳寅恪的一些看法上，汪榮祖和余英時有著不一致的地方，有趣的是，余英時和汪榮祖的論戰在某種意義上來說，按照汪榮祖的看法，算是余英時無意間的「發難」，最終引發了兩人之間長達數十年的筆墨官司。

余英時當時發表〈陳寅恪晚年心境新證〉一文，其中批評汪榮祖所寫《史家陳寅恪傳》「不加分析地輕信傳述」，以至於「忠實地傳達了大陸內部所能公開流行的一些觀點」，余英時同時貶斥汪榮

19 汪榮祖：《槐聚心史》，第一六一—一七頁，中華書局，二〇二〇年版。

祖的說法與大陸官方代言人的說法「相映成趣」，讓汪榮祖十分氣憤，汪榮祖對余英時將這篇批評他的文章在台港兩處刊發大為不滿：「始知余先生批評我的文字，除了香港《明報月刊》外，尚有別本陽秋，兩處之文，題目一樣，『人間』之篇，略有增減。借余先生的口吻說：『我如果完全置之不理，那便太辜負他的盛意了』。」汪榮祖同時指出，余英時在撰寫《陳寅恪晚年詩文釋證》時，汪榮祖曾給余英時了一份《史家陳寅恪傳》的校樣，同時還給寄給余英時一份余英時所不知的《陳寅恪詩存補頁》，供余英時引用，汪榮祖認為他的「好意」卻換來余英時的抨擊，十分不解，汪榮祖寫道：「他對書中若干枝節上誤失的指正應是『好意』的批評，但冷嘲熱諷、曲解誣栽，總應該是屬於『惡意』的吧?!」[20]

在文中，汪榮祖指責余英時「憑傳聞著書」，「有欠學術真誠」，同時認為余英時不應該有「栽贓的豁免權」，汪榮祖繼而抨擊余英時對汪之著作《史家陳寅恪傳》的結論有斷章取義、故意歪曲之處，汪榮祖氣憤之餘，轉而指責余英時發現的所謂「今典」乃是「似是而非」，同時汪榮祖認為余英時所言陳寅恪晚年詩文中所謂「暗碼」，根本就是子虛烏有。[21]

其實汪榮祖和余英時歷史上並無太大過節，在這場筆墨官司之前的一九七七年，華世書局出版了余英時《論戴震與章學誠》，汪榮祖寫了書評大力誇獎余英時，開篇便說：「昔日聞哈佛華裔漢學家三代，老年洪煨蓮，中年楊聯陞，少年余英時，皆博雅有學。今茲余氏已入中年，移教耶魯，榮任講座教授，學益專精。乙卯丙辰之間，余氏掌香港新亞書院，公之餘暇，竟能成此長篇，可謂精力過人矣。」[22]

但是後來余英時為劉再復散文集《西尋故鄉》寫序，汪榮祖卻勃然大怒，寫了一篇名為〈西尋故鄉？！〉的文章向劉再復和余英時發出質疑，汪榮祖認為：「余教授如此以其豐富的文史知識，為劉再復『服務』，可稱歎為觀止。」同時汪榮祖抨擊劉再復特別標出西尋故鄉乃是「不自覺的流露他的心志，作了露骨的表態」，汪榮祖同時質問：「劉再復『漂流』什麼？他早已登上夢寐以求的『美國天堂』，早已『安居樂業』了，還尋個屁鄉，豈非裝腔作勢，無病呻吟乎？」[23]

余英時二〇〇四年出版有關胡適的專著的修訂本《重尋胡適歷程：胡適生平與思想再認識》，其中收錄了幾篇舊作，汪榮祖對此也是頗有微辭：「除了第一篇序文為《胡適日記全集》而寫，是新作品之外，其餘都是舊作……喜買余書的朋友不計重複，新舊一起買進，固然值得，只是二十年以上的舊文似乎難以與『重尋』或『再認識』題旨相稱。」[24]

有意思的是，汪榮祖在何炳棣去世之後，曾經就何炳棣的去世發表談話，兩次提到余英時，兩次都有揶揄之意。汪榮祖接受《新京報》的採訪時說：「有很多學者在中文方面寫得很多，在華語世界就很有影響力，但在國際上的地位，就難與先生匹敵。舉一個比較實際的例子，何先生到現在為止是唯一的一個中國出生的學者，當選全美國亞洲學會的會長，余英時成為候選人，可惜沒有入

20 汪榮祖：《史家陳寅恪傳》，第二五三頁，北京大學出版社，二〇〇四年八月版。
21 汪榮祖：《史家陳寅恪傳》，第二五六—二五八頁，北京大學出版社，二〇〇四年八月版。
22 汪榮祖：《學林漫步》，第九二頁，江蘇教育出版社，二〇〇五年九月版。
23 汪榮祖：《學林漫步》，第二五五頁，江蘇教育出版社，二〇〇五年九月版。
24 汪榮祖：《學林漫步》，第一三一頁，江蘇教育出版社，二〇〇五年九月版。

選。」[25]

汪榮祖在差不多同時接受《中華讀書報》採訪之時，借何炳棣指責余英時思想史研究太過空泛，汪榮祖說：「他（何炳棣）對余先生是有批評的，余先生也知道。他說最主要的原因，是那些研究思想史的人沒有先在制度史方面打基礎，比較空泛。何先生以前做制度史，再回來做思想史，他覺得有重大發現。有了重大發現，他就拚命鑽下去。」[26]汪榮祖和余英時因為陳寅恪結緣，但是最後卻因為陳寅恪鬧得如此水火不容，大概是二人都沒有想到的。

借何炳棣來抨擊余英時，當然不是汪榮祖先生的發明，早在汪榮祖先生之前，汪榮祖先生的好友李敖便曾經如此評價，李敖在給何炳棣的一封信中曾寫道：「今早起來，讀尊作《華北原始土地耕作方式：科學、訓詁互證示例》，讀後讚歎，深覺體大思精，此乃真正『大歷史』，余英時、許倬雲、黃仁宇之流鬼畫符耳，縱張光直、李惠林、Keightley、Pearson等『遊耕制』者之『大歷史』，在尊作面前，亦灰頭土臉矣，佩服之至！」信中結尾亦提到感謝汪榮祖安排其和何炳棣會面。[27]也正是因為如此，余英時誇獎何炳棣的一句「才大如海」，才會讓何炳棣煞有介事的寫入自己的回憶錄《讀史閱世六十年》之中。

25 《新京報》，二〇一二年七月七日。
26 《中華讀書報》，二〇一二年七月十一日。
27 李敖：《李敖大全集》，第四十卷，第九二頁，中國友誼出版公司，二〇一〇年六月版。

第二十四章

心繫兩岸

反智論的提出

一九七五年年底，余英時寫成〈反智論與中國政治傳統〉一文初稿，次年五月底改定，分上下篇，上篇在《明報月刊》一九七六年二、三月號刊出，同時還在又《聯合報》連載了八日，之後收入《歷史與思想》、《中國思想傳統的現代詮釋》等書，同年四月，余英時又寫成〈「君尊臣卑」下的君權與相權——〈反智論與中國政治傳統〉餘論〉一文，在《聯合報》連載五天，這兩篇文章是七〇年代余英時最重要的文章，高屋建瓴，所針對的是中國大陸的文化大革命與「評法批儒運動」。

中國大陸在文革時期掀起的「評法批儒運動」和文革末期的「批林批孔運動」一脈相承，參與者都是大陸聲名赫赫的學界人物，周一良、任繼愈都曾經捲入其中，「四人幫」被逮捕之後還曾經有人發表文章，稱「四人幫」利用「評法批儒運動」進行「篡黨奪權反對敬愛的周總理的滔天罪行」，而且是「狼子野心，昭然若揭」。[1]

余英時在文中開篇就認為「中國的政治傳統中一向彌漫著一層反智的氣氛」，而到了文革的「評法批儒運動」，已經是「自古已然，於今為烈」，余英時在文中重點回顧了儒家的「主智論」，道家的「反智論」，法家的「反智論」和儒學的「法家化」，尤其在〈法家的「反智論」〉一文，余英時認定：「以當時法家的四大基本政策而言，促進農業生產是為了解決人民的經濟問題；加重刑罰是為了鎮壓壞分子；徵稅徵糧是為了備荒備戰；在全國範圍內要人民破私立公、國而忘家是為了準備痛擊一切來犯之敵或進行統一中國的戰爭。但是人民對這四大基本政策竟都有怨言，在這種情況之下，政府如果再重視知識分子的批評或適應人民的政治水準，那麼國家便必然要陷入混亂的局面。」[2]這顯然是在諷刺文革。

而余英時進而指出：「所以最理想的情況是人民都普遍地愚昧無知，這樣他們就可以俯首貼耳地接受有智慧的君主的領導。但是如果情況不夠理想，國內已有了大批的知識分子和專門技術人才，又怎麼辦呢？法家也並不在乎，他還有一套最後的法寶，那就是用武力來鎮壓。分析到這裡，我們才能真正的懂得，為什麼在法家政治路線之下，只有兩類人是最受歡迎和優待的：農民和戰士。在法家看來，前者不但是國家財富的創造者，而且還比較缺少知識，安分守己；後者則是政權存在的最後保證。至於知識技能，雖然也很需要，但終以壞的影響太大，只好割愛。」[3]

余英時後來在〈「君尊臣卑」下的君權與相權——〈反智論與中國政治傳統〉餘論〉一文中進而指出：「以今天中國知識分子在全國範圍內的遭際來說，反智的政治實已發展到了史無前例的程度。現代中國的反智政治當然有很大的一部分是來自近代極權主義的世界潮流，並不能盡歸咎於本土的傳統。但是潛存在傳統中的反智根源也決不容忽視。如果沒有傳統根源的接引，我們很難想像中國反智政治的狂潮會在短短二三十年之中氾濫到今天這樣的地步。正是基於這一認識，我才特別感到有在觀

---

1 《文史哲》，一九七七年第一期。
2 余英時：《文史傳統與文化重建》，第一五〇—一七一頁，三聯書店，二〇〇四年版。
3 余英時：《文史傳統與文化重建》，第一七四頁，三聯書店，二〇〇四年版。

念上清理中國反智傳統的必要。」[4] 余英時此時已經將寫作「反智論」系列文章的矛頭挑明，就是針對當時中國大陸的文化大革命。

余英時後來追憶，最初自己撰寫此文，確實是針對大陸的文革而發，余英時指出：「造成文革的政治勢力雖然在意識形態和組織方式上取法於現代西方的極權系統，但是在實際政治操作上則繼承了許多傳統君權的負面作風，而集中表現在對於知識人的敵視和迫害以及對理性與知識的輕鄙上面。題目中特標『反智論』，立論所指是相當明顯。」但是余英時沒有想到，在撰寫過程中，他完全沒有聯想到台灣的政治狀態，也許是因為當時台灣的思想與言論自由也受到了嚴重的限制，這才引起不少讀者對於這篇文字的共鳴。[5]

余英時當時在毛澤東去世之後，以「觀於海者」的筆名在《明報月刊》一九七六年十月發表了一篇名為〈丙辰中秋紀事〉的七律，推測毛澤東去世之後中共政局的演變，曾引起不少人的唱和。詩云：「帝子乘風御翠華，不周山下萬旗斜。倦隨夸父追炎日，漫訪吳剛問桂花。恒鳥已嘗玄圃水，嫦娥空守煉爐砂。蒼茫大地無情甚，欲主沉浮願總賒。」余英時自注「此詩盡量運用毛澤東詩中的預言」，「恒鳥」是古代神話中的「恒山之鳥」，指中共黨中的「老幹部」，「嫦娥」代指江青，有趣的是，此詩刊出時，江青等尚未被捕，後來「四人幫」被逮捕，證明了余英時的預見性。[6]

王汎森指出，余英時這些文章當時在台灣連載時引發極大轟動，其討論問題的開創性方式、生動的文筆，以及對古今史料的掌握，都令人大開眼界，而「反智論」這一題目也極富暗示性，七〇年代後期的台灣還沒有解嚴，蔣經國治下經濟富庶，但是政治、文化和意識形態的控制依然存在，因此余英時此文相當具有現實的指涉性，而當時大陸開展文化大革命時期，台灣葉有針對的開展了中國文化復興運動，台北的許多仿古建築就是那時留下的，但余英時認為要經過一番批判和反思之後接受傳統文化，才比較符合現代人的標準。[7]

有意思的是，當時與《聯合報》競爭非常激烈的《中國時報》副刊主編高信疆先生告訴當時只是高一學生的王汎森說，我這一年的競爭全都輸了，可見此文在當時的分量。當時此文連載時，錢穆還曾經打電話到《聯合報》說：聽說英時最近在《聯合報》發表了一篇批評中國傳統思想文化的文章，你能否剪一份給我看看？這進一步證明了當時余英時此文的轟動程度。[8]

余英時後來在《歷史與思想》新版序言中回憶，當時錢穆確實對此文頗為在意，〈反智論〉一文在《聯合報》副刊上刊出不久，台北的同門友人先後寫信告知余英時，錢先生認為他仍然盲從梁啟超以來的流行說法，以「帝王專制」四字來抹殺中國的政治傳統，持論過於偏激。余英時聽到這些轉述的批評之後，「心中極為不安」立即修改舊稿，同時增寫新篇，余英時記得當時錢穆還親自寫了一篇萬言的〈皇帝與士人〉一文，對余英時的原文進行了不指名的駁斥，但錢穆此舉完全是就學論學，對於余英時個人則採取了寬恕的態度，兩人之間的感情絲毫未受學術異同的影響。[9]

---

4 姜義華、吳根梁等編：《港台及海外學者論中國文化》，第三五五頁，上海人民出版社，一九八八年六月版。
5 余英時：〈《歷史與思想》三十八年〉，《蘋果日報》，二〇一四年四月廿七日。
6 余英時：《歷史人物與文化危機》，第三三頁，三民書局，一九九五年五月版。
7 王汎森：〈史家與時代：余英時先生的學術研究〉，《書城》，二〇一一年第三期。
8 王汎森：〈史家與時代：余英時先生的學術研究〉，《書城》，二〇一一年第三期。
9 余英時：〈《歷史與思想》三十八年〉，《蘋果日報》，二〇一四年四月廿七日。

站在歷史的潮頭

從八〇年代開始，由於《歷史與思想》等一系列專書在台灣的出版，加上台灣在解嚴的前夕，余英時在台灣的影響越來越大，王汎森回憶：「八〇年代的時候，余英時、林毓生、張灝、許倬雲等幾位先生每次在台北演講，聽眾都是成百上千的，當時台北能夠容納千人的演講廳並不多，記得一次余先生在台北師大做演講的時候，不僅禮堂裡擠滿了人，而且外面的電視幕牆前還排了幾排位置。」[10]

從八〇年代開始，余英時陸陸續續寫過很多政論文章，刊發在台灣影響力最大的兩家報刊——《中國時報》和《聯合報》上，推動台灣的民主進程，尤其是他在台灣解嚴後的一系列連珠炮般的文字，更使得台灣在解嚴之後，迅速走向憲政之路，加上余英時時不時接受美國之音採訪，頻繁就台灣問題發聲，其影響更是遠播海外。余英時的學生王汎森如此概括余英時當時的政論文章：「余先生後來慢慢寫了一些政論文章，代表一種溫和的、漸進的、但是對自由和民主堅持不懈的態度，所以對過度激進的變革，他也不同意，但是對保守的威權，當然他是批判的。」[11]

在台灣即將解嚴之際，余英時曾經寫下〈急不得也緩不得：解嚴以後台灣民主新局的展望〉，對台灣民主政治的前途做出方向性的指引，余英時指出：「台灣最近一兩年來政治的發展已給中國的民主前途帶來了前所未有的新曙光。就我個人所接觸到的華裔學人而言，幾乎沒有一個不認為這是現代政治史上的一個奇蹟——台灣繼經濟奇蹟之後，顯然又將創造一項政治奇蹟，和亞洲地區其他發展中國家相對照，台灣的政治現代化的過程無疑是最有秩序、最平穩，同時也是相當迅速的。」[12] 很明顯余英時對於解嚴之後台灣的前途滿含期待。

但是余英時也同時指出，台灣的政治奇蹟不是從天上掉下來的，而是人為努力的結果，朝野上下相互忍讓，造成了今日台灣的新局，余英時尤其強調蔣經國在其中的重要作用，稱許蔣經國是「最重要的原動力」，同時余英時也指出台灣面臨的複雜局勢，認為四十年前頒布的《動員戡亂時期臨時條款》依舊有現實意義，因為「大陸始終沒有放棄對台灣動用武力」，余英時繼而指出，在這樣的局勢下國民黨接受蔣經國的提議毅然做出解嚴的決定，昭顯了孫中山提出的「天下為公」的意義。[13]

在這樣的歷史中，余英時展望過去，認為民主體制只有在秩序與和平的社會狀態下才能健康的成長，動亂和暴力則會扼殺民主的幼苗，使得民主走上歧路，余英時比較了西方各種民主體制，認為英美兩國民主體制最為健全，乃是因為兩者都是拜秩序與和平之賜，余英時同時批判了激進人士所宣稱的暴力革命，認為那不過是法國大革命的延續，余英時同時批判了俄國革命的暴虐，認為「無產階級專政」從本質上來說只不過是「暴力統治」而已。[14]

---

10 王汎森：〈史家與時代：余英時先生的學術研究〉，《書城》，二〇一一年第三期。
11 香港電視台：傑出華人繫列余英時篇。
12 余英時：《民主與兩岸動向》，第一—二頁，三民書局，一九九三年版。
13 余英時：《民主與兩岸動向》，第二頁，三民書局，一九九三年版。
14 余英時：《民主與兩岸動向》，第三—四頁，三民書局，一九九三年版。

余英時進而指出，台灣民主的建立必須避免暴力，這已經被歷史一再證實，同時民主改革還有兩個重要的條件，其一是社會有普遍的民主要求，其二是執政團體也有誠意和決心逐步開放政權。余英時繼而做出解釋，所謂社會普遍民主要求意味著中間階級在社會取得主導地位，所謂的執政團體的誠意和決心指的是執政黨要接受改革，雖然這種改革未必使得人人都看得見，但余英時引用孔子「聽其言而觀其行」的名句來鼓勵人們以這樣的態度來觀察當局的改革。[15]

也正是因為如此，余英時對於蔣經國的去世倍感哀痛，同時認為台灣社會對於李登輝的質疑是不合適的，余英時指出，以是否「資深」、是否擁有「實力」來苛求李登輝是不公平的，這些字眼或者內容在專制體制下相當重要，但是在正常的憲政制度下無足輕重。余英時進而指出，蔣經國去世之後，國會的改革尤其是當務之急，余英時同時呼籲國民黨內部的保守派不能因為蔣經國去世、其個人壓力不復存在而誤認為這是抗拒改革的轉機。[16]

同時余英時也高度關注國民黨改選黨主席的動向，余英時指出，李登輝當選黨主席而後兼任國家元首，從歷史上來說是革命政權的特徵，但是蔣經國結束了一黨專政正說明了執政黨主席兼任國家元首尤其正當意義。但是余英時轉而指出，歷史新局勢下要求黨內家長統治讓步於黨內民主，這樣才能讓每一個普通黨員都有參與感，這正是國民黨所要討論的話題。余英時明確指出當前國民黨的危機不在於黨外而在於黨內。[17]

余英時同時用「周雖舊邦，其命維新」來對國民黨十三屆代表大會提出期待，希望國民黨能夠像一大一樣，在結構和性格方面實現根本改變，同時余英時提醒台灣當政者，台灣地區無論社會經濟條件還是一般人民的政治意識都已經成熟到了必須走上憲政常軌的地步，國民黨必須通過民主選舉，才能全面加強自身的合法基礎。余英時同時指出，當前客觀情勢很明顯，大陸對於台灣的壓力與日俱增，台灣自身也面臨轉軌，如何在這兩股浪潮中實現歷史轉折，需要國民黨居安思危。[18]

建設台灣

余英時當時不僅僅在政治領域發聲，同時還以自己的行動為台灣的文化做出了傑出的貢獻，比如他和許倬雲一起推動成立蔣經國基金會，便是一段佳話，許先生五〇年代去哈佛訪問李亦園時便結識了余英時，還曾經推薦自己的學生黃進興追隨余英時讀書。一九七九年美麗島事件發生，許倬雲居中斡旋，次年許倬雲當選院士，回到台灣和余英時一起參加國建會政治外交組，當時朱建民是領隊，余英時和許倬雲都是副領隊，會後兩人和丘宏達等人在行政院與王昇等人辯論解除黨禁、報禁等問題。和余英時一樣，為台灣民主的發展做出了自己的努力。[19]

---

15 余英時：《民主與兩岸動向》，第五一七頁，三民書局，一九九三年版。
16 余英時：《民主與兩岸動向》，第一〇一一一頁，三民書局，一九九三年版。
17 余英時：《民主與兩岸動向》，第二四一二五頁，三民書局，一九九三年版。
18 余英時：《民主與兩岸動向》，第三三一三八頁，三民書局，一九九三年版。
19 陳永發、沈懷玉、潘光哲訪談，周維朋記錄：《家事、國事、天下事——許倬雲院士一生回顧》，第一六六頁，中央研究院近代史研究所，二〇一〇年五月版。

一九七〇年，日本政府拿出五億美元成立日本國際交流基金會，在美國及歐洲各大洲設立日本研究講座，當時歐美國家的東方研究主要以漢學研究為主，如此一來紛紛被倒向日本研究，余英時、許倬雲等人深感憂心忡忡，於是在一九八四年，時年五十四歲的余英時和許倬雲聯和張光直等人，給蔣經國寫信，建議在國外仿效日本成立國際文教基金會，獲得蔣經國約談並同意籌辦。此為蔣經國基金會之開始，當時美國在台協會理事主席丁大衛也給蔣經國寫信，呼籲台灣在經濟騰飛的同時，也要成立相應的國際基金會，以提升台灣在國際上的聲譽。本來基金會擬用「中山文教國際基金會」，但是一九八八年初蔣經國忽然病逝，李煥當時找許倬雲商量，建議基金會以蔣經國命名，以為紀念，於是最終敲定了正式名稱為「蔣經國國際學術交流基金會」。[20]

當時第一屆蔣經國基金會共有十八名董事，其中包括余英時、許倬雲、宋楚瑜、連戰等人，本擬選舉李亦園作為執行長，但李表示了推辭，於是擬選教育部林清江暫時接任，但是遭到宋楚瑜反對，宋楚瑜認為教育部官員擔任執行長會使得外界誤解蔣經國基金會為官方組織，於是還是請李亦園

蔣經國基金會十周年慶祝酒會，正中為余英時。

當執行長，余英時、許倬雲負責美洲事務。[21]

當時余英時還積極參加中央研究院的工作，一九八〇年余英時和高去尋、陳榮捷一起提名許倬雲當選院士，獲得通過，一九九三年余英時和李遠哲、錢煦為第七屆中央研究院院長候選人，二〇〇三年余英時擔任中央研究院歷史學組資深顧問。二〇〇七年香港中文大學成立「余英時先生歷史講座」，許倬雲受邀做第一講，將題為「古代中國文化核心地區的形成」，兩年後易名為《我者與他者》出版。[22]

當然，還有許多類似許倬雲這樣的院士是余英時提名當選，比如李亦園，李當選院士比許倬雲晚，因此由余英時、許倬雲等人提名，獲得高票通過，李亦園後來回憶自己當選院士之後，在籌議國家學術研究方針的工作上，較少提出意見，而余英時、許倬雲著力較多，當時李亦園和余英時一樣，都是蔣經國基金會美洲業務的負責人，所以曾經多次與余英時共事，加上後來李亦園當選基金會董事長，更是盡心盡力。[23]

20 陳永發、沈懷玉、潘光哲訪談，周維朋記錄：《家事、國事、天下事——許倬雲院士一生回顧》，第三二二—三二三頁，中央研究院近代史研究所，二〇一〇年五月版。

21 陳永發、沈懷玉、潘光哲訪談，周維朋記錄：《家事、國事、天下事——許倬雲院士一生回顧》，第三二四頁，中央研究院近代史研究所，二〇一〇年五月版。

22 陳永發、沈懷玉、潘光哲訪談，周維朋記錄：《家事、國事、天下事——許倬雲院士一生回顧》，第四一〇—五五一頁，中央研究院近代史研究所，二〇一〇年五月版。

23 黃克武訪問、潘彥蓉記錄：《李亦園先生訪問記錄》，第二〇一—二〇三頁，二〇〇五年九月版。

一九九三年余英時（左）與李遠哲（中）、錢煦（右）獲選中央研究院院長人選。

正是因為余英時對台灣的建設做出過巨大貢獻，加上他的老師錢穆終老台灣，因此他對台灣的感情是特殊的，尤其是在抵制《中國時報》事件中最為明顯，當時《中國時報》被旺旺集團收購，很明顯有壟斷台灣媒體嫌疑，因此余英時在二〇一二年五月四日黃國昌的信中，對於台灣的前途十分憂心，余英時寫道：「我在美國遙看台灣這幾年來的政治變化，早已發生一種很深的憂慮。我覺得台灣有一些有勢有錢的政客和商人，出於絕對自利的動機，已下定決心，迎合大陸的意旨，對台灣進行無孔不入的滲透；公共媒體的收買不過是其中一個環節而已。你們所發起的拒絕中時運動恰好證實了我的憂慮。」余英時同時強調：「台灣好不容易才爭取到今天這一點點民主和自由的成果，體制雖已初具，基礎則尚未穩固。台灣知識人社群必須以維護民主、自由體制並促使它不斷成長，為最大的天職。」[24]言猶在耳，頗讓人有暮鼓晨鐘之感。

而後在近年來的台灣反服貿運動中，余英時也站出來力挺發動運動的學生，余英時在公開信中指出：「這次公民抗議是一場保衛並提高台灣民主體制的運動，對於人民和政府具有同等的重要性。人民固然可以通過運動而鞏固其公民的權利，政府也可以因為『聽到人民的聲音』而提高其民主的素質。台灣已歸宿於民主是一個不可更改的現實，在民主體制之下，人民和政府之間往往存在分歧和衝突，但不可能是敵對的。因為不民主、非民主或反民主的政府已不復有存在的空間。」余英時進而強調：「民主是台灣安全的最大保證。」

當時除了對台灣問題非常關心，深入參與台灣建設之外，余英時還作為智囊，探索新加坡未來道路的選擇，余英時在李光耀去世時曾回憶，李光耀八〇年代初要在新加坡建立一個儒家倫理的計畫，這個儒家倫理計畫他認為華人需要有社會支援他的政治，如果支援他的政治就需要現代化的儒家文化不是照原來的舊的儒家倫理，而是怎麼樣建立現代化的儒家文明，他就找了一些顧問，多數是美國來的，余英時也是其中之一，後來余英時和杜維明留下來做他的長期顧問，余英時因為此事，從一九八二年到一九八六年年年都有兩三次去新加坡為他計畫做講演、計畫各種各樣的儒家倫理。但是余英時發現，他和李光耀有個很大的分歧，這個分歧是李光耀把儒家倫理這些東西當作一個工程來處理，如果用之有效馬上就用它，沒有效就可以隨時取消。余英時認為，李光耀講倫理是沒有文化的背景在後頭，沒有文化的意識在後面，這個原因就是等於他的宗教沒有信仰一樣，他對宗教不但沒有信仰，對宗教本身也不看重。他看重的主要是兩種力量，一種是政治力量，組織社會。社會怎麼樣控制

24 余英時致黃國昌，二〇一二年五月四日。

得井井有條；第二個他要發展經濟，讓老百姓的生活提高，經濟發展是相當自由的，可是政治控制他是要嚴格的。[25]也正是因為如此，余先生的政治抱負，在新加坡沒有施展，從這個意義上來說，余先生「經世致用」的知識人理想，在新加坡遭遇了挫折。

25 余英時：李光耀的治國理念，自由亞洲電台採訪，二〇一五年四月八日。

第二十五章

時代的風陵渡口

從六四事件到中國學社

一九八九年四月十五日，胡耀邦在北京去世，引發了大規模的學潮，從北京蔓延至全國的抗議活動持續了近五十天，余英時在〈記艾理略與中國學社的緣起〉一文中記述，當年的五月下旬，中共動武迫在眉睫，普林斯頓的幾位中國學人找余英時商量，是否應該有所表示，最終他們決定在《紐約時報》刊登整版廣告，警告當局不得採用武力對付抗議學生和民眾，大家推舉余英時寫這篇文字的初稿，文件寫成後，碰到了廣告費的大問題，《紐約時報》全版廣告費是四萬五千元，余英時等人多方募捐，還差五千元，當時普林斯頓校友艾理略（John B. Elliott）知曉內情之後，慷慨的承擔了不足之數，成為了其後他與中國學社因緣的起始。[1] 值得注意的是，余英時曾經多次為學校拉來捐款，一九八九年中國時報基金會向普林斯頓大學東亞系捐款十五萬美金，支持該校的東亞研究，余英時主持該項捐款的管理工作，當時的東亞系主任裴德生（Willard Peterson）對《中國時報》董事長余紀忠表達了感謝。[2]

「六四事件」之後，余英時到台灣參加學術會議，到達台北的第二天接到校方電話，得知艾理略不聲不響跑到校長室，捐了一百萬美金，目的是說明六四後逃亡出來的知識分子。[3] 這一百萬美金促成了普林斯頓大學「中國學社」的成立。普林斯頓大學畢業生沈誕琦通過採訪余英時的學生林培瑞（Perry Link）得知，當時余英時還聯繫到了時任美國國家科學院駐華辦事處主任的林培瑞，當時林培瑞正忙著為屬下預定緊急撤離北京的機票，林培瑞告訴平時經常接觸的那些中國知識分子：「如果你或者你的朋友有危險，儘快逃到普林斯頓來。」從一九八九年到一九九二年，中國學社庇護了二十六個曾經在中國家喻戶曉的知識分子與學生。[4]後來艾理略又把所有的藏品捐給了普林斯頓大學博物館，為了感謝艾理略對於普林斯頓大學的友誼，東亞系專門為其準備了一場祝壽活動，請余英時寫了長詩以賀。[5]

當時余英時不僅為學校拉來捐款庇護流亡學生，而且積極為中國學生爭取權益。一九九〇年一月二十五日，繼布希總統否決了允許中國留學生長期居留美國這一法案之後，參議院以幾票之差未能使總統否決無效，但作為替代方案，布希通過移民署發布行政令特赦目前在美國的四萬名中國留學生，特赦有效期為四年。余英時在接受採訪時表示：「從人道主義角度來說，我對法案未能通過一事非常遺憾。既然學生們已從政府得到保證，這樣總比與中國當局正面交鋒要好。」同時余英時提醒：「國會和公眾必須『保持警惕』，去審視布希是否會撤銷其特赦令。」[6]同年十月十五日，普林斯頓大

1 余英時：《歷史人物與文化危機》，第一二五－一二六頁，二〇〇四年九月版。
2 Princeton Weekly Bulletin, Volume 78, Number 21, 3 April 1989
3 余英時：《歷史人物與文化危機》，第一二六頁，二〇〇四年九月版。
4 沈誕琦：《一九八九年的一百萬》，沈誕琦在文中曾提及艾理略打電話給余英時，告訴他要捐一百萬給學校，此處記載不確。
5 余英時：《歷史人物與文化危機》，第一二五－一二七頁，三民書局，二〇〇四年九月版。
6 Daily Princetonian, Volume 114, Number 3, 7 February 1990

東亞系召開會議，宣布成立中國學社，歡迎這些來自中國大陸的流亡者。[7]

站在時代的風陵渡口，余英時對錢鍾書在一九八九年所寫的一首詩尤其情有獨鍾，詩云：「閱世遷流兩鬢摧，塊然孤喟發群裒。星星未熄焚餘火，寸寸難燃溺後灰。對症亦知須藥換，出新何術得陳推。不圖牘長支離叟，留命桑田又一回。」余英時認為錢鍾書也有嫉惡如仇、激昂慷慨的另一面，像陶淵明一樣，在寫〈歸園田居〉、〈飲酒〉之外，也寫〈詠荊軻〉、〈讀山海經〉一類的詩，余英時同時自嘲：「我不敢箋釋他的詩，以免『矜詡創獲，鑿空索隱』（《槐聚詩存．序》）之譏。讀者可自得之。」[8]

有關中國學社的記述，除卻余英時的文章，當事者阮銘的記述最為詳細，但是由於阮銘在中國學社內部有很高的地位，因而其記述大體可信，有些細節存疑。阮銘記得第一次認識余英時還早於「六四事件」，胡耀邦去世時，當時阮銘在紐約參加「五四運動七十周年研討會」，在這次會上阮銘認識了余英時，「六四事件」之後，普林斯頓大學的學生請阮銘去演講，當時余英時也在座，演講結束後，余先生告訴阮銘，普林斯頓大學的一位校友捐贈了一筆錢給東亞系，準備幫助中國流亡知識分子和學生在普林斯頓大學研究和學習，由於阮銘已經計畫在下一學年去密西根，所以阮銘答應余英時明年暑假在密西根一結束就到普林斯頓來。阮銘抵達普林斯頓的時候，已經是第二年的夏末，當時王汎森還在普林斯頓讀書，由於是假期，王汎森夫婦回台灣度假，因此阮銘就暫時住在王汎森家。[9]

一九九二年七月余英時在給阮銘所著《鄧小平帝國》所寫的序言中，提到了他和阮銘曾經於一九八九年在紐約一起參加由《中國時報》在紐約召開的五四運動七十周年討論會，會議召開當天傳來了胡耀邦去世的消息，此點與阮銘的記述沒有出入；但是余英時沒有明確提到自己介紹阮銘加入中國學社，只是記述了一九九〇年八月之後，阮銘加入了中國學社，在此之後，余英時才對其有所瞭解。[10]

一九九〇年十月二十五日，普林斯頓大學舉行記者發布會，正式宣布普林斯頓中國學社（Princeton China Initiative）成立，出席記者發布會的，有中國學社董事長艾理略、董事會董事余英時，還有中國大陸流亡出來的陳一諮、蘇曉康、柴玲等人，余英時介紹了學社成立的緣起和狀況，同時強調：「普林斯頓中國學社的宗旨，是提供六四後流亡美國的中國知識分子和青年學生一個研究和學習的環境。初步的計畫是邀請二十位左右的學者，來這裡從事兩年的研究。」為了處理學社的行政工作，艾理略還請來一位加拿大籍的孫露瑜（Lorraine Spice）小姐擔任學社祕書，學社還請了英語老師，幫助社員進修英語。阮銘在中國學社正式成立的歡迎會上做了簡短致辭，阮銘指出：「普林斯頓大學擁有保護因抗拒暴政而流亡的知識分子的傳統，今天我們在這裡聚會的壯思堂，正是當年愛因斯坦抗拒法西斯暴政流亡到這裡渡過他學術生命的地方，我們要感謝普大和艾理略先生、余英時先生，讓我們這群流亡知識分子，能夠在留著昔日愛因斯坦足跡的地方，自由地研究和學習。我只是希望，

---

7 Princeton Weekly Bulletin, Volume 80, Number 7, 5 November 1990

8 余英時：《師友記往》，第頁，北京大學出版社，二〇一三年版。

9 參見阮銘：《漂泊：尋找自由》第十二章，前衛出版社，二〇一三年一月十日。亦參考了先行刊發於《極光電子報》二〇一一年八月九日總第二六一期，行文略有差異，下同。

10 余英時：《會友集》，下冊，第二七二頁，三民書局，二〇一〇年九月版。

在這裡不需要像愛因斯坦待那麼久，就能回去為自己國家的自由貢獻力量。」[11]阮銘的這番談話，當時被《普林斯頓周報》（*Princeton Weekly Bulletin*）摘要發表。

一九九三年艾理略六十五歲生日，當時他把自己所有的收藏安置在普林斯頓大學藝術館，準備捐給學校，東亞研究的同仁為他舉辦了一個祝壽活動，特意請余英時寫了一首很長的賀詩，詩中有「神州奮起爭民主，獨夫一怒揮刀斧，寰球和淚看屠城，天安門前血漂杵」之句，抨擊中共當局在六四事件中對學生和民眾動武，詩中也有「博濟豪施例隱名，藝苑文林及時雨」之句，誇獎艾利略對普林斯頓大學中國學社的慷慨解囊。[12]

中國學社的台前幕後

當時許多中國學生到了普林斯頓大學，在此之前，余英時對於到普林斯頓的師友或者學生非常照顧，當時陳奎德剛到普林斯頓落腳，一天晚上余英時夫婦去敲陳奎德的門，陳奎德開門一看，原來余英時把他的所有生活必需品都買好給他送來。一九八九年之後章開沅先生離開中國，曾在普林斯頓大學逗留數年，由於章開沅是史學名宿，影響力極大，所以當時許多國外的組織紛紛找上門來希望章開沅能夠成為他們的「顧問」，但是都被余英時擋駕，後來章開沅得以順利回國。

據當時與中國學社多有來往的曾慧燕記述，當時中國學社的資金主要由美國國家科學院駐華辦事處主任林培瑞教授負責使用，中國學社的董事長先後由艾理略和林培瑞出任；歷任主席為「中國的良心」、報導文學作家劉賓雁，中國社會科學院馬列主義研究所所長蘇紹智；執行主席為蘇曉康、陳奎德。當時與劉賓雁一起居住在普林斯頓的除蘇紹智外，還有中共中央宣傳部理論局前副局長李洪林（後返北京，二〇一六年因肺癌病逝）等。從六四事件後至一九九三年三四年間，「中國學社」前後共庇護二十六名曾具一定知名度的知識分子及學生，包括柴玲、劉賓雁、蘇紹智、蘇曉康、陳奎德、孔捷生、鄭義、北明、阮銘、阮志明、張郎郎、白夢、趙蔚及張伯笠等。[13]

六四事件中的學生領袖柴玲在普林斯頓大學中國學社逗留數年，她的回憶充滿的更多的細節，柴玲在回憶錄《一心一意向自由》中記載：「中國學社項目的靈感來源於一個叫約翰·艾理略的人，他在一九八九年六月四日晚上恰巧正在拜訪普林斯頓的東亞研究院著名教授余英時和他的妻子那裡。他們一起在電視上目睹了天安門大屠殺。這次經歷和他所目睹的中國朋友的氣憤與無奈，促使艾理略給普林斯頓捐了一百萬美金，建立一個提供給學生難民的教育獎學金基金。」[14]

柴玲回憶，當時他受邀參加了普林斯頓的中國學社項目，該項目給柴玲頒發了訪問學者的獎學金，當時柴玲在余英時的妻子陳淑平的關懷下，柴玲有了一個自己的公寓，柴玲自從流亡美國之後，「十六個月來，我一直生活在別人的屋簷下。如今，我有一個通往了自己的家的鑰匙。」柴玲對於陳

11 阮銘：《漂泊：尋找自由》第十二章，前衛出版社，二〇一三年一月版。
12 余英時：《歷史人物與文化危機》，第一二七頁，二〇〇四年九月版。
13 曾慧燕：《余英時夫婦與普林斯頓中國學社》，未刊稿。
14 柴玲：《一心一意向自由》，第一三四頁，田園書屋，二〇一一年十月版。

淑平的關照相當感激：「余太太是兩個女孩的母親，她成為了我母親一樣的人。通過她的愛與照顧，我有了一個安祥的住處，我需要這種寧靜來療傷。那天晚上我感到終於可以再次掌控我自己的生活，這感覺讓我覺得很欣慰。」[15]

柴玲一九九三年在普林斯頓大學國際關係學院獲碩士學位，當天余英時夫婦就像自己女兒畢業那樣，全程參加。柴玲曾表示，在她孤立無援那段時間，尤其在她因養狗引起輿論譁然的艱難時刻，余太太給了她很多母愛般的關懷，當時柴玲養了一條狗，遭到了很多人反對，余太太為她大聲疾呼：「柴玲為什麼不能養狗？」柴玲對在普林斯頓大學這段經歷顯然心懷感恩。在「六四」二十周年時，柴玲創立的尖子班基金會（Jenzabar Foundation），宣布捐款一百萬美元援助中國人權民運事業，她表示，感謝艾理略當年捐款一百萬美元支持普林斯頓中國學社，她才有機會借此畢業與創業。[16]

孔捷生在一九九〇年也參加了中國學社，而且先後在普林斯頓地區住了近十年，也正是由於這一機緣，孔捷生才認識了余英時，當時中國學社常常舉辦文化和學術討論會，因此余英時和捷生在會外交談的機會不少，由於兩個人都愛好圍棋，談得更是投契。但是當時兩人因為太忙，居然沒有一起下過棋，後來孔捷生移居華府，余英時對此深表遺憾，後來余英時在為孔捷生的新書《血路一九八九》所寫的序言中說：「但分別多年，捷生的爽朗、熱情、觀察細緻、以及擇善固執等等特性，只要稍一回憶便仍然如在眼前。」[17]

與此同時，八〇年代改革開放的風雲人物，曾經擔任政治體制改革研究會副會長的陳一諮也流亡美國，落腳普林斯頓，陳一諮不僅加入了學社，而且在余英時、費景漢、丘宏達的支持下，在普林斯頓成立當代中國研究中心，據陳一諮自述，他希望通過研究中國和蘇聯、東歐國家的變革，為中國在海外培養一批學貫中西的人才。[18]

與此同時，八〇年代另外一位風雲人物、《河殤》的作者蘇曉康也來到了普林斯頓，加入了中國學社，不幸的是一九九三年蘇曉康夫人傅莉遭遇了車禍，為了照顧妻子，一度淡出中國學社，後來對中國學社多有非議至此，他曾抨擊中國學社的成員「因為不懂英語又不是平常人，只好『相濡以沫』，抱成一團，遂成一『中國城』，派對每周必有，還非唱『文革歌曲』不可，要不就是〈血染的風采〉。沒有誰受過基本的學術訓練，卻常常要辦學術討論會，人人看上去大言不慚，預言中國，還都會侃幾句文化；否則怎麼叫『訪問學者』？」蘇曉康評價道：「這班大名鼎鼎的中國知識分子，除了擁有一輛破車和不再擁有崇拜者之外，彷彿並沒有生活在美國。」[19]

當時陳奎德也來到中國學社，後來陳奎德成為中國學社的執行主席，陳奎德記得當時中國學社的成員除了在學社內從事研究與寫作，也從事一些政治活動，譬如創立智庫類的機構甚至政治組織等，由於余英時在海內外知識界的崇高聲望與號召力，人們紛紛請他出面，借重他的清名，對此余英時都是鼎力支持，也掛名擔任了多種學術及諮詢機構的無報酬名銜，但是余英時拒絕參加一切政治組織，當時陳奎德曾聽余英時說：「今天我責無旁貸，必須出面支持他們。這是無條件的。倘若某一天中國

---

15 柴玲：《一心一意向自由》，第一三四頁，田園書屋，二〇一一年十月版。
16 曾慧燕：《余英時夫婦與普林斯頓中國學社》，未刊稿。
17 余英時：《會友集》，下冊，第四九六頁，三民書局，二〇一〇年九月版。
18 陳一諮：《陳一諮回憶錄》，第六三九頁，新世紀出版社，二〇一三年五月版。
19 參見蘇曉康：《離魂歷劫自序》，印刻文學生活雜誌出版股份有限公司，二〇一二年二月版。

陳奎德與余英時。

左起：巫寧坤、高克毅、余英時。

轉變了，他們回國了，擔任了要職，擁有了權力，我絕不會再去找他們。」[20]陳奎德在一次採訪中表示他非常感激余英時對他的照顧，陳奎德記得他剛到普林斯頓的時候，余英時、陳淑平夫婦曾經親自到機場迎接，而且買好了各種日常生活用品給陳奎德，可謂無微不至，陳奎德回憶及此充滿感激之情。

陳奎德的回憶，是余英時對於因六四事件流亡海外的中國知識分子的一個側面，一個值得注意的現象是，余英時不僅對這些流亡知識分子的生活十分照顧，而且對於他們的著作，也大多寫了序言表示自己的支持。在彭國翔主編的余英時序文集《會友集》中，這一類的文字占了大半部分，阮銘的《鄧小平帝國》、《民主在台灣》、《歷史的錯誤：台美中關係探源》、劉再復的《西尋故鄉》、陳奎德的《煮酒論思潮》、鄭義的《自由鳥》、吳稼祥《頭對著牆：大陸的民主化》等著作，都是余英時撰寫的序言，這一點一直延伸到了現在，近年來出版的孔捷生《血路一九八九》、封從德《六四日記：廣場上的共和國》、劉曉波的《劉曉波文集》、余杰的《劉曉波傳》，都是余英時寫的序言或者推薦語。

而即便不是六四的受難者，對於一度在中國大陸「被侮辱與被損害」的知識分子，余英時也通過各種方式予以說明，最典型的例子是余英時對巫寧坤的幫助，巫寧坤早年曾在中國大陸遭受迫害，後定居美國，以自己的經歷撰寫了回憶錄《一滴淚》，但是行銷不廣，余英時得知之後，自掏腰包買下

---

20 陳奎德：〈余英時素描〉，《動向》，二〇〇六年十二月。

版權和庫存，幫助此書在台灣重新出版，並且為此撰寫了長篇序言，[21]余英時的這些表現，充分體現了其「士志於道」的理念。

當然也有一些人沒有在中國學社，而是走了另外一條道路。許子東便回憶：「我們到一九八九年秋天才真正到芝加哥。中國學人主要集中在兩所大學，一個是普林斯頓大學，由余英時主持，裡邊的學者普遍偏政治化；另外一批人在芝加哥大學，由李歐梵主持，除我們四個外，還有甘陽、劉小楓等等，我們則選擇同政治保持距離。」

中國學社的內部紛爭

一九九二年，艾理略的百萬捐款用完，余英時為了這班流亡人士的生存和前途問題，變成了「丐幫大幫主」，利用個人威望，設法幫忙中國學社通過各種管道籌措經費，包括來自台灣三民主義大同盟的預算經費，使「中國學社」得以繼續維持。由於普林斯頓大學政策規定不能接受外國政府資助，因此自一九九二年七月開始，「中國學社」脫離普林斯頓，成為獨立學術機構。當時民運山頭林立，各派系紛爭不斷，難得的是余英時對這些爭議保持超然立場，他秉持的是「養士」傳統，為亂世中的知識精英提供庇護和滋養，保存火種，希望他們在時局好轉時有所作為。作為人道主義者和一個先天下之憂而憂的公共知識分子，余英時還應邀參加多個學術機構及民運組織的無報酬名銜，奉獻大量時間和精力。[22]

陳奎德曾這樣評價余英時：「作為一位純粹學人，他又極為清醒。他深知自己的界限、本分與角色。」雖然余英時對中國學社的創辦居功至偉，但是從不以此自傲，平時也不參與學社的具體工作。一九九二年「中國學社」成為獨立的學術機構，仍由艾理略任董事長，學社只增加了一項研究工作，即為台灣陸委會有關中國的選題提供研究報告。[23]

余英時不但催生普林斯頓中國學社，而且更促成中國國家經濟體制改革研究所所長陳一諮組建「當代中國研究中心」，其初衷希望網羅一批有志者推動中國制度變革和民主進程。「當代中國研究中心」最大特點，在於聚集一批熱心推進中國經濟市場化和政治民主化、學貫中西的多學科人才和中國問題專家。成立之初，陣容鼎盛，旗下研究員三百餘人，分布世界十八個國家和地區，研究領域或專長涵蓋社會科學和人文科學各個分支。該中心還在各主要國家設立分部或聯絡員，與三百多個學術組織以及近兩千名學者建立學術聯繫。中心董事會由九位世界著名學者組成，包括丘宏達、余英時（學術顧問委員會主任）、沈君山、古梅（M. Goldman）、陳一諮（副董事長）、許倬雲、費景漢（董事長）、黎安友（A. Nathan）和蘇紹智，執行局主席為陳一諮，副主席為程曉農、宦國蒼；研究與發展委員會主任委員為田國強，副主任委員兼專案主任為洪朝輝。均為一時之選，惜後來由於經費難以為繼，兼且陳一諮於二〇〇二年發現患淋巴癌，壯志難酬，「出師未捷身先死，長使英雄淚滿

---

21 余英時：《會友集》，下冊，第四三一頁，三民書局，二〇一〇年九月版。
22 曾慧燕：《余英時夫婦與普林斯頓中國學社》，未刊稿。
23 阮銘：《漂泊：尋找自由》第十二章，前衛出版社，二〇一三年一月版。

襟」。[24]

中國學社從普大獨立出來時，阮銘應邀在哈佛大學做研究，但是中國學社開執行委員會討論研究計畫時，阮銘還是會開車去普林斯頓參加，但他對於學社的日常運作毫不知情。有一天，學社祕書孫露瑜（Lorraine Spiess）到波士頓找阮銘，告訴他學社內部遇到危機，眾人對學社的性質、成員、工作方式和報酬都有歧見，一派主張採取美國企業的管理方式，雇員服從主管意志，完成交派任務，考核工作績效，達不到主管要求的標準，隨時可以被解雇，薪資也分等拉大差距，但遭到另一派尤其年輕社員的反對。據說余先生不贊成這種意見，但有人很堅持，同時揚言既然余英時不贊成，那就去找董事長艾理略。此為中國學社的第一次大風波，但是在余英時的介入下很快歸於平靜，阮銘從哈佛回到普林斯頓時，學社的運作一切正常。後來艾理略因為經費緊張的原因解雇了孫露瑜。[25]

但一波未平一波又起，一九九四年六月，阮銘應台灣三民主義大同盟之邀去台北參加研討會，在會上遇到從香港來的陸鏗，兩人一同去拜會馬樹禮，馬樹禮問起中國流亡知識分子的近況，陸鏗提到了流亡海外的蘇紹智，馬樹禮沉思了一下表示他個人同意蘇紹智到中國學社，但此事應由余英時決定，馬樹禮要阮銘回普林斯頓後同余先生商量此事，阮銘回到普林斯頓立即向余先生報告，余先生當即表示同意。但這次蘇紹智入會引發了學社的再度分裂，學社的性質和用人原則之爭再度浮出水面。阮銘記述：「這次危機的嚴重，一是有人已經擬定解聘三位學人另聘他人的方案，對於蘇紹智進來也不以為然。二是有心人為達到目的不擇手段，把事情演化成董事長艾理略與余先生之間的分歧，導致艾理略先生辭去董事長。」[26]

阮銘回憶，當時中國學社的同仁為學社的前途擔憂，寫了一封信給余英時，余英時回了一封長信給學社執行委員會，余英時信中的觀點是，其一，台北方面捐款支持學社，一是研究中國大陸的需要，二是儲備人才，因此學社成員的個人學術研究也包括在內，有此兩重目的，最初報上去的個人名單便成為支援的根據，在這種限制之下，中國學社便不可能像美國企業那樣純以「工作效率」為標準，隨時將社員除名，學社董事會在法律上雖有聘請和解雇的權力，但執行起來，後果一定是學社公開破裂，然後向大同盟告狀，向報刊公布，這樣一來，整個學社便立即瓦解。其二，自己僅負責向台北方面爭取經費，但不過問學社日常事務。只有當學社出現大危機時才出面調停，因為自己有義務對經費負責，這是政府的正式預算，是台灣人民的納稅錢，而余英時的義務，是看到這筆經費運用適當，使學社可以發揮出所期望的功效，研究與儲才，而先決條件便是社內同仁都能和諧相處，專心工作。[27]

正是因為這兩場紛爭，阮銘身陷學社的鬥爭中難以自拔，也沒有在學社中擔任重要職務。中國學社成員鄭義對阮銘的印象非常不好，鄭義在〈石磨坊路〉一文中記載，一次中國學社的會議，出席的只有五人：林培瑞、劉賓雁、蘇紹智、阮銘和鄭義，正議論某問題時，阮銘忽然開始抨擊劉賓雁，指責劉賓雁曾阻攔他來普林斯頓，愈說愈激動，「面色刷白，嘴角泛出白沫」，劉賓雁也臉色大變，但

24 曾慧燕：《余英時夫婦與普林斯頓中國學社》，未刊稿。
25 阮銘：《漂泊：尋找自由》第十二章，前衛出版社，二〇一三年一月版。
26 阮銘：《漂泊：尋找自由》第十二章，前衛出版社，二〇一三年一月版。
27 阮銘：《漂泊：尋找自由》第十二章，前衛出版社，二〇一三年一月版。

極力克制，低言細語地解釋，在座的林培瑞平時一般不介入中國人之間矛盾，但卻一反常態打斷阮銘，提出種種證據，為劉賓雁辯誣，鄭義認為事實真相是劉賓雁不僅不是阮銘來普林斯頓的障礙製造者，恰恰相反，劉是最初的提議者。鄭義認為：作為學社主席，劉賓雁當然有權參與決定人事，同意或不同意某人入社，既不是恩典也不是罪過。這次爭論最終不了了之，事後林培瑞曾忿忿不平地抨擊阮銘的無禮。[28]這場論爭或許是一個側影，昭示了中國學社必然走向的沒落。

但是即便是目睹中國學社的起起伏伏，余英時先生初心不改，對於中國大陸漂泊海外的知識人尤其關照，尤其是在六四事件過了很久之後，余英時依然對大陸流亡到美國的知識人給與了足夠的、力所能及的幫助。余英時對巫寧坤的幫助，尤其讓人動容。巫寧坤早年畢業於西南聯大，後赴美留學，一九五一年應趙蘿蕤之招回燕京大學教書，被打成右派，歷經波折，晚年定居美國，撰寫英文回憶錄《一滴淚》，余英時偶然讀到，大為感動，但是當時余英時並不知道他究竟是在大陸或海外。二〇〇五年十月余英時在華府國會圖書館讀書期間，由高克毅先生介紹，和巫寧坤同席，巫寧坤給余英時的印象是心直口快，讓余英時終於瞭解巫寧坤「為何躲不過毛澤東的陽謀」。[29]余英時還曾經自掏腰包買下《一滴淚》中文版的庫存，幫助其在台灣重新出版，同時幫助巫寧坤出版《孤琴》一書，余英時同時為兩本書撰寫了長篇序言，《一滴淚》一時之間聲名大振。

與此相類似的是在中國大陸遭遇過勞改、批鬥、囚禁的康正果，當「逃到」美國的康正果將其在大陸的種種遭遇寫成書稿《出中國記》時，余英時毅然幫其寫了長篇序文，幫助其順利出版，康正果在一篇文章中對余英時的援手十分感激，康正果寫道：「余英時為前輩學者和學院同仁的著作所寫的序言就不再贅述，我特別要在此一提的是他為出版社未必重視的無名作者——如包括筆者本人在內的王友琴等人——的著作所寫的序言。為此類人的著作寫序，可能影響到寫序者在大陸開會或發表文章的機會；出版此類人的書籍，出版社也賺不到大錢。但對余英時來說，為此類作者仗義執言乃是正當的決定，其義不容辭之緊迫性已超出了一般意義上的『互為知音』。」

如此種種，只要翻閱余英時的序文集便可一目了然，他曾經給多位「落難者」的著作寫過序言，有時甚至為一個作者寫了兩三篇，比如阮銘、劉再復，再者如陳奎德、鄭義、吳稼祥，而且有的人和余英時並不熟悉，有的甚至素未謀面，慨然答應作序，完全是有感於作者本人的淒涼遭遇，余英時自稱為人寫序完全是「義不容辭」，[30]康正果據此稱許余英時乃是「義不容辭發友聲」。

從這個意義上說，余英時之於歷史的意義得以凸顯，至少在八〇年代之前，余英時還只是一介學人，到了八〇年代末，他已經成為了台灣發展歷史上不可或缺的人物，到了一九八九年之後，他不僅僅在學界獲得了當年胡適那樣的地位，而且以自己的言行昭顯了中國古代「俠義」之道，此時余英時的形象已經不完全是一個知識分子，而是一個有歷史擔當的「知識人」。

凡此種種，皆因余英時的「中國情懷」使然，八〇年代《明報月刊》曾經要出關於「中國的情懷」專號，當時董橋請余英時作文，余英時在〈嘗僑居是山，不忍見耳——談我的「中國情懷」〉一

28 鄭義：〈石磨坊路〉，未刊稿。

29 余英時：《會友集》，增訂版，四三二頁，三民書局，二〇一〇年九月版。

30 參見余英時：《會友集》，增訂版，自序，三民書局，二〇一〇年九月版。

文中說：「『中國的情懷』確實是存在的——它存在於每一個受過中國文化薰陶的人的身上。但是這種『情懷』在每一個中國人的身上卻有不同的表現，因此又是無從『一言以蔽之』的」。余英時繼而寫道：「屈指算來，我住在美國的時間早已超過住在中國的時間，而且照現在流行的說法，我也只能自稱『美籍華裔』。但是慚愧得很，從下意識到顯意識，我至今還覺得自己是『中國人』。後來我逐漸明白了：原來『中國人』自始即是一個文化概念，不是政治概念。而我的『文化認同』始終是中國，不是西方，雖然我對西方文化優美的一面也十分欣賞。」[31]

余英時還提到了自己七〇年代末的大陸之行，開始心裡有說不出的激動，但是飛機降落在北京西郊，余英時卻感受到了「城郭如故人民非」的意思，而後余英時有充分的機會和家人親友相聚，「聽到了無數驚心動魄的故事」，也正是因為心中有萬千思緒，余英時在旅途中寫了好幾首詩，在蘭州至敦煌的途中，余英時寫下若干首詩歌追懷故國，繼而在文中自陳：「儘管二十九年後化鶴歸來，發現『城郭如故人民非』，我的『中國情懷』不但未曾稍減，似乎反而與日俱增。正因如此，我才不能忘情於故國，而往往要以世外閒人的身分，與人話國事，說些於己無益而又極討人嫌的廢話。我曾屢次自戒，而終不能絕。」[32]

也正是因為如此，余英時引用了周亮工《因樹屋書影》中記載的一個故事：「昔有鸚鵡飛集他山……山中大火，鸚鵡遙見，入水濡羽，飛而灑之。天神言：『汝雖有志意，何足云也？』對曰：『嘗僑居是山，不忍見耳！』天神嘉感，即為滅火。」余英時繼而寫道：「這個美麗的故事雖出於印度，但顯然已中國化了。『知其不可而為之』，『明其道不計其功』，『只問耕耘，不問收穫』，這些話和上面那個神話在精神上不是完全一致的嗎？不過不及神話那樣生動感人罷了。大概『嘗僑居是山，不忍見耳』幾個字可以說明我在這一方面的『中國情懷』。」[33]

胡適在二〇年代末出版的《人權論集》中，也引用了這則故事，當時胡適的心境和余英時相同，都面臨著家國面臨巨變的歷史時代，胡適當時在序言中說：「今天正是大火的時候，我們骨頭燒成灰終究是中國人，實在不忍袖手旁觀。我們明知小小的翅膀上滴下的水點未必能救火，我們不過盡我們的一點微弱的力量，減少良心上的一點譴責而已。」[34]

余英時指出，自己不但對中國大陸如此，對香港也一樣有「僑居是山，不忍見耳」的情感，余英時引用劉紹銘所寫的一篇文章，文中有王蒙《相見時難》中的一段話，聽來頗為刺耳，王蒙在《相見時難》曾經抨擊余英時：「一個幾十年來沒有對祖國、對祖國的多難的人民盡過一點義務的『美籍華人』，卻有資格來向他提出問題嗎？……為有犧牲多壯志，敢教日月換新天！你芝加哥的和紐約的、三藩市和洛杉磯的美籍華人都加在一起，能懂得這兩句詩的含義嗎？」[35]

余英時如此回擊王蒙：「這樣義正辭嚴的話，像我這個『美籍華人』讀來安能不羞愧欲死。不過羞愧之餘，我也發生了一個無法解答的疑問：為什麼換了『新天』的今天，忽然產生了這許多『美籍

31 余英時：《文化評論與中國情懷》，第三頁，廣西師大出版社，二〇〇六年版。
32 余英時：《文化評論與中國情懷》，第四—五頁，廣西師大出版社，二〇〇六年版。
33 余英時：《文化評論與中國情懷》，第五—六頁，廣西師大出版社，二〇〇六年版。
34 胡適等：《人權論集》，第二頁，新月書店，一九三〇年一月版。
35 余英時：《文化評論與中國情懷》，第五—六頁，廣西師大出版社，二〇〇六年版。

華人』呢？王蒙文中的『美籍華人』顯然都是一九四九年以後出現的。一九一一年辛亥革命之後，一九二七年國民革命以後，甚至一九四五年抗戰勝利以後，都沒有聽說過世界上有所謂『美籍華人』這種奇怪的動物。」[36]

董橋後來曾憶及，八〇年代中英兩國頻頻談判香港前途之際，余英時和董橋來往書信比較頻密，商議文稿事情之餘，常常要董橋告知他香港的狀況，並且說他寄居香港多年，心情如佛經中鸚鵡以羽濡水救陀山大火，明知不濟，但「嘗僑居是山，不忍見耳」！董橋回憶，那時候香港報刊論政文字熱鬧，有些很有名望的學人忘了自重，喜歡擺出向中共上條陳之姿態寫文章，許多朋友勸董橋邀請余英時寫些暮鼓晨鐘之作，但余英時似乎只肯應酬一兩篇，有一封來信乾脆引用清初黃宗羲詩句提醒讀書人不必帶著舊時代上太平策之心情為文字：「不放河汾身價倒，太平有策莫輕題。」[37]

36 余英時：《文化評論與中國情懷》，第六－七頁，廣西師大出版社，二〇〇六年版。
37 余英時：《中國文化史通釋》，第五頁，三聯書店，二〇一二年一月版。

第二十六章

展望九〇年代

知識人的邊緣化

一九八九年之後，余英時對於大陸日漸失望，他在一九九〇年所寫的一系列文章中表達了他的感慨和憂思，他在年初所撰寫的〈台灣的認同與定位——一個歷史的考察〉等一系列文章中對於台灣的走向頗感憂慮，同年八月余英時的恩師錢穆去世，余英時寫下〈猶記風吹水上鱗——敬悼錢賓四師〉、〈一生為故國招魂——敬悼錢賓四師〉兩篇長文懷念錢穆，當時余英時最為親密的表哥汪志天也在這一年去世，余英時這一年的心情可想而知非常低落。

也就是因為此，在這一年，余英時寫下〈中國知識人之史的考察〉和〈待從頭，收拾舊山河〉兩篇文章，對於變局中的知識人的歷史定位做出考察，尤其是後一篇文章，影響深遠，朱學勤記述：「（一九九〇年）香港中文大學《二十一世紀》創刊，創刊號有余英時千字文。那是我在那一年讀到的最結實的漢字，儘管後來我與他有過學術爭論，卻也無法改變對他的敬重。」[1] 朱學勤所謂的「最結實的漢字」，指的就是〈待從頭，收拾舊山河〉這篇文章。

《二十一世紀》雜誌創刊時，創設了「展望二十一世紀」的欄目，第一期的作者為許倬雲、高錕、張灝、李亦園、金耀基、傅偉勳，六人從不同的角度對中國乃至世界在二十一世紀的發展做出展望，余英時別出心裁，反其道而行，對過往的二十世紀做出了深刻反思，余英時在文章中提出了一個關鍵性的問題，首先他批判了近些年來流傳的「二十一世紀將是中國人的世紀」這種看法，余英時認為這句話來源於六〇年代湯因比和日本思想家的對話，那時西方的危機重重，湯因比因此對於亞洲文化有所嚮往，才表達了這個意見，但是余英時認為時至今日，湯因比的這個意見是錯誤的。余英時同時指出，從一部中國史來看，二十世紀是最混亂、黑暗的時代。[2]

余英時在這一基礎上指出，二十世紀中國革命不斷升級，革命的結果是社會的邊緣人物（如地痞、流氓、光棍、無賴、不第秀才之流）占據了中心位置，而原來傳統社會中舉足輕重的知識分子反而邊緣化，余英時進而悲觀的指出：「二十一世紀將是中國知識分子贖罪的世紀，儘管他們已經處在邊緣的地位，他們在思想上的徹底反省仍然是收拾中國破碎山河的一個始點。如果他們繼續堅持中國的問題是由於『封建傳統』還沒有破壞乾淨，那麼二十世紀的中國人便只好準備接受『最後的審判』了。」[3]

朱學勤記述，在余英時文章發表十年之後，《二十一世紀》慶祝創刊十周年，余英時因故未能出席，一位諾獎得主（楊振寧）在這個會議上拿出事先複印好的余英時的文章，手一揚：「看看，這就是某某人在十年前寫的文字。」朱學勤繼而寫道：「這一幕醜陋無比，只能與紅衛兵拿出黑材料得意示眾的神態媲美。台灣學者錢永祥隔一張桌子緊盯我的臉，事後說你不知道你的臉多難看，那一瞬間

---

1 朱學勤：〈回首九〇年代〉，《南方人物周刊》，二〇〇五年九月廿一日。朱學勤的表述稍有小錯，余英時的文章發表在第二期《二十一世紀》上。

2 余英時：〈待從頭，收拾舊山河〉，《二十一世紀》，一九九〇年第二期。

3 余英時：〈待從頭，收拾舊山河〉，《二十一世紀》，一九九〇年第二期。

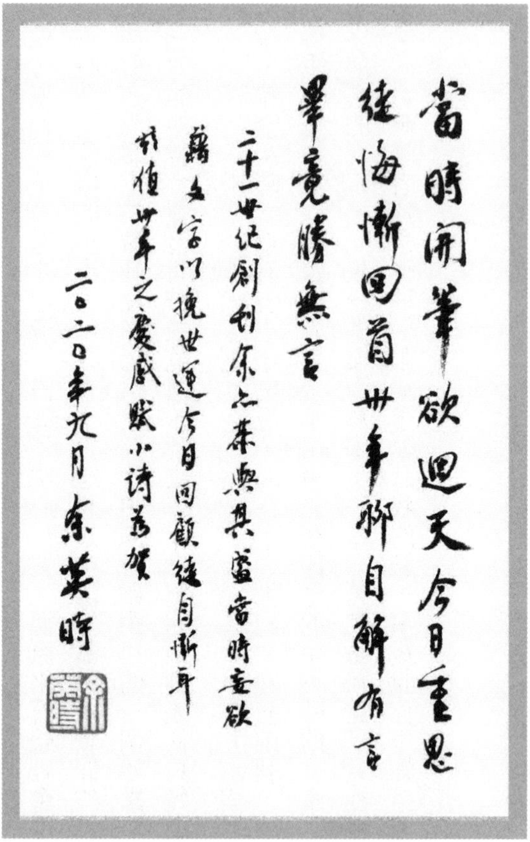

余英時為《二十一世紀》創刊三十周年題字。

他就怕我失控。」[4]

余英時與楊振寧的這種「歧異」，在這一事件十年之後還繼續延伸，二〇一一年季羨林去世，余英時接受自由亞洲電台訪問，對季羨林晚年的政治立場頗有微詞，余英時諷刺中國當代的一些大師根本不夠格，他們成為大師不是因為學術上有何特殊成就，或者人格如何高潔，而是因為政治上的反覆，余英時同時話鋒一轉：「包括科學界大師，像楊振寧也是如此。」說者無心聽者有意，楊振寧特地親筆寫了一封信給余英時表示關切，說「英時兄」恐怕對他有誤會，並隨信附了一本他寫的《曙光集》給余英時，希望余看了他的書後誤會能夠冰釋，但是讓楊振寧失望的是，這本《曙光集》沒能消除余對楊的誤會，余英時不會因楊振寧的信和書而改變對楊一貫的看法。[5] 二〇〇八年余英時回台灣，當時《中國時報》安排楊振寧和余英時對談，後來因為余英時腎結石突發住院而取消。

激進與保守之爭

余英時和楊振寧之間的爭執，相關文獻較少，只是隻言片語，只能引用一些「耳食之言」。但是

4 朱學勤：〈回首九〇年代〉，《南方人物周刊》，二〇〇五年九月廿一日。
5 傅建中：〈余英時與楊振寧〉，《中國時報》，二〇〇九年十二月四號。

余英時與復旦大學歷史系姜義華的爭執，則帶有更多的思想史意味，同時開九〇年代思想論爭的先河，余英時與姜義華之爭，其精彩絲毫不亞於余英時和馮衣北的較量，雙方你來我往，就「激進與保守」、「民主與民族主義」展開了論戰。

這場論爭之所以開了九〇年代思想論戰的先河，乃是因為這場論爭從某種程度來說是八〇年代思想論爭的延續，按照許紀霖等人的說法，這場論戰來源於八〇年代末新啟蒙運動的戛然而止，知識分子由此開始了對於自身命運的反思，而在八〇年代林毓生的《中國意識的危機》中批判五四激進主義的論調被重新發現，進而引起了強烈的共鳴。[6]

在此之中，余英時的文章〈中國近代思想史上的激進與保守〉最具戲劇性，與林毓生《中國意識的危機》在八〇年代受到高度關注不同，余文在八〇年代幾乎沒人注意，但是九〇年代開始，余英時的這篇講詞「一反以往的湮沒無聞，被不少大陸學者奉為圭臬」，成為引發激進與保守之爭的導火索。[7]

余英時這篇文字是一九八八年在香港中文大學校慶時的演講詞，余英時當時以康有為、譚嗣同、聞一多為例，討論中國近代思想史上不斷激化的趨勢，余英時尤其強調了四〇年代初聞一多的轉變，余英時認為，中國近代史到了四〇年代，思想的激進化可以用聞一多一個人的思想轉變來加以說明，聞一多在「五四」時代對中國傳統文化和文學是相當嚮往，但是到抗戰末期，他卻有了一百八十度的轉變，這時他研究文化不是為了愛護中國文化，而是覺得裡面有無數的壞東西，甚至主張只有在完全摧毀了中國舊文化，才能夠有新生。余英時強調，聞一多乃是一個典型的「五四」產兒，而且是「五四」運動的參加者，所以他最初很尊重西方啟蒙運動中所強調的基本價值，可是在思想左傾以後，他也否定了這一切。余英時認為：「聞一多的故事有象徵的意義：中國思想歷程變化之快，在一個人身上全顯出來了。聞一多死時不過四十八歲，他從美國留學回來時不過二十多歲。在短短二十年之內，一個人的變化突然到這種地步，可見中國思想激化之快！」[8]

這篇文章在九○年代初引起廣泛的關注，首先對余英時發難的，是大陸學者姜義華，姜義華研究中國近代史卓有成就，是兩岸公認的章太炎研究專家，姜義華在一九九二年四月號《二十一世紀》上發表了〈激進與保守：與余英時先生商榷〉的文章，文章發表之前編者寄給了余英時一份，余英時因作〈再論中國現代思想中的激進與保守：答姜義華先生〉回應，這兩篇文章都刊登在《二十一世紀》一九九二年四月號「批評與回應」專欄上。

姜義華認為，百年以來保守主義不是太弱，而是太強，中國的保守主義是如此的根深蒂固，而中國的激進主義不是太強，而是太弱，百年來保守主義與激進主義經常各趨極端化，在於缺少一支足夠強大、足夠成熟的社會中堅力量作保持社會穩定的基礎，姜義華同時批評余英時將十年文革視為近代激進化的最高峰，認為余英時只是看到了和封建主義、資本主義這樣一些口號，沒有深入考察文化大革命所維護和堅持的究竟是什麼，泛道德主義、泛政治主義等等都深刻的紮根於中國傳統。[9]

---

6 許紀霖、羅崗等著：《啟蒙的自我瓦解》，第四七頁，吉林出版集團有限責任公司，二○○七年九月版。
7 許紀霖、羅崗等著：《啟蒙的自我瓦解》，第四七頁，吉林出版集團有限責任公司，二○○七年九月版。
8 李世濤主編：《知識分子立場：激進與保守之間的動盪》，第一七頁，時代文藝出版社，二○○○年版。
9 《二十一世紀》，一九九二年第四期。

余英時對姜義華的反駁做出了全面但是簡略的回覆，余英時指出，姜義華和他討論不在同一層次，自己主要著重討論價值取向方面，而姜義華則在論證中國的現代化一直受制於傳統的各種保守力量，余英時指出，姜義華的論據主要取自於一九四九年之後中國政治社會的實踐層次，余英時更直接對應姜義華的批評，認為文革的那些激進口號之所以發生巨大的威力，正是因為有激進的思想作為其後盾。[10]

而後姜義華在一次訪談中，對余英時的回應再次提出了商榷，姜義華認為，中國近代史上不同的黨派、不同的社會理想、不同的政治運動，不能光看其口號，不能光看其手段，即便是對於同一黨派、同一政治運動，也不能孤立的看，姜義華進而指出，李澤厚的所謂告別革命觀點，他不能苟同，尤其把辛亥革命看成思潮激化的結果，尤其難以服眾。[11]

後來捲入這場論爭的作者不在少數，比如許紀霖、陳來、張灝、馬勇、蕭功秦、陳曉明、趙毅衡等，當時恰逢李澤厚的《告別革命》出版，更為這場論爭增添了作料。尤其值得重視的是，王元化也參加了這場討論，並且將自己的所想所思連同他和余英時的爭論寫在了日記之中，並且將這份日記以《九〇年代日記》為名出版，與王元化的《九〇年代反思錄》一書中的文章一樣，又引發了一連串的思想公案。

當然姜義華和余英時的爭論還不止於此，一九九六年台海危機時，余英時寫了〈飛彈下的選舉〉一文，抨擊大陸日漸滋長的民族主義情緒，姜義華時隔一年在南京大學吳湘相文化講座上發表〈論近代以來中國的國家意識與中外關係意識〉的演講，對余英時的文章提出了反駁，後來該文流傳網路，傳至海外，姜義華又將其整理成文章發表。[12]

余英時與王元化之爭

余英時和王元化的爭執，則更能凸顯一代歷史學者之間的分歧，兩人的爭執起源於一次學術會議，當時王元化在會議上的發言是關於農民意識問題的闡述，王元化認為中國主流政治中所含有的封建成分即來源於農民意識。王元化進而舉例，其一為早在六〇年代初，大陸史學界在探討農民戰爭性質問題時，就有人提出農民不代表進步的生產力，他們反剝削、反壓迫而不反封建，所以中國歷史上的農民起義，只成了同義反復的改朝換代。其二為由於封建社會的長期停滯，封建意識的不斷浸染，自然經濟的封閉性，都使得反對封建壓迫的農民階級不能形成新的思想體系，而產生了以農民意識為特徵的封建主義思想。其三為主流政治思想長期以來就已確立了以農民為主體的革命理論。因此王元化認為一九四九年之後歷次政治運動都是先從資產階級知識分子開刀。[13]

王元化的話一講完，就引起了余英時的批評，余英時認為不能把毛澤東思想歸之為農民意識的影

---

10 《二十一世紀》，一九九二年第四期。

11 姜義華、陳炎：〈激進與保守：一段尚未完結的對話〉，《開放時代》，一九九七年第二期。

12 《復旦學報》，一九九七年第三期。

13 王元化：《九〇年代日記》，第六二一—六二三頁，上海古籍出版社，二〇〇八年八月版。

響，接著余英時回憶起抗戰初他在農村住過，他所見到的農民都是很質樸老實的。王元化在日記中寫道：「顯然，這是針對我而發的。」因此余英時的批評剛剛結束，王元化就起來聲辯，王元化也以自己一九三九年初在皖南新四軍軍部的親身經歷為例，說新四軍的士兵多半都是出身農村的小夥子，對來到那裡的知識分子抱著歧視態度。但是王元化的辯駁大概並不使余英時滿意，所以余英時沒有再發言，這件事也就不了了之了，但在此之後，王元化發現余英時在《中國近代思想史上的激進與保守》中進行了「不點名的批判」，王元化回憶：「這些不指名的指摘，激起了我的憤怒。」[14]

開完夏威夷會議之後兩年，王元化和余英時在斯德哥爾摩舉行的中國文化研討會上再次見面，王元化認為大概是在會議上的發言使余英時對其有了一些瞭解，加上兩人共同的朋友邵東方介紹，因此王元化認為余英時對其對認識和態度明顯改觀，散會後大家回房休息，王元化在過道走廊上見到余英時夫婦，還互相點頭致意，余英時禮貌性的告訴王元化自己讀了王元化的《文心雕龍》研究，並表示稱讚之意，王元化說：「我是被指為反傳統的。」余英時沉吟了一下說：「你並不全反傳統，有的你並不反。」王元化在日記中說：「他是認真說出這句話的，表明他對我也有了一定的瞭解……尤其當我讀了他的一些著作之後，我對他也逐漸瞭解了一些，我覺得他對中國傳統文化是有深切的理解的。他的許多觀點引起了我的敬佩。」[15]

後來二人是否真正冰釋前嫌，也值得玩味，近期披露的王元化晚年的訪談錄，其中王元化如此談到余英時：「他寫過一個卡片寄給我，說讀了我的書是空谷足音，他說他好像一看就看到裡面有深意的。他跟我有時候還打電話的。」想必是王元化覺得余英時十分客氣，故將賀卡的內容摘錄在他的日記中。[16]

余英時在信中說：「欣聞先生身體康健如恒，甚為高興，英時曾於九五年底割治膽石，然小手術，不足為意，近二三年來頑軀尚健，亦勉可工作，承睹大作《清園論學集》已拜讀，極佩卓識，彼此可印證者不少，尤有空谷足音之喜。」誇獎了王元化之餘，余英時談到了自己近來的研究：「去年曾撰有考據文字二三篇，得數萬言，近與舊文合刊，不久收到後，當寄贈。如不方便，乞示之，以免為先生增麻煩也，附上近年英文論文兩篇，其中一文頗費心力，在中國史研究上尚有一點開山作用，蓋此題尚未有系統研究也。」[17] 這封信客套話較多，應該注意的是這一句話「如不方便，乞示之，以免為先生增麻煩也」，按常理推測，當時的余英時與國內學者交往已經引起相關部門的高度關切，而從另一個側面來看，王元化終究不脫「中共老幹部」的底色。

在九〇年代，王元化主編的《學術集林》和余英時參與的《九州學刊》是當時影響比較大的學術刊物，後來這兩種刊物合併為《九州學林》繼續出版。鄭培凱記得《九州學刊》成立時，是在當時仍任教於耶魯大學的余英時先生家中，當時剛好有幾位國內學者參加晚宴，鄭培凱記得當時龐樸揚起右手，像是配合他昂揚矗起的灰白頭髮，聲若洪鐘說：「《九州》好，有氣派，先是華夏九州，以後就

14 王元化：《九〇年代日記》，第六四頁，上海古籍出版社，二〇〇八年八月版。
15 王元化：《九〇年代日記》，第六五—六七頁，上海古籍出版社，二〇〇八年八月版。
16 吳琦幸：〈王元化談話錄〉，《東方早報》，二〇一一年十一月廿六日。
17 王元化：《九〇年代日記》，第三二二頁，上海古籍出版社，二〇〇八年八月版。

是大九州，囊括全球九洲。」[18]

王元化主編《學術集林》時，曾經請余英時為《學術集林》寫文章，余英時曾經托高國平轉交一信給王元化，信中云：「茲將《文化危機與民族認同》之長序寄上請高國平先生轉交，以備《學林》選擇，文字中有不妥處請先生大筆削正，又近著亦別寄一冊《歷史人物與文化危機》但未知能收到否？如若遺失則以後託人帶上。下星期一弟將動手術割治膽石，醫生用新技術應不太傷元氣也。乞釋念。」[19]信中依舊以公事為主，較為客氣，決然沒有王元化所謂「知音」之感。

18 鄭培凱：〈九州學林的前世今生〉，《書城》，二〇一三年八月號。
19 余英時致王元化，一九九五年十月十九日。

第二十七章

余英時的反對者 上

魯迅研究者的發難

至少從六、七〇年代開始，對於余英時的攻擊始終沒有間斷，從大陸到香港到台灣，幾乎都有余英時的反對者，余英時曾笑言「生平文字惹禍，事已多有」，恰如其分。大陸的攻擊自馮衣北開始，許多對於余英時的批判，多少有些官方背景，比如魯迅研究界對於余英時的「圍剿」，便帶有很明顯的半官方色彩，尤其是圍剿文章多半刊登在魯迅博物館官方刊物《魯迅研究月刊》上，更坐實了批判者的「來路」。首先批判余英時的，是魯迅研究界的「老頭子」袁良駿。

袁良駿批判余英時是因為袁在主編《台港作家論魯迅》與《台港學人論魯迅》兩本論文集時，陸續讀到了余英時涉及魯迅的兩次談話：一次是張偉國的〈余英時訪談錄之三〉，一次則是余英時和劉夢溪的對談，袁良駿讀到這兩篇文字後開始對余英時發難：「余英時先生是小有名氣的歷史學家，在談到中國的社會、政治、歷史問題時，確也有不少的高見卓識；但不知為什麼一涉及魯迅便亂了方寸，便成了信口開河的謾罵，便連起碼的歷史感也沒有了。時至今日，尚有余英時先生這樣的『魯迅論』，不能不說是一個相當費解的怪現象。」袁良駿認為余英時對於魯迅的批判「使人們聯想到以醜化、詆毀魯迅為能事的蘇雪林和鄭學稼」，同時認為余英時的言論「從『罵魯』的水準上看。也並未超過蘇、鄭二位」。[1]

而後魯迅研究界的「中年人」房向東在袁良駿的基礎上，繼續對余英時「展開進攻」，而材料依然是袁良駿所提到的兩篇文字，房向東認為余英時「已經陷入了一個怪圈，凡是大陸肯定的作家、學者，他就將其看作是全負面的，就舉起他的批判的大旗，就謾罵、詛咒」，房向東同時認為余英時在〈《十批判書》與《先秦諸子繫年》互校記〉一文中，有許多內容是「不作分析的對郭沫若的謾罵，其根本的原因就因為郭沫若是大陸的又是共產黨的學者」。房向東同時憑藉自己的主觀感受寫道：「余英時本來是很斯文的學者，我印象中，大約是戴著眼鏡的白白細細的先生，可是一碰到魯迅和郭沫若，他便情急失態，胡說八道，儼然一個罵街的潑婦。他終於斯文掃地，我為他惋惜。」[2]

房向東為何在袁良駿發表文章五年之後再提余英時對於魯迅的批判，這其中實際上大有文章，房向東文章的最後透露出了一絲訊息，為何房向東在批判余英時的「批魯言論」之後又批判余英時的「批郭」言論？這就涉及到了余英時與郭沫若的一段公案。

郭沫若研究者的圍剿

前文已經述及，「陳寅恪《論再生緣》出版風波」過後多年，余英時知曉了當時郭沫若曾經奉命出面組織撰寫反擊文章，故而余英時對於郭沫若絕無好感。其實早在一九五四年，余英時便發表了在

---

1 袁良駿：〈為魯迅一辯〉，《魯迅研究月刊》，一九九五年第九期。

2 房向東：〈情急失態：余英時對魯迅的咒罵〉，《魯迅研究月刊》，二〇〇〇年第六期。

《人生》雜誌上刊發了〈郭沫若抄襲錢穆先生著作考〉一文，當時此文不如〈陳寅恪先生《論再生緣》書後〉影響大，一九九一年余英時將此文改名為〈《十批判書》與《先秦諸子繫年》互校記〉，並作跋文，收錄於《猶記風吹水上鱗——錢穆與現代中國學術》一書中，後又收錄於《錢穆與中國文化》、《余英時文集》第一卷等著作，引來又一次批余風波。[3]

就連當時批判余英時的文章都認為當時余英時的這篇文章重新發表後影響巨大，最為顯著的標誌是一九九二年余英時在香港《明報月刊》十月號上發表〈談郭沫若的古史研究〉，再次提起錢穆和郭沫若這樁公案，稱郭沫若犯了「嚴重的抄襲罪」，而後在一九九四年，余英時將〈互校記〉收入上海遠東出版社出版的《錢穆和中國文化》一書。先是上海一家頗有影響的大報在《讀書周報》上發表了一篇署名「安迪」題為〈一段公案〉的短文，接著《博覽群書》一九九五年第十二期發表了一篇署名丁東的題為〈學術中不能承受之輕〉的文章。[4]「安迪」便是著名的上海出版人陸灝，而丁東後來編了《反思郭沫若》一書。官方對此自然不能容忍，這次組織批判文章的，是官方雜誌《郭沫若學刊》，而且從袁良駿批判余英時的一九九五年開始，批判文章一直不斷，一直持續到二〇〇〇年房向東的文章發表為止。

這次批余風潮中首先發難的，是中國社科院歷史研究所研究員翟清福、耿清珩，而且出場頗為隆重，兩人在《郭沫若學刊》一九九六年第三期上發表了〈一樁學術公案的真相——評余英時〈《十批判書》與《先秦諸子繫年》互校記〉〉一文，對余英時展開進攻，《郭沫若學刊》唯恐火力不夠，同期雜誌還刊登了中國社科院歷史所研究員孫開泰的批余文章〈談談稷下學史料與研究〉以為呼應，文章副標題與翟清福、耿清珩的文章完全一致。當時翟清福、耿清珩的這篇文章剛發表就被《博覽群書》

雜誌轉載。不僅如此，翟清福又以自己的名字在這一年的《史學集刊》第四期上單獨發表了一篇名為〈《十批判書》真的抄襲了《先秦諸子繫年》？——評余英時的〈互校記〉〉的文章。《郭沫若學刊》和《史學集刊》當時都是季刊，而《博覽群書》則是月刊。從種種發表時間和撰寫文章的人員構成來看，這次批余風潮，完全是《郭沫若學刊》等雜誌和中國社科院歷史研究所一手策畫。

翟清福、耿清珩行文極為刻薄，認為余英時在五〇年代初次發表此文是「由於當時大陸處在與外隔絕的狀態，在當時幾乎沒有產生任何反應，這使作者頗為失望」，同時認為余英時重新把這篇文章發表出來是因為「事隔三十七年之後，郭沫若先生與錢穆先生已先後作古余英時對於自己的文章沒有引起轟動效應一直耿耿於懷」，翟清福、耿清珩同時認為：「〈互校記〉對《十批》的攻擊根本不能成立，其手法完全背離正常的學術批評準則。余英時在文中對郭沫若的肆意斥責和嘲諷，完全出之於他對郭沫若的偏見。」[5]

當然對於余英時的批判一直沒有停止，一九九七年《郭沫若學刊》第一期發表了方述鑫〈郭沫若在古文字考釋方面的創見——兼駁梁漱溟、余英時先生〉，此文雖然不是直接針對余英時，但是口氣卻極為嚴厲，文章開頭便聲稱：「近年來卻有人妄圖否定郭老的學術成就，梁漱溟、余英時先生就是

---

3 參見本書附錄，馬子木、周言編：〈余英時先生著述繫年要目〉。

4 翟清福、耿清珩：〈一樁學術公案的真相——評余英時〈《十批判書》與《先秦諸繫年》互校記〉〉，《郭沫若學刊》，一九九六年年第三期。

5 翟清福、耿清珩：〈一樁學術公案的真相——評余英時〈《十批判書》與《先秦諸繫年》互校記〉〉，《郭沫若學刊》，一九九六年年第三期。

這股反郭逆流的代表。對此，我們決不能聽之任之，一定要嚴加駁斥，以維護郭老文化巨人的聲譽。」[6]

而後在一九九九年，《郭沫若學刊》又發表了中國社科院研究員謝保成的文章〈「龍虎鬥」與「馬牛風」——記郭沫若與陳寅恪的交往兼駁余英時〉，其實文章也不是專門針對余英時，只是在研究郭沫若和陳寅恪關於《論再生緣》的交往時順便批評了余英時幾句，但是標題卻被加上了「兼駁余英時」幾個字，可見當時《郭沫若學刊》的用心良苦。[7]

批余英時的風潮是如此的曠日持久，以至於著名打假鬥士方舟子都曾經參與其中，一九九九年傅杰主編的余英時語萃《論士衡史》出版，次年傅杰便和方舟子就余英時與郭沫若的公案發生過論戰，當然雙方在論爭時都沒有提供更多的新史料，也沒有說服對方。[8]九〇年代的批余風潮，自此告一段落。

又一個「馮衣北」

當然與《郭沫若學刊》發起的批余風潮多少帶有點學術爭鳴的意思相比，另外一些批判余英時的文章則帶有鮮明的扣帽子的傾向，直接把余英時從政治上打入另冊，最典型的例子，便是章念馳發表在《瞭望新聞周刊》上的文章〈淺析余英時的兩岸統一觀——兼論美國極少數反華勢力干涉海峽兩岸統一的謬論〉，揭開了另外一陣批余的風潮，而且章念馳發表此文的時間差不多和《郭沫若學刊》發表批余文章差不多在同一個月，[9]而且一者從學術上批判，一者從政治上批判，這絕不僅僅是偶然，而且章念馳當時是上海台灣研究會祕書長兼上海社科院台灣研究中心副主任，身處這樣的位置發表這樣的文章，絕非可以用「有的放矢」來解釋，章念馳必然是組織安排的另外一個「馮衣北」。

章念馳的文章攻勢淩厲，開篇便引用余英時的文章以及台灣島內對余英時的反駁指責余英時是「為美國霸權主義辯護」，「曲學阿世，莫此為甚，實為士林之恥」，同時指責余英時「編製新黃禍論謊言」，批判余英時是「充當反華仇華勢力的急先鋒」，同時罵余英時「為兩岸和談製造新的障礙」，同時作者在文章末尾罵余英時「充當台灣當局領導人的教頭」，「與台灣當局領導人狼狽為奸」。[10]

章念馳的文章發表時間非常微妙，起因乃是一九九六年三月余英時在台灣發表的文章〈飛彈下的選舉——民主與民族主義〉之間，四個月過後，章念馳的文章出爐，隨後《郭沫若學刊》展開了對余英時的批判，同年十月，台灣「共產黨的同路人」侯立朝出版了《美帝漢奸台獨反華：並斥漢奸院士

---

6 方述鑫：〈郭沫若在古文字考釋方面的創見——兼駁梁漱溟、余英時先生〉，《郭沫若學刊》一九九七年第一期。

7 謝保成：〈「龍虎鬥」與「馬牛風」——記郭沫若與陳寅恪的交往兼駁余英時〉，《郭沫若學刊》，一九九九年，第四期。

8 參見傅杰：〈差之毫釐，謬以千里〉，《百年》，一九九九年第十一期，轉引自方舟子：〈是誰「冤枉了」余英時？——答傅杰〈差之毫釐 謬以千里〉〉，《書屋》二〇〇〇年第五期。

9 章念馳：〈淺析余英時的兩岸統一觀——兼論美國極少數反華勢力干涉海峽兩岸統一的謬論〉，《瞭望新聞周刊》，一九九六年第二十八期。

10 章念馳：〈淺析余英時的兩岸統一觀——兼論美國極少數反華勢力干涉海峽兩岸統一的謬論〉，《瞭望新聞周刊》，一九九六年第二十八期。

余英時》一書，這其中的奧妙，只有期待相關檔案解密之後才能知曉內情。

當然大概是章念馳的文章太過露骨，所以大陸響應者寥寥，只有香港《鏡報》刊登了一則署名蕭明的文章〈評所謂「中國大陸的民族主義」——求教於余英時先生〉，與章念馳的文章形成呼應，但是作者很明顯對於余英時毫不熟悉，甚至說余英時在「蔣氏失國之後隨國民黨同由大陸遷台」，同時將余英時與李登輝捆綁，反問余英時「史識到哪裡去了」，指責余英時「思想前後不一」。[11]而大陸直到三年後才有一位署名林康的人拋出一篇〈余英時先生其人其事〉，這種標題的起名法完全是效法當局批判材料的起名法，而且基本上都是引敘述蕭明的文章。[12]

當然在此之後還有更多的批判余英時的文章出現，二〇〇一年《文藝理論與批評》雜誌便登出署名老田的文章〈余英時印象——很別致的蓮花落〉，文章開頭便說：「由於毛澤東和那一代共產黨人的成功，世界上開始需要反共反華這樣的職業人士；在晚清政府和民國政府時期，無疑這是多餘的行當，只要軍官和外交官就足以解決一切問題，達到一切目的。是毛澤東開創了新的『就業』門路，余英時先生無疑是受益者之一，余先生就是沿著這一條路高歌猛進，從殖民地的最後堡壘走到美國的普林斯頓。」[13]

作者批判余英時的文章是「主題先行、意在筆先」，同時諷刺余英時的文筆「雖然不是『老爺太

11 蕭明：〈評所謂「中國大陸的民族主義」——求教於余英時先生〉，《鏡報》，一九九六年第九期。
12 林康：《余英時先生其人其事》，《書屋》，一九九九年第五期。
13 老田：〈余英時印象——很別致的蓮花落〉，《文藝理論與批評》，二〇〇一年第四期。

評所謂「中國大陸的民族主義」

——求商於余英時先生

■蕭　明

余英時先生和李登輝一起將中國人民反對「台獨」的民族分裂主義活動，說成是「中國大陸用民族主義反對台灣」，這正表示說者自外於中華民族。

台港刮起的一陣風

這幾年來，在台港刮起一陣風，批判所謂「中國大陸的民族主義」。首先是李登輝在重新當選為台灣總統後，接受美國CNN記者的訪問，當記者問及：你不覺得堅持主權獨立是一種危險遊戲嗎？李將目標轉移，說：「中國現在最可怕的就是利用民族主義，比希特勒的民族主義還強。……共產黨利用民族主義來做一些他們想做的事情，用來對付外國，對付台灣，對付美國，對付日本」（見《鏡報》一九九六年七月號第七十六頁）。也就在這個時候，台灣旅美學者余英時先生撰《飛彈下的選舉——民主與民族主義之間》一文，載於台北《中國時報》三月廿九日，將李登輝的重新當選說成是台灣的「民主制度」戰勝了大陸的「民

美國為首的西方公然挑戰」。更令人驚訝的是，他將中國反分裂，反「台獨」的鬥爭，說成是在製造一個「納粹式的民族主義運動」。李登輝五月二十日上任前夕，余英時又發表《海峽危機今昔談——一個民族主義的解讀》一文（同上，五月九至十五日），說「中共用盡一切心機，極力把這種民族情緒導入『反台灣』、『反西方』的軌道」（以上見《文匯報》七月十日報道）。今年《明報》六月號卷首又刊出余英時的大作《提防文革借民族主義還魂》，這篇文章竟牽強附會地將文革「歸因於」民族主義，並警告說，「廣義的文革在中國大陸並未結束」，「以民族主義情緒為中心的中國式的納粹主義也許會在未來出現」。此外，同李登輝這幾年渴力渲染「中國」概念的「模糊性」一樣，余英時居然也說：「中國這兩個字究竟有什麼具體內容，恐怕今天誰也說不清」（此話亦引自《文匯報》報道）。

筆者不擬猜測余英時上述言論為何 [illegible]

台灣旅美學者余英時。

《鏡報》批判余英時的文章。

太行行好的直接表白』，但是終究不能脫離這樣的底子」，作者之所以出此怪腔，乃是他認為「余先生並非在中央情報局支薪，所以余先生的薪水需要某種『真實學問』來爭取，因此蓮花落必須唱得新穎別致，尤為重要的是要能夠占領國際市場，最好是能夠出口大陸。」同時老田還寫道：「余先生在美國常春藤大學任教垂四十年之久，想必已經育得桃李滿西方。天佑中華，讓美國佬永遠需要別致的蓮花落，永遠需要反華反共人才，而且越來越多，使余先生及其滿門高弟永遠沒有失業和被冷落的機會。余先生的生存狀況無疑使毛澤東的光芒更長，如果有千萬個余先生在美洲大陸崛起，無疑是中華民族的最大福音。特此勉勵余先生：雖然老驥伏櫪，一定要壯心不已；縱然是黃土埋到頸，也一定要多培養接班人。」[14] 口氣比起章念馳的蠻不講理，有過之而無不及。

14 老田：〈余英時印象——很別致的蓮花落〉，《文藝理論與批評》，二〇〇一年第四期。

第二十八章

余英時的反對者　下

李敖的率先發難

與大陸反對余英時不成氣候相比，台灣島內的倒余風潮則顯得轟轟烈烈，這些反對者中最出名的便是作家李敖，其次是寫出《美帝漢奸台獨反華：並斥漢奸院士余英時》的侯立朝，更有主編社會文化集刊十幾種批評余英時、許倬雲的盧建榮。而且戲劇性的是，這三個人彼此非常熟悉。

按照淵源而言，李敖的父親李鼎彝和余英時的父親余協中還算校友，李鼎彝一九二〇年考入北京大學中文系，余協中一九二一年考入燕京大學歷史系，屬於同代人。李敖回憶，他父親在北大讀書時，同班同學後來較有成績的，有搞中國文學史的陸侃如、馮沅君，有搞國語運動的魏建功，同屆的同學有周德偉、陳雪屏，[1]陳雪屏後來成了余英時的岳父。

龍應台在《大江大海一九四九》中提到了錢穆當年創辦新亞書院的辛苦，文中提到余英時當時和錢穆一樣，為了生計拚命寫稿。[2]「為反對而反對」的李敖在專門針對龍應台的《大江大海一九四九》寫出了《大江大海騙了你》一書，在書中李敖批評余英時是「國民黨文人」，指責余英時在《中國時報》上發表的〈四十年的矛盾與悲劇〉專文是「狗屁不通的話」，認為余英時所言昭顯其身分乃是「中華民國未亡人」。[3]其實李敖有所不知，早在一九四九年之後余英時便已經是無國籍人士，不僅得不到大陸承認，台灣國民黨也拒絕發給余英時護照，直到後來余英時加入了美國國籍。

當然李敖不僅僅抨擊余英時，早在數十年前錢穆去世時，李敖早已對錢穆頗有微詞，早在李敖還是高二學生時，當時經徐復觀的兒子徐武軍的介紹，錢穆和李敖做了一次談話，當時錢穆給李敖的印象是為人謙和。一九五三年錢穆回香港，收到李敖質疑他書中錯誤的信，錢穆客氣的回信並且送了著作給李敖，李敖對此感念不已，但自此之後和錢穆再無往來。[4]

李敖同時認為，錢穆在古典方面的樸學成就，大體上很有成績，當然在學術上也出過錯誤，比如錢穆考證孫武和孫臏為同一個人，並以此成名，但一九七二年山東臨沂銀雀山的古墓「孫子」出土，證明了孫武是孫武和孫臏不是同一人，李敖借此批評錢穆「所謂樸學，不過乃爾」，但李敖也為錢穆報不平，認為胡適有生之年未能讓錢穆成為中央研究院院士，對錢穆是不公道的；當然李敖對錢穆最不尊敬的，是抨擊錢穆和蔣介石走的太近，認為錢穆住在素書樓中是「義利當頭」「貪鄙如此，實在有愧晚節」，李敖同時嘲笑錢穆在搬家三個月後死去，「頗有曾子易簀味道」。[5]

1 李敖：《李敖回憶錄》，第一七頁，中國友誼出版公司，一九九九年一月版。
2 龍應台：《大江大海一九四九》，第一二一頁，天下出版社，二〇一〇年五月版。
3 李敖：《大江大海騙了你》，第一三七—一三八頁，李敖出版社，二〇一一年三月版。
4 李敖：《李敖自傳》，第三〇七頁，中國友誼出版公司，二〇一〇年七月版。
5 李敖：《李敖自傳》，第三〇七—三〇八頁，中國友誼出版公司，二〇一〇年七月版。

侯立朝的批判

與李敖批判余英時或者錢穆多少能引用被批判者著作相比，侯立朝對於余英時的批判，大部分局限在文革式的口號，其名作《美帝漢奸台獨反華：並斥漢奸院士余英時》便屬此類，當然查看侯的履歷似乎也不奇怪，其著作包括《文星集團想走哪條路》、《誰是中國與美國的叛徒》、《帝國主義買辦主義》等一系列大批判文字。

當然再看看侯立朝曾經罵過的人，對其肆無忌憚的批判余英時也就不足為怪，在一篇名為〈台灣是東林文化基地〉的文章中，侯立朝罵李登輝是「日本法西斯」，罵陳水扁是「本土法西斯」，罵馬英九是「美國綠卡買辦」，更指責余英時在〈燕京末日的前期〉一文中「侮辱右派」、「侮辱中國民族主義」、「撕裂中國文化與思想替美帝服務」。當然系統性的批判余英時，當屬《美帝漢奸台獨反華：並斥漢奸院士余英時》一書，當時作者為了擴大影響，寄贈各大院士余英時，當時作者為了擴大影響，寄贈各大圖書館收藏，就連余英時所在的普林斯頓大學圖書館也獲贈一冊，讓人啼笑皆非。[6]

侯著全書除序言和附錄外，分為四部分，第一部分

《美帝漢奸台獨反華：並斥漢奸院士余英時》書影。

是批判李登輝和辜振甫，第二部分是批判國共會談，第三部分批判「美國新帝國主義」，把余英時看做「美帝的反華義士」，第四部分批判「新漢奸主義」，直接把矛頭對準了余英時，直接指責余英時是「漢奸」、「走狗」，更在附錄收入了一篇名為〈余英時扮孝子為費正清哭墓〉的文字。[7]

侯立朝對於余英時的批判，不僅僅帶上了費正清，還帶上了台灣作家余光中，侯立朝早年參加過鄉土文學論戰，批判余光中自然是情理之中，但是把余光中和余英時捆綁起來批判，讓人摸不著頭腦，侯立朝批判台灣島內鼓吹「分裂自治」、「中國是一個抽象概念」等風潮，尤其舉了「余光中的詩」、「余英時的文」、「余紀忠的報」、「辜振甫的話」是「最具有共同體的代表」，抨擊這幾位是「中國人永世的敵人」、「比大漢奸汪精衛更汪汪汪」、「犬聲獸行，已非人類」。[8]

與侯立朝批判余光中的「淺嘗輒止」不同，侯立朝批判余英時如同陸鍵東形容當年余英時寫的陳寅恪文章乃是「一輪排炮」，侯立朝批判余英時「販賣中國史料為生」、「傳播費正清的中國分裂路線為生」，指責余英時是「混帳東西」，當時余英時抨擊大陸的民族主義思潮，杜正勝提出要用「中國文化」來「解讀」，侯立朝在批判完余英時之後，轉臉恭維杜正勝是「高貴而統合，真正具有中國心和世界心」。[9]當然杜正勝對此並不領情，台灣傳聞杜正勝曾經寫過一個字條抨擊侯立朝，上

6 此書承蒙陳玨先生提供複印本，謹致謝忱。
7 參見侯立朝：《美帝漢奸台獨反華：並斥漢奸院士余英時》，博學出版社，一九九六年十月版。
8 侯立朝：《美帝漢奸台獨反華：並斥漢奸院士余英時》，第一三九頁，博學出版社，一九九六年十月版。
9 侯立朝：《美帝漢奸台獨反華：並斥漢奸院士余英時》，第一四三—一四四頁，博學出版社，一九九六年十月版。

書：「侯立朝，不要再亂吠亂咬人了，留一點私德，好與閻羅王見面，再見。」

當然更激烈的人身攻擊還在後面，侯立朝得意洋洋的引用了陳冠學所寫的一首詩，詩中大肆讚美阿拉伯反美鬥士哈珊，侯立朝反問辜振甫、李登輝等人：「你們摸一摸自己還有沒有睪丸？無卵博士與無卵政府，均是漢奸之島的本色！」侯立朝更罵余英時是「不通中國的中國通」、「費正清的孝子學生」，同時指責余英時「出賣中國的利益」、「為美帝台獨服務」。[10]

當然侯立朝最離譜的是捏造事實，指責余英時「為李登輝反華提供理論依據」，並且炮製出「李登輝請余英時吃飯，請余英時做中央研究院副院長」等謠言，同時辱罵余英時「飯是吃了，客觀上助紂為虐」。[11]侯立朝在社會上浮沉多年，對學術界的既定規則尤其是中央研究院院長選舉規則，兩眼一抹黑，中央研究院選舉院長過程極其嚴格，且中央研究院自創立起一直奉行學術獨立原則，換選院長由中央研究院提名三位候選人，接受政府的任命，而政府只擁有任命權且只能在中央研究院提名的三位人選中任命，甚至連否決權都沒有。[12]

侯立朝不僅捏造謠言，還把胡適拉出來陪綁，批判余英時在文章中引用胡適的文字乃是「訴諸胡適權威來壓人」、「醜化現在中國的民族主義」，指責余英時是「以美帝冷戰的心態侮辱中國，並替台灣撒謊的信徒做走狗」，同時侯立朝抨擊余英時撰文懷念費正清是「借題發揮」，是「以高傲的高等華人的姿態，揮舞漢奸性的史筆，為美國的帝國主義者費正清大作粉飾文章」。[13]侯立朝顯然沒有仔細閱讀余英時的文章，否則余英時在文章中批評費正清的文字不可能沒有引起侯立朝的注意。[14]

盧建榮、張友驊的「再接再厲」

當然與李敖、侯且岸近年來「批余」的「偃旗息鼓」相比，台灣島內的「批余」風潮，全賴盧建榮與張友驊「接過大旗」，盧建榮、張友驊批余英時的歷史，至少可以上溯到上世紀八〇年代，而尤其以盧建榮最為活躍，早在近三十年前，張友驊便曾經寫過〈一代學閥余英時〉抨擊余英時，而後盧建榮在二〇〇九年，也就是余英時最後一次訪台的二〇〇八年之後一年，正式主編時英出版社出版的批判余英時專號——《社會／文化史集刊》，接續了前輩們「倒余大業」。

歷朝歷代影響力巨大的知識人，背後都有一些人數年以來持續性的攻擊，比如「名滿天下，謗亦隨之」的胡適，生前便已受到各方攻訐，國共兩黨皆不能容，而在文化界則有是嘉興徐子明忝列倒胡專業戶，出版有批胡專著《胡禍叢談》、《胡適與國運》多種，而盧建榮則比徐子明更勝一籌，不僅僅編輯了時英出版社的《社會／文化史集刊》批余英時專號數種，更在《社會／文化史集刊》停刊之

10 侯立朝：《美帝漢奸台獨反華：並斥漢奸院士余英時》，第一九〇—一九三頁，博學出版社，一九九六年十月版。

11 侯立朝：《美帝漢奸台獨反華：並斥漢奸院士余英時》，第一九四頁，博學出版社，一九九六年十月版。

12 相關情況可參閱陳永發：《追求卓越：中央研究院八〇年代》，中央研究院，二〇〇八年七月版。

13 侯立朝：《美帝漢奸台獨反華：並斥漢奸院士余英時》，第一九〇—二八四頁，博學出版社，一九九六年十月版。

14 可參見本書第十四章〈言說的兩難：余英時眼中的費正清〉。

後轉戰新高地文化出版社，編輯《文化坦克叢書》，第一輯便把砲口對準了余英時。

《社會／文化史集刊》從創辦到停刊，共出版了十三輯，第一輯名為《台／法霸權史學八〇年》，第二輯名為《學風鼓蕩、旅遊文化與文化政治》，第三輯名為《當代台灣新史學的反思》，第四期名為《唐宋變革說及其宰製論述的猖獗》，所討論的問題基本上在學術範圍內，偶爾有越界的情緒表達，都較為克制。

從第五輯開始，《社會／文化史集刊》每期都在封面上預告批判余英時或其學生的專文，第五輯名為《抄襲的知識社會學》，收錄〈一路獎不完的院士高徒，原來是史上最大文抄公〉等文，第六輯名為《批判的歷史學：體制不公與微弱的反抗聲音》，主要收錄了批判王汎森的文章〈少年院士發跡奇聞〉等文，第七輯名為《建國百年特輯：余英時先生與我的一段公案及其後果》，收錄〈一代學棍〉等文，第八輯名為《百年建國專輯：亡國之禍盡在司法！難道余英時許倬雲不能討論？》，收錄〈以公心評余英時的史學研究〉等文，第九輯名為《台灣百年特輯：司法禍國於今為烈——果然余英時許倬雲不能討論》，收錄〈二論余英時的「外科閹割術」〉等文，第十輯名為《鷹犬亂法，司法亂國：江國慶冤案總結報告》，收錄〈當然余英時、許倬雲不能討論？！〉等文，第十一輯名為《百年恐怖專輯：司法亂政，自由已死》，收錄〈余英時翻天覆地重複使用資料背後心曲〉等文。第十二輯名為《法曹濫權，司法已死：新倚天屠龍記》，收錄〈東施效顰：評余英時論明清商業文化〉、〈青年邢義田的學術良知：邢義田站出來，余英時請回答〉等文。第十三輯名為《重返文化評論的戰場》，收錄〈忍教師門名塗地，橫空冒出急先鋒〉、〈黃進興特寫〉等文章。

而《社會／文化史集刊》停刊之後，盧建榮轉戰新高地文化出版社，編輯出版「文化坦克叢書」，目前為止出版兩輯，第一輯名名為《余英時與台灣學術貴族制四十年》，基本上算是盧建榮批余文章的大集合，第二編輯名為《金權本色：台灣史學帝疆爭雄記》，主要以批判余英時及其弟子以及台灣新史學的代表杜正勝等人。延續了盧建榮早年出版的《從根爛起：揭穿學閥、舊體制操弄教改的陰謀》中對於杜正勝的批判。

盧建榮所編輯的這些叢書叢刊，重複度較高，說來說去其實只有三件事，其一為林富士等人涉嫌抄襲，其二是余英時門人「霸占台灣史學界」，其三是所謂余英時選本重複問題。第一個問題林富士等人已作回應，林富士所在的中央研究院歷史語言研究所也做了調查，明確表示林富士沒有抄襲。而第二個問題則非常無聊，只能證明余英時執教密西根、哈佛、耶魯、普林斯頓等校作育英才不可勝數。第三個問題則更加無聊，歷史上任何一個稍有名氣的作者，出版選集是再為常見的事，何況余英時這樣享有顯赫聲名的學者。

而盧建榮在批判余英時的時候，也經常陷入自我邏輯的矛盾，比如在〈扛著「士志於道」的大旗背離獨立知識人傳統的打造——記余英時二三事〉一文中，盧建榮一方面批判余英時「趨炎附勢」、「對權力野心勃勃」，一方面卻指出余英時在九〇年代辭謝李登輝力邀其擔任「國統會」副主席的請求，當然盧建榮的解釋卻是余英時「幾經掙扎」、「左思右想、千計萬算、覺得得不償失」，所以才沒有答應李登輝的邀請，[15]其邏輯上的自相矛盾，不語自明。

15 盧建榮、張友驊主編：《社會／文化史集刊》，第八輯，第一九八頁，新高地文化事業有限公司，二〇一一年六月版。

第二十九章

師友之間

棋藝、戲曲的切磋

余英時名滿天下，自然友滿天下，其中尤其以棋友為多，錢穆、楊聯陞、金庸、牟宗三，包括棋王林海峰，都是余英時的棋友，余英時二〇〇六年接受《東方早報》媒體採訪時曾經說：「我過去喜歡下圍棋，還給《圍棋天地》寫寫文章，現在年紀大了，做學問之外就不想再多傷自己的腦筋，只是看看別人下。」[1] 言辭之中無限惋惜。

余英時七〇年代回香港工作時，和金庸、牟宗三等人都曾經對弈，余英時回憶，他和牟宗三的交遊主要就限於圍棋方面，牟宗三的棋力雖不甚高，但非常愛好此道。余英時同時笑言：「牟先生在哲學上極能深思，然而他下棋則恰恰相反，直是不假思索、隨手落子。我相信他下棋主要是為了調劑他的哲學思考，所以超越勝負之念，其境界近乎蘇東坡所說的『勝固欣然，敗亦可喜』。」余英時和牟宗三下棋多次讓子，但每次牟宗三都是「可喜」，而不曾嘗過「欣然」的滋味。[2]

金庸和余英時也是棋友，金庸回憶：「凡是喜歡下圍棋的人都有這樣的經驗。楸枰相對，幾個鐘頭一句話不說，也能心意相通，友誼自然而然地建立起來。我和沈君山、余英時、林海峰、陳祖德、郝克強諸位等結交，友誼甚篤，都是通過了圍棋。」[3] 余英時記得七〇年代只要金庸家裡有棋會，總是約余英時和牟宗三參加，每次都是余英時順道帶牟宗三乘車同往，弈至深夜才盡興同返。余英時還記得一九七四年夏天新亞書院出面邀請台灣的圍棋神童王銘琬來香港訪問，當年在香港圍棋界引起轟動，電視與報章都爭相報導，王銘琬訪問香港時，牟宗三也特別興奮，幾乎無會不與，有一晚王銘琬在余英時的寓所下四人聯棋，牟先生和其它少數棋友旁觀，一直到深夜棋散，牟宗三才意猶未盡的離去。[4]

除了圍棋之外，牟宗三的藝術興趣很廣，從小說到京戲他都能欣賞，余英時記得有一次一次在金庸家下完棋後聊天，他特別稱許《鹿鼎記》的意境最高，遠在其它幾部膾炙人口的熱鬧作品之上，當時金庸許為知己之言；還有有一次是新亞的春節聯歡會，有胡琴伴奏，牟宗三曾迫不及待地清唱了一段〈打漁殺家〉，後來余英時才發現他早年還寫過評論《紅樓夢》和《水滸傳》的文字。[5]

金庸和牟宗三一樣，也是棋迷，金庸興趣最好的時候，還曾經請陳祖德、羅建文兩位先生到家裡來常住，就為了下棋，而金庸與余英時的交往，也多與圍棋有關，金庸在接受李懷宇的採訪時曾笑言：「余先生喜歡下圍棋，他棋藝比我好一點。他太太自稱為『圍棋寡婦』，余先生老是下棋，沒有時間陪她。余先生的岳父陳雪屏圍棋下得很好，好像你要娶我女兒，先下一盤棋看看。」[6]

余英時還曾經有幸和吳清源、林海峰等圍棋絕頂高手有過交流，並且多次和林海峰對弈，余英時

---

1 《東方早報》，二〇〇六年十二月十五日。
2 余英時：《情懷中國》，第一四三頁，天地圖書有限公司，二〇一〇年四月版。
3 參見金庸：《金庸散文集》，作家出版社，二〇〇六年九月版。
4 余英時：《師友記往》，第一一〇頁，北京大學出版社，二〇一三年一月版。
5 余英時：《師友記往》，第一一〇頁，北京大學出版社，二〇一三年一月版。
6 〈金庸：辦報紙是拚命 寫小說是玩玩〉，《時代周報》，二〇〇九年一月九日。

二〇〇七年獲頒關西大學名譽博士時，還曾經專門去找林海峰下棋。余英時回憶：「一九七一年年我初訪東京，曾與吳先生有一席之談，據我的觀察他確已攀上了圍棋的最高境界，一九八六年香港中文大學決定頒贈他榮譽博士學位，我應中大友人之請，特別寫了一篇〈用志不分，乃凝於神〉，發表在香港《明報月刊》。吳先生雖不是佛教徒，但他因養病之故，曾在寺廟中休養過很長的一段時期。他後來說，廟中清修有助於精神的凝聚，雖然對棋力並沒有直接的幫助。可見他對圍棋的精神境界和技術境界，分辨得很清楚。他口中說出的『平常心』三字或有禪宗的淵源，其含意當比日常語言為豐富。」[7]

同時余英時對於林海峰的圍棋成就也有極高的讚譽，一九九七年還專門跑到紐約待了兩天看林海峰下棋，余英時回憶：「我和海峰並非素識，第一次遇見他是多年前在台北，那是受了沈君山先生的鼓勵，讓我參加中國圍棋教育基金會的成立大會……孔子說『剛毅木訥近仁』，我覺得海峰正屬於『剛毅木訥』的性格，使人起『山停嶽峙』之感。」[8]

楊聯陞在寫給繆鉞的書中也曾經提到余英時和林海峰，還記得余英時曾經把全套的《林海峰名局細解全集》送給他，同時楊聯陞還點評了當時的棋壇格局：「今日時局如吳清源之後，又入一新時代，先手要讓幾目已成問題。余英時曾贈弟《林海峰名局細解全集》，始終不敢細看。台灣有應昌期，曾授弟三子，可以抵抗，今則彼之規則所謂應氏棋已漸通行，聶衛平將與一韓人在浙江對決。此亦我兄所謂『榆莢騰飛』之象也。」[9]

除了圍棋之外，余英時還喜愛戲曲，因此結識了張充和、章詒和、陳穎士等人，傳為佳話，余英時早在六〇年代便認識張充和，兩人均為錢穆高足，錢穆過九十歲生日時，兩人曾合作完成了一組祝壽詩，由余英時先寫四首律詩，再由充和將整組詩寫成書法贈給錢先生。當然，除此之外還有許多類似的文字因緣。[10]

張家四姊妹中，大姊張元和嫁給了崑曲名家顧傳玠，二姊張允和嫁給了語言學家周有光，三姊張兆和嫁給了作家沈從文。四妹張充和嫁給了美國漢學家傅漢思，四姊妹中公認小妹張充和才華最全，不僅書法好，繪畫好，而且懂詩詞、通音律。[11] 余英時回憶，他和張充和的丈夫傅漢思第一次見面時還在第一次見張充和之前，當時傅漢思從美國西岸史坦福大學移席東岸耶魯大學，傅漢思研究漢賦和樂府，而余英時當時的研究重心也在漢代，哈佛和耶魯又相距不遠，兩人在學術上的交往是相當密切，而余英時和張充和見面雖然稍晚，但由於師友淵源的關係，可以說是「一見如故」，成為忘年之交。[12]

一九六八年春天張充和帶著她的女弟子、張光直的夫人李卉到哈佛表演崑曲，曲會完畢，余英時就即興地寫了一組詩。因為當時大陸正在鬧文革，故其中一首曰：「一曲思凡百感侵，京華舊夢已沉沉。不須更寫還鄉句，故國如今無此音。」後來余英時的這首詩整整沉睡了十年，但文革之後卻奇妙

---

7 余英時：〈圍棋：境界心與平常心〉，《時代周報》，二〇一〇年六月十日。

8 余英時：〈林海峰：欲超勝負入中年〉，《書城》，一九九九年第八期。

9 蔣力編、楊聯陞著：《哈佛遺墨》，第四三〇頁，商務印書館，二〇〇四年版。

10 孫康宜：〈余英時與張充和的詩緣與曲緣〉，《聯合報》，二〇〇九年十一月卅日。

11 參見金安平著：《合肥四姊妹》，三聯書店，二〇〇七年十二月版。

12 參見周有光口述、李懷宇采寫：《周有光百歲口述》，廣西師大出版社，二〇〇八年五月版。

地「復活」。[13]

文革過後的一九七八年，張充和的姊姊張允和有機會到南京江蘇省崑劇院看了一場崑曲，後寫信給在美國的四妹張充和，告訴她有關南京演崑曲的盛況。接信後張充和立刻回信，並把從前余英時所寫的那首詩寄給北京的張允和，當時張充和在信中只說，那詩是「有人」在一九六八年的哈佛曲會中所寫的，所以允和完全不知那詩的真正作者是誰。收到詩後，允和十分激動。同時因為她剛從南京看崑曲回來不久，還處於十分興奮的心境中，故立刻寫了兩首和詩，快寄給四妹充和，後來陸陸續續還有不少和詩。[14]

余英時後來回憶：「一九七八年充和忽然笑吟吟地交給我一疊詩稿，說是大陸上有不少人和我的詩，因為每一首詩中都用了『不須』兩字，所以她戲稱之為《不須曲》。原來充和曾將我的兩首詩和其他一些有關崑曲演出的詩作寄給她的二姊允和女士，引起了北京崑曲研習社朋友們的興趣，不少人都有和作，因為那時崑曲剛剛在大陸上復活，展卷誦讀，真是琳琅滿目，而且墨蹟出於戲劇名家許姬傳先生之手，更使我受寵若驚。在這卷《不須曲》中，允和女士一人便寫了兩首，第一首『不須更寫愁腸句，故國如今有此音』，更是對我的直接答覆，流露出對崑曲重獲新生的無限喜悅。」[15]

文章師友

余英時不僅僅愛圍棋、愛戲曲，同時作詩也是一絕，如前所述，余英時和張充和、章詒和的文字緣，實際上此類的文字不在少數，余英時在哈佛讀書時便曾經和楊聯陞多有唱和，余英時還曾經在九〇年代把寫給錢鍾書的一首七絕恭敬的在楊聯陞家的紀念冊上抄錄了一份，同時不忘寫下後記：「與蓮生師宛君師母相別一年重聚康橋。此樂為近來所未有。飯後談詩，因錄舊作贈錢鍾書夫婦七律一首，以求教正。英時敬書。」落款是一九九一年五月二十三日。同日楊聯陞也寫了一首詩，也和錢鍾書有關，詩云：「偶向人間露一鱗，十年留得血痕新。人間喜劇成悲劇，祗為君王怨鬼神。」此詩題款是：「由默存先生贈舊文四篇，中有『人間喜劇』之語。」同時寫有後記：「默存先生贈《管錐篇》；楊絳夫人贈《春泥集》。」按照常理推測，應為余英時受錢鍾書所託贈著作給楊聯陞。

再如一九八二年余英時和馮友蘭一起參加國際朱熹學術會議，馮友蘭給會議寫了賀詩，馮友蘭詩云：「白鹿薪傳一代宗，流行直到海之東。何期千載檀山月，也照匡廬洞裡風。」[16] 陳榮捷的和詩云：「建陽檀島各西東，晦翁無心一葉通，八十英才談太極，德性學問果然同。」[17] 余英時也同時寫了和詩：「白鹿青田各有宗，千年道脈遍西東。鵝湖十日參同異，變盡倡狂一時風。」[18]

韋政通對此次的會議紀錄頗有意思，還記下了余英時的一句玩笑話，當天會上首先由馮友蘭講

13 孫康宜：〈余英時與張充和的詩緣與曲緣〉，《聯合報》，二〇〇九年十一月卅日。
14 孫康宜：〈余英時與張充和的詩緣與曲緣〉，《聯合報》，二〇〇九年十一月卅日。
15 李懷宇：《周有光百歲口述》，廣西師大出版社。
16 韋政通：《思想的貧困》，第一四六頁，東大圖書股份有限公司，一九八五年版。
17 韓鐘文著：《朱熹教育思想研究》，第五六六頁，江西教育出版社，一九八九年三月版。
18 蔡仲德編：《馮友蘭先生年譜初編》，第六一二頁，河南人民出版社，一九九四年十一月版。

話，他說在這幾十年的人事變幻中，他的哲學觀點也不斷在變，目前的哲學思想，與其說跟從前的不同，毋寧說是更接近從前的。談到研究方法，他提到四點，其一為精其選，其二為懼其言，其三為得其意，其四為其理，他對這幾句認為可以供大家參考的話解釋了半小時，坐在身旁的女兒一再要他不要講了，可是老人的話匣子一打開，好像就很難收煞。晚飯時余英時笑言：「馮的談話像是教小學生讀書。」[19]

余英時還和著名右派章伯鈞之女章詒和有過一段文字緣，雖然兩人未曾見面，但是神交已久，反右運動六十周年紀念會之際，余英時寫下了四首七絕贈章詒和，自此成為佳話，詩云：「右袒香肩夢未成，負心此夕淚縱橫。世間多少癡兒女，枉託深情誤一生。未名湖水泛輕漚，池淺龜多一網收。獨坐釣台君不見，休將劫數怨陽謀。橫掃斯文百萬家，更無私議起喧譁。九儒十丐成新讖，何處青門許種瓜。辱沒冤沉五十年，分明非夢亦非煙。人亡家破無窮恨，莫叩重閽更乞憐。」余英時在詩末附注：「『右袒香肩夢未成』為陳寅恪詠『反右』句。『分明非夢亦非煙』，鄧拓告別《人民日報》句。」章詒和後來出版《順長江，水流殘月》一書，還專門把余英時此詩附在書前，以為增重。[20]

章詒和後來在接受《東方早報》採訪時曾經對余英時非常感激，二〇〇九年章詒和曾寫下〈告密〉、〈臥底〉等文，抨擊馮亦代和黃苗子，當時得罪了很多人，章詒和承受了巨大的壓力，當記者問她是不是會繼續寫時，章詒和說：「我肯定還會再繼續寫。余英時先生和李澤厚先生講，章詒和一定大哭，大哭但一定繼續寫。有一次我坐在車上，李澤厚打電話給我，說我就是這個時候要給你打電話，余英時也要我給你打電話。你要堅持，你做得對，你還要往下寫。」章詒和繼而表達了對余英時和李澤厚的感激之情：「我和余英時從來沒有見過面，我和澤厚兄一年見一兩次，私人交談從來不說寫作問題。為什麼他們能理解我，恰恰是身邊那些人對我做的不理解。可能是他們對中國的世道人心比較懂。」[21]

余英時還曾經給何曉清的父親何永沂的詩集寫序，序中說：「嚴滄浪對『別才』下過一個轉語：『別才非學，而必學以極其至』，這和少陵『讀書破萬卷，下筆如有神』之說是一致的。《點燈集》作者涵泳於古今詩詞名作，既深且廣，讀者觸目即知；其中尤以黃仲則與龔自珍兩家對他的影響最大，更不難從《集》中大量集句、引句推而知之。作者『別才』之所以能夠發揮得淋漓盡致，是和這『學』的背景分不開的。」這是我之所見余英時對於當代舊體詩創作者為數不多的高度評價。

虛與委蛇的交往

余英時名滿天下，自然交友甚廣，余英時和張灝、林毓生、金耀基等先生十分相熟，同時也和何新、范曾、劉心武等人有過來往。一九八九年之前何新尚未「爆得大名」之前，曾經多次寄書給余英時，一九八六年余英時回港時，恰逢何新訪港，兩人緣鏘一面，余英時在離港之前，曾經寫了一對信

19 韋政通：《思想的貧困》，第一四四頁，東大圖書股份有限公司，一九八五年版。
20 參見韋詒和：《順長江水流殘月》，卷首，牛津大學出版社，二〇〇七年一月版。
21 《東方早報》，二〇一〇年六月十日。

給何新，何新想來十分得意，九〇年代末《何新批判》一書出版，何新主動將這封信公布，意在昭顯與余英時之間曾有過往來。

在何新自己組織編撰的《何新批判》一書中，何新自稱早年讀大學時便已自動退學，一九八〇年因為胡喬木的批准，進入中國社科院工作，後來陰差陽錯，成為歷史學者黎澍的助手，一九八八年曾被提名「中華全國青聯副主席」，一九九〇年被增補為第七屆全國政協委員。一九九〇年曾經因在《人民日報》發表〈世界經濟形勢與中國經濟問題〉一文，受到王震、李先念、薄一波、丁關根等人的高度好評。何新更因為一九八九年的一系列言論而被稱為「鄧的衛道士」。[22]

余英時此信寫於一九八六年，當時何新剛出版《諸神的起源》，給余英時寄了一冊，余英時此信寫的十分客氣，開頭便寒暄數語，接著感謝何新贈書，同時表達不能相見知遺憾：「今天看《大公報》知道先生昨日到港開會，十分高興。我久想給先生寫信，向先生道謝寄贈多種大作，因為近一年來我多數時間僕之道途，常在新加坡或其他美國大學講學，因為自今年五月起我休假九個月，不在耶魯教課，生活一直不安定，所以一再拖延，真是萬分抱歉。先生大函，我也攜來香港，正準備日內寫信到北京尊址，現在看到先生竟適於同時訪港，不勝高興。可惜我行蹤匆匆，明天上午即將飛台北講學和開會議，不及相見，又不免感到遺憾。故於閱報後，先匆匆草此短箚，致意並致歉。」[23]

余英時同時對於何新的著作大加讚揚，頗讓何新沾沾自喜：「先生富於想像力，又博覽文史，常有獨創之見。《諸神的起源》及其他論著都表現了先生的好學深思。十分佩服。」同時余英時在此表達了不能與何新見面的遺憾：「我將於明年一月二日回美，俟返美安定後再當與先生聯繫。此函在旅途中匆匆草成，言不盡意，當乞原諒。尤其要謝謝先生寄贈大作及一再指教的雅意。近八、九月來因生活在旅行之中，未及早覆，尤感歉疚。」[24]

余英時此函幾乎沒有實質內容，余英時寫作此函，主要是因為何新多次寄書給他，余英時頗感不安，所以禮貌性的寫信致謝，此信歸結起來不外乎三點，第一是感謝何新贈書，第二是表達不能見面的遺憾，第三是誇獎何新的著作，尤其是第三點基本上是以客套話為主，這和後來余英時致劉心武的信有異曲同工之妙。

余英時與劉心武之間本無交往，唯一的共同點是兩人都曾經研究過《紅樓夢》，劉心武在接受《新京報》的專訪時自稱與余英時素昧平生，二〇〇六年劉心武赴美在哥倫比亞大學講《紅樓夢》，回國前他的好友梅振才建議他給余英時寄書，當時手頭只剩演講自用的兩冊，託梅振才寄去，回國後在七月中意外收到余英時回信，劉心武說：「我知道余先生在『紅學』上造詣極高，但與周汝昌先生觀點並不相同，沒想到他能抽暇讀我兩冊《揭祕》，並來信鼓勵。我願將余先生此信公開，意在與大家分享從人文大師謙虛風範、博大襟懷中獲得的精神滋養。」[25]

劉心武公布此函有個背景，二〇〇五年劉心武受邀在中央電視台《百家講壇》主講《紅樓夢》，遭到主流紅學界的批判，甚至紅學界的一些人迫使中央電視台停播劉心武的節目，當時紅學界對劉心

---

22 揚子江主編：《何新批判》，第三一二六頁，四川人民出版社，一九九九年一月版。此書收錄各方人士致何新的信，很顯然是何新自己提供的，而編者很明顯也是何新本人。
23 揚子江主編：《何新批判》，第四五六頁，四川人民出版社，一九九九年一月版。
24 揚子江主編：《何新批判》，第四五六頁，四川人民出版社，一九九九年一月版。
25 《新京報》，二〇〇七年一月九日。

武展開了一輪又一輪的批判，劉心武二〇〇六年應紐約華美人文學會邀請訪問美國，給余英時寄書，意外獲得余英時回函，此時劉心武當然要把余英時的信公開，以反駁紅學界對他的批判。

其實早在《新京報》專訪之前，劉心武早已將此信在上海《文匯報》上公開，余英時的信不長，從表面上看充滿鼓勵：「兩周前收到梅振才先生轉寄大作《揭祕》二冊，喜出望外。先生近來為『紅學』最受歡迎的作家，以周汝昌先生考證為始點，運用文學家的高遠想像力，從『紅學』、『曹學』中開闢新園地，創造了前人所不知的『秦學』。全書思入微茫，處處引人入勝，欽佩之至。所贈兩冊為先生自用本，改正誤字，更為可貴。英時自當珍藏之，時時入目，以重溫舊夢也。英時早年亦酷好《紅樓夢》，嘗妄有論述，其實不值識者一笑。中歲以後，忙於本業，早已成『紅學』之落伍逃兵矣。今後惟盼作一普通讀者，尤盼先生能時時有新著，一新耳目。先生著述宏豐，今後倘有論著關於中國文化史、文學史者，尚乞見示，以便早日收購。至感至感。專此拜復，並致最深摯之謝忱。」[26]

但是劉心武公布此信，並沒有預想的那樣讓紅學界就此啞口無言，反而招致更多批評，沈治鈞便在《紅樓夢學刊》上撰文，稱余英時致劉心武信通篇全是諷刺，沈治鈞指出，劉心武主動寄書，余英時才不得不禮貌回覆，這是老輩學人的通常做派，如同錢鍾書得函必覆，每覆必謙，凡獲贈書，必堆砌最高規格的讚辭，當了真的肯定弱智，所以余函所謂「喜出望外」、「欽佩之至」、「自當珍藏」、「時時入目」、「一新耳目」、「著述宏豐」、「至感至感」、「最深摯之謝忱」、「敬問撰安」等，均為八行箋的常用客套語彙。[27]

沈治鈞同時指出，余函皮裡陽秋，柔中帶剛，批評劉書滿紙荒唐，譏諷作者不學無術，「最受歡迎的作家」、「運用文學家的高遠想像力」、「思入微茫」、「引人入勝」皆可佐證，沈治鈞更指出，「思入微茫」典出葛洪《抱朴子》，指的是河東蒲阪有個叫項曼都的人，自稱曾經跟著仙人飛升上天，因拜見上帝時舉措失儀，見斥歸家，河東父老於是稱其為「斥仙人」。葛洪認為項曼都的話純屬「微茫欺誑」，余函以「思入微茫」來形容劉書的特徵，無異於斥其「欺誑」。此外沈治鈞運用余英時解陳寅恪晚年詩文的方法，指出余英時此函選用項曼都的故事為典，一再即把《揭祕》作者劉心武與「斥仙人」項曼都這兩個人的姓氏合為「劉項」，用晚唐章碣的《焚書坑》中「坑灰未冷山東亂，劉項原來不讀書」詩句指責劉心武胡說八道。[28]

與此類似的是，九〇年代余英時和范曾還有過書信往返，中間人是《中國文化》主編劉夢溪，來往起源與何新、劉心武一樣，當時范曾託劉夢溪給余英時寄了一套裝幀豪華的《南通范氏詩文世家》，兩年後余英時回信表示感謝，信也寫的相當客氣，信中云：「兩年前劉夢溪兄代寄先生所贈《南通范氏詩文世家》全套，編校精審，印製古雅，賞心悅目，並世希覯。如此厚賜，受之有愧，誠不知何以為報也。銘感無既，謹此鄭重致謝。上世紀五〇年代初弟在香港新亞書院就讀，曾有幸得聞福州曾克耑先生講晚清詩，盛推令曾祖肯堂先生之詩，先生大序中已引及之。今得其全集，隨時浸潤其中，樂何為之。至於希文先生的天下為己任之精神與先憂後樂之教，一千年來深入士之靈魂，弟雖

26《文匯報》，二〇〇六年十二月廿日。

27 沈治鈞：〈對余英時一份信函的另類解讀〉，《紅樓夢學刊》二〇〇七年第二期。

28 沈治鈞：〈對余英時一份信函的另類解讀〉，《紅樓夢學刊》二〇〇七年第二期。

無似亦受其感染。當時適讀胡適之先生論〈靈鳥賦〉『寧鳴而死，不默而生』之句，以為是與現代『不自由，毋寧死』之名言相表裡，尤深契於心，至今不敢忘也。適逢丁亥新春，借此良辰，祝先生康泰，創造力與春風同時飛揚。」[29]

余英時此函不僅客氣，而且頗為巧妙，范曾所贈書前引曾克崙對其曾祖范伯子（肯堂）的評語，恰好余英時在新亞讀書時認識曾克崙，所以在信函中說「曾有幸得聞福州曾克崙先生講晚清詩，盛推令曾祖肯堂先生之詩」，但同時表示「先生大序中已引及之」，至於如何「盛推」，余英時沒有明言；而余英時引「希文先生」之言，指的是范曾在自傳中自稱自己是范仲淹（希文）的後人；信末言「創造力與春風同時飛揚」，用語與余英時致劉心武函同出一轍，均為客套語。其中余英時在信中引用胡適的話與范仲淹的話相對應，更別有深意。

余英時之所以引用胡適的話，毫無疑問是諷刺范曾，范曾一九八九年去國，後「深刻認識到自己的錯誤」，寫信給時任中央政治局常委的丁關根檢討，並要求回國，余英時引用寧去異邦不留大陸的胡適的話，顯然是諷刺范曾要求回國一事。在寫給丁關根的信中范曾自陳：「我於一九九〇年秋辭國蟄居巴黎兩載，冷靜回顧之後，決定回國。」范曾解釋說「在國內我一向愛國主義和風險意識，而辭國遠走與自己內心抱負相悖」，同時向丁關根表示「我一向支持改革開放的政策，年初以還，國內正需用人之際，我願竭盡心力，繼續為中華民族振興奮鬥二十年。」同時范曾還表示「辭國主要原因其一是家庭生活之不睦，而今已與原偶分居逾三年，離婚之事當不成問題，這對我亦如釋重負。」[30]

當然范曾對於余英時的「來信」，是欣喜若狂的，不僅把余英時的回信收入書中，而且把自己的所謂「覆信」收入其中，尤其是知道余英時認識曾克崙之後更是大肆攀關係：「得知先生曾經受業晚清詩學於曾克耑先生，曾克耑先生為吳闓生先生門生，而吳闓生從讀先曾祖肯堂先生。范曾同時表示：「奇緣如此，亦是徵天不欲亡我中華之文化也。」范曾同時讚揚余英時是「海內外學人祭酒」、「其所點評重比鼎鼐」，認為余英時來函盛讚《南通范氏詩文世家》巨帙，其先祖范伯子「亦當感喟於九泉」。范曾同時感慨如今古典詩詞已被放逐至邊緣，「所幸有中流砥柱如先生者在，文藝復興斯有所望」。范曾同時還不忘提及自己和余英時共同的朋友劉再復：「自再復兄處時時聞說先生之雅懷。再復兄，余三十年之摯友，其為人也且溫且厲、亦儒亦俠，常述及先生對其厚愛呵護，正所謂古道照顏色，十翼以此感激，正難盡述。」[31]

29 季羨林、葉嘉瑩等：《論范曾》，第二一五頁，北京大學出版社，二〇〇七年七月版。
30 《展望》，一九九二年十月號。
31 季羨林、葉嘉瑩等：《論范曾》，第二一六頁，北京大學出版社，二〇〇七年七月版。

第三十章

晚年歲月

著作、言論在大陸的傳播

八〇年代文化熱時，余英時即以《士與中國文化》在大陸知識界初步為人所知，但是當時《士與中國文化》如何風行，我並沒有親見。此後十餘年間，余英時在大陸陸續出版了一些著作，如一九八九年出版的《中國思想傳統的現代詮釋》，一九九二年出版的《內在超越之路》，一九九四年出版的《錢穆與中國文化》，一九九九年出版的《中國知識分子論》，一九九八年出版的《現代儒學論》，二〇〇二年出版的《紅樓夢的兩個世界》等等，這些著作大多是長篇文章的集結，並非專著。在筆者的印象中，似乎只有《士與中國文化》和《中國思想傳統的現代詮釋》影響較大，前者是因為文化熱，而後者是因為此書列入海外中國研究系列因而廣為認知（該系列據我所見，已經出版近百種，而不斷再版者寥寥可數，余英時此書即在其中）。此外值得一提的是，一九九九年由傅杰選編的《論士衡史》曾經得到余英時先生的高度評價，該書選編水準極高，而且所選文字極為精要，迄今為止，我也認為此書是瞭解余英時先生學術思想最好的一本入門書。

二〇〇三年，余英時自普林斯頓大學榮休。在此前後，他潛心為《朱子全書》撰寫前言，很快寫出幾十萬字的《朱熹的歷史世界》，很快在兩岸三地分別出版。三聯書店因此出版了余英時著作系列，一共六卷，除《朱熹的歷史世界》為專著外，另有專著兩本——《論戴震與章學誠》、《方以智晚節考》，文集三本——《現代儒學的回顧與展望》、《文史傳統與文化重建》、《現代危機與思想人物》。而二〇〇六年，余英時榮獲有「人文諾貝爾獎」之稱的「克魯格獎」，令余先生在海內外聲名大噪。如果說余英時在大陸出版的《士與中國文化》只是小有盛名，在此之後余英時在大陸刊行的一系列著作如《現代儒學論》、《紅樓夢的兩個世界》等等（《陳寅恪晚年詩文釋證》迄今為止全書沒有在大陸刊行），雖然都有反響，但是還沒在知識界普及，及至余英時著作系列出版，乃至克魯格獎頒給余英時，一時間余英時在海內外知識界獲得了空前的聲望，「在沒有胡適之的年代，至少我們還能讀余英時」這一說法，便是在余英時先生榮獲克魯格獎之後不久形成的，余英時這一時期的許多隻言片語，或者零星講談，都流行一時，如「做一個有尊嚴的知識人」、「我在哪裡，哪裡就是中國」等等。我剛認識余先生的時候，便把「做一個有尊嚴的知識人」請余先生寫成條幅，懸於書房。

而余英時先生獲克魯格獎之後進而在大陸知識界獲得廣泛的影響，有一個不容忽視的原因，就是移動互聯網的普及，年輕一代獲得啟蒙知識的來源日漸多元化，遂使得余先生在年輕一代的心目中逐漸「封神」。以筆者的經驗而論，余英時獲得克魯格獎之時，大陸正流行人人網、隨後是微博、微信、豆瓣等社交群體的興起，當時六卷本的余英時作品系列，顯然不能滿足絕大多數渴望讀到更多余先生著述的青年學子，於是六卷本余英時作品系列出版之後，二〇〇六年沈志佳編輯出版了《余英時文集》十卷本，但是與此同時，很快網路上便出現了「百衲本余英時文集」，開始我記得只有十本，後來居然衍生到十五本數百萬字之多，其規模遠超「作品系列」和十卷本文集，筆者的好友馬子木先生，便在二〇一〇年左右完成〈余英時先生著述繫年要目〉，當時便已經初具規模。一時間讀余英時、談余英時，如果有幸認識余英時，在知識界是無上光榮。

伴隨著人人網、微博、微信、豆瓣等社交群體的普及，尤其是二〇〇八年風雲變幻的國際形勢，南方大雪、四川地震、奧運聖火傳遞等重大歷史事件的發生，年青一代逐漸完成了自我啟蒙。筆者尤記得讀大學時，班上同學瘋傳海外拍攝的六四紀錄片，後來還陸續翻牆看到海外關於西藏、新疆、文革等諸多敏感問題的書籍或是報導，對於以前從未關心、涉足的領域有了新的認識。尤其是當時許多本身在學院的知識分子頻繁就公共事務上發聲，轉變成為公共知識分子，他們的著作也很快風行一時，對當時的年輕人影響很大。開始的時候許多公共知識分子本職學術成就有限，但很快許多專業領域的知識分子影響逐漸擴大，在這一過程中，余英時先生被視為學術上極其專精、而在公共事務上發言尤其具有影響力的代表，更因其長期拒絕回大陸、拒絕統戰而被視為公共知識界的「燈塔」，逐漸有「當代胡適」之譽。

近二十年以來，余英時先生的著作在大陸一紙風靡，這與諸多國內外學者的推動有關，除卻上文提到的三聯書店余英時作品系列、沈志佳編的《余英時文集》十卷本（後擴展為十二卷），彭國翔主編的余英時作品系列四卷（北大出版社版），陳致的《余英時訪談錄》、何俊選編的《余英時英文著作漢譯集》（四卷）、《余英時思想學術文選》以及《師英錄》，邵東方編選的《史學研究經驗談》等等，都為「余英時熱」添磚加瓦。二〇一四年禁余風波之後，讀余英時著作非但沒有冷下去，反而愈發熱烈，大陸孔夫子舊書網上余英時的著作價格持續攀升，尤其是難得一見流入市場的簽名本，更是一本難求。而另外一方面，自本世紀初出版了周質平主編的《國史浮海開新錄——余英時教授榮退論文集》為標誌，余英時先生八十歲時，台灣出版了田浩主編的《文化與歷史的追索——余英時教授八秩壽慶論文集》，九十歲時，林載爵主編出版了《如沐春風：余英時教授的為學與處事——余英時教授九秩壽慶文集》，這三本文集的出版，不僅是對余英時學術地位予以揭示，而且以一種傳統的形式，對余先生這樣一位深具傳統、卻充滿現代意識的知識人的致敬。

近二十年的政論

余先生從年輕時代，即熱心公共事務，但是到美國之後，近二十年幾乎不問政治，至少目前我看到的從五〇年代中期一直到七〇年代末，余英時先生鮮有政論文章問世（除卻偶爾一些評價中共高層的文字，但大多數屬於歷史範疇）。而八〇年代，余先生頻繁就兩岸問題發聲，尤其是六四事件，余先生庇佑了大量流亡海外的中國知識人。九〇年代余先生有「待從頭，收拾舊山河」之感喟，世紀末他開始不定期接受自由亞洲電台採訪，固定就公共事務發聲，成為瞭解余英時先生晚年政治立場、政治思想的一個視窗。

余英時尤其關心公共事務，從晚年他從普林斯頓退休，逐漸開始重拾對於政治「遙遠的興趣」，二〇〇四年他曾接受自由亞洲電台採訪，談到當時還沒有問世的李鵬的回憶錄，以及迄今為止還沒有出版的華國鋒回憶錄，余英時提到，華國鋒在鄧小平要上台，要把他鬥垮了的時候，他有兩次自殺的企圖，但沒成功，華國鋒認為鄧小平背叛了革命，背叛了毛澤東。但是余英時指出：「無論是李鵬的東西還是華國鋒的東西，都不能出版，因為他們是黨員，受黨控制，這些東西不經黨批准，不能出版。」「共產黨人普遍有寫自傳的傾向，不僅是大人物如此，就是小的人物，如過去文革小組成員王力，上海的徐景賢等，個個都出來寫回憶錄，或接受訪問。」

當時正值「胡溫新政」的開始，許多知識界的人對此抱有憧憬，尤其是「和諧社會」的提出，也讓當時的知識界有所回應。余英時在二〇〇四年便指出，和諧社會的諸多提法很籠統，民主法制當然不是中國傳統，公平正義當然是任何一個民族都有的，如果真正實行民主法制的和諧社會當然是沒有人不贊成的。不過如果只是一個口號，接下來有許多空洞的名詞，這恐怕對構建和諧社會未必有真的幫助。隨後在二〇〇六年，余英時就陳光誠事件發聲，指初陳光誠案和死刑復審都是往前走的步驟，問題到最後都要靠一個健全的法律系統，當時胡溫新政確有一些新氣象，也正是因為如此，余先生對大陸的點滴進步還抱有「審慎的樂觀」。

〇八年前後，余英時先生得了一場大病，至此基本不出門，也很少與外社交，但是從〇八年以後尤其是〇九年，余英時先生的政治立場日益激進，對於大陸的失望也逐漸溢於言表，這其中的原因，當然頗為複雜，歸根到底的原因，在於大陸形勢的日漸嚴峻，余先生在二〇〇九年談到〇八憲章問題時，便對大陸未來政局不抱樂觀，而談到國慶六十周年，余先生也頗多微辭。這一年又是六四二十周年，余先生曾提到一位天安門母親給他打電話，告訴他自己從九月中開始便被控制，一直到國慶之後才恢復自由，如此種種，使得已近八十的余英時感到痛心，他也更堅定了決不回國的信念，一直到他生命的最後一刻。

也就是在二〇〇九年，重慶在薄熙來的主政下，開始打黑除惡，持續數年，而在海外，蔓延開的茉莉花革命（或稱阿拉伯之春），對中國國內形勢也有影響，余英時此間對這兩起事件都曾經發表過評論，尤其是針對茉莉花革命，余先生曾經不下十次談及，言談之中有希望借助茉莉花革命，推動中國國內政治改革的意見。而到了二〇一二年，薄熙來的問題最終暴露，香港問題也逐漸尖銳，而在外部，釣魚台問題、南中國海問題、朝鮮導彈發射問題，加上習近平成為中共最高領導人，都曾引起余英時的關注，從二〇一二年一直到二〇一七年，余英時持續就對大陸問題發表意見，但是到二〇一八年開始，余英時逐漸減少對外發聲，除卻一些重大的歷史事件寫信予以支援之外，其政治議論逐漸減少，這顯然與他的健康狀況有關。筆者二〇一一年見余英時先生乃至其後若干次通電話，都覺得余先生身體很好。二〇一五年見余英時先生時，他說話已經有很嚴重的哮喘，到了二〇一九年最後一次見余英時先生時，他氣色雖然相比之前明顯好轉，但是聽力已經逐漸下降，我想過多的對於政治的關懷，尤其是對於中國未來的憂慮，嚴重摧毀了他的健康。

余先生對於公共事務的關懷，以往許多人認為這是一種「中國情懷」，並舉出余先生常引的周亮工「常僑居是山，不忍見耳」語作為佐證。我想這只是一方面，余英時少年時代，即對自由民主有所嚮往，少年時代加入共青團，曾傾心於共產主義，後服膺自由主義，在香港繼續保持對於民主的探求，孜孜不倦。此後雖身在象牙塔，但他的著述，如《方以智晚節考》、《陳寅恪晚年詩文釋證》，背後的政治關懷都是一致的，即在大變局的時代背景下知識人如何自處的問題。八〇年代以來，尤其是六四事件之後，余英時的政治立場逐漸激進，對於中共的批判也不斷升溫，其背後的邏輯是一致的。

但是另外一方面，余先生內心深處，是希望「入世」的，他少年時代便負高才，曾以一枝生花妙筆，在香江頗有文名。青年至中年在美國象牙塔中努力耕耘，逐漸在美國學術界站穩腳跟。榮歸新亞之後，他曾一度也頗想有所作為，但是遭遇了新亞頑固的元老派的阻擊，帶著滿腔的不甘離開香港。如果當年中文大學改制成功，余英時得以成功繼任港中大校長，以余先生的滿腹才學，其後香港教育界的格局，乃至八〇年代至九七的政局，恐怕都會大不一樣。也正是因為在香港有此挫折，余英時也曾一度對新加坡的儒學試驗頗有興趣，曾經一度置身其中長達數年，但最終認清了李光耀的治國理念只是把儒學作為一種適當的調劑，而並非立國之策治國之本，此為余英時先生八〇年代的另外一層挫折。與此同時，八〇年代末開始的台灣民主改革，余英時曾多次為其鼓與呼，但是國民黨最終也沒有採納余先生的許多建議，也沒有對其政治理念有深切的認同，更沒有把余先生納入真正的決策層。尤其是在九〇年代，余英時次競爭中央研究院院長落選之後，其一生「事功」，壯志未酬。但是在此之外，他的著作卻廣為流布，尤其是近二十年，聲譽日隆，這是余先生晚年堪可告慰的之處，但是與其早年的理想、志業，不得不說相去勝遠。余英時晚年常說「我對於政治只有遙遠的興趣」，其實和胡適的「二十年不談政治」的言論一樣，其背後的無奈都是相同的。

悄然離世

說到余英時與胡適，近來一位名為若望的先生寫了一篇〈今生未見應無恨，後世相知自有緣——記余英時致胡適的一封信〉的文章，文中引用了余英時在一九五六年左右寫給胡適的一封信，信中提到一九五四年胡適返台參加國民大會時，余英時將他剛在香港出版的《民主革命論》寄了一本到台北《自由中國》雜誌社，然後由雷震（字儆寰）轉交到胡適手中，後來胡適離美返台之前將一部分藏書捐給他曾供職的普林斯頓葛斯德東方圖書館，余英時的贈書即在其內。若望引用的這封余英時致胡適的殘信，我是初次得見，我認為這是一篇相當重要的歷史文獻，茲引錄如下：

適之先生賜鑒：

久仰風采，深以無緣識荊為恨。晚原籍安徽潛山，家嚴協中先生曩歲嘗與先生有數面之雅。晚幼習父業，亦治史學，初肄業於燕京大學，及中共席捲大陸，遂南走香港，從錢賓四先生治國史，畢業後復入新亞研究所繼續讀書。在港數年對當世之巨變，情不能已。嘗粗有述作，其主旨蓋在以人人共知之常識駁共黨欺世之邪說，殊不足以謂學術，然於中國問題與人民之前途亦嘗稍有用心焉！往歲中共第一次清算先生思想時，晚不揣淺陋，曾以艾群筆名撰為〈胡適思想的新意義〉一文，介紹先生歷年來所宣導之自由主義。前年在台講學，晚嘗託雷儆寰先生轉贈拙作一冊，未知得達左右否。晚因服膺民主，歷年文字均針對此義有所發揮，自問用心甚純，初不料其竟為國民黨所深惡痛絕也。去年承新亞推薦於哈佛燕京社，乃得有來美之機會，而政府不肯發給護照，迫不得已最後唯有用香港宣誓紙代之。前事雖微不足道，然亦可見中國民主前途之黯淡矣。

余英時的這封信，大體說的是他在香港的所思所想，以及自己的一些個人經歷，信中對於胡適的崇拜溢於言表，其實無論是少年時期還是到晚年，余英時本質上，並非錢穆的傳人（錢穆的傳人現在公認是嚴耕望），而是胡適的傳人。按照若望的說法，胡適在國共內戰後期談自由主義，談眼前世界文化趨向的演講透過廣播和文字，啟發了一個青年人，讓他在乾坤一線之間選擇留在了香港，並且完全改變了自己的人生歷程。若望套用了余英時寫顧頡剛的一句話來形容余英時——「余英時的一瓣心香，本來就在胡不在錢」。

從世俗的意義上來說，余英時曾經有無數的機會見到胡適，「見到那隻下蛋的母雞」，如余協中早年便和胡適相熟，據余先生言，家中原來還有胡適寫給余協中的書法，即便是余協中不認識胡適，余英時在哈佛的老師楊聯陞至少也和胡適過從甚密，如余英時堅持希望見胡適一面，請楊聯陞作為介紹，擇機晤面的可能性也相當之大。但是微妙之處在於，胡適早年就與錢穆頗有隔閡，這似乎是影響余英時去靠近胡適的一個帶有阻力的因素。無論如何，余英時與胡適緣鏘一面，雖然余英時此後多次對此輕描淡寫，但是無論如何，希望見到胡適，是少年余英時心中種下的一顆種子。事實上就余英時離港赴美的發展來看，其身上有錢穆和楊聯陞的影子，但是更多的影響則是胡適，這也就能夠理解，余英時在談及自己最為得意的著作時，首先舉出了《陳寅恪晚年詩文釋證》而非《東漢生死觀》或《漢代貿易與擴張》，其背後的政治關懷，無疑是非常明確的。

余英時對於胡適的仰慕及其事功的高度評價，折射在余英時自己的身上，無疑是帶有許多遺憾的。胡適雖早年聲稱二十年不談政治，但是在抗戰救亡的背景下，還是「做了過河卒子，只能拚命向前」，胡適在當時的日記中寫道：「二十一年的獨立自由的生活，今日起，為國家犧牲了。」胡適擔任駐美大使期間，幾乎以一己之力，促進美國通過了中立法案，並且在軍事上予以中國以支援，阻止美日妥協，均立下了汗馬功勞。

而在一九四九年之後，胡適雖然避居海外數年，但還是在晚年紮根台灣，重提五四之要義，為台灣五〇年代的民主建設，提供了道義上的支援。雖然胡適的晚年，被稱為「飄零」的晚年，但是胡適一生事功，雖然結局不甚完美，但是畢竟曾在各個歷史階段，起到了重要的作用。這就是為什麼余英時對於胡適，其實心嚮往之，但是力不能至。余英時先生的一生，壯志未酬，他生錯了時代，在中國波譎雲詭的二十世紀下半葉，余英時身在美國象牙塔內，對於社會影響有限，而短期的「出象牙塔」，所面對的地域，均不能施展其抱負，余英時是極其有洞見的歷史學家，其去世後香港有政論家曾指出，如果華府早三、四十年將余英時納入決策層，今日中美之局勢，絕不是現在的僵局，此論點出了余英時先生一生志業的遺憾，不得不說是知人之論。

而余英時先生的晚年，除了飽受疾病的困擾之外，紛繁複雜的世界形勢，尤其是中國日趨收緊的政治態勢，讓余英時晚年憂心忡忡。他雖然一再對大陸提出許多尖銳的批評，但是已經無法激起更多的反響，深深的無力感充斥著他的晚年，使他的心境發生了殘酷的變化。按照十多年前余英時先生的身體素質，如果得到很好的休養，加上更加通達的心境，活過百歲，當無問題，但是時代日漸分裂，世界彼此隔閡，這對於身在其間的歷史學家而言，無疑是非常殘酷的。余英時告別了這個時代，留下了一個紛繁複雜的時代，也留下了更多無法解釋、無法解決的諸多問題。

結語

一九八〇年代初，大陸社科院院長胡繩領隊到美國開一個學術討論會，會後訪問了耶魯大學，余英時代表校方接待他們，在宴席上胡繩說：「我們對胡適，政治上反對他，但在學術上還是尊敬他的。」余英時忍不住笑著對他說：「這和海外的看法恰恰相反。我們都認為胡適的學術研究早已被後來的人超過了，因為後浪推前浪，這是無可避免的。但胡適的政治主張因為自五四以來在中國根本未曾落實過，因此還是新鮮的，並沒有發生『過了時』的問題。」余英時的原話當然比較委婉，但意思很清楚，胡繩先生很有風度，並未露出半點不快的樣子，以下兩人便轉變話題。[1]

發生在八〇年代初的這次談話，余英時印象深刻，曾經在不同的場合加以引用，有趣的是，此事過去幾年之後，余英時應邀為胡頌平的《胡適之先生年譜長編初稿》寫序，從這個時候開始，余英時開始系統的思考知識分子這一話題，同時也逐步疏遠了其本業——漢代研究，開始逐漸考察歷朝歷代的知識分子。其實這種思考在余英時早年的學術歷程中也可以找到源頭，五〇年代他寫過陳寅恪的文章，也考察過魏晉之際士林的風氣，六、七〇年代他把重心移到了方以智、戴震、章學誠的身上，還寫過《古代知識階層的興起與發展》這樣通論性質的文字，因此到了一九八〇年，已經出版了《中國知識階層史論》的余英時，這樣的學術轉變順理成章。[2]

也就是從這時開始，余英時系統思考了何謂「知識分子」，進而在此基礎上提煉出了「知識人」

的概念，並且在多種文章和多次訪談中對此概念加以確認和強化。毋庸置疑的是，對於胡適思想的考察，乃至於對於陳寅恪晚年詩文的考證，乃是觸發余英時對於「知識人」這一概念加以闡釋的重要動因。尤其是余英時在一九八〇年出版《中國知識階層史論》的扉頁上鄭重寫下「獻給先父協中」，更凸顯了這部著作在余英時學術歷程上的重要地位。[3]

三聯書店二〇〇一年出版余英時作品系列，專著部分挑了三種，分別是《方以智晚節考》、《論戴震與章學誠》和《朱熹的歷史世界》，恰好代表了余英時知識分子研究的三個階段。二〇〇四年《余英時文集》出版，專門有兩卷牽涉到知識分子這一論題，分別是《中國知識人之史的考察》、《現代學人與學術》，在此之外，余英時尚有《士與中國文化》、《知識人與中國文化的價值》、《未盡的才情：從《顧頡剛日記》看顧頡剛的內心世界》等一系列研究知識分子的專書和論文集，種種證據皆可表明，知識分子研究在余英時整體的研究中占有重要地位，某種程度上而言甚至是占有核心地位。

而胡適研究在余英時所考察的所有知識分子中，別有一番深刻意味，不僅僅是因為胡適和其父親余協中曾經會面，胡適日記中曾評論過年輕時代的余英時，而是余英時通過對於胡適歷程的考察，重新審視了這位在近代中國歷史上尤其是在民國史上影響力獨一無二的知識分子，因而提煉出民主、自

1 《東方早報》，二〇一一年十二月十六日。
2 參見本書附錄，馬子木、周言輯：〈余英時先生著述繫年要目〉。
3 參見余英時著：《中國知識階層史論（古代篇）》，聯經出版社，一九八〇年版。

由等核心價值為何在近代中歷史上屢次遭受波折，屢屢面臨困境，胡適的境遇，就是民主、自由等核心價值在中國近代史上的境遇。有趣的是，在為《胡適日記》寫序之後，余英時還應邀為《顧頡剛日記》寫序，詳細考察了顧頡剛在一九四九年之後的遭遇，恰好與《重尋胡適歷程》相對照。

至少在八〇年代初，余英時還一直使用「知識分子」這個稱呼，余英時在《中國知識階層史論》一書的序言中說：「二十多年來，知識分子的問題一直是我個人治史生涯中的一個重點，因此中國知識分子的歷時性格之形成及其流變便自然而然的構成了本書的中心系統。以研究的取徑而言，各篇大抵都偏重在社會史與思想史方面，尤著眼於兩者之間的交互影響的所在，知識分子的主觀憑藉在思想與學術，其客觀功能則與社會結構密不可分，只有主客觀兼攝才能使我們確切的捕捉到中國知識分子的傳統特性之所在。」[4]

在此之後，余英時對《中國知識階層史論》加以增補，在大陸以《士與中國文化》出版，一時間洛陽紙貴，王汎森在一次演講中提及，葛兆光教授曾經告訴他，《士與中國文化》一九八七年在上海出版後引起很大的震動，當時葛教授一位「半通不通」的朋友，連封面也沒看清楚，就興高采烈地跟他說「最近剛讀了一本精彩的《土與中國文化》」。[5] 葛兆光的話雖然只是笑言，但是可想而知當時余英時此書的轟動程度。

余英時在《士與中國文化》一書中序言中稱：「這部《士與中國文化》集結了八篇歷史研究的專論，其主要的物件都是『士』。中國史上的『士』大致相當於今天所謂的『知識分子』，但兩者之間又不盡相同，為了尊重歷史事實，這裡依然沿用了『士』的舊稱。」[6] 此時余英時已經開始使用『士』這個概念；二〇〇三年《士與中國文化》再版，余英時又增補了〈宋代士大夫的政治文化概論——《朱子文集》序〉、〈士商互動與儒學轉向——明清社會史與思想史之面相〉、〈曾國藩與「士大夫之學」〉、〈中國知識人之史的考察〉四篇文章，昭顯了余英時此時已經明確把「知識人」這一觀念加以確立。

余英時從何時開始刻意強調「知識人」的這一概念，值得仔細爬梳，至少在九〇年代初余英時已經開始使用「知識人」這一說法，並且和「士」的概念加以辨析，余英時在一九九〇年發表的〈中國知識人之史的考察〉一文中指出：「春秋以前的『士』，『大抵皆有職之人』，這是因為在周代封建制度之下，『士』屬於貴族階級中最低的一層，『士』的地位是受到限定的，這一限定性可以從三個方面來說：以社會身分而言，限定在封建貴族階級之內；在政治方面，限定在各種具體的職位之中；在思想上則限定在詩、書、禮、樂等王官學的範圍之內，在這三重限定之下，『士』自然不容易發展出一種超越的精神，使他們可以全面而系統地對現實世界進行反思和批判，所以春秋以前的『士』還不能算是『知識人』（intellectuals）。」[7]

余英時在此基礎上認為：「現代觀念中的『知識人』，必然同時也扮演社會批判者（social critics）的角色。」余英時繼而在一九九一年發表的〈知識分子的邊緣化〉一文中對「士」與「知識

4 余英時著：《中國知識階層史論（古代篇）》，第一—二頁，聯經出版社，一九八〇年版。
5 王汎森：〈史家與時代：余英時先生的學術研究〉，《書城》，二〇一一年第三期。
6 余英時：《士與中國文化》，第一頁，上海人民出版社，一九八七年十二月版。
7 余英時：《士與中國文化》，第六〇三頁，上海人民出版社，二〇〇三年版。

分子」之間的歧異加以辨析，余英時指出：「中國傳統的士大夫（士）今天叫做知識分子。但這不僅是名稱的改變，而是實質的改變。這一改變其實便是知識分子從中心向邊緣移動。在中國傳統社會結構中，『士』號稱『四民之首』，確是占據著中心的位置。但是進入二十世紀，中國的狀況發生了劇烈的變化，『士』已從這一中心地位退了下來，代之而起的是現代知識分子。」[8]

余英時在接受《時代周報》的採訪時曾言：「『知識人』這個名詞是我現在提倡的，第一次是二〇〇三年上海人民出版社《士與中國文化》第二版，我在序裡提出這個問題。以後我就盡可能用『知識人』，而不用『知識分子』。原來我也用『知識分子』，那是隨俗，因為語言應該隨俗。但我現在覺得這是一個問題……西方用『intellectuals』，就是知識人，日本人也用『知識人』。我給日本學界寫過一篇文章，用的是『知識人』這個名詞。我的意思是人的地位要受到尊重，我要恢復人的尊嚴。」[9]

因此余英時對於「恢復人的尊嚴」這一點尤其重視，余英時指出：「中國對人權是一樣尊重的，在王莽時代有詔令，不能買賣人作奴隸，這比西方還進步，西方整個古代以至早期基督教都視奴隸為當然。辛亥革命以後中國知識人便自覺地努力，想作進一步的開放。追求民主，便是承認每一個人都有『人的尊嚴』。儒家早已有『人皆可以為堯舜』的觀念，這一思路在現代與追求民主、自由、人權的大潮流匯合了起來。」[10]

也正是因為如此，二〇〇六年余英時榮獲克魯格獎，在演講中余英時尤其強調：「作為一個術語，『人權』是西方特有的，在傳統儒家的話語中不存在。但是如果我們同意聯合國一九四八年的共同宣言中關於『人權』的界定，即人權是對共同人道和人類尊嚴的雙重承認，那麼我們也完全可在不使用『人權』這一西方術語的情況下來談儒家的『人權』理念。」余英時進而指出：「如果歷史是一種指引，那麼中西文化之間在基本價值上似乎存在著大量重疊的共識。中國的『道』畢竟就是對共同人道和人類尊嚴的承認。我比以往任何時候都更堅信，一旦中國文化回到『道』的主流，中國相對的一系列問題也將隨之而終結。」[11]

而後在二〇〇八年余英時前往台灣之際，他抱病在政治大學、中央研究院、中央大學做了三次講座，講稿以《人文與民主》為題結集出版，這三篇講稿，基本上都是圍繞「人文」這一主題展開，在政治大學講題名為「台灣人文研究之展望」，在中央研究院講題名為「國學與中國人文研究」，在中央大學講題為「人文與民主」，體現了其對於「人文」、對於「人」這一論點持續的關注。[12]

而縱觀余英時的一生，其早年通過一個書寫政論的青年知識分子登上歷史舞台，隨後轉身進入學院，在象牙塔中成就學術名山業績，但是他卻沒有躲在象牙塔中，而是深度參與到當代中國的一系列重大歷史事件中，重申了其少年時代確立的對於民主、自由等一系列理念的信仰，對於當代中國頻頻發聲，真正的踐行了一個有尊嚴的知識人的歷史使命。

---

8 余英時：〈中國知識分子的邊緣化〉，《二十一世紀》，一九九一年八月號。
9 《時代周報》，二〇〇八年十二月廿一日。
10 《時代周報》，二〇〇八年十二月廿一日。
11 余英時：〈克魯格人文獎授獎詞〉，何俊譯，二〇〇六年。
12 余英時：《卮言自紀》，第二五六—二五七頁，北京大學出版社，二〇一二年四月版。

後記

此書事出偶然，之所以為傳主寫傳，乃是受了周質平先生的鼓勵，有一次在北京和周先生吃飯，談到余公，周先生問為何至今沒有人為余英時先生寫傳，周先生和余公是多年的同事，並且主編有《國史浮海開新路：余英時教授榮退論文集》，所以我冒昧的開始動手寫，展現在讀者面前的，是第一本余英時先生的傳記，是用心之作，當然也是「有進步空間」的。

記得幾年前我去武漢，承蒙朱英先生安排，曾經和章開沅先生在武漢東湖賓館暢談了一個下午，當時的議題主要是圍繞著辛亥革命，當時我即將赴美，其中的一個安排就是去拜訪余英時先生，當時章先生得知我去美國，忽然提到了他曾經在普林斯頓大學和余英時先生過從甚密，我知道章先生是史學耄儒，但是不知道兩人認識，而且私交甚篤，章先生回憶一九八九年後他去美國，曾經在普林斯頓逗留了很長一段時間，當時局勢不穩，由於章先生地位很高，許多政治組織找到章先生希望他能加入或者簽名之類，但是統統被余英時先生「擋駕」，因此幾年後章先生得以回國安享晚年。章先生原話我已記不大清楚，但是其中對於余先生的感激之情，至今想起來還在眼前。

那之後不久，我在大雪剛剛消融的普林斯頓見到了余英時先生，正如張灝先生所言，和余英時先生談天是非常大的樂趣，當時余先生所談從大陸到美國，從近代史到當代史，甚至談到了幾天前的時政新聞，後來我回到國內，依然不時看到余先生頻頻就社會問題發聲，除了定期接受自由亞洲電台專訪外，余英時還不時發表公開信，密切關注兩岸三地的政治變動，要知道余先生已經進入望九之年，此等古道熱腸，遠非吾輩所能及。

回到此書，由於英時先生此前曾經有多篇回憶文章，而且經熱心的彭國翔先生蒐集，已經結集出版，因此此書寫作基本上以余英時先生的回憶為中心，另外李懷宇先生對余英時先生做過多次訪談，而且採訪過余先生周遭人物，都留下了和余英時先生相關的材料，因此本書也以這些材料作為重要參考，同時引用多種史料加以佐證，其中有許多資料是第一次披露。比如余英時先生父親的家信，余英時在哈佛的老師楊聯陞的日記，還有以前未能被重視的余英時先生老師錢穆先生的書信，還有未刊行的徐復觀日記等等，包括散落各地的余英時先生自己的書信，筆者都一一加以搜羅整理，以期還原一個豐富的人物形象。

當然此書的缺漏也是在所難免的，比如傳主幼年的情況，只有傳主一篇回憶文章，而且余先生幼年時代的同學、朋友大多已經故去，所以「搶救」工作尤其重要，我曾經和余英時先生幼年時代的同學余德民先生多次談過余先生幼年時代的情況，對余先生的回憶文章做了補充和充實，結合余先生故鄉潛山當地的族譜、文史資料等材料，以還原余英時幼年所面臨的時代變動。而限於時空原因，許多存放在各個學校檔案館中有關余英時先生的史料也未能寓目，只能期諸來日。另外由於本書乃是人物傳記，並非學術評傳，因此對於余先生學術方面的成就，較少深入探討，以後將會寫專文研究。

毋庸置疑的是，余英時是二十世紀繼胡適之後最偉大的中國知識人之一，這一點已經從他的著作、言行等方面得以充分展示，這樣一個大人物由我一個後生小輩來寫傳，似乎不大合適，後來我想到，胡適的第一本胡適傳記也是由名不見經傳的胡傳楷寫的，而且出版與一九四一年，在胡適生前近三十年前便已經問世，想想倍覺釋然。我輩也不敢謬託知己，只能如胡適之先生所言：「做了過河卒子，只能拚命向前。」

此書若干章節得蒙董橋、林道群二位先生關照，在《蘋果日報》刊發了一些章節，影響頗佳。《南方周末》、《南方都市報》刊發了若干章節，謹向劉小磊、戴新偉、等幾位仁兄致謝，香港中文大學陳方正教授曾經就刊發在《南方周末》上的〈余英時與中大改制風波〉發表意見，使我受益無窮；台灣《傳記文學》刊出書中關陳寅恪先生兩章，張求會兄曾來信表示鼓勵；〈余英時的父親余協中〉發表時，蔡登山先生來信，指出「松雪女士」乃是張競生先生夫人，實在出人意料，陳懷宇兄讀後撰寫了一篇補正，為筆者提供了一些外文材料，彌補了原稿中的不足，謹此致謝；楊繼東先生提供了黃仁宇先生的博士論文，陳正茂先生提供了余英時先生早年在《自由陣線》雜誌發表作品等情況，盛情可感；康淩、薛天陸代為查找西方學術刊物關於余英時先生著作的書評，尤為感謝。馬子木兄費力編輯了〈余英時先生著述繫年要目〉，我略加修訂，承蒙慨允收入書中，增色不少，致謝或掛一漏萬，敬請見諒。

周言

二〇一四年五月廿日

時隔七年多，余英時先生去世，重新審視這份書稿，依然有可提升的空間。由於書稿寫成後，《余英時回憶錄》和《楊聯陞日記》逐漸流傳，本擬再根據這兩份材料再改寫，但是已無心情，只能稍加增改、補寫一章，由於我已經寫過悼念余先生的文章，以及楊聯陞日記中有關余英時先生的文章，所以附在書後，作為參考。

再次痛悼余英時先生。

周言

二〇二一年八月十四日

附錄

楊聯陞日記中的余英時

一

最早知道楊聯陞日記是看周一良先生的文章提到，那篇文章涉及到楊聯陞和趙儷生的那次著名的電話衝突，周先生引用了楊聯陞日記，表明當時楊先生的精神狀態不好，並非故意針對趙。記得我讀研究生的時候，《書城》發表了一篇王汎森先生在復旦的一次演講稿，當時朱維錚先生還健在，是他提議王講一講他的老師余英時先生。王汎森在演講中提到了楊聯陞日記中早年常有對余英時先生的贊許，但那時候很少有人知道楊聯陞日記藏在哪裡。

二〇一一年我曾在哈佛燕京圖書館翻閱過楊聯陞日記，但是那時候我的興趣在陳寅恪身上，日記只是隨便翻翻其中涉及到陳寅恪的內容，尤其是五〇年代陳寅恪留在大陸後楊聯陞日記中的相關記載，當時隨手記在幾張紙上，但是後來沒有寫成文章，搬家的時候也找不到了。這幾年因為寫《余英時傳》的緣故，對於楊聯陞先生尤其留心，楊聯陞是余英時先生在哈佛讀書時期的老師，也是除錢穆之外對余英時影響最大的老師，楊聯陞日記中，對余英時先生從在哈佛讀書直到在哈佛執教的這一段時間有詳細的記錄。

這兩年葛兆光先生連續發表了兩篇關於楊聯陞日記的文章，引起了學術界對於楊聯陞日記的關注，葛先生的文章提綱挈領，聚焦於楊聯陞回國這件事，以及楊聯陞在美國學界的種種處境，影響很大，以至於沒有讀過楊聯陞日記的楊聯陞孫輩都專門去請教葛先生。但楊聯陞日記的內容實在是太豐富，非一兩篇文章所能概括，所以我今年特意花了一個月時間待在哈佛燕京圖書館，仔細抄錄了一些內容，以供同好批評。

首先要說楊聯陞日記的來源，有關這件事，最有發言權的是原來在哈佛執教的陸惠風先生，我在波士頓的朋友薛天陸交遊廣泛，他雖然和陸惠風先生不熟，但卻知道號碼，我們挑了一天晚上特意跑去陸先生家玩。陸先生就住在楊聯陞晚年寓居的Arlington（即楊聯陞文章落款經常會寫的阿令屯），陸先生很熱情的接待了我們，陸家有幾件鎮宅之寶，有兩件是陸先生結婚的時候錢穆先生寫的字，還有一件事楊聯陞過壽的時候楊先生自己畫的畫，余先生寫了很長的賀詩。另外一件別的人不大感興趣，但陸先生視為珍寶，是曾克耑先生的墨寶，因為陸先生早年曾在新亞書院就讀，受業於曾先生，而曾先生的墨寶，沒有像錢穆先生的這麼多。但即便是這樣，很多陸先生的同門都沒有錢先生的墨寶。

當天陸先生談了很多有關楊先生的內容，讓人印象深刻，陸先生當年到哈佛讀書，擔任楊聯陞先生的助手，那時候大約是七〇年代末，余英時先生剛離開哈佛去耶魯執教，而楊先生的精神病時常發作，因而許多的課都是陸惠風代的，按照慣例，陸惠風畢業之後是不能留在哈佛的，但那時候楊聯陞並沒有物色的合適的「接班人」，據陸先生說，余英時走後楊先生曾經邀請過何炳棣，而且也考慮過加州大學聖芭芭拉分校的陳啟雲（陳啟雲同樣畢業於新亞書院，是錢穆先生的學生），但是最終何、陳都沒有到哈佛教書，而陸本人也沒有完全在學術這條道路上走下去，因為陸先生的父親生病，需要陸先生回家照料家業，因此陸惠風也離開了哈佛。楊聯陞去世後，楊太太繆宛君女士將日記交給了陸惠風保管，但陸深感責任重大，而且楊家家事複雜，所以和余先生商量，最終將日記交給了中央研究院歷史語言研究所，當時陸惠風先生專門請人複印了兩份，一份自己保存，一份留在了哈佛燕京圖書館。

留在哈佛燕京圖書館的楊聯陞日記，並非像普通的書那樣隨借隨還，而是需要提前預約，大約兩天左右從存放日記的一個書庫裡調到燕京圖書館，日記分兩個箱子盛放，裝得滿滿當當，由於時間有限，我沒有細看四〇年代的部分，而是一天一本，把五〇年代到七〇年代的大體上過了一遍，當然這仍然是浮皮潦草的。楊從四〇年代就開始有意識的寫日記，而且他的日記很明顯不像胡適日記那樣是準備發表的，因此有時候寫的並不認真，只是隨手記幾筆。另外一個特色在於，楊先生日常日記的不細，很多時候每天只記一頁，但是一旦外出，日記上寫的密密麻麻，比如他去日本、台灣或者歐洲時，日記裡記載的非常詳細。而另外一點在於，楊先生的日記經常有缺漏，因為他有很嚴重的精神病，時常犯病，有時候日記是空白，而他不犯病的時候會回頭翻看日記，隨手補充幾筆。我的閱讀經驗是，如果有一頁日記總體上字跡較淺，而有的地方和全文距離較大且墨蹟較深，一般情況下可以認為是補記。另外有的時候在頁眉或者其他邊角的地方隨手寫了幾筆，也可以認作是補記，而這些字跡通常歪歪扭扭，可以看得出病痛對楊先生的折磨。

二

楊聯陞日記從總體而言，很像魯迅的日記，魯迅的日記裡經常記買了什麼什麼，花了多少多少錢，楊聯陞日記裡記載的最多的估計是吃飯，花了多少多少錢，研究經濟史的學者似乎可以動動腦筋。最有意思的是，當時許多在哈佛的中國留學生常到楊家聚餐，楊先生的日記裡經常會記載誰誰誰帶了什麼菜，沒有帶的也記下，比如余英時有一次就沒帶，楊日記裡記「余英時未帶菜」。而吃飯之外，最常記載是打牌和唱戲，其中打牌居多。比如一九六二年十二月二十八日記載：「余英時、侯健來打牌，十二圈又三圈，最後宛君海底撈月，八餅成平和缺一門清龍滿貫，甚為得意，結果侯獨勝兩元，甚平和也……又在牌桌上唱戲，竟不覺累。」

另外楊聯陞日記對於現在許多學術界的疑問能夠得到解決，高恒文曾在一篇論文中提到余英時五〇年代中後期寫作關於魏晉的文章，時賢均未提及，唯獨王瑤例外，曾徵引多處，高恒文沒有給出解釋，其實看楊的日記就明白，很明顯余是受到了楊的影響，比如一九五五年一月五號楊聯陞記：「看王瑤《中古文學風貌》，有欠清晰處。」一九五九年十一月七號記：「余英時交來〈魏晉士大夫之心理自覺〉（中文）一篇，余答應周末看。」第二天楊在日記中寫道：「看余英時文，頗可取，為之改細節及措辭欠妥若干處（此文一部分又作論文），其中文較之台灣來諸生遠勝也。」

另外有一點葛兆光先生在文中曾提到，「之前我們不清楚陳寅恪的《論再生緣》是怎麼流出去的，流出去的是什麼樣的油印本，現在看楊聯陞日記就知道了。余英時曾把『友聯盜印的陳寅恪談再生緣』借給了楊先生，而這個友聯盜印本，就是余先生出的錢。」但葛先生這個論述是不準確的。楊日記裡確實提到了《論再生緣》，但楊所看到的本子，並非從余英時手中獲得。因為楊聯陞日記裡明確寫到過，一九五六年八月三日日記記載：「作書與李濟之，論聘為通訊研究員……索陳寅恪《論再生緣》油印本。」八月二十六日日記記載：「收到史語所集刊第二十七本，嚴耕望《唐僕尚丞郎表》及陳寅恪先生《論再生緣》。」可以確定楊最早讀到的版本來自於中央研究院。而葛兆光先生引用的這段話，已經是一九六一年了，一九六一年一月三十號日記記載：「余英時來……取去友聯盜印（余英時出錢印）陳寅恪《論再生緣》。」

事實上兩年前宗亮曾發表〈《論再生緣》究竟何時流傳海外〉一文已經對此作了詳細的探討，宗亮引用了兩封信，都來自於《胡適楊聯陞往來書劄》。一九五六年八月十日，楊聯陞寫道：「周法高說，台灣收到過陳寅恪先生《論再生緣》一篇長文，討論彈詞，本是油印的。後來史語所與台大又油印若干份，我很想看看，已經寫信向濟之先生去要一本，不知您曾見此書否」。九月八日楊氏在另一封信中又說：「《論再生緣》已經收到了，很有趣味。另《集刊》一冊、《唐僕尚丞郎表》四冊，已寫信去給濟之先生。」

對照楊聯陞日記中的相關記述可以知道，一九五六年八月三日，楊聯陞給李濟寫信索要陳寅恪《論再生緣》油印本，八月十日，楊聯陞寫信給胡適言及已經向李濟要了一本，並且問胡適看沒看到，八月二十六號楊聯陞收到了李濟由中研院寄來的陳寅恪《論再生緣》以及史語所集刊和嚴耕望的著作，九月八號楊聯陞給胡適回信明確表示讀過了《論再生緣》，「很有趣味」。

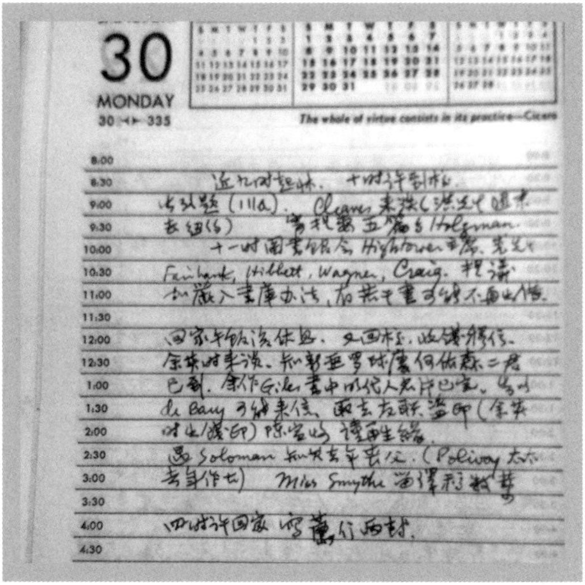

楊聯陞日記有關余英時記載，提及香港翻印陳寅恪《論再生緣》。

余英時曾在文章中自承讀到《論再生緣》油印本已經是一九五八年的秋天，比楊聯陞晚了兩年，據我向余英時先生求證，他讀到的版本來自於台灣中央研究院，隨後由他出面向香港的司馬長風提出由友聯出版社出版。我猜測楊借閱余英時的友聯出版社的版本，很可能想對照有無出入，因為是原文排印，並無出入，楊聯陞在日記中也就沒有就友聯出版社的版本發表任何評論。另外補充一句，我曾經在台灣翻閱過俞大維的藏書，在其中找到過兩種版本的盜印本，可以印證台灣大學和中央研究院分別根據最早的油印本進行了翻印，如今油印本已成稀世奇珍，極為少見。

楊聯陞對於陳寅恪的念茲在茲，五〇年代尤為明顯，一九五六年六月蕭公權發表〈評陳寅恪《元白詩箋證稿》〉，其實與楊聯陞有著莫大的關係，一九五五年八月二十九日楊聯陞日記記載：「收蕭公權信，知因病（小手術二次）未能寫成《元白詩箋證稿》書評。」該年十月，楊聯陞在日記中記載：「重讀陳寅恪師《元白詩箋證稿》。」但日記中沒有記載楊所讀到的版本是一九五〇年嶺南大學出版的版本還是一九五五年文學古籍刊行社的版本。《元白詩箋證稿》是陳寅恪一九四九年之後在大陸出的第一本書，一九五五年的楊聯陞可能沒有想到，後來陳寅恪的著作真如陳寅恪本人所說的那樣：「蓋棺有日，出版無期。」

三

我對日記中最感興趣的內容，便是其中關於余英時先生的記載，王汎森、葛兆光都曾經提到，楊聯陞日記中有不少對於余英時先生的誇讚，但我的閱讀經驗是，楊聯陞日記中對於余英時早期的記載，其實並不全是誇讚。余英時先生曾經寫文章回憶過自己第一次見楊聯陞是一九五五年十月的一個晚上，可能是我讀日記讀的不細，我並未在楊聯陞的日記中找到相對應的記載。我找到的較早的一條記錄是一九五六年一月十三日，當天楊聯陞在日記中記載：「張鏡湖陪俞（余）英時君來坐，云東漢社會一文尚未完成。問其前人著作，竟全無所知，只好加以誥誡。又談請獎學金事，余說無妨一試。」一周後楊聯陞日記中記載：「午後在校檢書，余英時君送來文稿，注重兩漢間士族大姓，觀念不夠清楚，又有數處甚欠謹嚴（下語隨便），略說後即還之。同時由學生桌上取《清華學報》與余東漢的豪族文。」雖然開始的見面不大愉快，但余英時慢慢的也和楊聯陞熱絡起來，三月十七日，楊聯陞日記中出現了余英時參加了其家庭聚會的記載，該年七月，楊赴英國開會，八月份日記中有關於同張鏡湖余英時打牌的記載。而後的一九五七年日記由於楊聯陞在外遊歷，先後從日本到台灣香港，因而對余英時的記載較少，只有唐君毅來哈佛時，有楊請余代為約請吃飯的記載，而後在一九五八年、一九五九年的記載較多。

一九五八年二月哈佛開學，余英時和勞延煊（歷史學家勞榦之子）、張春樹選修了楊聯陞的課，我在哈佛燕京社查到了當時的課程資料，課程代號二一一，另外一個課程是上古史，代號三〇〇，我在學生名單中發現了Paul Cohen的名字，他便是著名的歷史學家柯文，當時算是余英時先生的同學。這些課程正式選修者很少，許多都不到十人，少則兩三人，但即便是旁聽，有時候也要交報告。余英時選修的這門課講的較雜，從《原道》、《水滸自序》一路講到《治家格言》、《老殘遊記》，頗符合楊聯陞「雜貨鋪」的自詡。而這一年余英時在楊聯陞的心目中有了長足的進步，在日記中經常有評議論文「余英時最佳」的記錄。但此時楊聯陞的精神病又發作了，該年十一月十二月，日記記載很少。而一九五九年余英時開始寫博士論文，不時向楊聯陞請益，因而有「其中文較之台灣來諸生遠勝也」的讚譽。

一九六〇年二月，余英時開始博士資格考試，我在哈佛燕京社的文件中找到了該次考試的記載，余英時在二月二十三日下午開始考試，考官有楊聯陞、史華慈等，科目有中國早期史、近代史、文藝復興等，余英時除卻文藝復興一門課成績不大理想外，其他都不錯，順利通過考試。該年四月錢穆來美，楊聯陞日記中經常有和余英時陪同錢穆演講、聚餐、茶敘的記載。

此楊聯陞日記中關於余英時的記載還有極為有趣的一點，余英時經常借給楊聯陞武俠小說看，比如該年八月三日，楊聯陞在日記中記載：「午後余英時送來小說《神雕俠侶》。」十月又記載：「三時余英時來談，送來《神雕俠侶》（十三—十六）。」後來余英時還曾經借給楊聯陞《白髮魔女》一書。

另外我在一九六〇年的楊聯陞日記中還發現了一樁沒有解決的公案，我也沒有找到更多的材料，也沒有詢問過余英時先生本人，只能暫時存疑。「余英時來談財政部來其家取去乃父所藏畫及乃母首飾（同在保險箱），幸在紐約友人處數畫未動（XXX為介紹律師，幫忙索回），又方召麐已逃回香港（先已簽字承認偷運畫件入口）。」方召麐是著名的畫家張大千的得意弟子，此次偷畫風波，我沒有找到任何其他的文字材料可供佐證。但楊聯陞生前寫日記絕非為了發表，應該不會是空口無憑。

四

楊聯陞日記在一九六〇年代，有關余英時的記載大致集中在頭三年，因為這三年包含余英時從寫博士論文到畢業找工作這兩件大事，因而我特意細看了一遍，也看到了之前沒有留意到的一些材料。一九六〇年十二月六日，余英時正式和楊聯陞就博士論文選題開始商談，暫定以《太平經》為題，後在十二月二十二日予以確定。一九六一年三月二日，楊聯陞日記中記載：「余英時又來談論文（恐其枝蔓），余語下半年有做teaching fellow可能，尚不知昨日開會如何決定也，勸其先趕論文。」次日日記裡又記載與系裡商談余英時和張光直teaching fellow之事。如此往復十餘次，一九六二年一月三日，余英時上交論文，費正清正式確認，余英時的論文「可免大改」，費大人一言九鼎，基本上判定了余英時能夠順利畢業。

而就在此同時，找工作也排上日程，按照原來的約定，余英時應該返回新亞任教，但余英時本人希望留在美國，一是因為事業上的發展，第二因為其全家都已經移居美國，需要照顧雙親及弟弟。楊聯陞也積極為余英時聯繫哥倫比亞大學，哥倫比亞大學有意以丁龍講座教授聘請余英時。一九六一年四月四日，楊聯陞收到錢穆來信，「對余英時事原則上贊同，但云有小困難。」四月六日，「余英時帶來錢賓四信，仍希能先回去一年，否則到哥大後一二年再請假一年。主要仍是移民問題，錢在月會報告，以丁龍講座宣傳，實在欠妥。諸事尚待商定也。英時即寫信請其在月刊登載時口氣改善。」

丁龍講座教授是哥倫比亞大學漢學系傑出的榮譽，這個講座由華工丁龍捐出一生所得設立，當時余英時曾經寫信給錢穆告知相關情況，錢穆在月會上予以宣傳，流布甚廣。我在新亞書院圖書館曾找到一份當時的《新時代》雜誌，便曾經就此時做出報導，報導中稱：「哥大幾經考慮，從年老一輩的考慮到年輕一輩的，結果竟決定有意請香港新亞書院的第一屆畢業生余英時君去擔任。余君年事輕，資歷淺，當然不能直接當丁龍講座的主持人；但他們決把此講座虛懸著，待余君到哥大任教幾年後，再正式任此講座。余君現在哈佛大學攻讀博士學位，功課很好，今年就可得到博士學位。原來已徑答應學成回香港新亞書院任教，現在哥大方面既有此計畫，他便寫信回母校徵求錢院長的同意錢院長曾經在本年三月二十七日新亞書院的第三十九次月會上報告哥大準備請余英時君擔任此項講座的消息。他說還未復余君信，但他認為無論余君去不去，這究竟是新亞的光榮。」

錢穆在新亞書院的月會上報告了余英時尋找教職的新動向之後，給余英時寫了信，信中極為贊成余英時去哥大任教，但也希望余英時回港：「穆之對弟去任丁龍講座教授一缺，心下萬分歡暢，盼弟自省徑直商定，勿多顧慮。惟為學校計，弟若能於秋間返港，任課一年，再去哥大，則最為上上辦法。因弟之允諾歸來，穆已屢屢言之不止一二十次，此刻穆將關於丁龍講座之意義強調說明，贊成弟去膺此職，在校師生同深歡忭。但此後學校陸續有人派至美國或英國進修，仍必有期滿必返校服務一約束，而弟先已不克履行在前，萬一此後有人援弟為口實，一去不返，則似乎此例乃弟開之。穆所心中躊躇者惟此而已。」這封信，便是余英時帶給楊聯陞看的信。

這其中一系列的過程，在楊聯陞日記中都有詳細的記載，一九六一年三月十四日，余英時到楊聯陞處，「出示De Bary（狄百瑞）信，希望去講一次。」三月十六日，楊聯陞收到了蔣彝的信「告知哥大討論請余英時及夏君情形。」四月十九日，余英時到楊聯陞處，彙報其在哥倫比亞大學演講的情況：「余英時來，言其在哥大演講相當成功，討論甚長，住啞行者處，蔣亦甚稱讚。」啞行者即蔣彝。但後來不知為何，此事忽然生出變故，以至於楊聯陞親自寫信向狄百瑞抗議，一九六一年六月十九日楊聯陞日記記載：「作書與De Bary問余英時事，希望能做公平決定。」隨後在二十七日的日記中楊聯陞記載：「十時半余英時來看De Bary信，及余覆信稿。」此事因此告一段落。我曾經問過余先生具體的細節，但是由於年代久遠，余先生自己也記得不大清楚，但他對錢穆先生在月會上的演講印象很深，專門到書房裡拿了一本《新亞遺鐸》上的文章指給我看。

而找教職的變故，在錢穆的書信集《素書樓餘瀋》中也有記載，當時余英時寫信給錢穆稟明情況，錢穆回信稱：「竊意學術界之風氣，必須有老師宿儒德高望重者主持在上，始可以激濁揚清主持公道，否則必走上朋黨奔競爭名奪利之路，並不能與其他世俗情況有異常，美國人研究漢學，大抵尚是淺嘗速化，一知半解。善活動即據要津，較為沉潛自守，即可被摒一旁，與國內學術界實無甚大相異，來函云云，亦非意外，與其傾軋排擠在後，尚不如早露端倪在前，尚可多做考慮。鄙意就哥大事，最多的事相半，以前所以不直言相勸，一則已有定議，二則默體吾弟堂上之意，似乎都願弟再留彼邦，因此未相勸阻，今既有此變，盼弟安靜待之，若哥大仍以前議相邀，自當仍踐宿諾。若哥大決變前議，弟亦當再自斟酌。」

沒有順利找到教職的余先生並沒有消沉，一九六一年九月二十六日，楊聯陞日記中記載：「余英時來問有事否，告以可做上古或中古近代史英文書目（注重近二十年新書）。」十月二十四日，楊聯陞日記記載：「電余英時，催書目。」轉折出現在一九六二年一月三日，當天楊聯陞日記記載：「余英時來談論文，云接Feuerwerk（費維愷）信。與baxter談多半不去台灣及韓國以避免過勞。」日記中提到的這封信，極有可能與余英時去密西根大學執教有關，而費維愷也是哈佛的畢業生，曾經直接受教於費正清和楊聯陞。而後余英時確實在密西根大學找到教職，一九六二年八月三十一日，楊聯陞日記記載：「午後到校查書，余英時來還書。」下午五點半又記：「余英時來辭行。」隨後在該年十月三日，余英時給錢穆告知此事，錢穆當時沒有勉強余英時回港，回信祝賀余英時找到教職。但即便余英時離開了哈佛，楊聯陞對其依然心心念念，一九六五年芝加哥大學、哥倫比亞大學相繼來請楊聯陞去執教，承諾高薪及其他特殊待遇，哈佛方面對楊聯陞出面挽留，挽留所開的條件之一，便是請余英時回哈佛任教，隨後余英時在一九六六年返回哈佛執教，此乃後話，按下不表。

（楊聯陞日記的某些英文人名，承蒙陳懷宇教授辨認，謹此致謝。）

余英時先生最後十年的點滴追憶

一

余生也晚，所以見到余先生的時間也晚，大約是在二〇一一年的十月分，當時我在哈佛大學訪問。來美國之前，我向一位記者朋友要了余先生的電話，到了波士頓以後，給余府打了電話，因為事先怕吃閉門羹，我特意請余先生的一位老朋友幫我打了個招呼，說是有一位小朋友想去看余先生，余先生聽說了我的來意，知道我其實是粉絲來看偶像，也就原諒了我的莽撞，很客氣的和我約了時間。大約是十月底，薛天陸兄開車送我去余府，後來每次到東岸余府拜訪，薛天陸兄都是隨行者，而且我在國內的時候，許多寄給余先生的信件、書籍，包括余先生回贈我的一些書籍、文章抽印本，都是薛天陸兄代勞轉寄的，天陸兄曾和我笑言，他雖然是我帶去見余先生的，但是他見余先生的次數比我多得多，這是實話。

由於之前已經看過很多余府內外的照片，所以對余家的格局，我進門即有一種「驗證」的感覺。屋外一大片竹林，有一個金魚池，上面蓋著漁網（怕梅花鹿偷吃和魚跳出池塘）。後來去的幾次，我發現余先生家後面常有梅花鹿出沒，余太太說梅花鹿經常把他們養的花吃掉。進門左前方是一個上二樓的樓梯，樓梯的後面靠窗，便是余先生的「小書齋」。右轉是一個客廳，客廳對面有一排櫃，放著一些紫砂壺等擺件，邊上一面牆掛著邢慕寰先生的書法。人們熟知的余先生岳父陳雪屏先生的對聯「未曾小隱聊中隱，卻恐他鄉勝故鄉」，便掛在這一排櫃子轉角的牆上。客廳側面的牆上星光燦爛，掛著溥雪齋的幾幅小畫，有幾張是陳雪屏先生的舊藏，還有俞平伯的小楷，內容是《紅樓夢》中的〈好了歌解〉，還有張充和的〈黃州寒食帖〉等等。後來去的一次我發現牆角有一張于右任寫給余先生的書法，放在字畫缸的後面，寫的非常之好，上款是「英時教授」，時間是六〇年代初，大約是余先生去密西根大學的時間，于右任是一九六四年去世的，也就是說，這幅書法是去世前幾年寫的，又有余先生的上款，是極其珍貴的。

當天所談的內容，由於時隔十年，目前已經回憶不起來說些什麼了。但是余先生提到的兩件事，我印象很深，一件事是余先生問我在哪裡讀書，我答覆說在復旦，余先生說，復旦的校長楊玉良前段時間來和他聊過天，是葛兆光先生介紹的，楊校長的姿態很低，表示如果不願意見也沒關係，由於是葛先生介紹，因此他是給了面子的，而且來聊天的時候他發現楊還比較開明。在此之前，人大校長紀寶成曾經通過普大，希望來拜訪余先生，同時聲稱自己向中央打了報告，得到了批准（外界謠傳紀寶成直接給余先生打電話，且對此事添油加醋）。此事我後來覺得有趣，發到微博上，因而廣為流傳，知道的人不少，後來余先生居然得知，和袁偉時先生通電話的時候，戲稱周言不周嚴，請袁先生轉告我請我刪去，我自知失當，立馬遵命。另外一件事是余先生原來不知道自己在大陸影響那麼大，我去之前不久的夏天，川大一個姓何的本科生，不遠萬里，沒有人介紹，輾轉到普林斯頓，自己一個人摸爬滾打，到了余府在屋後觀望，被余先生發現後詢問，得知對方是專程來美國看望余先生的，讓余先生驚詫之餘也有些感動，余先生請他進屋坐了一會，並且送了幾本書，為其寫了一張書法。

我寫這篇文章的時候，特意諮詢了天陸兄，未曾想到時隔十年，天陸的電腦裡居然有這次聊天詳細的記錄，而且許多生活上的細節我都忘了，而天陸的記錄裡得以保存。比如剛進門的時候，由於我穿的是西服，且較為寬鬆，所以只解開了扣子便坐下來，而天陸因為身材特別高大，而且當天穿了一件很厚重的毛呢大衣，所以稍微有些局促，站在那裡，見天陸沒有落座，余先生特別客氣地說：「你把衣服寬寬？」天陸趕緊把大衣解開坐下。落座後余太太端來兩杯茶水和四個藍莓muffin，天陸一開始發現藍莓muffin是熱的，開始以為是買的放在微波爐裡加熱的，吃了才知道是現烤的，諮詢余太太後得到了肯定的答覆，天陸兄在記錄稿中說：「那真是我這輩子吃過的最好吃的muffin。muffin的cover硬，卻不似平時早餐muffin的生冷，是現烤出來的帶著餘溫的脆香，藍莓均勻遍布其中，輕咬一口，藍莓的嫩混著蛋糕的軟，配上muffin的硬頂，實是下午茶絕頂之作，記得即便星巴克裡賣的muffin，有時都不敢去咬那塊帶藍莓的地方，怕被立時酸到，但余太太的藍莓是一種柔和的香甜，第一次知道真正的藍莓muffin是一種什麼味道，混著飄著濃香的茶水，其美味莫可言宣。」

當天的談話是漫談，所以比較隨意，當時談到了已經生病住院的高華，我提到高華評職稱的時候，楊振寧居然到南大為高華說話，對高華頗多讚揚（後來得知是受陳方正先生所託），余先生開玩笑說，楊振寧的話不能算數，他又不是搞歷史研究的，怎麼運用材料，他不懂的，你們知道楊振寧最近說了一句什麼話嗎？他說：「現在是中國歷史上最民主的時期！」談到錢鍾書，余先生說：「他這個人的誇獎不能當真的，是給你灌迷魂湯的。讀書沒有像錢鍾書那麼細的，但是他的東西沒有給人思

筆者陪余太太陳淑平女士餵魚（二〇一九年）。陳方正先生看到照片後說：「他（周言）真有福氣，余府這個新的漂亮大魚池我沒有見過，從前那個小多了。」

想上的衝擊。」當時還談到潛山老家派了個代表團勸余先生回去的事，余先生把頭往右一努說：「當時還請了兩桌呢。」談到抗戰以後的局勢，余先生說：「共產黨當時是蘇聯人給他在後面撐腰，抗戰勝利後，蘇聯軍隊到東北不出來了，國軍最後只能接收幾個大城市，農村、鄉下都是共產黨的人。」

當時我還想繼續在美國讀博士，余先生說：「哈佛的近代史很好，普大的明清史很好，研究明清史，再看近代史就好研究了，很多東西是通的，因為研究明清史也要看近代史這些人的書，我當年上學的時候，就上國內上不到的課，哲學啊什麼的，國內可以學到的，回來再補，你們（這一代人）還是要把中國的學問傳下去，要看他們（國外的歷史學家）怎樣運用材料。」當時我和天陸聽余先生聊了很多時事，比如當時的陳光誠，余先生說：「一個瞎子，你動用地痞流氓來對付他，這個政府就無恥了嘛，勝之不武。」「我是一步步看著共產黨起來的，要說之前還有一絲希望，六四之後我是一點也不抱希望了。」談到台灣問題時，余先生說：「不能搞兩個中國，當時中華蘇維埃政府就是它最早搞的，中國傳統裡哪有蘇維埃嘛，道理都在它那，這讓人怎麼弄？」談到國民政府的「黃金十年」和大陸的改革開放，余先生說：「改革開放的錢都是美國、香港、台灣的人投資的，中國有一點和蘇聯不一樣就是有龐大的華僑群體，而且當時美國每年都給他最惠國待遇。」談到共產主義問題，余先生說：「很多都是語言上的問題，開始資本主義進來，大家都不喜歡，因為中國傳統裡就不喜歡大財主嘛，後來共產主義來了，大家以為無產階級就是傳統意義上的窮人，其實無產階級也不是無產的，那邊來了一個東西，我們用自己傳統的東西去接，肯定產生的東西就不對嘛。」余先生同時左手在上、右手在下做了一個對接的動作，進而再次強調：「所以很多東西其實就是語言（翻譯）的問題。」

當天的談話從兩點整一直到五點整，離開時我們請余先生在一些書上簽名留念，余先生知道我認識章開沅先生，特意簽了一本《史學研究經驗談》給章開沅先生，上款寫的是「開沅教授」，我問余先生您和章先生是老朋友，為什麼稱呼如此客氣？余先生說：「我怕給章先生惹麻煩。」余先生深諳世道人心，十年後也就是前幾個月，章開沅先生去世，我特意記下了這個細節。請余先生簽完名之後，我們在客廳拍了照，但是燈光太暗，我們又去了門外拍了幾張。

大約是第二年的夏天，我在北京的時候，見到普林斯頓大學的周質平教授，談到余先生已經八十冒頭，但是沒寫回憶錄，也沒有傳記，這和余先生的地位不相稱，當時我即萌發了為余先生寫傳記的想法，並且得到了周先生的鼓勵，後來在上海見面，周先生又一次提及此事。大約過了一段時間在北京，經過以前一位朋友的介紹，與北京鐵葫蘆出版公司的王來雨一拍即合，並且簽署了出版合約，當時王來雨主持出版了《梁啟超傳》，因為球星馬布里的意外宣傳，風行全國，交給來雨，我是很放心的，合同簽署不久，我便開始著手找材料，準備動手。

大約找了一段時間材料，安徽的一位朋友簡寧告訴我，可以代我介紹，去安慶潛山縣官莊鎮余先生的老家看看，我當然大喜過望。通過簡寧的幫助，我找到了余先生的一位小學同學，是當地的一位中學老師，名字我已經記不起來了，但是老人家極其熱情，知道我認識余先生，慷慨地把他編纂的余氏宗譜送給我，並且讓鎮上的幹部陪我去余先生原來住過的屋子參觀。當時故居還沒修繕，破舊不堪，但是氣象不凡。官莊鎮大部分的房子都在半山腰上，只有余先生家是在山腳下的平原上，遠離鎮區，背靠大山，面前是一個相當大的池塘，從風水上來說這是極其難得的。通過對余先生族譜的考察，我發現余先生這一家從余先生的父親余協中往上，幾百年間幾乎沒有人中過舉人，甚至連一個秀才都沒有，到了科舉廢除以後，余家接連出了余協中和余英時這兩位文曲星，這是非常了不起的。

在官莊鎮參觀的時候，我發現當地的統戰部門已經知曉我的來意。因為余先生是大人物，外地來人調查顯然當地要向上級報告，很快一位統戰部的幹部提出要見我，可能他覺得我和余先生很熟悉，不然不會不遠千里從上海到潛山。我在官莊鎮的時候，余先生的小學同學、包括家族裡的一位堂姪（也是中華余氏總譜的編纂者之一）都告訴我，統戰部門都曾經讓他們在統戰部的辦公室當著他們的面打電話，與余先生攀談，表達希望他回國參觀的願望，但都被余先生婉拒。統戰部門的同志找到我，表達了同樣的願望，我當即坦誠的表示，我和余先生只見過一面，沒有很深的交情，而且我是小輩，不方便打這個電話，統戰部門的官員也沒有難為我，後來也沒有聯繫。後來我和余先生聊起此

未修繕前的余英時先生故居（二〇一二年）

事，余先生告訴我，不僅是我，大陸官方曾經通過各種管道向余先生表達了希望其回來參觀的願望，但都沒有說動余先生，其中包括諾貝爾獎得主楊振寧。大約我從潛山回上海以後，余先生的故居被修繕一新，但是由於審美的落後和當地文化水平較低，故居被刷了大白牆，展示版也頗多訛誤，門口池塘邊立了一塊很大的石頭，寫著「余英時故居」五個字，極其難看，我是從當地的網站上看到的照片，自己也沒有再去過。

寫作的過程中我除了找到余先生家族的資料，還著重找了余先生父母的資料，余先生父親現在大家已經很熟悉，是一位非常有名的歷史學家，余先生的母親知道的人不多，余先生的生母張韻清女士在余先生出生的時候就去世了，余協中和第二任妻子胡芷青生有一子余振時（由於記憶不準，似乎還有一個妹妹余素安，我曾聽余先生及余太太提起過）。余協中先生的第三任妻子，尤亞賢女士，在翻譯方面卓有成就，早年畢業於東吳大學，後來在重慶和余協中相識並結婚，育有一子余英華，余協中和尤亞賢一直相伴到老。我第二次去余先生家的時候是二〇一四年，余先生提到了他這位母親，當時還在世，只是已經在養老院多年，不再見人。後來《余英時回憶錄》出版，我從書中知道余先生這位母親過世了，大約活了一百零六歲，晚年也住在普林斯頓，非常高壽。

作為寫余先生傳記的副產品，我蒐集了余協中先生的文集和尤亞賢女士的翻譯集，交給九州出版社出版，余先生當時為這兩本書寫了一個前言，前言中對我有一些謬贊，大意是我蒐集余先生父母的著作非常辛苦，「雖非全豹，但已得十之八九」、「站在人子的立場上，我對周言先生不但敬佩，而且由衷感激」，當時隨前言一起寄來的，還有余先生的一封信，信末附有他親筆撰寫的其父母的簡歷，以及對我編輯即將出版的《陳寅恪研究》的題字，用了一個很大的信封，由於怕寄丟，天陸兄親自從余家取來，回國時帶回給我。我看了前言，有一種當年余先生聽到陳寅恪先生讀到其文章稱許余先生「作者知我」時的那種感動，我無論為余先生做任何事，只要有這句話，便覺得一切都是非常值得的，若干年後看到王汎森先生專門談余英時先生的一場演講，引用了龔自珍的一首詩，說和余先生交往是「萬人叢中一握手，使我衣袖三年香」，我看到王先生引用的這句詩，感到了深切的認同。

大概是考慮到銷路不暢，我請余先生寫了個授權讓九州出版社和聯經出版社接洽，在九州出版社出版了《中國近世宗教倫理與商人精神》新版，作為一種經濟上的補償。出版社在出版余先生的書之後，出版局的禁令即下達，余先生的書不許公開銷售，余先生的書出版在先，躲過一劫，余先生父母的書胎死腹中，成為我終生的遺憾，後來我曾做過多種努力，但是無濟於事，余先生直到去世都沒有看到他父母的書出版，我很覺得愧對余先生。也正是因為這道禁令，我的《余英時傳》也理所應當不能在大陸繼續出版，而王來雨主持的那家出版公司也隨後解散，成為了一段令人唏噓的往事。《余英時傳》成了陳寅恪晚年的《柳如是別傳》，蓋棺有日，出版無期。當然我當時有個悲壯的想法，因為余先生被禁而波及到我，恰恰是我一生最值得銘記的光榮。

二

我寫余先生傳記的消息在兩岸三地傳開後（大陸和香港很多朋友不時詢問我的寫作進度，我是很晚從素不相識的作家張大春先生的電台節目裡知道台灣也有很多人在關心我的這本傳記何時出版），有些人頗不以為然，尤其是深圳的某位報人，出言不遜，覺得我不知天高地厚（我與他素未謀面，迄今只在網路上看到過一些他東拼西湊的短文，我覺得他更沒資格給另外一位老先生寫傳）。余先生的一些老朋友（如陳方正先生）對我寫余先生的文章，如〈余英時與中大改制風波〉也有批評，給我專門寫了一封長信，對文章中某些細節進行指正，這我倒是能坦然接受。讓我感動的是，素不相識的香港牛津出版社的林道群先生找到我，談到了余先生的傳記，當時林先生似乎幫董橋先生在編《蘋果日報》旗下的「蘋果樹下」專欄，林先生體貼周到，我寫的余先生傳，便通過短篇（一篇約三、四千字）在董橋先生主編的「蘋果樹下」不定期刊登，持續了大約十幾期左右。每期刊登後，道群即以傳真的方式傳到余府，余先生和余太太都看過。因為類似連載的動力，所以當時筆頭很快，很快寫出了二十餘萬字的初稿，一直到董橋先生退休，「蘋果樹下」停刊為止。

大約初稿完成後，我在一五年又去了一次余府，當時打電話去，余先生說最近正在趕一篇長文

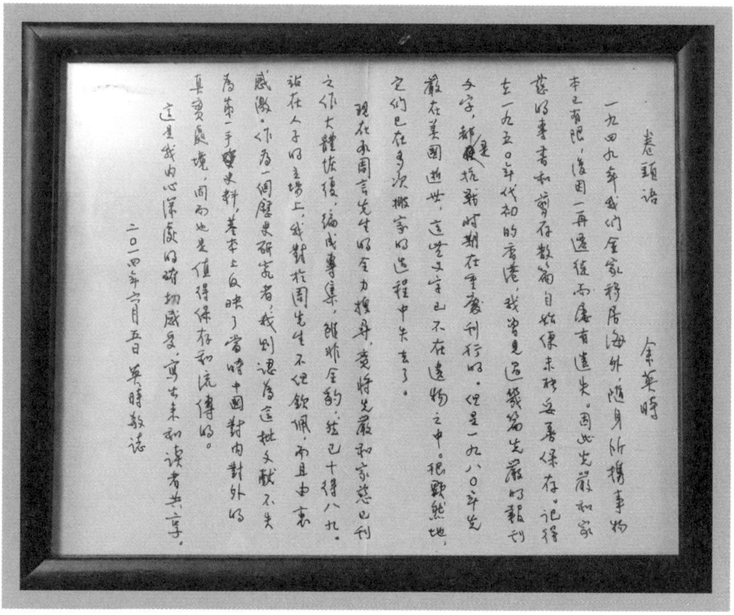
卷頭語　　余英時

一九四九年我們全家移居海外，隨身所攜事物
本已有限，後因一再遷徙而屢有遺失。因此先嚴和家
慈的來書和剪存數篇自然便未能妥善保存。記得
在一九五〇年代初的香港，我曾見過幾篇先嚴的報刊
文字，都是抗戰時期在重慶刊行的。但是一九八〇年先
嚴在美國逝世，這些文字也不在遺物之中。很顯然地，
它們已在多次搬家的過程中失去了。
現在承周言先生的全力搜尋，竟將先嚴和家慈已刊
之作大體搜集，編成專集，雖非全豹，然已十得八九。
站在人子的立場上，我對於周先生不但欽佩，而且由衷
感激。作為一個歷史研究者，我則認為這批文獻不失
為第一手的史料，基本上反映了當時中國對內對外的
真實處境，因而也是值得保存和流傳的。
這是我內心深處的確切感受，寫出來和讀者共享。
二〇一四年六月五日　英時敬誌

余英時先生為周言先生所編余協中文集、尤亞賢譯文集所撰寫的前言，其中寫道：
「站在人子的立場上，我對於周言先生不但欽佩，而且由衷感激。」

章，過幾天來府上長敘，後來見面後我知道余先生的英文論文集兩大冊即將出版，是余先生大部分英文論文的結集，王德威教授主持列入「Masters of Chinese Studies」系列，由哥倫比亞大學出版社出版。這部論文集的計畫，其實十多年前已經提出，但余先生生性疏懶，勤於筆耕，懶於出版，他所出的書，基本上都是出版社自己找上門來。由於余先生的論文很多需要重新排印，而余先生又懶得重新錄入，王德威教授出面請了兩位助手，錄入校對，就等余先生序言，沒有辦法，他只能加班加點。

落座不久簡單寒暄，我向余先生表達了希望在余先生的有生之年出版《余英時傳》的願望，余先生很坦誠的告訴我，由於他的經歷比較複雜，非三言兩語可以概括，加上傳記裡涉及的人許多都還在世，有些事情尚有爭議（余先生是寬厚之人！），所以他的意見是希望他百年之後再出版，我當然完全尊重余先生的意見，加上確實初稿還有很大的問題，我便希望用更長的時間來修改補充。當時我已經在哈佛燕京圖書館初步看了一下哈佛藏的楊聯陞日記，決定把楊先生的日記看完，作為補充余傳的材料，修改完之後，再找一些余先生的門生故吏，進一步對傳記進行修改，最後錦上添花的是，最好能找到余先生在各個大學教書時的檔案，這樣對他的學術歷程以及學術來往有更深切的認知。

也就是這次和余先生見面，因為談到了傳記的問題，余先生講了自己的一些經歷，比如他和協中先生在香港的時候生活很困難，協中先生在好幾個學校兼課，甚至遠赴南洋教書，補貼家用，父子兩個人一起寫稿養家，所以余先生成名很早，二十五歲去美國之前已經有五本專書面世。而余協中先生則只出版過三卷本的《西洋通史》，後來再無專書問世，從某種程度上來說，是余協中先生的犧牲成就了余英時先生。余先生提到，當時他和父親余協中都在《自由陣線》工作，而且在《自由陣線》上發表文章，每月雜誌社發給二十多元的補貼。余先生還談到了友聯出版社、高原出版社以及他創辦的

《中國學生周報》。我告訴余先生，我曾經在這份報紙上查到過一些以「石英」為筆名寫的系列文章，問是不是他本人，余先生表示記不大清楚，但應該就是。可惜的是余先生似乎從來不寫日記，交談時我很熱心地動員余先生寫回憶錄，余先生說合適的時候寫一寫，大概是深知自己「文字惹禍，事已多有」，索性留給後人評說。但是我後來知道在此之後不久，余先生確實很認真的考慮寫回憶錄的問題（當時我已經知道李懷宇的《余英時談話錄》已經基本脫稿），並且很快在兩、三年之間寫出了第一部，時間寫到了五〇年代，有些事情則寫到了八、九〇年代。

余先生當時還談到了他家庭的一些情況，比如他父親和第二個太太所生的弟弟妹妹，還有余協中先生和尤亞賢女士所生的弟弟余英華等等。當然還有一些敏感話題我沒有談，心想以後如果余先生提到可以順便問一下，比如說台灣島內對他曾和蔣經國之間的關係曾有過非議，諸如此類，但是礙於情面，我終究沒有問過這些問題，我想這些問題談起來既深且長，三言兩語無法概括，這其中的關係，並不是余先生那一本《民主與兩岸動向》的書可以簡單解釋的。

當天的談話天南海北，有的我做了記錄，有的則靠現在的回憶。余先生當時還談到了他的一些愛好，余先生年輕時候在北平愛看戲，雖然沒看過余叔岩，但在四〇年代末看過譚富英（後來我在余先生回憶錄中看到，當時余先生看的是譚富英的看家戲《定軍山》），余叔岩的十八張半，余先生都會唱，趙榮琛和余先生的老師楊聯陞是拜把子，楊先生是資深言派票友（葛兆光先生說可以灌唱片，但據我所知，大概是類似張伯駒的水準，韻味是有，氣力不足），也愛看戲，在楊先生的鼓勵下，余先生曾經彩唱過《二進宮》，給我看過照片，海外行頭缺乏，妝容也差點意思，但看照片中人物狀態，一看就是《二進宮》，余先生扮演的是兵部侍郎楊波，蟒穿的大致不差，但是盔頭有些簡陋。後來我

筆者拜訪余英時先生夫婦（二〇一五年）。

曾和王元化先生的弟子、余叔岩研究專家翁思再先生提及此事，翁先生聽說余先生喜歡余叔岩，特意託余先生的一位好友Nancy（賈麗妮）女士寄了一本他寫的《余叔岩傳》給余先生，余先生大喜過望，特意回信致謝。談話中途，我菸癮犯了，到門外抽了根菸，回來之後余先生聞到了我身上的菸味，告訴我他早年抽菸很凶，和錢穆先生在一起的時候你一根我一根，後來改了菸斗，再後來退休之後，因為學校禁菸，就不大去學校了。余先生晚年有哮喘，我也注意到這次談話和二〇一一年那次相比，余先生時不時要休息半分鐘，這和余先生早年抽菸太凶有很大關係。

也就是這次到訪，我發現余先生和余太太氣色都不太好，便詢問是否最近太過勞碌，如果身體狀況不佳，我便不多談告辭，余先生表示還好，但是余太太最後還是忍不住告訴我，其實余先生多年以來，一直受癌症（如果我記憶不差的話，應該是前列腺癌，我曾聽說早年余先生就生過膽結石，可能是那時候落下的病根）困擾，一直靠放療維持，說著說著，余太太已經是熱淚盈眶，我當時大吃一驚，余先生有癌症這件事我從未聽任何人說起過，包括余先生的學生、朋友等等。也就是這次來訪，我覺得余先生雖然身體情況尚好，但是氣息已經不太順暢。

這次到訪，余先生早已知道他在國內被禁、父母的文集無法出版的消息，所以在我來之前，他寫了一首詩送我，是一首他在八〇年代國際紅學會議上即席寫的舊作。全詩是：「重撫殘編說大荒，雅音一曲聽埋香。終憐木石因緣盡，任是無情也斷腸。」第一句指的是我為余先生父母整理文集，第二句指的是余先生和我都喜愛京劇，余先生愛余派戲，我喜歡譚派戲，尤其是譚富英先生，余先生在楊聯陞先生家的留言簿上有題詩「不愛言譚愛叔岩」，即為明證。三、四句指的是著作被禁，全詩相當貼切，用典也非常精妙，我回國之後一直放在書房最顯眼的位置。當時余國藩先生剛去世，余教授是余英時先生多年的朋友，余國藩教授有一本書*Comparative Journeys: Essays on Literature and Religion, East and West*，扉頁上標明獻給三個人，分別是喬納森・史密斯（Jonathan Z. Smith）、夏志清和余英時。余先生寫了一首悼念余國藩的詩，初稿寫錯了一個字，放在寫字檯上，我拿起來看，余太太隨口說你喜歡你拿去，我就沒有推辭，現在想來，收受余先生寫的悼詩，似乎不妥當，但我仗著自己年紀小，也自然而然覺得余先生不會怪罪我，年紀漸長，更用「長者賜，不敢辭」來安慰自己。

當時余師母陳淑平女士還故意考我一些問題，我曾經在〈訪余記〉這篇短文中有所回憶，比如余先生的字、號之類，我居然大致說得不差。余先生小時候有一個號，叫做「清遺」，這個號得到余先生本人的確認，之所以叫「清遺」，並非清遺民的「清遺」，而是因為余先生的母親叫張韻清，生下余先生後就去世了，為了紀念自己的母親，所以協中先生給英時先生起了「清遺」為號。但余先生特意強調，我曾經蒐集到的《潛山余氏族譜》裡有關他字「寶生」的記載是錯誤的，而且這類文獻許多記載並未經過本人確認，只能作為參考。余師母還問到余先生的處女作，我說是一九五一年一月一日《星島日報》上發表的〈能忍自安〉。余先生提到，他之所以對那一期報紙有印象，一方面是因為日期比較好記，另外則是因為當天的報紙上還有張君秋的文章。據說這篇處女作，是香港電視台的翁志羽找到的，而翁志羽剛剛去世，余先生的書桌上，還放著他寫給翁志羽家屬的慰問信。

五〇年代香港時期，余先生經常去美國新聞處借書，有意思的是，張愛玲也經常去新聞處借書看，還是美國新聞處的編輯，張愛玲的好友宋淇的夫人鄺文美，便在新聞處工作。後來我看到宋以朗編的一本書中提到，其父親宋淇曾向張愛玲推薦了余英時的紅樓夢研究，張愛玲看到後說：「余英時這篇文章真是好到極點，真有分量，convincing（令人信服）。」她向宋淇要余先生在美國的地址，給他寄書。宋淇回信稱讚這位比張愛玲小十歲的余英時：「此人記憶之好，理路之清，實不作第二人想。」

當時我還問了余先生關於胡適的問題，我提到胡適日記中曾記載過余協中先生去看望胡適的記錄，但當時胡適對年輕的余英時似乎不以為然，余先生當時大度表示並不介懷，並說自己從未見過胡適，也沒有很強烈的見名人的衝動。後來我看到有人寫文章，找出胡適檔案中所藏余先生年輕時寫給胡適的信，信中對胡適表達了敬仰之情，並且託雷震送給了胡適一本余先生自己寫的《民主革命論》，當然信中有一些是客套話，但是胡適和余英時本人都沒有想到，余先生居然會為曾經批評過自己的胡適寫了長篇大論，為胡適在中國近代政治、思想上的地位蓋棺論定，余先生

拜訪余英時先生陳淑平女士時談《余英時傳》出版，余師母手中所拿列印稿即《余英時傳》初稿（二〇一五年）。

當時更不會想到，他在若干年後被普遍認為是二十世紀下半葉足以和胡適相提並論的大學問家，更有「沒有胡適之的年代，至少我們還有余英時」這一美譽。

值得簡單記一筆的是，當時經過薛天陸兄的介紹，我得以在波士頓和陸惠風先生晤面，陸先生早年在哈佛讀書、任教，曾經擔任過楊聯陞先生的助手，楊聯陞先生去世以後，由於余英時先生並不在波士頓，於是後事許多是當時在波士頓的陸惠風經手的，包括橫跨五十年，從四〇年代北平一直寫到八〇年代末美國的楊聯陞日記，當時都交給了陸惠風。當然陸先生深知責任重大，便與余英時先生商量，商量的結果是，日記原本捐給史語所，複製兩份，一份給陸惠風留作紀念，一份交由哈佛燕京圖書館保存。我在陸先生的家裡再次看到了複製的全部楊聯陞日記，大為感慨。而後便去燕京圖書館查閱，並且簡單做了一些筆記，但是我真的是生性疏懶，一直到幾年後，我才下決心把楊聯陞日記全部複製、閱覽一遍，此時距離我第一次看到楊先生的日記，已經過了將近五、六年的時間。

三

二〇一五年以後，因為家庭的原因，我逐漸淡出了學術界，很長時間好像沒有什麼像樣的文章發表，我也很覺慚愧。另外一方面我的興趣逐漸轉移，對原來專心研究的中國近代史不再感冒，開始向當代史轉移，當時我打算研究一下另一個安徽人，即長期主政上海的柯慶施，並且為之做了相當長時間的學術準備，我曾對余先生聊起過，余先生告訴我可以注意柯早年在《勞動界》、《新青年》上發表的文章，並和我談過潛山當地大革命時期的一些情況，但是很遺憾，由於種種原因（與我有聯繫的柯慶施的長女六六去世，其他子女並不願意外人來寫他們的父親、柯的許多材料無法查閱等等）我對柯慶施的研究沒有繼續。這樣歲月蹉跎了幾年，我把主要的精力放在了家庭和孩子身上。二〇一九年家庭生活逐漸走上正軌，我回到美國，當時風聞蔣經國日記即將開放，我和許多學術界的朋友們摩拳擦掌，這一年我在美國住了很長時間，學習之餘，特意去東岸看了余先生，這次是余太太接的電話，余太太很客氣，只是和我說明，余先生最近身體不太好，可能談不了太久，我說只是禮節性的看望，沒有關係，過了幾天我和天陸到了余家，路上天陸告訴我，余先生實際給了你天大的面子，這一、兩年想見余先生的人很多，甚至託到他那裡，有很多余先生很熟悉的人余先生都沒有見，能見面其實已經非常奢侈。

沒想到余先生不僅給了我天大的面子，還給了我一個天大的驚喜，剛進門一坐下，余太太即到樓上去取東西，下樓時告訴我，余先生去年為台灣一個展覽寫了九首蘭花詩，展覽結束後九幅書法寄回余家，裝裱精良，余先生就作為禮物送朋友。據我所知，何曉清的父親、與余先生有詩詞唱和的何永沂先生就得了一幅。余太太說，本來只剩了一幅，結果發現剩了兩幅，你自己挑一幅，我私心比較重，沒仔細看挑了一幅尺寸大的，結果余先生笑著說你真的會選，因為我選的那幅是壓軸的「終篇」，也就是說，余先生寫的蘭花詩，天下一共有九首，最後一首余先生送給了我。寫的是崔塗的《幽蘭》一詩：「幽植眾寧知，芬芳只暗持。自無君子佩，未是國香衰。白露沾長早，春風到每遲。不如當路草，芬馥欲何為。」落款為「余所見全唐詩中詠蘭之作，此為最後錄之以終吾篇，戊戌早春余英時」。

那天見面給我印象最深的是，余太太和余先生氣色都很好，當時《余英時回憶錄》已經出版，雖然只寫到了五〇年代，但對後來的許多事已經多有著墨，我期待余先生能繼續寫下去，以成完璧。但是那天余先生沒有怎麼說到回憶錄的事，反而談到了陳寅恪，因他提到我寄來的《陳寅恪研究》兩本，談了許多關於陳先生的事，許多都是別人從陳先生女兒那裡轉述到他這裡的，我提及最近我已經看到錢鍾書的一封寫給王匡的信，證實了余先生和馮衣北（劉斯奮）先生論戰時，錢鍾書曾經幫助劉斯奮修改文章，而且信中稱「劉文甚好」，余先生很鄭重的告訴我，當年他便風聞此事，特意請去北京拜訪錢鍾書的李歐梵代為詢問，錢先生只是嘿嘿一笑，沒有做正面答覆。歐梵先生還在世，或可為此事作一證明，而錢先生的沉默，實際上就是默認。回國後我把此信找出，傳真給余先生，余先生說，謎案告破。那次見余先生時我和余先生約定，以後每年我都來看他，因為人過九十，時日無多，希望能和余先生有更多請教的機會。

但是我沒有想到回國沒有半年，疫情襲捲全球，中美阻隔，不僅到美國成了一種奢望，即便是正常生活也面臨多種限制，尤其是疫情蔓延的情況下，更不能去拜訪二老，增添不必要的麻煩。疫情開始時，紐澤西州一直是高危地帶，二〇二〇年三月更是突破了四千餘人，六十餘人因新冠去世，我十分記掛余先生的健康，曾經有幾次撥通余家的電話，但一直無人接聽（余太太倒是曾和我提起他們的電話時不時被大陸運營商屏蔽）。不過時不時能從網路看到余先生的消息，而且二〇二一年初，余先生還有新作在台灣發表，讓我感覺余先生更是老來筆更健，活過百歲是輕而易舉的事。

但是在七一建黨百年之時，余先生並沒有像往常一樣，對一些海外媒體發表他的一些評論，當時我也並未多想，但是如今回想起來，這似乎是一個不好的徵兆。八月五日早晨我還在睡覺，北京的朋友給我打電話，說得到聯經出版社一位編輯的消息，余先生去世了，向我求證，我驚呼不可能，當時美東時間剛好是晚上八、九點鐘，按照正常余先生應該並沒有入睡，電話通了很久但是無人接聽，等我掛了電話，已經有一堆平日非常熟悉的人向我求證，我只能告訴他們我打了余家的電話，無人接聽，但余先生去世的消息隨後在網路上傳開，稍晚一些時候，中央研究院發表了正式新聞稿，證實了這一消息，我看著中央研究院的網站通告，愣在書桌上久久不能回過神來，這一天來的太突然，離我上次見余先生還沒有兩年，余先生就這樣毫無徵兆去世了。他選擇了一種最低調的方式，去世後只有余太太和兩個女兒處理後世，入葬之後兩個女兒返回紐約，余太太才對外公布了余先生去世的消息，這種處理符合余先生長久以來淡泊的性格。

四

我在寫余先生傳記的時候，似乎並沒有把採訪余先生的身邊人作為很重要的一個環節，因為余先生的門生故吏，大多數在余先生七十歲、八十歲、九十歲生日的時候都寫了回憶文章（雖然余先生本人表示自己從不過生日，因為其生日就是其生母的忌日），有的寫得親切感人，有的則謬托知己，藉以拔高自己。另外人的記憶是有限的，即便再熟悉的人，多談幾次再談點新意則很難。而且這些門生故吏大多散落在世界各地，採訪起來很困難，加上我生性疏懶，年紀愈長愈懶，終究沒有全部打開「余先生的朋友圈」（事實上我確實見過不少余先生的老朋友、老學生，但怕落入俗套，很少專門談

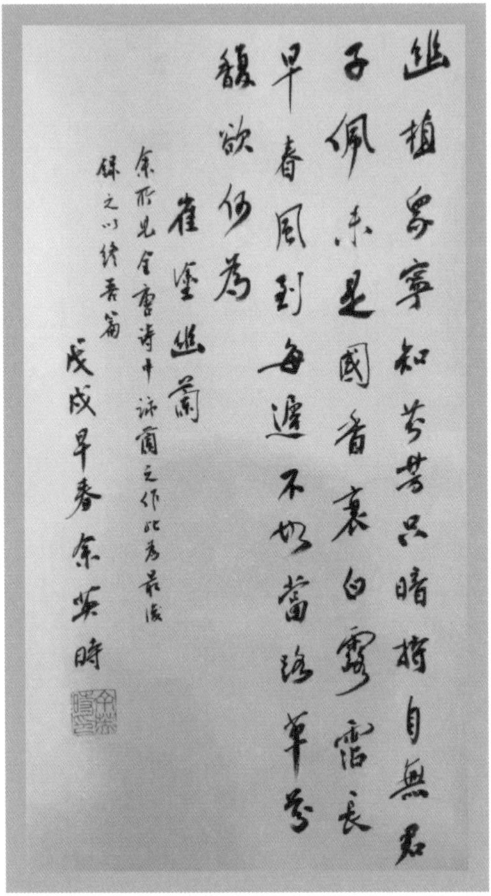

余英時先生贈蘭花詩條幅（二〇一九年）。

余先生）。另外一個重要的原因是南方的一個記者朋友李懷宇已經做了大量類似的工作，而且多數已經作為訪談和書籍發表，我可以安享其成。但是我在偶然之間，認識了余先生的表哥——即原北京市委祕書長、曾擔任過北大黨委書記、四〇年代末北大地下黨的領袖項子明先生的女兒汪青（項子明先生本名汪志天），汪青女士的講述，讓我理解了余先生的另外一面，即家國情懷背後的歷史原因。

余先生的家族中，有不少遠方族親死於大革命時期，項子明因為出生較晚，沒有在大革命時期被殺。但是在四〇年代末，項子明和蔣南翔，是當時清華、北大公認的學生地下黨領袖，五、六〇年代彭真、劉仁主政北京時期，項子明一度出任北京市委祕書長，文革初期彭真倒台，項子明因「暢觀樓事件」受到牽連，在專案組的脅迫下，被迫揭發了彭真。文革過後彭真復出，項子明當時是北京大學代理黨委書記，被彭真清算，據汪青告訴我，當時其父親曾去彭真府上向彭真道歉，但是沒有獲得彭真原諒，被趕出門，項出門後抱著一棵老槐樹嚎啕大哭。過了幾年不幸得了重病，鬱鬱而終。項去世之後很多年才出版了《項子明紀念文集》，余先生寫了一篇短文，痛悼其表哥的不幸命運，但是很多話在文章中沒有說，我也沒有問余先生，成為了永遠的遺憾。

而余先生家族中的另外兩位親屬，有的在中共的政治中成為了犧牲品，有的則登堂入室，成為意識形態的領導人。余先生有兩個親戚，是余先生生母張韻清的族人，姑表相稱，一位叫張先琦，一位叫張先玲。張先琦的丈夫，即前中宣部部長，長期掌控中共意識形態領導權的丁關根；張先玲是著名的天安門母親團體的代表，張先玲的兒子王楠，在六四事件中不幸去世，成為張先玲女士一生的隱痛。我曾多次聽到余先生近親或者遠親的議論，既然丁關根身居高位，中共武力清場前，出於人情，應該和張先玲打個招呼，這樣王楠就不會在北京橫死。余先生談到他這個早逝的外甥，表情非常沉重。但余先生告訴我，雖然他很小的時候似乎也見過張家姊妹，但是後來並無來往，張先玲曾來美國看過他，但是張先琦並沒有，他也沒有和他這個身居高位的表妹夫有任何的聯繫。

我想余先生不願意再回中國的原因，除了故國不在的這一歷史原因，更多的則是個人的歷史感受。七〇年代末余先生應邀回國，從落地開始即受監視，賓館走廊裡到處是便衣，余先生去北兵馬司胡同二十二號看望其養母張韻華，也被便衣尾隨，讓余先生極其惱怒。尤其是六四之後，余先生更下定決心不能回國，曾說「有五星紅旗的地方我就不去。」（但是也有特殊情況，九七之後余先生曾經短暫到訪香港）。七〇年代末余協中先生知曉余英時回國後，也曾有過回國參觀之動議，他曾寫信給族人余天寶，詳細詢問了歸鄉的路途，從安慶到潛山有無通車等等細節問題，但最終沒有回來，余協中晚年自述中有云：「有一事不能釋然於懷者，即有家歸不得，因之而來之痛苦，終無法擺脫。」這何嘗不是余先生本人的心境，故國已不在，回去只是徒增煩惱。近年來同輩友朋的日漸凋零，知交半零落，給余先生的晚年，又增添了許多寂寞。余先生去世的日子，正是全球陷入大瘟疫的時代背景下，一個對於時代以及故國有著無限關切的知識人，帶著許多深深的遺憾和不甘，離開了這個世界。

前哲身影

余協中夫婦、余英時夫婦、余英華夫婦、余英時長女、次女，余英華長子合影。

余英時新亞書院畢業照（前排右二）。

余英時夫婦與余振時合影（一九八三年七月）。

余英時在中大副校長任上。

余英時執教普林斯頓大學時留影。

蔣經國基金會第三屆董事會合影，後排正中為余英時。

美國地區院士座談會（美國舊金山）左起：蔣碩傑（左一）、錢思亮（左二）、吳健雄（左四）、袁家騮（左五）、沈申甫（右六）、余英時（右五）、鄭洪（右四）、鄒至莊（右三）、艾世勛（右二）。

余英時獲頒台灣交通大學名譽博士。

余英時獲頒關西大學名譽博士典禮。

唐獎第一屆獲獎者留影。

周言主持出版的余英時在大陸出版的最後一本書《中國近世宗教倫理與商人精神》（增訂本）。

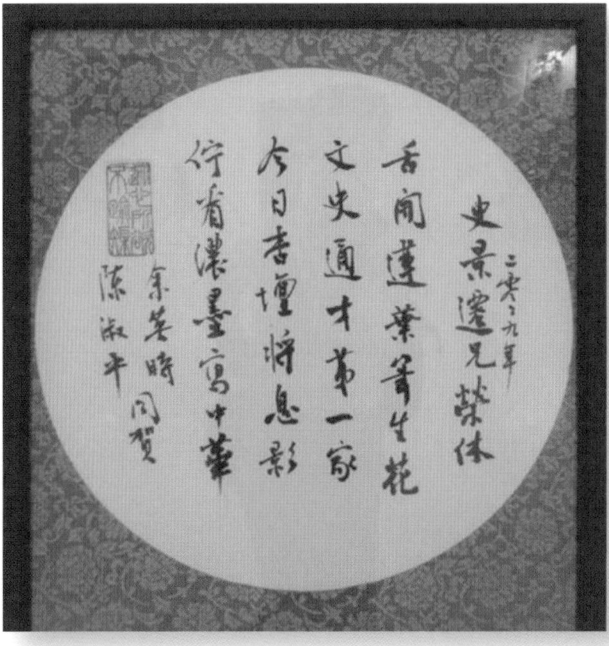

余英時先生為史景遷教授榮休所寫賀詩（二〇〇九年）。

余英時先生唱《二進宮》時留影（約五六〇年代）。

本文作者拜訪余英時先生夫婦（二〇一九年）

余英時先生著述繫年要目

馬子木、周言 輯

凡例

一、所收範圍主要包含：(一)發表於各報刊者；(二)收錄於各論文集者。先生之著作大抵為專題論文集之性質，其中各篇多先發表於別處，本編皆以單篇為單位列入，其書遂不復列。惟先生少作數種及《朱熹的歷史世界》，其先未分開發表，故仍編入。

二、以學術文為主，兼及政論文。先生數十年來之政論文字甚多，散見各報刊中，一時難以盡得，限於精力，不作特意之蒐求，僅就所經眼者錄入。學術文則務求完備，皆盡力考其原始出處。

三、所引用書，凡僅引一次者隨文注出版本，多次引用者，其版本列於篇首，不復分注。

四、凡文末注明寫作時間者，皆附注於題後。

五、每年之中，以寫作時間與發表時間之先後酌定其序，月、日不詳者俱列於該年之末。另有數篇寫作年代待考者，附於全文之末。

六、本編側重於先生之中文著述，英文部分則有待整理。陳弱水、陳熙遠先生整理之《余英時先生主要著作目錄》，車行健先生整理之《余英時教授著作目錄》列先生英文著述甚詳，可參看。

七、訪談文字，凡曾經刊布及有關學術者，盡力蒐求列入；僅發布於網絡之時政評述，暫不列入。

八、因先生著作於二〇一四年被大陸查禁，二〇一四年之後，專書與散篇文章便全數在香港、台灣或美國發表，作為紀念，繫年要目只記錄到二〇一四年。

引用諸書版本

《歷史與思想》，台北，聯經，一九七六年。

《論戴震與章學誠》，香港，龍門書局，一九七六年。（文內簡稱「龍門版」）

《文明論衡》，台北，九思，一九七八年。

《中國知識階層史論 古代篇》，台北，聯經，一九八〇年。

《紅樓夢的兩個世界》，台北，聯經，一九八一年。（文內簡稱「聯經版」）

《中國近代思想史上的胡適》，台北，聯經，一九八四年。

《史學與傳統》，台北，時報，一九八四年。

《從價值系統看中國文化的現代意義》，台北，時報，一九八四年。

《方以智晚節考》，台北，允晨，一九八六年。（文內簡稱「允晨版」）
《中國思想傳統的現代詮釋》，台北，聯經，一九八七年。（文內簡稱「聯經版」）
《士與中國文化》，上海，上海人民出版社，一九八七年。（文內簡稱「舊版」）
《中國近世宗教倫理與商人精神》，台北，聯經，一九八七年。
《文化評論與中國情懷》，台北，允晨，一九八八年。
《中國思想傳統的現代詮釋》，南京，江蘇人民出版社，一九八九年。（文內簡稱「江蘇版」）
《猶記風吹水上鱗—錢穆與現代中國學術》，台北，三民，一九九一年。
《中國文化與現代變遷》，台北，三民，一九九二年。
《內在超越之路》，北京，中國廣播電視出版社，一九九二年。
《民主與兩岸動向》，台北，三民，一九九三年。
《錢穆與中國文化》，上海，上海遠東出版社，一九九四年。
《中國知識分子論》，鄭州，河南人民出版社，一九九七年。
《陳寅恪晚年詩文釋證》，台北，東大，一九九七年。
《現代儒學論》，上海，上海人民出版社，一九九八年。
《紅樓夢的兩個世界》，上海，上海社會科學院出版社，二〇〇二年。（文內簡稱「上海版」）
《士與中國文化》，上海，上海人民出版社，二〇〇三年。（文內簡稱「新版」）
《論戴震與章學誠》，北京，三聯書店，二〇〇四年。（文內簡稱「三聯版」）
《朱熹的歷史世界》，北京，三聯書店，二〇〇四年。
《文史傳統與文化重建》，北京，三聯書店，二〇〇四年。
《現代儒學的回顧與展望》，北京，三聯書店，二〇〇四年。
《現代危機與思想人物》，北京，三聯書店，二〇〇四年。
《方以智晚節考》，北京，三聯書店，二〇〇四年。（文內簡稱「三聯版」）
《重尋胡適歷程》，桂林，廣西師大出版社，二〇〇四年。
《十字路口的中國史學》，上海，上海古籍出版社，二〇〇四年。
《漢代貿易與擴張》，上海，上海古籍出版社，二〇〇五年。
《東漢生死觀》，上海，上海古籍出版社，二〇〇五年。
《錢穆與現代中國學術》，桂林，廣西師大出版社，二〇〇六年。
《余英時文集》第一卷至四卷，桂林，廣西師大出版社，二〇〇四年；第五卷至十卷，二〇〇六年。
《知識人與中國文化的價值》，台北，時報，二〇〇七年。
《人文與理性的中國》，上海，上海古籍出版社，二〇〇七年。
《歷史人物與文化危機》，台北，三民，二〇〇八年。
《中國文化史通釋》，香港，牛津大學出版社，二〇一〇年。
《人文與民主》，台北，時報，二〇一〇年。

《情懷中國：余英時自選集》，香港：天地圖書，二〇一〇年。
《會友集》，台北，三民，二〇一〇年。
《余英時學術思想文選》，何俊編，上海，上海古籍出版社，二〇一〇年。
《史學研究經驗談》，邵東方編，上海，上海文藝出版社，二〇一一年。
《余英時訪談錄》，北京，中華書局，二〇一二年。

▼一九五〇

〈能忍自安〉（一九五〇・十二・廿二），刊《星島日報》，一九五一年一月一日。

▼一九五一

〈文化侵略與文化交流〉，刊《自由陣線》四卷八期，一九五一年二月廿三日，頁七。
〈群眾大會的註解〉，刊《自由陣線》五卷四期，一九五一年四月廿日，頁一四—一五。
〈從民主革命到集權復辟〉，刊《自由陣線》七卷三期，一九五一年九月廿八日，頁五—六。
〈論革命的領導權〉，刊《自由陣線》七卷七期，一九五一年十月廿六日。收入《民主革命論》（香港版、台北版）、《余英時文集》第六卷。
〈論革命的手段與目的〉，刊《自由陣線》七卷時十二期，一九五一年十一月卅日，頁七—九。
〈我的一點希望〉，刊《自由陣線》八卷一期，一九五一年十二月七日，頁一三。
〈論革命的道路〉，刊《自由陣線》八卷二期，一九五一年十二月十四日，頁五—七。收入《民主革命論》（香港版、台北版）、《余英時文集》第六卷。（本年諸文俱署名「艾群」）

▼一九五二

〈領袖、群眾與革命〉，刊《自由陣線》八卷六期，一九五二年一月，頁五—七。
〈民族主義與民主革命〉，刊《自由陣線》八卷九期，一九五二年一月，頁五—七。
〈胡適新思想的意義〉，刊《自由陣線》八卷十一期，一九五二年二月，頁五—七。

〈政治革命與民主革命〉，刊《自由陣線》九卷四期，一九五二年三月，頁七—九。

〈救出自己〉，刊《自由陣線》九卷四期，一九五二年三月，頁一六。

〈方生的快樂，未死的快樂！〉，刊《自由陣線》九卷五期，一九五二年三月，頁七—八。

〈靈山只在我心頭〉，刊《自由陣線》九卷六期，一九五二年四月，頁一七。

〈逝者如斯夫〉，刊《自由陣線》九卷七期，一九五二年四月，頁一六。

〈放寬些子又何妨〉，刊《自由陣線》九卷八期，一九五二年四月，頁一七。

〈資本主義經濟革命的意義：民主革命論之八〉，上篇刊《自由陣線》九卷九期，一九五二年四月，頁五—六；下篇刊九卷十期，一九五二年四月，頁七—九。

〈「方生方死，方死方生」—答楊平先生的「一個商榷」〉，刊《自由陣線》九卷十一期，一九五二年五月，頁一〇—一一。

〈「何故亂翻書」〉，刊《自由陣線》九卷十二期，一九五二年五月，頁一七。

〈更上一層樓〉，刊《自由陣線》十卷一期，一九五二年五月，頁一六。（以上十三篇署名「艾群」）

〈歷史自由論導言〉，刊《新亞校刊》創刊號，一九五二年六月一日，頁七—八。

〈社會主義革命的演變：民主革命論之九〉，刊《自由陣線》十卷六期，一九五二年六月，頁五—八。（署名「艾群」）

〈如人飲水，冷暖自知〉，刊《自由陣線》十卷七期，一九五二年七月，頁二一。（署名「艾群」）收入《到思維之路》及《余英時文集》第七卷。

〈此心吾與白鷗盟〉，刊《自由陣線》十卷八期，一九五二年七月，頁二一。（署名「艾群」）

〈論文化革命：民主革命論之十〉，刊《自由陣線》十一卷三期，一九五二年八月，頁一七—一九。（署名「艾群」）收入《民主革命論》及《余英時文集》第六卷。

〈論社會革命〉，上篇刊《自由陣線》十一卷十二期，一九五二年十月，頁五—六；中篇刊十二卷一期，一九五二年十一月，頁一七—一八；

下篇刊十二卷二期，一九五二年十一月，頁一九—二〇。（署名「艾群」）收入《民主革命論》及《余英時文集》第六卷。

〈開場白：革命問題討論（一）〉，刊《人生》四卷三期，一九五二年十二月，頁二四。（署名「艾群」）

▼一九五三

〈論反革命〉，上篇刊《自由陣線》十三卷二期，一九五三年二月，頁一四—一五；中篇刊十三卷三期，頁一六—一七；下篇刊十三卷四期，頁二〇。（署名「艾群」）

〈續論反革命〉，刊《自由陣線》十三卷五期，一九五三年二月，頁一八—一九。（署名「艾群」）本篇與《論反革命》合為一篇收入《民主革命論》及《余英時文集》第六卷。

〈畢業以來〉，刊《新亞校刊》第二期，一九五三年三月一日，頁二二。

〈論文藝復興〉，刊《自由陣線》十三卷十二期，一九五三年三月，頁一四—一六。（署名「艾群」）

〈論宗教革命〉，上篇刊《自由陣線》十三卷十二期，一九五三年四月，頁一四—一五；下篇刊十四卷一期，頁一四—一五。

〈釋「海外中華」〉，刊《祖國周刊》四十二卷四期，一九五三年四月，頁四—六。

〈當代文明的新趨勢〉，分四篇連載於《自由陣線》十四卷六期至九期，一九五三年五月—六月。（署名「艾群」）

〈法國革命期間歷史研究的復興〉，刊《新亞校刊》第三期，第二屆畢業紀念特刊，一九五三年七月一日，頁四三—四五。

〈論中國智識分子的道路：中國傳統社會人物批判〉，分五篇連載於《自由陣線》十五卷一—四期、十五卷六期，一九五三年七月—八月。（署名「艾群」）

〈論文明〉，刊《人生》五卷十一期—十二期，一九五三年八月—九月。（署名「艾群」）改題作〈文明與野蠻〉，收入《文明論衡》頁一—二一及《余英時文集》第七卷。

〈重重壓迫下的中國商賈：中國傳統社會人物批判〉，分四篇連載於《自由陣線》十五卷十一期、十六卷一—三期，一九五三年九月、十月。（署名「艾群」）

《近代文明的新趨勢》（專書），一九五三・四・廿序。香港：自由出版社，一九五三（署名艾群）；一九七〇年代台北坊間重印本；台北：漢新出版社，一九八四重印本，與《民主制度的發展》合刊。全書收入《余英時文集》第六卷。

▲一九五四

〈論進步：文明論之二〉，分三篇連載於《人生》七卷二—四期，一九五四年一月、二月。收入《文明論衡》頁二三—四八及《余英時文集》第七卷。

〈十九世紀法國浪漫派之史學〉，刊《新亞校刊》第四期，一九五四年二月廿五日，頁一〇—一三、四九。

〈迎擊中國的文化反攻〉，刊《自由陣線》十七卷八期，一九五四年二月，頁五—六。

〈平等概念的檢討〉，刊《自由中國》十卷五期，一九五四年三月一日，頁六—九。後作為《自由與平等之間》第三章，收入《余英時文集》第六卷頁三五一—三六一。

〈論自覺：文明論之三〉，分三篇連載於《人生》七卷八—十期，一九五四年三月、四月。收入《文明論衡》頁四九—七三及《余英時文集》第七卷。

〈我們眼前的文化工作〉，刊《自由陣線》十八卷五期，一九五四年四月，頁八—九。（署名「艾群」）

〈五四運動的再檢討〉，刊《人生》七卷十二期，一九五四年五月，頁三—四、六。與〈五四文化精神的反省與檢討：兼論今後文化運動的方向〉合為一篇，收入《文明論衡》頁一二九—一四八及《余英時文集》第七卷。

〈我對中國問題之反省：兼評本位、西化、折衷三者的論點〉，連載於《人生》八卷四—五期，一九五四年七月。收入《文明論衡》頁一四九—一八一及《余英時文集》第七卷。

〈基佐的歷史學〉，刊《新亞校刊》第五期，一九五四年七月一日，頁一〇—一一。

〈鐵幕後歷史學的災難〉，刊《自由陣線》十九卷七期，一九五四年七月，頁八—一〇。（署名「艾群」）

〈郭沫若抄襲錢穆先生著作考〉，刊《人生》半月刊第八卷六—八期，一九五四年八月—九月。一九九一年改題〈《十批判書》與《先秦諸子繫年》互校記〉，並作跋文，收錄於《猶記風吹水上鱗—錢穆與現代中國學術》頁九九—一三六；《錢穆與中國文化》頁九一—一三二；《錢穆與現代中國學術》頁八一—一一〇；《余英時文集》第一卷。

〈現階段新勢力運動的檢討〉，刊《自由陣線》二十卷一期，一九五四年九月，頁一〇—一二。（署名「艾群」）

〈論傳統：文明論之四〉，連載於《人生》八卷十一—十二期，一九五四年十月、十一月。收入《文明論衡》頁七五—九七及《余英時文集》第七卷。

〈自由與平等之間〉，連載於《民主評論》五卷二十—二十一期，一九五四年十月、十一月。

〈羅素論自由〉，連載於《自由陣線》二十卷十一—十二期，一九五四年十一月。（署名「艾群」）收入《自由與平等之間》及《余英時文集》第六卷。

〈人生的徬徨—從《星星．月亮．太陽》說起〉，刊《人生》九卷三期，一九五四年十二月，頁一二—一四。

《到思維之路》（專書），一九五三．十．廿三序，收錄《自由陣線》「山外叢談」專欄文章。香港：高原出版社，一九五四（署名艾群）；台中：漢新出版社重印本，一九八四。全書收入《余英時文集》第七卷。

《民主革命論》（專書），一九五三．十．廿序。香港：自由出版社，一九五四（副題「社會重建新觀」）；台北：九思出版社重印本，一九七九（刪去副題）。全書收入《余英時文集》第六卷。

▼一九五五

〈自由本論〉，連載於《人生》九卷五—七期，一九五五年一月、二月。改題〈自由探本〉，收入《自由與平等之間》及《余英時文集》第六卷。

〈《人生》通訊：問題簡答〉，刊《人生》九卷八期，一九五五年三月，頁二六。

〈五四文化精神的反省與檢討〉（一九五五．五．四），刊《自由陣線》二十二卷十一期，一九五五年五月，頁五—六、二二。後加入〈五四運動的再檢討〉合為一篇，仍沿舊名，收入《文明論衡》頁一二九—一四八、《胡適與中國》（台北，水牛出版，一九八四年）頁三四五—三五九、《余英時文集》第七卷頁一五一—一六一。改作〈「五四」文化精神的反思〉收入《五四與中國》（台北，時報出版，一九七九年）頁四〇九—四二一；《中國現代史論文暨史料選集》（台北，逢甲大學，一九八四年）頁一六九—一八一。

〈「文明」與「文化」釋名〉（一九五五．五．廿七），刊《自由陣線》二十三卷四期，一九五五年六月，頁七—八。收入《文明論衡》頁一八三—一九〇及《余英時文集》第七卷。

〈論文化整體〉，連載於《自由陣線》二十三卷六—八期，一九五五年六月、七月。收入《文明論衡》頁九九—一二五及《余英時文集》第七卷。

〈法國政治學派的兩大史學—讀史隨記之一〉，刊《新亞校刊》第七期，一九五五年十月十五日，頁八—一〇。

〈記湯因比在哈佛大學的講演—當前世界中基督教與非基督教的信仰〉，刊《海瀾》第二期，一九五五年十二月一日，頁四—六。

《自由與平等之間》（專書），一九五五・五・四序。第一章〈自由探本〉、第三章〈平等概念的檢討〉、第五章〈自由與平等關係的探討〉分別刊於《自由中國》、《民主評論》及《人生》，附錄〈羅素論自由〉刊於《自由陣線》。香港：自由出版社，一九五五；台中：漢新出版社，一九八四重印本，易名為《自由與平等》。全書收入《余英時文集》第六卷。

《文明論衡》（專書），自序作於一九五五年五月十五日。香港：高原出版社，一九五五；台北：九思出版社重印本，一九七九。全書收入《余英時文集》第七卷。

《民主制度的發展》（專書），香港：亞洲出版社，一九五五；一九七〇年代台北坊間重印本；台北：漢新出版社，一九八四重印本，與《近代文明的新趨勢》合刊。全書收入《余英時文集》第六卷。

▶一九五六

〈東漢政權之建立與士族大姓之關係〉，刊《新亞學報》一卷二期，一九五六年二月，頁二〇九—二八〇。收入《中國知識階層史論》頁一〇九—二〇三；《士與中國文化（舊版）》頁二一七—二八六；《士與中國文化（新版）》頁一九三—二五〇；《余英時文集》第一卷頁一—五七。

〈奇蹟的出現：聖女貞德之死〉，刊《自由陣線》二十六卷十二期，一九五六年四月，頁二四。（署名「艾群」）

〈貞德之死：聖女貞德之死〉，刊《自由陣線》二十七卷三期，一九五六年五月，頁二四。（署名「艾群」）

〈聖德不朽：聖女貞德之死〉，刊《自由陣線》二十七卷四期，一九五六年五月，頁二四。（署名「艾群」）

〈一個人文主義的歷史觀—介紹柯靈烏的歷史哲學〉，刊《祖國周刊》十四卷十期。收入《歷史與思想》頁二二三—二四六；《文史傳統與文化重建》頁一—二二；《余英時文集》第一卷頁一二七—一四四。

〈自由是什麼？〉，譯羅素文，許冠三注，刊《自由陣線》二十九卷九期，一九五六年十二月。

▼一九五七

〈章實齋與柯靈烏的歷史思想—中西歷史哲學的一點比較〉（一九五七・四・五，一九七五・三・廿重訂），刊《自由學人》三、四卷合刊，一九五七年十月（未見）。收入《歷史與思想》頁一六七—二二一；《論戴震與章學誠》（龍門版）頁一九七—二四二，（三聯版）頁二三四—二八二；《余英時文集》第一卷頁一四五—一八六。

▼一九五八

〈工業文明之精神基礎〉，連載於《祖國周刊》二十四卷五—七期，一九五八年十月、十一月。收入《歷史與思想》頁三三九—三八〇；《文史傳統與文化重建》頁二三—六二；《余英時文集》第三卷頁三六四—三九四。

〈陳寅恪先生《論再生緣》書後〉，刊《人生》十七卷二期，一九五八年十二月，頁二四—二九。收入《歷史與思想》頁四六三—四七六；《陳寅恪晚年詩文釋證》頁二二七—二四一；《現代危機與思想人物》頁三四七—三六〇；《余英時文集》第五卷頁二二〇—二三〇。

▼一九五九

〈論學者宗主與門戶〉，刊《新亞生活》二卷三期，一九五九年六月十五日，頁一〇。

〈漢晉之際士之新自覺與新思潮〉，刊《新亞學報》四卷一期，一九五九年八月，頁二五—一四四。收入《中國知識階層史論》頁二六五—三二八；《士與中國文化（舊版）》頁二八七—四〇〇；《士與中國文化（新版）》頁二五一—三五六；《余英時文集》第四卷頁二一二—三一九。

〈文藝復興與人文思潮〉，刊《新亞書院學術年刊》第一期，一九五九年十月，頁一—二四（按，該刊無連續頁碼，每篇各自計算）。收入《歷史與思想》頁三〇五—三三八；《文史傳統與文化重建》頁六三—九二；《余英時文集》頁一〇六—一二九。

▼一九六〇

〈人文思潮及其影響〉，刊《大學生活》五卷二十三期，一九六〇年四月十六日，頁四—一四。

〈西方古典時代之人文思想〉，刊《祖國周刊》三十二卷四期，一九六〇年十月，頁六—一一及封底；又刊《人生》二十二卷三—四期，一九六一年六—七月。收入《歷史與思想》頁二八五—三〇四；《文史傳統與文化重建》頁九三—一一二；《余英時文集》第五卷頁九一—一〇五。

〈論學書簡〉，刊《人生》二十一卷七、八期合刊，一九六一年二月，頁三八—三九。

▼一九六二

《東漢生死觀》（博士論文），Views of Life and Death in Later Han China, Ph.D. Dissertation, Harvard University. 中譯本，上海古籍出版社（二〇〇四）、聯經出版事業公司（二〇〇四）。

▼一九六四

〈評崔瑞德《唐代的財政管理》〉，A Review article on D.C. Twitchett, Financial Administration under the Tang Dynasty, in Journal of the American Oriental Society, 84(1), pp.71—82. 中譯本收入《漢代貿易與擴張》。

Life and Immorality in the Mind of Han China, in Harvard Journal of Asiatic Studies 25, pp.80— 122.

▼一九六六

〈涵養新知，商量舊學〉，刊《明報月刊》第一卷第四期，總第四期，一九六六年四月號，頁二—七。

▼一九六七

《漢代貿易與擴張—胡漢經濟關係結構的研究》（英文專書），Trade and Expansion in Han China, A Study in the Structure of Sino—Barbarian Economic Relations , Berkeley : University of California Press , 1967. 中譯本，上海古籍出版社二〇〇四年、聯經出版事業公司二〇〇四年。

▼一九七〇

〈從宋明儒學的發展論清代思想史—宋明儒學中智識主義的傳統〉，刊《中國學人》第二期，一九七〇年九月，頁一九—四一。收入《歷史與思想》頁八七—一二〇；《中國思想傳統的現代詮釋》（江蘇版）頁一七〇—一九六；《內在超越之路》頁四三三—四六七；《論戴震與章學誠》（三聯版）頁二九〇—三二一；《余英時文集》第二卷頁一五七—一八四。

▼一九七一

〈方中履及其〈古今釋疑〉—跋影印所謂黃宗羲〈授書隨筆〉〉（一九七一・十二・六），刊《書目季刊》六卷三、四期合刊本，一九七二年六月，頁五九—七一。收入《方以智晚節考》（允晨版）頁一三七—一六四，（三聯版）頁一〇七—一二八；《余英時文集》第九卷頁一八五—二〇三。

▼一九七二

〈《方以智晚節考》自序〉（一九七二・四・十四），刊《中國學人》第四期，一九七二年七月，頁八七—八八。收入《方以智晚節考》（允晨版）頁一—二，（三聯版）頁一—二；《余英時文集》第九卷頁九八—九九。

〈方以智晚節考〉（一九七二年初成稿，一九七二・九・一補，九・十八跋），收入《方以智晚節考》（允晨版）頁一—一三六，（三聯版）頁一—一〇四；《余英時文集》第九卷頁一〇〇—一八四。

▼一九七三

〈紅樓夢的兩個世界〉，原為一九七三年香港中文大學十周年校慶講座演講詞。刊《香港中文大學學報》第二期，一九七四年六月；《幼獅月刊》四十二卷四期，一九七五年十月，頁一八—二七；《中華文化復興月刊》九卷六期，一九七六年六月，頁九—一八。收入《中國古典小說論集》（台北，幼獅出版，一九七五年）頁一—三二；《紅樓夢的兩個世界》（聯經版）頁三九—六八；《紅樓夢的兩個世界》（上海版）頁三五—五九；《中國思想傳統的現代詮釋》（江蘇版）頁三二三—三三九；《文史傳統與文化重建》頁三一五—三四〇；《余英時文集》第八卷頁一六八—一八八。英譯本 "The Two Worlds of Hung-lou meng," (tr. by Diana Yu), The Renditions—English Translation Magazine（The Chinese University of Hong Kong）No. 2 (Spring 1974): 5—22.

〈月會講詞—一九七三年九月十四日本校第一四三次月會〉，與孫國棟合撰。刊《新亞生活》一卷二期，一九七三年十月十五日，頁一—二。

〈關於中國歷史特質的一些看法〉，此文為一九七三年十一月在新亞書院「中國文化學會」之講演詞。初以〈中國歷史的特質〉為題收入中文大學新亞書院中國文化學會編：《望道便驚天地寬：中國文化講座錄》（九龍：南山書屋，一九七五年），頁五三—六二。後改今題收入《歷史與思想》頁二七一—二八四；韓復智編：《中國史論集》（台北，茂昌圖書，一九九〇年）上冊頁一九—三四；《文史傳統與文化重建》頁一三六—一四九；《余英時文集》第一卷頁一〇六—一一六。

〈史學、史家與時代〉（一九七三・十二・二），為在新亞書院研究所、新亞書院文學院聯合舉辦之「中國文化講座」第二講之演講詞。由陳懿行等記錄，刊於《新亞生活》二卷一期，一九七四年九月十五日，頁一—五、二卷二期，一九七四年十月十五日，頁一—五。後刊《幼獅月刊》三十九卷五期，一九七四年五月，頁二—一一。收入《歷史與思想》頁二四七—二七〇；《中國史學論文選集》第二輯（台北，幼獅出版，一九七七年）頁八五—一一〇；《文史傳統與文化重建》頁一一三—一三五；《余英時文集》第一卷頁七八—九四。按，原講稿前有「各位先生，全漢昇先生的介紹，我很不敢當」一句，獨《幼獅月刊》及《中國史學論文選集》有，餘各版皆刪去。

▼一九七四

〈中國在遽變中未能完全脫離傳統之流弊〉，葉榮枝、吳婉霞、何美然訪談記錄。刊《明報月刊》九卷一期，總九十七期，一九七四年一月，頁一六—二二。

〈學術何以必須自由〉，梁燕城、劉美美訪談記錄。刊《明報月刊》九卷四期，一九七四年四月，頁四—一八；《人與社會》三卷一期，一九七五年四月，頁六八—七五。以〈從中國傳統看學術自由的問題〉為題收入《史學與傳統》。

〈關於紅樓夢的作者和思想問題的商榷〉，刊《中華月報》一九七四年六月；刊《紅樓夢研究專刊》十一期，一九七四年十二月，頁四九—五八。收入《紅樓夢的兩個世界》(聯經版)頁一八一—一九六；潘重規編：《紅學六十年》(台北，三民，一九九一年)頁一七一—一八六；《紅樓夢的兩個世界》(上海版)頁一四九—一六一；《余英時文集》第八卷頁一〇三—一一三。

〈近代紅學的發展與紅學革命：一個學術史的分析〉，刊《香港中文大學學報》二卷一期，頁一—三〇。收入《紅樓夢的兩個世界》(聯經版)頁一—三八，(上海版)頁一—三四；《文史傳統與文化重建》頁二八一—三一四；《余英時文集》第八卷頁一四一—一六七。

〈為「新亞精神」進一新解〉，刊《新亞生活》一卷十一期，畢業特刊，一九七四年七月一日，頁一—三。

〈章學誠的「六經皆史」說與「朱陸異同」論〉，刊《新亞書院學術年刊》第十六期，一九七四年九月，頁一〇九—一四〇。收入《論戴震與章學誠》(龍門版)頁四五—八二、(三聯版)頁四九—九〇；《余英時文集》第四卷頁四〇三—四三五。承友相告，云此文亦收入杜維運、黃進興所編《中國史學史論文選集》第二冊(台北，華世，一九七六年)，迄未得見此書。

〈戴東原與伊藤仁齋〉，刊《食貨月刊》四卷九期，一九七四年十二月，頁三六九—三七六。收入《論戴震與章學誠》(龍門版)頁一八五—一九六；《論戴震與章學誠》(三聯版)頁二二〇—二三三；《余英時文集》第四卷頁三七三—三八五。

〈戴震的經考與早期學術路向—兼論戴震與江永的關係〉，收入《錢穆先生八十歲紀念論文集》(香港，新亞研究所，一九七四年)頁二九—六四；《論戴震與章學誠》(龍門版)，頁一五一—一八三，(三聯版)頁一八三—二一九。

〈《錢穆先生八十歲紀念論文集》弁言〉，原書(香港：新亞研究所，一九七四年)發表時未署名。收入《猶記風吹水上鱗—錢穆與現代中國學術》，頁二四三—二四五；《錢穆與中國文化》頁二二三—二二四；《余英時文集》第五卷頁七九—八〇；《錢穆與現代中國學術》頁一九五—一九六。

▼一九七五

〈余英時先生來信〉，刊《南北極》第五十六期，一九七五年一月十六日，頁二六。

〈從中國傳統學術看學術自由的問題—香港明報月刊百期紀念答記者問〉，以〈學術何以必須自由為題〉刊《明報月刊》九卷四期，總一〇〇期，一九七四年四月，頁四—一八； 又刊《人與社會》三卷一期，一九七五年四月，頁六八—七五；轉載於《自立晚報》一九七九年三月十四日，三版。收入《史學與傳統》頁一二五—一六四；《中國思想傳統的現代詮釋》(江蘇版)頁一二四—一五三。

〈中國現代的民族主義和知識分子—敬悼蔣總統逝世〉，刊《聯合報》一九七五年五月一日；《海外學人》第四十期，一九七五年五月，頁二一—七。收入《近代中國思想人物論：民族主義》(台北，時報出版，一九八〇年)頁五五七—五六八。

〈我對於新亞校友會的期望〉，刊《新亞生活》第二卷第九期，一九七五年五月十五日，頁一。

〈略論清代儒學的新動向—《論戴震與章學誠》自序〉（一九七五・九・廿二），刊《中華月報》七二二期（一九七五年十一月），頁四—七。收入《歷史與思想》頁一五七—一六五；《論戴震與章學誠》（龍門版）頁一—一〇，（三聯版）頁一—一〇。

〈清代思想史的一個新解釋〉（一九七五・十・五），據一九七五年二月十八日在台大歷史研究所之演講記錄改寫而成。刊《中華月報》七二三期（一九七五年十二月），頁五—一七；又刊《中華文化復興月刊》九卷一期，一九七六年一月，頁一四—二七。收入《歷史與思想》頁一二一—一五六；《中國哲學思想論集：清代篇》（台北，牧童出版社，一九七六年）頁一—四八；《中國思想傳統的現代詮釋》（江蘇版）頁一九七—二二二；《內在超越之路》頁四六八—五〇五（以上兩種均刪去開篇之「緣起」一段）；《論戴震與章學誠》（三聯版）頁三二二—三五六；《余英時文集》第二卷頁一八五—二一〇。

〈戴震與清代考證學風〉，刊《新亞學報》十一卷下冊，一九七五年十月一日，頁四三七—四九二。改題〈戴東原與清代考證學風〉收入《論戴震與章學誠》（龍門版）頁八三—一三二，（三聯版）頁九一—一四三；《余英時文集》第四卷頁三二九—三七二。

〈校慶賀函—前校長余英時博士賀函〉，刊《新亞生活》第三卷第二期，一九七五年十月十五日，頁二。

〈劉大中先生與新亞書院〉（一九七五・十・卅一），刊《新亞生活》三卷四期，一九七五年十二月十五日，頁一—二；《中國學人》第六期，一九七七年九月，頁二四一—二四三。收入《劉大中先生伉儷追思錄》頁七六—七九。

〈清代儒家智識主義的興起初論〉，Some Preliminary Observations on the Rise of Ch'ing Confucian Intellectualism, in Tsing Hua Journal of Chinese Studies, 11(1—2), pp.105-144. 譯文收入《人文與理性的中國》頁一〇三—一三九。

▼一九七六

〈反智論與中國政治傳統〉（一九七五・十二・廿二初稿，一九七六・五・廿四改定），分上下篇，上篇刊於《明報月刊》第十一卷第二期，總第一二二期，一九七六年二月號，頁二—八；下篇刊於《明報月刊》第十一卷第三期，總第一二三期，一九七六年三月號，頁二四—三二；又連載於《聯合報》一九七六年一月十九日至廿六日。收入《歷史與思想》頁一—四六；《中國思想傳統的現代詮釋》（江蘇版）頁六三—一〇〇；《中國哲學思想論集：總論篇》（台北，水牛出版，一九九〇年）頁一〇七—一五〇；《中國知識分子論》頁三五—七五；《文史傳統與文化重建》頁一五〇—一九五；《余英時文集》第二卷頁二七六—三一三。

〈「君尊臣卑」下的君權與相權—〈反智論與中國政治傳統〉餘論〉（一九七六・三・十五）連載於《聯合報》一九七六年四月十二日至十六日。收入《歷史與思想》頁四七—七五；《中國思想傳統的現代詮釋》（江蘇版）頁一〇一—一二三；《余英時文集》第二卷頁三一四—三三六。

〈唐宋明三帝老子注中之治術發微〉（一九七六・五・廿三），收入《歷史與思想》頁七七—八六；《余英時文集》第二卷頁二六六—二七五。

〈《歷史與思想》自序〉（一九七六・六・十六），收入《歷史與思想》頁一—一四；《余英時文集》第一卷頁一一七—一二六。

〈尊重學術文化的獨立領域〉，刊《聯合報》一九七六年十月十五日，二版。

〈眼前無路想回頭—再論紅樓夢的兩個世界兼答趙岡兄〉（一九七六・十一・十），分數篇連載於《明報月刊》：（上篇）刊第十二卷第二期，總第一三四期，一九七七年二月號，頁二—八；（中篇）刊第十二卷第三期，總第一三五期，一九七七年三月號，頁六一—六七；（下篇之一）刊第十二卷第四期，總第一三六期，一九七七年四月號，頁六〇—六五；（下篇之二）刊第十二卷第五期，總第一三七期，一九七七年五月號，頁七九—八四。又分上下篇，分別刊於《中華文化復興月刊》十卷二期，一九七七年二月，頁五六—六六；《中華文化復興月刊》十卷三期，一九七七年三月，頁六九—七九。收入《中國古典小說論集》（台北，幼獅出版，一九七五年）頁三〇三—三六四；《紅樓夢的兩個世界》（聯經版）頁六九—一四六；《紅樓夢的兩個世界》（上海版）頁六一—一一八；《余英時文集》第八卷頁一八九—二三六。

〈敦敏、敦誠與曹雪芹的文字因緣〉（一九七六・十一・廿八），刊《香港中文大學中國文化研究所學報》九卷上冊，一九七八年，頁六七—八五。收入《紅樓夢的兩個世界》（聯經版）頁一四七—一七九；《紅樓夢的兩個世界》（上海版）頁一一九—一四七。

〈《懋齋詩鈔》中有關曹雪芹生平的兩首詩考釋〉（一九七六・十二・四），刊《中國學人》第六期，一九七七年九月，頁五五—六六。後於一九七七年十一月十一日加寫附言一段。收入《紅樓夢的兩個世界》（聯經版）頁二〇九—二二六；《紅樓夢的兩個世界》（上海版）頁一七五—一九一；《余英時文集》第八卷頁二四三—二五六。又承友人相告，此文亦收入台灣所編之《曹雪芹研究資料》第七冊（天一出版社，一九八一年），原書未見。

〈江寧織造曹家檔案中的「西花園」考〉（一九七六・十二・五），刊《中國時報・人間副刊》，一九七六年十二月廿四—廿五日，十二版。收入《紅樓夢的兩個世界》（聯經版）頁二二七—二三四，（上海版）頁一九四—一九九；《余英時文集》第八卷頁二三七—二四二。

〈說鴻門宴的座次〉，刊《聯合報》一九七七年一月十三—十四日。收入《沈剛伯先生八秩榮慶論文集》（台北，聯經，一九七六年）頁八五—九二；《史學與傳統》頁一八四—一九五；《余英時文集》第一卷頁七〇—七七。英譯「The Seating Order at the Hung-men Banquet」, in George Kaoed., The Translation of Things Past, Chinese History and Historiography, pp. 49-61.

▼一九七七

〈天變道亦變—天旦感言之一〉，刊《明報月刊》第十二卷第一期，總第一三三期，一九七七年一月號，頁七—八。

〈回說鴻門宴的坐次〉，刊《聯合報》一九七七年二月七日，十二版。

〈漢代的飲食：人類學和歷史學的透視〉，「Han」, in K. C. Chang ed.: Food in Chinese Culture, Anthropological and Historical Perspectives. New Haven and London: Yale University Press, 1977, pp. 53-83. 中譯本收入《漢代貿易與擴張》。

〈曹雪芹的「漢族認同感」補論〉（一九七七．八．廿二），收入《紅樓夢的兩個世界》（聯經版）頁一九七—二〇八，（上海版）頁一六四—一七三；《余英時文集》第八卷頁一一四—一二二。

〈余英時談歷史研究心得〉，應平訪談記錄，刊《中華日報》一九七七年十一月十四日，三版。

〈《紅樓夢的兩個世界》自序〉（一九七七．十一．十七），收入《紅樓夢的兩個世界》（聯經版）頁一—六，（上海版）頁一—四。

Crisis and Conflict in Han China 104BC to AD 9 (Book Review), in American Historical Review 82(3), pp.717-718.

▼一九七八

〈大學與中國的現代化〉，刊《新亞生活》五卷五期，一九七八年一月，頁一—三。

悼念唐君毅先生之題字，刊《新亞生活》五卷七期，追悼唐君毅教授特刊，一九七八年三月十五日，頁三。

〈五四運動的檢討〉，刊《古今談》一五七期，一九七八年六月，頁八—一〇。

〈有感於「悼唐」風波〉，刊《明報月刊》十三卷第八期，總第一五二期，一九七八年八月號，頁三三—三六。

〈方以智晚節考補證〉，收入《屈萬裡先生七秩榮慶論文集》（台北，聯經，一九七八年）頁五五三—五六二。後改作〈方以智晚節考新證〉，見本文一九七九年條下。

〈余英時談史學研究〉，馮志清訪談記錄。刊《中央日報》一九七八年九月十二日，十一版。

〈古代知識階層的興起與發展〉，原為中研院「中國上古史」撰述計畫之一部，題為〈中國古代知識階層的興起與發展〉寫定後收入史語所出版之《中國上古史》第四冊。改易今題收入《中央研究院成立五十周年紀念論文集》第二輯《人文社會科學》（台北，中央研究院，一九七八年）頁二三一—二八九；《中國知識階層史論》頁一—一〇七；《士與中國文化》（舊版）頁一—八三，（新版）頁三—七六；《余英時文集》

第四卷頁二五—九九。

〈敦敏、敦誠與曹雪芹的文字因緣〉，刊《香港中文大學中國文化研究所學報》九卷上冊（一九七八年），頁六七—八四。收入《紅樓夢的兩個世界》。

▼一九七九

〈急不及待乎？—中國統一問題〉，刊《明報月刊》第十四卷第三期，總第一五九期，一九七九年三月號，頁九七。譯自一九七九年一月廿六日《紐約時報》。

〈中國史學的現階段：反省與展望—代「發刊詞」〉（一九七九．二．廿），刊《史學評論》第一期，一九七九年七月，頁一—二四；《中國時報》一九七九年四月廿日；《時報周刊》一九七九年六月三日；《出版與研究》第五十五期，一九七九年十月，頁九—一八。收入文復會編《中國史學論文選集》第四輯（台北，幼獅出版，一九八一年）頁一—二四；《史學與傳統》頁一—二九；《文史傳統與文化重建》頁三六二—三八五；《十字路口的中國史學》頁七六—九七；《史學方法與歷史解釋》（北京，中國大百科，二〇〇五年）頁一—一九。

〈從「反智論」談起〉，按此文為對《中國時報．人間副刊》來函之答覆，刊《中國時報》一九七九年三月十四日，十二版。收入《史學與傳統》頁一〇八—一二四；《余英時文集》第二卷頁三三七以下。

〈時報之友夜訪余英時：朗朗乾坤含弘光大〉，郭正昭等訪談記錄，刊《中國時報》一九七九年三月十五—十七日，十二版。

〈方以智晚節考新證〉，由〈方以智晚節考補證〉（詳一九七八年條下）改作。原刊《新亞學術集刊》第二期，頁一—一三，一九七九年。收入《史學與傳統》頁一九六—二二二（此版後別有附言一段，記撰述始末）；《方以智晚節考》（允晨版）頁一六七—一九二；《方以智晚節考》（三聯版）頁一三二—一五四；《余英時文集》第九卷頁二〇四—二二一。

〈跋《方以智死節新考》〉，刊《新亞學術集刊》第二期，一九七九年，頁一五—二〇。

〈五四運動與中國傳統〉，刊《聯合報》一九七九年四月廿一日，十二版。原載汪榮祖編《五四研究論文集》（一九七九年，未見）。收入《史學與傳統》頁九三—一〇七；《現代危機與思想人物》頁五九—七〇；《余英時文集》 第二卷頁八二—九〇。

〈名教危機與魏晉士風的轉變〉，刊《食貨月刊》九卷七、八期合刊，一九七九年十一月，頁二四七—二六八。收入《中國知識階層史論》頁三三〇以下；《士與中國文化（舊版）》頁四〇一—四四〇；《士與中國文化（新版）》頁三五七—三九一；《余英時文集》第三卷頁一一八—一五四。

〈方以智死節新考〉（一九七九・十・廿五），刊《明報月刊》第十四卷第十二期，總第一六八期，一九七九年十二月號，頁一〇一一三。收入《方以智晚節考》（允晨版）頁一九三—二〇四；《方以智晚節考》（三聯版）頁一五五—一六三；《余英時文集》第九卷頁二二二—二三〇。

The Chinese Experience (Book Review), in American Historical Review 85(1), pp.190-191.

▼一九八〇

〈對十七世紀中國思想轉變的闡釋〉，「Toward an Interpretation of the Intellectual Transition in Seventeenth-century China 」, in Journal of the American Oriental Society, 100(2), pp.115-125. 譯文收入《人文與理性的中國》頁一四〇—一五九。

〈曹雪芹的反傳統思想〉，宣讀於一九八〇年六月在威斯康辛大學舉辦之「首屆國際《紅樓夢》研討會」。刊《中國時報》一九八〇年八月十八—十九日。收入《史學與傳統》頁二三六—二六一；《紅樓夢的兩個世界》（上海版）頁二〇二—二二〇；《文史傳統與文化重建》頁三四一—三六二；《余英時文集》第八卷頁一二三—一四〇。又聞亦收入周策縱等編：《首屆國際紅樓夢研討會討論文集》，未得見。

〈《中國知識階層史論》自序〉（一九八〇・八・廿），收入該書聯經版卷首。

〈知識分子的特性與責任〉，余英時、周策縱、陶晉生、王聿均講述，刊《聯合報》一九八〇年八月廿五日，二版。

〈《中國通史參考材料》出版弁言〉，收入《中國通史參開材料》（台北：東昇出版事業公司，一九八〇年），頁一—五。

〈政統與道統之間：中國知識分子的原始型態〉，刊《中國時報》一九八〇年十一月廿二—廿五日及《中國文化月刊》六十期，一九八四年十月，頁一〇二—一二八。收入《中央研究院國際漢學會議論文集：歷史考古組》（台北，中央研究院，一九八一年）頁九二五—九四四；文復會編《中國史學論文選集》第五輯（台北，幼獅出版，一九八四年）頁179—214；《史學與傳統》頁三〇—七〇；《士與中國文化（舊版）》頁八四—一一二；《內在超越之路》頁一三七—一七二；《士與中國文化（新版）》頁七七—九九；《余英時文集》第四卷頁一二二—一四六。

〈《疏園遺作集存》序〉，見該書卷首。

▼一九八一

〈從中國的觀點看毛澤東的歷史位置〉，刊《明報月刊》第十六卷第二期，總一八二期，一九八一年二月號，頁二八—三〇。收入《史學與傳統》頁二九〇—三一一。

〈試論中國文化的重建問題〉，刊《海外學人》一〇四期，一九八一年三月，頁二一—一四。收入《史學與傳統》頁一六五—一八三；《內在超越之路》頁五九—七五（原書注有刪節）；《文史傳統與文化重建》頁四二七—四四一；《余英時文集》第七卷頁二二七—二三七。

〈顧頡剛、洪業與中國現代史學〉（一九八一．四．七），刊《明報月刊》第十六卷第五期，總第一八五期，一九八一年五月號，頁五七—六一。收入《史學與傳統》頁二六三—二七九；《文史傳統與文化重建》頁四〇一—四一三；《余英時文集》第五卷頁三八六—三九六。

〈顧頡剛的史學與思想補論—兼答唐文標先生的「文字障」〉，刊《聯合月刊》二期，一九八一年九月，頁八〇—八二。收入《史學與傳統》頁二八〇—二八九；《余英時文集》第五卷頁三九七—四〇二。

〈早期中國來世觀念的新證據—評魯惟一的《通往仙境之路》〉，「New Evidence on the Early Chinese Conception of Afterlife」, in Journal of Asian Studies 41(1), pp. 81-85. 中譯本收入《東漢生死觀》。

〈《紅樓夢的兩個世界》增訂版序〉（一九八一．九．一），收入《紅樓夢的兩個世界》（聯經版）頁一—二，（上海版）頁一—二。

〈翻譯與外來觀念—《歷史學與社會科學》序〉，《歷史學與社會科學》，康樂、黃進興編，華世出版社一九八一年。此文收入《文化評論與中國情懷》頁一八九—二〇二；《余英時文集》第八卷頁 311—318。

〈從史學看傳統—《史學與傳統》自序〉（一九八一．十．十三），刊《幼獅學志》十六卷四期，一九八一年十二月，頁一三—二四；又刊《明報月刊》第十七卷第一期，總一九三期，一九八二年一月號，頁一〇七—一一一。收入《史學與傳統》頁一—一七；《文史傳統與文化重建》頁三八七—四〇〇；《余英時文集》第一卷頁九五—一〇五。

〈《到思維之路》新版序〉（一九八一．十一．五），收入該書台北版。又見《余英時文集》第七卷頁一一；收入《余英時學術思想文選》頁一六。

《十字路口的中國史學》，英文。中譯本有上海古籍出版社、聯經出版事業公司本。

Early Chinese history in the People’ s Republic of China : the report of the Han Dynasty Studies Delegation , October-November 1978, Seattle: School of International Studies, University of Washington, 1981. 主要執筆者。部分中譯收入《十字路口的中國史學》。

▼一九八二

〈「水能載舟，亦能覆舟」〉，刊《明報月刊》第十七卷第一期，總一九三期，一九八二年一月號，頁一四—一七。

〈中國國民黨與思想現代化〉，刊《中央月刊》十四卷五期，一九八二年三月，頁三〇—三五。收入《文化評論與中國情懷》頁二〇三—

二一六。

〈血淚凝成真精神〉，刊《中國時報》一九八〇年四月二日，人間副刊第八版。

〈意識形態與中國現代思想史〉，刊《中國時報》一九八二年八月十一—十六日，人間副刊第八版。收入時報文教基金會：《近代中國的變遷與發展》（台北：時報出版，二〇〇二年）頁一三六—一五八。

〈學術思想與意識形態〉，刊《明報月刊》第十七卷第八期，總二〇〇期，一九八二年八月號，頁一八—二五。收入《中國思想傳統的現代詮釋》（聯經版）頁五三—七四；《余英時文集》第四卷頁一六〇—一七五。

〈中央研究院的功能與院士選舉〉，刊《中央月刊》十四卷十期，一九八二年八月，頁二〇—二一。

〈香港問題私議〉，刊《明報月刊》第十七卷第八期，總二〇〇期，一九八二年八月號，頁一八—二五。

〈陳寅恪的學術精神和晚年心境〉（一九八二・十二・廿八），分兩篇刊於：（上）第十八卷第一期，總二〇五期，一九八三年一月號，頁一七—二五；（下）《明報月刊》第十八卷第二期，總二〇六期，一九八三年二月號，頁一六—二八。收入《陳寅恪晚年詩文釋證》頁一—七一；《現代危機與思想人物》頁三六一—四一九；《余英時文集》第五卷頁一七四—二一九。《陳寅恪晚年詩文及其他—兼與余英時先生商榷》附有該文。《中國知識分子論》頁一九一—二〇二有節錄。

〈戴震與朱熹傳統〉，「Tai Chen and the Chu Hsi Tradition」, in Chan Ping-leung ed., Essays in Commemoration of the Golden Jubilee of the Fung Ping Shan Library, Studies in Chinese Librarianship, Literature, Language, History and Arts. Hong Kong: Hong Kong University Press, 1982, pp. 376-392. 譯文收入《人文與理性的中國》頁一六〇—一七四。

〈關於「亭」的性質〉，收入尹達等編：《紀念顧頡剛學術論文集》（成都，巴蜀書社，一九九〇年）上冊，頁二三〇—二三一。

〈漢代亭制問題獻疑〉，收入尹達等編：《紀念顧頡剛學術論文集》（成都，巴蜀書社，一九九〇年）上冊，頁二三四—二三八。

The Study of Chinese History: Retrospect and Prospect in George Kao, ed., The Translation of Things Past, Chinese History and Historiography. Hong Kong: The Chinese University of Hong Kong Press, 1982, pp. 7-26.

▼一九八三

〈清代學術思想史重要觀點通釋〉，刊《史學評論》第五期，一九八三年一月，頁一九—九八。收入《中國思想傳統的現代詮釋》（聯經版）頁四〇五—四八五，（江蘇版）頁二二八—二九〇；《文史傳統與文化重建》頁一九六—二八〇；《余英時文集》第四卷頁四三六以下。

〈訪余英時談傳統文化與現實政治〉，李怡訪談記錄，刊《七十年代》一五七期，一九八三年二月，頁六六—七八。

〈中國近代思想史上的胡適—《胡適之先生年譜長編初稿》序〉（一九八三・三・十八），分三篇，分別載於：（上）《明報月刊》第十八卷第五期，總二〇九期，一九八三年五月號，頁一九—三一；（中）《明報月刊》第十八卷第六期，總二一〇期，一九八三年六月號，頁三二—三六；（下）《明報月刊》第十八卷第七期，總二一一期，一九八三年七月號，頁八五—九〇。又分上下兩篇，分別刊於《傳記文學》四十四卷五期，一九八四年五月，頁五四—六〇；《傳記文學》四十四卷六期，一九八四年六月，頁一〇一—一一三。收入《中國近代思想史上的胡適》（台北，聯經，一九八四年）頁一—七五；《中國思想傳統的現在詮釋》（台版）頁五一九—五七四；《現代危機與思想人物》頁一二二—一八三；《重尋胡適歷程》頁一五七—二二〇；《余英時文集》第五卷頁二三九—二八六。

〈年譜學與現代的傳記觀念〉，刊《傳記文學》四十二卷五期，一九八三年五月，頁一〇—一五。收入《中國近代思想史上的胡適》頁九三—一一〇；《余英時文集》第五卷頁二九六—三〇六。

〈傳統文化與現實政治〉，刊《聯合報》一九八三年五月廿九—卅一日；《聯合月刊》二十三期，一九八三年六月，頁六九—七五。收入《文化評論與中國情懷》頁二三五—二五八。

〈陳寅恪晚年心境新證〉，連載於《明報月刊》十九卷十—十一期，一九八三年十—十一月；又刊《中國時報》一九八四年十一月十三—十七日，人間副刊八版。收入《陳寅恪晚年詩文釋證》。

〈中國古代死後世界觀的演變〉，刊《聯合月刊》二十六期，一九八三年九月，頁八一—八九；又刊《明報月刊》第十八卷第九期，總二一三期，一九八三年九月號，頁一二—二〇。收入《中國思想傳統的現代詮釋》（聯經版）頁一二三—一四四；《余英時文集》第二卷頁七—二四。

〈人文與自然科學應如何均衡發展—吳大猷院士與余英時院士對談〉，刊《中國時報》一九八三年九月八日。收入《文化評論與中國情懷》頁七三—八八；《內在超越之路》頁八九—一〇二（原注，有刪節）；《人文與民主》頁七—二三。

〈《中國哲學史大綱》與史學革命〉，刊《聯合月刊》二十七期，一九八三年十月，頁一一〇—一一三。收入《中國近代思想史上的胡適》頁七七—九一；《現代危機與思想人物》頁一八四—一九五；《重尋胡適歷程》頁二二一—二三二；《余英時文集》第五卷頁二八七—二九五。

〈民族意識與國家觀念〉，刊《明報月刊》第十八卷第十二期，總二一六期，一九八三年十二月號，頁三—七；《中國時報》一九八三年十二月二—三日。收入《文化評論與中國情懷》頁一七—三二；《余英時文集》第七卷頁二九三—三〇三。

〈從價值系統看中國文化的現代意義〉，此文為余先生在《中國時報》舉辦之「中國文化與現代生活」系列演講之演講記錄。台北：時報文化出版公司，一九八四初版單行本。收入《中國思想傳統的現代詮釋》（聯經版）頁一—五二，（江蘇版）頁一—四八；《內在超越之路》頁一—

五八；《文史傳統與文化重建》頁四四二—四九二；《知識人與中國文化的價值》頁九—六八；《余英時文集》第三卷頁一—三九。

▲一九八四

〈再論學術思想與意識形態〉，分上下篇，上篇刊於《明報月刊》第十九卷第三期，總二一九期，一九八四年三月號，頁四—一〇；下篇刊於《明報月刊》第十九卷第四期，總二二〇期，一九八四年四月號，頁三八—四七。收入《中國思想傳統的現代詮釋》（聯經版）頁七五—一二一。

〈從心理與文化層面看意識形態〉，刊《中國時報》一九八四年五月十三日，人間副刊八版。

〈文化建設私議：人文學術的研究是當務之急〉，刊《中國時報》一九八四年五月廿三—廿五日。收入《文化評論與中國情懷》頁四九—六四；《余英時文集》第八卷頁七—一六；《人文與民主》頁二三—三八。

〈陳寅恪晚年詩文釋證〉（一九八四．五．廿五），分上下篇，上篇刊於《明報月刊》第十九卷第七期，總二二三期，一九八四年七月號，頁三—一〇；下篇刊於《明報月刊》第十九卷第八期，總二二四期，一九八四年八月號，頁一七—二五。收入《陳寅恪晚年詩文釋證》頁七三—一二九。

〈讀陳寅恪先生《寒柳堂集》感賦二律〉，刊《明報月刊》第十九卷第六期，總二二二期，一九八四年六月號，頁八。又見《陳寅恪晚年詩文釋證》。

〈哈伯瑪斯「批判理論」與意識形態〉，刊《中國時報》一九八四年六月十三—十五日，人間副刊八版；又刊《中山社會科學學報》八卷一期，頁一—一四。

〈壽錢賓四師九十並序〉，刊《中央日報》一九八四年七月十二日；《明報月刊》第十九卷第七期，總二二三期，一九八四年七月號，頁二九；刊《新亞生活》十二卷一期，一九八四年九月十五日，頁三（以上三處未收序）。收入《猶記風吹水上鱗—錢穆與現代中國學術》頁二四七—二四八；《錢穆與中國文化》頁二二五—二二六；《現代危機與思想人物》頁五七二；《錢穆與現代中國學術》頁一九七—一九八；《余英時文集》第五卷頁七八。

〈陳寅恪的「欠砍頭」詩文發微〉，刊《聯合報》副刊一九八四年七月十九—廿日。收入《文化評論與中國情懷》頁二九一—三一六。

〈陳寅恪晚年心境新證〉（一九八四．八．卅一初稿，九．廿五重訂），分上下篇，上篇刊於《明報月刊》第十九卷第十期，總二二六期，一九八四年十月號，頁九—一三；下篇刊於《明報月刊》第十九卷第十一期，總二二七期，一九八四年十一月號，頁一三—二〇。收入《陳寅恪晚年詩文釋證》頁一三一—一六一。

〈《新橋譯叢》總序〉（一九八四・九・五），見遠流出版公司該叢刊各書卷首。

〈道統與政統之間〉，刊《中國文化月刊》六十期，一九八四年十月，頁一〇二—一二八。收入《史學與傳統》、《內在超越之路》、《士與中國文化》、《余英時文集》第四卷。

〈古典與今典之間—談陳寅恪的暗碼系統〉（一九八四・九），刊《明報月刊》，第十九卷第十一期，總二二七期，一九八四年十一月號，作為《陳寅恪晚年心境新證》下篇之附論。收入《陳寅恪晚年詩文釋證》頁一六三—一七五。

〈文史互證，顯隱交融—談怎樣通解陳寅恪詩文中的「古典」和「今情」〉（一九八四・九・三），刊《聯合報》一九八五年十月十八—廿日，八版。收入《文化評論與中國情懷》頁三一七—三四〇；《陳寅恪晚年詩文釋證》頁一七七—一九四。

〈中國知識分子的創世紀〉，上篇刊《聯合文學》一卷二期，一九八四年十二月，頁一〇—一三；下篇刊《聯合文學》一卷三期，一九八五年一月，頁一〇—一六。收入《內在超越之路》頁二二一—二三九（該書原注「略有刪節」）；《文化評論與中國情懷》頁八九—一一〇；《中國知識分子論》頁一一六—一三一；《余英時文集》第四卷頁一四七—一五九。

▼一九八五

〈方以智自沉惶恐灘考〉（一九八五・二・十七），分上下篇，上篇刊於《明報月刊》第二十卷第四期，總二三二期，一九八五年四月號，頁三七—四三；下篇刊於《明報月刊》第二十卷第五期，總二三三期，一九八五年五月號，頁三三—三六。收入《方以智晚節考》（允晨版）頁二〇五—二五四，（三聯版）頁一六四—二〇〇；《中國思想傳統的現代詮釋》（聯經版）頁四八七—五一八；《余英時文集》第九卷頁二三一—二五九。

〈一葉知秋〉，刊《時報周刊》一九八五年二月十六日至三月二日。收入《文化評論與中國情懷》頁二五九—二六八。

〈著書今與理煩冤—汪榮祖先生〈剩有文章供笑罵〉讀後〉，刊《中國時報》，一九八五年三月九—十五日，人間副刊八版。收入《陳寅恪晚年詩文釋證》頁一九五—二二五。

〈二次戰後人類社會〉，刊《中央日報》一九八五年三月十九—廿日，二版。

〈科技文化與大眾文化〉，刊《中國時報》一九八五年三月十九—廿日。收入《文化評論與中國情懷》頁三三—四八；《余英時文集》第八卷頁一七—二六。

〈文化危機與趣味取向〉，刊《明報月刊》第二十卷第四期，總二三二期，一九八五年四月號，頁三—七（題為〈台灣、香港、大陸的文化危機與趣味取向〉）；《中國地方文獻學會年刊》一九八七年三月，頁一二—一六。收入《文化評論與中國情懷》頁三一—一七；《余英時文集》第七卷頁二五〇—二五八。

〈如何解決劉案的後遺症〉，刊《中國時報》一九八五年四月廿二日，三版。

〈「五四」—一個未完成的文化運動〉，刊《時報周刊》十一期，一九八五年五月十二—十八日。收入《文化評論與中國情懷》頁六五—七二；《余英時文集》第七卷頁一六二—一六六。

The「Philosophical Breakthrough」and the Chinese Mind，刊《哲學年刊》第六期，一九八五年六月，頁一五一—一八四。

〈「常僑居是山，不忍見耳」—談我的「中國情懷」〉，刊《明報月刊》第二十卷第六期，總二三四期，一九八五年六月號，頁三—五。收入《文化評論與中國情懷》頁三七五以下；《余英時文集》第七卷頁三—七；《中國情懷》頁八八—九五。

〈韋伯觀點與「儒家倫理」序說〉，刊《中國時報》一九八五年六月十九日，人間副刊八版。

〈儒家倫理與商人精神〉，一九八五年六月十九日在新竹清華大學講詞整理，刊《聯合報》一九八五年六月廿—廿一日，二版；《中國時報》一九八五年六月廿日，人間副刊八版（吳齊仁整理）。

〈魏晉與明末文人思想、生活的比較：六月二十三日在清華大學演講全文〉，刊《聯合報》一九八五年六月廿五日；又題作〈魏晉與明清文人生活與思想之比較〉（吳齊仁整理），刊《中國時報》一九八五年六月二四—二五日，人間副刊八版。

〈天下為公和領袖人才的培養〉，刊《聯合報》一九八五年八月廿七日，三版。

〈中共接班運動的歷史意義〉，刊《中國時報》一九八五年九月廿五—廿六日；又刊《中國大陸研究教學參考文摘》二十一期，頁一二—一八。

〈「弦箭文章」哪日休？〉（一九八五・八・九），刊《明報月刊》第二十卷第十期，總二三八期，一九八五年十月號，頁三三—三七。收入《陳寅恪晚年詩文釋證》頁二四三—二五六。大陸編《陳寅恪晚年詩文及其他—兼與余英時先生商榷》一書亦附有該文。

〈傅佩榮《儒道天論發微》序〉，刊《中國書目季刊》十九卷三期，一九八五年十二月，頁二七—二八。

〈儒家「君子」的理想〉，刊《明報月刊》第二十卷第十一期，總二三九期，一九八五年十一月號，頁四〇—四六；刊《倫理學研究》一九八六年第三期。收入《中國思想傳統的現代詮釋》（聯經版）頁一四五—一六六，（江蘇版）頁一五四—一六九；《內在超越之路》頁一〇三一一二三；《中國知識分子論》頁一七一三四；《余英時文集》第二卷頁一三七一一五六。

〈「對塔說相輪」—談現代西方的思想動態〉（一九八五・十一・廿九），刊《明報月刊》第二十一卷第一期，總二四一期，一九八六年一月號，頁六一一〇。後刊《鵝湖》十三卷二期（一四六期），一九八七年五月，頁六一一一。收入《文化評論與中國情懷》頁一二五一一四〇；《余英時文集》第八卷頁二七一三五；《人文與民主》頁一七一一八六。

〈魏晉時期個人主義和新道家運動〉，「Individualism and Neo-Taoist Movement in Wei-Chin China」, in Donald Munro ed., Individualism and Holism: Studies in Confucian and Taoist Values. Ann Arbor: University of Michigan Press, 1985, pp. 121-155. 譯文收入《人文與理性的中國》頁二〇一四九。

〈中國近世宗教倫理和商人精神〉一九八五年六月在國立清華大學之演講中略述大要，後經修改補訂先後刊於《聯合報》一九八五年六月廿日、廿一日；《知識分子》二卷二期。一九八六年由聯經出版事業公司印行單行本。收入《士與中國文化》；《內在超越之路》頁二四八一四二三；《余英時文集》第三卷頁二三四一三五七。

〈中國宗教的入世轉向〉，即《中國近世宗教倫理和商人精神》之上篇，收入聯經單行本頁一一一四〇；《中國文化史通釋》頁五九一八六。

▼一九八六

〈「星星之火可以燎原！」〉，刊《中國時報》一九八六年一月一日，二版。

〈時報文化基金會成立祝詞〉，刊《中國時報》一九八六年三月一日，二版。

〈虎年說「風」〉，刊《聯合報》一九八六年三月四一五日；《聯合月刊》五十六期，一九八六年三月，頁八一一一。收入《文化評論與中國情懷》頁二七七一二九〇。

〈「對塔說相輪」補篇—對評者的答覆〉（一九八六・四・六），刊《明報月刊》第二十一卷第六期，總二四六期，一九八六年六月號，一九一二五頁；《聯合報》一九八六年三月四一五日，二版。後刊《鵝湖》十三卷二期（一四六期），一九八七年五月。收入《文化評論與中國情懷》頁一四一一六二；《余英時文集》第八卷頁三六一四九；《人文與民主》頁一八七以下。按此文原作於一九八六年，一九八八年八月十七日復作〈校後補記〉於文後。

〈對《當代》的期待〉，刊《中國時報》一九八六年五月五日，人間副刊八版。

〈《中國近世宗教倫理與商人精神》自序〉（一九八六・五・十七），收入該書聯經出版事業公司之單行本。

〈消融歧見，相忍謀國〉，刊《聯合報》一九八六年五月廿六日，二版。

〈《敬業的精神—為《百姓》創刊五周年作〉，刊《百姓》第一二一期，一九八六年六月一日，頁三〇—三一。

〈漢代循吏與文化傳播〉，分別上中下三篇刊載於《九州學林》。上篇「文化篇」刊《九州學林》一卷一期，一九八六年九月，頁九—二四；中篇「循吏篇（上）」刊一卷二期，一九八六年十二月，頁一—二二；下篇「循吏篇（下）」刊一卷三期，一九八七年三月，頁一—二二。收入《中國思想傳統的現代詮釋》（聯經版）頁一六七—二五八；《士與中國文化（舊版）》頁一二〇—二一六；《士與中國文化（新版）》頁一一七—一九二；《余英時文集》第三卷頁四〇—一一七。

〈關於韋伯、馬克思與中國史研究的幾點反省—《中國近世宗教倫理與商人精神》自序〉（一九八六・五・十七），刊《明報月刊》第二十一卷第五期，總二四五期，一九八六年五月號，頁一一—一八。收入《文化評論與中國情懷》頁一六三—一八八；《中國近世宗教倫理與商人精神》（聯經版）頁五五—七七；《中國近世宗教倫理與商人精神》（安徽版）頁五七—八〇；《余英時文集》第三卷頁二一三—二二九。

〈「用志不分，乃凝於神」—吳清源〈以文會友〉讀後〉，刊《明報月刊》第二十一卷第十期，總二五〇期，一九八六年十月，頁二九—三〇。收入《文化評論與中國情懷》頁三六一—三六八；《情懷中國》頁一九二—一九八。

〈《方以智晚節考》增訂版自序〉（一九八六・十・十），收入《方以智晚節考》（允晨版）頁一—六，（三聯版）頁一—五；《中國文化與現代變遷》頁二二七—二三二；《中國知識分子論》頁一八三—一八七；《余英時文集》第九卷頁九一—九四。

〈關於「新教倫理」與儒學研究〉（一九八六・十・十七），刊《九州學刊》一卷二期，一九八六年十二月，頁一〇三—一〇七。收入《錢穆與中國文化》頁二九六—三〇三；《內在超越之路》頁四二四—四三二；《中國文化與現代變遷》頁二一七—二二六；《余英時文集》第三卷三五八—三六三。

〈「明明直照吾家路」〉（一九八六・十・廿四），刊《中國時報》一九八六年十一月廿六日，人間副刊八版。為《陳寅恪晚年詩文釋證》一九八六年自序，收入該書頁一—一〇；《中國文化與現代變遷》頁二四三—二五四。

〈吳君火獅行誼〉（一九八六・十二・八），收入黃進興：《半世紀的奮鬥：吳火獅先生口述傳記》（台北：允晨，一九九〇年），頁三一六—三一九。

〈桐城派〉，「T'ung-ch'eng School」, in William H. Nienhauser Jr ed. The Indiana Companion to raditional Chinese Literature, Indiana University Press, 1986, pp. 837-840. 譯文收入《人文與理性的中國》頁二三七—二四〇。

〈朱熹哲學體系中的道德與知識〉，「Morality and Knowledge in Chu Hsi's Philosophical System」, in Wing-tsit Chan ed. Chu Hsi and Neo-Confucianism, Honolulu: University of Hawaii Press, 1986, pp. 228-254. 中譯本收入賀照田編：《學術思想評論》第五輯（瀋陽，遼寧大學出版社，一九九九），頁三五二—三七五；田浩編：《宋代思想史論》（北京，社科文獻出版社，二〇〇三年）頁二五七—二八四；《余英時文集》第十卷。

〈漢朝的對外關係〉，「Han Foreign Relations」, in Denis Twitchett and Michael Loewe ed. The Cambridge History of China, vol 1: The Ch' in and Han Empires, 221 B.C.-A.D. 220. Cambridge: Cambridge University Press, 1986, pp. 377-462. 中譯本：《劍橋中國秦漢史》（北京，中國社科出版社，一九九二）頁四〇六—四九九。

▼一九八七

〈《中國思想傳統的現代詮釋》自序〉（一九八七・二・十二），收入《中國思想傳統的現代詮釋》（聯經版）頁一—八；《中國文化與現代變遷》頁二三三—二四二；《余英時文集》第二卷頁一—六。

〈跋新發現的陳寅恪晚年的兩封信〉（一九八七・二・廿二），刊《當代》十二期，一九八七年四月，頁八四—九二；《明報月刊》二十二卷四期，總二五六期，一九八七年四月，頁八一—八七。收入《文化評論與中國情懷》頁三四一—三六〇；《陳寅恪晚年詩文釋證》頁二五七—二七七。

〈《士與中國文化》自序〉（一九八七・六・廿一），收入《士與中國文化（舊版）》（上海，上海人民出版社，一九八七年）頁一—一一；以〈引言—士在中國文化史上的地位〉為題收入《士與中國文化（新版）》（上海，上海人民出版社，二〇〇三年）頁一—八，部分文字稍有改動；並見《知識人與中國文化的價值》頁一九九—二一二。又以〈略說中國知識分子的源流與異同：《士與中國文化》自序〉為題刊於《九州學刊》二卷一期，一九八七年秋，頁一—八；收入《文化評論與中國情懷》頁一一一—一二四。

〈急不得也緩不得—解嚴以後台灣民主新局的展望〉（一九八七・七・十），收入《民主與兩岸動向》頁一—九。

〈廣乖離論—國史上分裂時期的家族關係〉，刊《聯合報》一九八七年九月廿三—廿四日，聯合副刊八版。收入《文化評論與中國情懷》頁二一七—二三四；《余英時文集》第一卷頁五八—七〇；《情懷中國》頁四五—六三。

〈欲超勝負入中年〉（一九八七・九・十八），刊《聯合報》一九八七年九月廿八日，聯合副刊八版。收入《文化評論與中國情懷》頁三六九—三七四；《情懷中國》頁一九九—二〇三。

〈結合海外菁英發揚中國文化評審後的感想〉，刊《中國時報》一九八七年十月二日，二版。

〈「魂兮歸來！」—論佛教傳入以前中國靈魂與來世觀念的轉變〉，「'O Soul, Come Back!' A Study in the Changing Conceptions of the Soul and Afterlife in Pre-Buddhist China」, in Harvard Journal of Asiatic Studies 47(2), pp.363-395. 中譯本收入《東漢生死觀》。

〈衝決集權網羅的反思：與兩位大陸青年家談大陸的改革前景和思想出路〉，刊《聯合報》一九八七年十二月卅一日，二版。收入《大陸的改革前景和思想出路：余英時教授與兩位大陸青年思想家對談紀錄》（台北：聯合報，一九八八年），頁一—七；《文化評論與中國情懷》頁二六九—二七六。

▼一九八八

〈「窮則變，變則通」：二十一世紀將是中國人的世紀〉，刊《中國時報》一九八八年一月一日，人間副刊十八版。

〈建立新的文化評價標準〉，刊《中央日報》一九八八年一月二日，二版。

《前瞻和期待：為中國史開新局》，刊《聯合報》一九八八年一月二日，二版。收入《民主與兩岸動向》頁四八—五三。

〈「群龍無首」，民主之始—敬悼蔣經國總統〉（一九八八・一・十三），收入《民主與兩岸動向》頁一〇—一四。

〈和衷共濟，建立新秩序〉，刊《聯合報》一九八八年一月十四日，二版。

〈以建立民主的新秩序告慰經國先生〉，刊《中國時報》一九八八年一月十五日，三版。

〈和平理性、必然的統一之路：為「三民主義統一中國」進一新解〉（一九八八・一・十八），刊《聯合報》一九八八年一月廿日，三版。以〈「三民主義統一中國」的深遠意義—再悼蔣經國總統〉為題收入《民主與兩岸動向》頁一五—二〇。

〈吾見其進，未見其止：經國先生的現實與理想〉，刊《中央日報》一九八八年一月廿六日，二版。

〈國民黨的新機運〉，刊《中央日報》一九八八年一月廿八日，二版。收入《民主與兩岸動向》頁二一—二五。

〈談歷史知識及普及化的問題〉，刊《中央日報》一九八八年一月廿九日，中央副刊八版。

〈充實中央民意機構方案兼顧法統與實際需要〉，刊《中央日報》一九八八年二月四日，二版。

〈夫惟不居，是以不去：黨政分離與公平競爭〉，刊《聯合報》一九八八年二月九日，二版。收入《民主與兩岸動向》頁二六—三二。

〈兩岸文化交流此其時矣！〉，刊《聯合報》一九八八年三月十一日，二版，收入《民主與兩岸動向》頁一七一—一七五。

〈「創新」與「保守」〉（一九八八・三・十五），刊《中央日報》一九八八年三月廿六日，十八版。收入《中國文化與現代變遷》頁一〇三—一一二；《錢穆與中國文化》頁二八八—二九五；《現代儒學的回顧與展望》頁一—一七。

〈三民主義與中國統一〉，刊《中央日報》一九八八年四月九日，三版。後以〈三民主義統一中國〉為題，收入《民主與兩岸動向》頁一七六—一八一。

〈「士魂商才」—《中國近世宗教倫理與商人精神》日譯本自序〉（一九八八・四・廿六），刊《二十一世紀》一九九一年五月號，頁一〇七—一〇九。收入《士與中國文化》頁五一一—五一三；《中國文化與現代變遷》頁二五五—二六〇；《錢穆與中國文化》頁三〇四—三〇八；《余英時文集》第三卷頁二三〇—二三三。

〈我所承受的「五四」遺產〉（一九八八・四・廿九），刊《中國時報》一九八八年五月三日，人間副刊十八版。收入《中國文化與現代變遷》頁八九—九四；《中國知識分子論》頁一二三—一二六；《現代危機與思想人物》頁七一—七四。

〈重訪焦竑的思想世界〉，「The Intellectual World of Chiao Hung Revisited」, in Ming Studies 25 (Spring 1988), pp.24-66.　譯文收入《人文與理性的中國》頁六八—一〇二。

〈傳統文化與現實政治〉，刊《聯合報》一九八八年五月廿九—卅一日，二版。

〈世界新體系下台灣的兩大課題：寫在「迎接挑戰開創新政」研討會舉行首日〉，刊《中國時報》一九八八年六月二日，人間副刊十八版。以《世界體系和中國動向》為題收入《民主與兩岸動向》頁二一三—二二一。

〈一篇有血有淚的動人文字：項武忠「釣運的片段回憶並寄語青年朋友」讀後感〉，刊《中國時報》一九八八年六月二日，人間副刊十八版。

〈談海峽兩岸關係〉，刊《中央日報》一九八八年六月十一日，三版。

〈儒家倫理與商人精神〉，刊《聯合報》一九八八年六月廿—廿一日，二版。

〈文化層次的對話而不談判，大陸政策必須重新檢討〉，刊《中央日報》一九八八年七月二日，二版。以〈文化對話，而不是政治談判〉為題收入《民主與兩岸動向》頁一八二—一八七。

〈民主罪言—台灣解嚴一周年獻詞〉（一九八八・六・卅），刊《聯合報》一九八八年七月二日，二版。收入《民主與兩岸動向》頁三九—四七。

〈「吾曹不出如蒼生何」的梁漱溟先生〉，刊《百姓》一七二期，一九八八年七月十六日，頁一七。收入《民主與兩岸動向》頁二三三—二三六；《中國知識分子論》頁一八八—一九〇；《余英時文集》第五卷頁三七三—三七五。

〈「周雖舊邦，其命維新」—對國民黨十三全大會的期待〉，收入《民主與兩岸動向》頁三三—三八。

〈民主與文化重建〉，刊《聯合報》一九八八年八月十七—十八日，二版。收入《中國文化與現代變遷》頁六五—七六；《錢穆與中國文化》頁二七九—二八七；《人文與民主》頁一〇三—一一四。

〈現代儒學的困境〉（一九八八・八・廿七），是年發表於新加坡東亞哲學研究所主辦之國際儒學研討會（一九八八・八・廿九—九・三）。刊《中國時報》一九八八年八月廿九日，人間副刊十八版。收入《中國文化與現代變遷》頁九五—一〇二；《現代儒學論》頁二二九—二三五；杜維明編：《儒學發展的宏觀透視》（台北，正中書局，一九九七年）頁二八—三四；《現代儒學的回顧與展望》頁五三—五八；《余英時文集》第二卷頁二六一—二六五。

〈中國近代史上的激進與保守〉（一九八八・九），分三部分連載於《歷史月刊》，上刊於二十九期，一九九〇年六月，頁一三五—一四六；中刊於三十期，一九九〇年七月，頁一〇六—一一一；下刊於三十一期，一九九〇年八月，頁一三二—一三六。收入《香港中文大學廿五周年演講專輯》；《猶記風吹水上鱗—錢穆與現代中國學術》頁一九九—二四二；《錢穆與中國文化》頁一八八—二二二；《現代儒學的回顧與展望》頁八—四二；《錢穆與現代中國學術》頁一六一—一九四。

〈「三年有成」：時報文化基金會第三屆獎學金評審會議感言〉，刊《中國時報》一九八八年十月二日，二版。

〈《文化評論與中國情懷》自序〉（一九八八・十・十），收入該書允晨版卷首；《余英時文集》第七卷頁一—一二。

〈當斷不斷反受其亂—論雙向交流的大陸政策〉，刊《中央日報》一九八八年十一月二日，三版。收入《民主與兩岸動向》頁一八八—一九三。

〈中國統一的近景和遠景〉，收入《民主與兩岸動向》頁一九四—二〇〇。

▶一九八九

〈航向九〇年代〉，刊《聯合報》一九八九年一月二日，特刊六—七版。

〈開放、民主與共識—蔣經國先生逝世一周年的回顧與前瞻〉（一九八九．一．十一），收入《民主與兩岸動向》頁五四—六二。

〈大陸民主運動的再出發〉（一九八九．二．廿三），刊《中國時報》一九八九年二月廿五日，三版。收入《民主與兩岸動向》頁九二—九九。

〈大陸民主運動的新突破：布希北京之行的意外收穫〉，刊《聯合報》一九八九年二月廿八日，三—四版。

〈「五四」重回知識分子的懷抱—記《中國時報》「五四」運動七十周年研討會〉（一九八九．五．二），刊《中國時報》一九八九年五月五—六日，人間副刊二十三版。收入《從五四到新五四》（台北，時報出版，一九八九年）頁六二一—六三一；《民主與兩岸動向》頁一〇〇—一一三。

〈「五四」的吸引力〉，刊《聯合報》一九八九年五月四日，特刊二十四版；《歷史月刊》第十六期，一九八九年五月，頁三三—三七。

〈「天地變化草木蕃！」—大陸「新五四」運動偉大成就〉（一九八九．五．廿二），刊《聯合報》一九八九年五月廿三日，五版。收入《從五四到新五四》（台北，時報出版，一九八九年）頁六三五—六四三；《民主與兩岸動向》頁一一四—一二〇。

〈雷神的鐵錘舉起了—寫在大陸民主運動序幕降落的前夕〉（一九八九．六．二），收入《民主與兩岸動向》頁一二一—一二八。

〈槍彈只能殺人，不能扼殺民主怒潮：寫在共軍硬闖天安門血腥鎮壓大陸民主運動之夜〉，刊《中國時報》一九八九年六月四日，六版。

〈中共為人民的死亡服務〉（一九八九．六．七），收入《民主與兩岸動向》頁一二九—一三一。

〈知識分子與「光棍」—中共政權四十年〉（一九八九．九．廿一），收入《民主與兩岸動向》頁一三二—一四二。

〈四十年的矛盾與悲劇：一個集權的政黨正在解體之中〉，刊《中國時報》一九八九年九月廿七日，三版。

〈民主乎？獨立乎？〉，刊《聯合報》一九八九年十二月二日，四版。收入《民主與兩岸動向》頁八〇—八五。

〈民主運動與領袖人才〉（一九八九．十二．廿四），刊《中國時報》一九八九年十二月廿七日，人間副刊三十一版。收入《民主與兩岸動向》頁一六五—一七〇。

〈一九八九年世變的啟示〉（一九八九．十二．廿七），刊《聯合報》一九九〇年一月一日，元旦特刊六版。收入《民主與兩岸動向》頁二二二—二三二。

〈戴震的選擇—考證與義理之間〉，「Tai Chen's Choice between Philosophy and Philology」, in Asia Major, 2(1), pp.79-108. 譯文收入《人文與理性的中國》頁一七五—二〇〇。

〈孫逸仙的學說與中國傳統文化〉，「Sun Yat-sen's Doctrine and Traditional Chinese Culture」, in Chu-yuan Cheng, ed. Sun Ya-sen's Doctrine and the Modern World. Boulder & London: Westview Press, 1989, pp.79-102. 譯文收入《人文與理性的中國》頁二四一—二六五。

▼一九九〇

〈匈奴〉，「The Hsiung-nu」 in Denis Sinor ed. The Cambridge History of Early Inner Asia, Cambridge: Cambridge University Press, 1990, pp. 118-150. 中譯本收入《漢代貿易與擴張》。

〈郭成棠《陳獨秀與中國共產運動》〈序〉〉（一九九〇．二．七），以《陳獨秀與中國共產主義》為題刊於《歷史月刊》第四十七期，一九九一年十二月，頁八一—八七。收入《中國文化與現代變遷》頁七七—八八；《會友集》下冊，頁二六二—二七一。

〈台灣的認同與定位—一個歷史的考察〉（一九九〇．二．十），刊《中國時報》一九九〇年二月十一日，七版。收入《民主與兩岸動向》頁六三—七三。

〈論文化超越〉，刊《中國時報》一九九〇年二月十三—十五日。收入《中國文化與現代變遷》頁一—二二；《錢穆與中國文化》頁二四三—二五八；《中國知識分子論》頁一三二—一四七；《文史傳統與文化重建》頁四九三—五〇九；《余英時文集》第七卷頁二一三—二二六。

〈全體起立，面子政治化〉，刊《聯合報》一九九〇年二月十三日。

〈《嚴家其中國政治論文集》序〉，刊《當代》五十一期，一九九〇年七月，頁八六—九〇。收入《民主與兩岸動向》頁一五七—一六四。

〈「以仁心說，以學心德，以公心辯」〉，刊《中國時報》一九九〇年三月五日，十三版；《新聞評論》第一八四期，一九九〇年四月，頁七—八。

〈危機與轉機：可望可及的新理想主義—對李總統的兩點期待〉，刊《聯合報》一九九〇年三月廿一日，特刊七版。以《對李總統的兩點期待》為題收入《民主與兩岸動向》頁八六—九一。

〈全面「異化」的一年〉（一九九〇・六・三），刊《聯合報》一九九〇年六月三日，六四周年特刊七版。收入《民主與兩岸動向》頁一四三—一五一。

〈金春峰《周官之成書及其反映的文化與時代新考》序〉（一九九〇・六・十六），以〈《周禮》考證和《周禮》的現代啟示〉為題刊於《新史學》一卷三期，一九九〇年九月，頁一—二七；又刊《中國文化》第三期，一九九〇年十二月，頁一七四—一八三。收入《余英時文集》第一卷頁三二七—三四六；《會友集》上冊，頁二—三一。

〈「破山中賊易，破心中賊難」〉，刊《九十年代》總二四五期，一九九〇年六月，頁四〇—四一。收入《民主與兩岸動向》頁一五二—一五六。

〈為《九十年代》台灣版寫幾句話〉，合撰。刊《九十年代》總二四五期，一九九〇年六月，頁一一六—一一七。

〈學者應另尋空間發揮影響力〉，刊《中國時報》一九九〇年七月四日，三版。

〈海峽彼岸的「兩個中國」〉，刊《當代》五十一期，一九九〇年七月，頁八四—九〇。

〈猶記風吹水上鱗—敬悼錢賓四師〉（一九九〇・九・二），刊《錢穆先生紀念館館刊》第一期，一九九三年六月，頁一八—二四。收入《猶記風吹水上鱗—錢穆與現代中國學術》頁一—一六；《錢穆與中國文化》頁七—一八；《現代危機與思想人物》頁四九三—五〇三；《余英時文集》第五卷頁六九—七七；《錢穆與現代中國學術》頁五—十五。

〈一生為故國招魂—敬悼錢賓四師〉（一九九〇・九・二），刊《聯合報》一九九〇年九月六—七日；節本刊於《新亞生活》二十二卷九期（一九九五年五月），頁四—五。收入《猶記風吹水上鱗—錢穆與現代中國學術》頁一七—三〇；《錢穆與中國文化》頁一九—三〇；《中國知識分子論》頁一七四—一八二；《現代危機與思想人物》頁五〇四—五一三；《余英時文集》第五卷頁四四—五一；《錢穆與現代中國學術》頁一六—二五。另有節錄本刊於《新亞生活》二十二卷九期，錢穆先生百齡紀念專輯之二，一九九五年五月十日，頁四—五。

〈政府和社會的諍友：《中國時報》四十周年獻詞〉，刊《中國時報》一九九〇年九月廿九日，三版。

〈中國知識人之史的考察〉，收入《中華文化的過去、現在和未來—中華書局八十周年紀念文集》（台北，中華書局，一九九二年）頁四五八—四七六；《士與中國文化》（上海，上海人民，二〇〇三年）頁五九九以下；《現代危機與思想人物》（北京，三聯，二〇〇四年）頁一—三一；《余英時文集》第四卷（桂林，廣西師大出版社，二〇〇四年）頁一—二四；許紀霖編《二十世紀中國知識分子史論》（北京，新星，二〇〇五年）頁一三—三〇；《知識人與中國文化的價值》頁一六一—一九八。另有本間次彥譯之日文本刊《中國—社會と文化》第五期，頁三—二二。日文本。〈中國知識人の史的考察〉，《中國—社會と文化》五（東京，一九九〇・六），頁三—二二。

〈中國近代個人觀的改變〉（一九九〇．八），一九九〇年八月在美國之演講詞，後經較大之改定收入《中國文化與現代變遷》頁一六七—二〇六；《中國知識分子論》頁一四八—一六二；《現代儒學的回顧與展望》頁五九—八八；《余英時文集》第二卷頁二四—四五。

〈待從頭，收拾舊山河〉，刊《二十一世紀》第二期，一九九〇年十二月，頁五—七。

〈胡適與中國的民主運動：紀念胡適一百虛歲的生日〉，刊《聯合報》一九九〇年十二月十八日，聯合副刊二十五版。收入《民主與兩岸動向》頁二三七—二四七。

〈悼念志天表哥〉，收入《項子明紀念文集》（北京，北京大學出版社，二〇一〇年）。

▲一九九一

〈誰期海外發新枝：敬悼楊聯陞先生〉（一九九一．一．十五），刊《中國時報》一九九一年一月廿二、廿四—廿六日，人間副刊二十七版。後以《中國文化的海外媒介》為題，刊《時報周刊》三〇九期，頁七八—八一。收入《猶記風吹水上鱗—錢穆與現代中國學術》頁一六九—一九八；《錢穆與中國文化》頁一六二—一八七；《余英時文集》第五卷頁九七—一一五；《錢穆與現代中國學術》頁一三七—一六〇。

〈人權思想的歷史回顧〉，合撰。刊《民主中國》第六期，一九九一年二月，頁五〇—五七。

〈世界解構兩岸解凍〉，刊《天下》第一二一期，一九九一年六月，頁七六—八三。收入《民主與兩岸動向》頁二〇一—二一二。

〈中國知識分子的邊緣化〉（一九九一．六．廿六），刊《二十一世紀》第六期，一九九一年八月號，頁十五—二五。收入《中國文化與現代變遷》頁三三—五〇；《中國知識分子論》頁一六三—一七三。

〈錢穆與新儒家〉（一九九一．五．二初稿，七．二改定），刊《中國文化》第六期，一九九二年九月，頁一—一三；《新亞學報》第十六卷下，一九九三年一月，頁九九—一二八。收入《猶記風吹水上鱗—錢穆與現代中國學術》，頁三一—九八；《錢穆與中國文化》頁三〇—九〇；《現代危機與思想人物》頁五一四—五七一；《余英時文集》第五卷頁一—四三；《錢穆與現代中國學術》頁二六—八〇。

〈中國的演變與出路〉（一九九一．六．廿一），錄音採訪稿整理。收入金鐘編：《中國的演變》（香港，開放雜誌社，一九九四年）頁一七五—一八四。

〈自我的失落與重建—中國現代的意義危機〉（一九九一．七．一），此文為余先生在國立台灣大學之演講辭，經整理後收入《中國文化與現代變遷》頁二〇七—二一六；《余英時文集》第七卷頁二三八—二四二。

〈《資本主義與廿一世紀》序—資本主義的新啟示〉（一九九一・七・四），以〈重回文明的正流〉為題刊《聯合報》一九九一年十一月十二日，聯合副刊二十五版。收入《中國文化與現代變遷》頁一一三—一二二；《會友集》上冊，頁三二—四〇。

〈我的讀書方法：怎樣讀中國書〉，刊《中國時報》一九九〇年七月廿六日，讀書生活三十八版。後以《怎樣讀中國書》為題，收入《中國文化與現代變遷》頁二六一以下；《錢穆與中國文化》頁三〇九—三一五；《現代儒學的回顧與展望》頁四一四以下；《余英時文集》第八卷頁三二三—三二七。

〈明清變遷時期社會與文化的轉變〉（英文，巫仁恕譯）（一九九一・八）收入《中國歷史轉型期的知識分子》頁三五—四二。

〈報運與國步：為《聯合報》創刊四十周年作〉刊《聯合報》一九九一年九月十六日，特刊三十三版。

〈費正清與中國〉（一九九一・十二・一），刊《中國時報》一九九一年十二月十六—廿六日。收入《中國文化與現代變遷》頁一二三—一六六；《余英時文集》第五卷頁四三〇—四五四。按，《西方漢學家論中國》（台北，正中書局，一九九三年）內收有《開闢美國研究中國史的新領域—費正清的中國研究》，疑為一篇，因未見原書，未能定論。

〈田浩《儒家論說和朱熹的優勢》序〉（一九九一・十二），"Foreword," in Hoyt Cleveland Tillman, Confucian Discourse and Chu Hsi's Ascendancy. Honolulu: University of Hawaii Press, 一九九二, pp. ix-xi. 譯文收入《人文與理性的中國》頁六五—六七。

〈思想交流及其文化後果〉，收入陳奎德主編：《中國大陸當代文化變遷（一九七八—一九八九）》（台北，桂冠圖書，一九九一年）頁一—一六。

Student Movements in Chinese History and the Future of Democracy in China, in Peter Li, Steven Mark, and Marjorie H. Li, eds., Culture and Politics in China: An Anatomy of Tiananmen Square. New Brunswick and London: Transaction Publishers, 1991, pp. 243-257.

▼一九九二

〈和平演變與中國遠景〉，刊《中國時報》一九九二年一月五日，二版；《中國時事周刊》創刊號，一九九二年一月五日，頁一〇—一一。收入《歷史人物與文化危機》。

〈海洋中國的尖端：台灣〉，刊《聯合報》一九九二年二月一日，聯合副刊二十五版。

〈再論中國現代思想中的激進與保守—答姜義華先生〉（一九九二・二・廿一），刊《二十一世紀》一九九二年第四期，頁一四三—一四九。收入《現代儒學的回顧與展望》頁四三一—五二一；《歷史人物與文化危機》頁一六九—一八〇。

〈中國未來八人談〉，合撰。刊《中國政情》第一期，一九九二年四月，頁二六—二九。

「Roots of Moral Crisis in China Today」, in Insights on Global Ethics 2(5), pp.7-8.

〈民間社會與中國傳統〉，刊《中國時報》一九九二年六月十—十二日，人間副刊二十七版。

〈六四過後的浮想〉，刊《聯合報》一九九二年六月十九日，聯合副刊四十三版。收入《歷史人物與文化危機》。

〈通過和平方式重回文明正流：〈試論和平演進〉讀後感〉，刊《百姓》二六七期，一九九二年七月一日，頁八—一三。收入《歷史人物與文化危機》。

〈阮銘《鄧小平帝國》序〉（一九九二．七．十七）收入《會友集》下冊，頁二七二—二七五。

〈《中國歷史轉型期的知識分子》序一〉（一九九二．七．廿七）收入《中國歷史轉型期的知識分子》。

〈談魯迅與周作人〉，刊《中國時報》一九九二年七月卅日，人間副刊二十七版；《明報月刊》第二十七卷第八期，總三二〇期，一九九二年八月，頁三三—三四。收入《歷史人物與文化危機》頁八三—八八。

〈《歷史人物與文化危機》自序〉收入該書三民書局本卷首。

〈唐翼明《魏晉清談》序〉（一九九二．八．廿）收入《會友集》上冊，頁四一—五二。

〈馬克思主義在近代中國的發展〉，刊《哲學雜誌》第二期，一九九二年九月，頁二—九。

〈代前言：開幕詞〉，收入蘇曉康主編：《從五四到河殤》（台北：風雲時代，一九九二年），頁一—二。

〈中國大陸之外的中國文化〉，收入蘇曉康主編：《從五四到河殤》（台北：風雲時代，一九九二年），頁三九—四五。

一九九二年九月劉夢溪訪談記錄，整理為〈文化與社會的重建：余英時教授訪談錄〉，刊《中國文化》一九九四年第十期，頁一—一〇；收入《余英時訪談錄》頁一八七—二一八。

〈談郭沫若的古史研究〉，刊《中國時報》一九九二年十月廿一—廿三日，人間副刊二十七版；《明報月刊》第二十七卷第十期，總三二三期，一九九二年十月，頁二八—三五。收入《余英時文集》第五卷頁四〇三—四一六；《歷史人物與文化危機》頁八九—一〇六。

〈歷史女神的新文化動向與亞洲傳統的再發現〉，"Clio's New Cultural Turn and the Rediscovery of Tradition in Asia," A Keynote Address to the 12th Conference, International Association of Historians of Asia. University of Hong Kong,1991, pp. 10-30. 譯文刊《九州學林》五卷二期，一九九二年十月，頁五—一八；收入《余英時文集》第八卷頁五〇—六六。

〈曾國藩與「士大夫之學」〉，刊《故宮學術月刊》十一卷二期，一九九二年冬，頁七九—九五。收入《士與中國文化》頁五七九—五九八；《現代儒學的回顧與展望》頁二九五—三一九；《余英時文集》第九卷頁一—二〇；《歷史人物與文化危機》頁一—二四。節文收入傅杰編：《論士衡史》（上海，上海文藝出版社，一九九九年）頁二六五—二七一。

〈香港與中國學術研究—從理雅各和王韜的漢學合作說起〉，原為一九九二年十月三日於港大名譽博士頒授典禮上之英文講詞，後以中文改寫，發表於《二十一世紀》一九九三年第六期，頁四—七。收入《余英時文集》第五卷頁四五五—四五九；《歷史人物與文化危機》頁一一九—一二四。

▼一九九三

〈王僧虔〈誡子書〉與南朝清談考辨〉，刊《中央研究院中國文哲研究集刊》一九九三年第三期，頁一七三—一九六；又刊《中國文化》第八期，一九九三年六月，頁二二—三一。收入《國故新知：中國傳統文化的再詮釋（湯用彤先生誕辰百周年紀念論文集）》（北京，北大出版社，一九九三）頁一七三—一八三；《余英時文集》第九卷頁二一—四〇。

〈章學誠文史校讎考論〉，刊《中央研究院歷史語言研究所集刊》第六十四本，一九九三年三月，頁二〇五—二二一；又刊《中國文化》第十期，一九九四年八月，頁二七—三六。收入川大歷史系編《冰繭彩絲集—紀念繆鉞教授九十壽辰暨從教七十年論文集》（成都，成都出版社，一九九四）頁四九三—五一四；《論戴震與章學誠》（三聯版）頁一六〇—一八〇；《余英時文集》頁三八六—四〇二。

〈中國近百年價值觀的變遷〉，刊《明報月刊》第二十八卷第四期，總三二八期，一九九三年四月，頁六〇—六六。

〈二十世紀中國的激進化〉，"The Radicalization of China in the Twentieth Century," in Journal of the American Academy of Arts and Sciences 122(2) pp.125-150. 譯文收入《人文與理性的中國》頁三三四—三五五。

〈群己之間—中國現代思想史上的兩個循環〉，刊《明報月刊》第二十八卷第八期，總三三二期，一九九三年八月，頁一〇六—一〇八。收入《現代儒學論》頁二三六—二四〇；《余英時文集》第二卷頁七八—八一。

〈《民主與兩岸動向》自序〉（一九九三・八・十二）收入《民主與兩岸動向》頁一—一〇。

〈民主、天安門與兩岸關係：一位母親的來信〉，刊《中國時報》一九九三年九月七—八日，人間副刊二十七版。

〈打天下的光棍〉，刊《中國時報》一九九三年十月廿三—廿六日，人間副刊二十七版。收入《歷史人物與文化危機》頁三五—五二。

〈人文研究斷源頭：泛政治化最可愛〉，刊《聯合報》一九九三年十二月廿五日，四版。以《人文研究與泛政治化》為題收入《歷史人物與文化危機》。

〈民主化，重新整裝待發：從中國國家與社會關係看二十一世紀中國民主化的前途〉，刊《聯合報》一九九三年十二月廿八日，三版。

"Modern Chronological Biography and the Conception of Historical Scholarship" in Chinese Historians 6(1), pp.31-43.

▼一九九四

〈「天地君親師」的起源〉，刊《中央日報》一九九四年一月廿六日，中央副刊十六版。收入《現代儒學的回顧與展望》頁一二六—一三一；《現代儒學論》頁一六五—一六九；《余英時文集》第二卷頁七一—七四；《情懷中國》頁七四—八〇。

〈《當代中國研究》出版祝詞〉，刊《當代中國研究》第四十期，一九九四年一月，頁一〇—一一。

〈記艾略特與中國學社的緣起〉，刊《中央日報》一九九四年二月七日，中央副刊十六版。收入《歷史人物與文化危機》。

〈訪問余英時教授〉，何頻訪談記錄，刊《北京之春》第十期，一九九四年三月，頁六—一〇。

〈費正清《費正清論中國：中國新史》序〉（一九九四・五），收入《歷史人物與文化危機》頁二〇七—二一〇；《會友集》上冊，頁五三—五七。

〈「六四」幽靈在中國大陸遊蕩—「六四」五周年紀念〉，刊《信報財經月刊》，第十八卷第三期，總第二〇七期，一九九四年六月，頁一六—二〇。收入《歷史人物與文化危機》頁一三三—一四〇。

〈對革命的盲目崇拜：廿世紀中國現代化的障礙〉，刊《中國時報》一九九四年六月廿六日，十版。

〈《錢穆與中國文化》自序〉，收入《錢穆與中國文化》頁一—六；又以〈越過文化認同的危機〉為題收入《歷史人物與文化危機》頁一八一—一八六；《余英時文集》第五卷頁八一—八五。

〈當前關於文化爭議的新啟示〉，刊《聯合報》一九九四年七月八日，十一版。

〈談周恩來〉，刊《中國時報》一九九四年七月十四日，人間副刊三十九版。以〈霸才無主始憐君：談周恩來〉為題收入《歷史人物與文化危機》。

〈余英時訪談錄：要有民主的人格，才會出民主的領袖〉，張衛國訪談記錄，刊《聯合報》一九九四年八月七、九—十日，十版。

〈試論林語堂的海外著述〉（一九九四・九・十五），刊《聯合報》一九九四年十月八—九日，聯合副刊三十七版。收入《歷史人物與文化危機》頁一〇七—一一八；《中國知識分子論》頁二〇三—二一二；《余英時文集》第八卷頁四六〇—四六七。

〈劉笑敢《兩極化與分寸感：近代中國經營思潮的病態心理分析》序〉（一九九四・十一・十七），以〈文化的病態與復健〉為題收入《歷史人物與文化危機》頁一九七—二〇六；《余英時文集》第七卷頁二四三—二四九；以原題收入《會友集》上冊，頁五八—六七。

〈現代儒學的回顧與展望—從明清基調的轉換看儒學的現代發展〉，收入《現代儒學論》頁一—五七；《現代儒學的回顧與展望》頁一三二—一八六；《余英時文集》第二卷頁二一八—二六〇。日文本。〈現代儒學の回顧と展望—明清期の思想基調のら轉換か見た儒學の現代的發展〉，《中國—社會と文化》十（一九九五・六），頁一三五—一七九。

〈唐宋轉型中的思想突破〉，Intellectual Breakthroughs in the Tang-Sung Transition, in Willard J. Peterson, Andrew H. Plaks and Ying-shih Yu, eds. The Power of Culture. Hong Kong: The Chinese University of Hong Kong Press, 1994, pp. 158-171. 譯文收入《人文與理性的中國》頁五〇—六四。

〈二十世紀中國國史概念的變遷〉，Changing Conceptions of National History in Twentieth-century China, in Erik Lonnroth, Karl Molin, Ragnar Bjork, eds., Conceptions of National History, Proceedings of Nobel Symposium 78. Berlin and New York: Walter de Gruyter, 1994, pp. 155-174. 譯文收入《人文與理性的中國》頁三五六—三七五。

▼一九九五

〈讀《毛澤東私人醫生回憶錄》：在榻上亂天下的毛澤東〉，刊《中國時報》一九九五年一月十二—十五日，人間副刊三十九版。收入《歷史人物與文化危機》。

〈鄧小平時代及其終結〉，刊《聯合報》一九九五年二月十二日，六版。

〈我走過的路〉，刊《關西大學中國文學會紀要》十六，頁一—九。收入《余英時文集》第五卷頁四六八—四七四；《情懷中國》頁九六—一〇七。

〈一位歸國學人淒涼的一生：李志綏逝世引起的感想〉，刊《開放》九十九期，一九九五年三月，頁二九—三一。

〈追憶牟宗三先生〉（一九九五・四・十三），刊《中國時報》一九九五年四月廿日，人間副刊三十九版。收入《余英時文集》第五卷頁三七六—三七九；《情懷中國》頁一四〇—一四六。

〈蔣夫人貢獻備受美國推崇肯定〉，刊《中央日報》一九九五年五月二日，二版。

〈文化認同與中國史學〉（一九九五・五・十四），香港中文大學公開講座，據錄音整理，收入〈錢賓四先生百齡紀念會學術論文集〉（香港：香港中文大學出版社新亞書院，二〇〇三年），頁四三七—四四八。

〈儒家思想與日常人生〉，刊《中國時報》一九九五年五月廿三—廿四日，人間副刊三十九版。收入《現代儒學論》頁二四一—二四九；《現代儒學的回顧與展望》頁二五三—二六一；《余英時文集》第二卷頁一三〇—一三六。

〈黃進興《李紱與清代陸王學派》序〉（英文）（一九九五・七），譯文收入《人文與理性的中國》，頁二三〇—二三六；又見江蘇教育出版社中譯本《李紱與清代陸王學派》。

〈日本侵略改變了中國的命運〉，刊《中國時報》一九九五年七月五日，二、四版；又以〈日本侵略與中國命運：抗日戰爭的探源與溯流〉為題刊於《信報財經月刊》十九卷五期，一九九五年八月，頁三—七。

〈《中國文化與現代變遷》自序〉（一九九五・七・十九），收入該書三民書局本卷首；又以〈中國現代的文化危機與民族認同〉為題收入《現代危機與思想人物》頁三二—五八；《余英時文集》第七卷頁二五九—二七九；又見《學術集林（卷七）》（上海，上海遠東出版社，一九九六年）頁六三—九二。

〈求知的故事〉，刊《聯合報》一九九五年七月廿五日，聯合副刊三十七版。

〈近代儒家與民主〉，刊《民主中國雙月刊》二十八期，一九九五年七月，頁一〇—一二。

〈現代儒學的回顧與展望：從明清思想基調的轉換看現代儒學的意義〉，刊《中國文化》十一期，一九九五年七月，頁一—二五。收入《現代儒學論》。

〈解除緊張感建立新秩序：兩岸現狀的分析〉，刊《自由時報》一九九五年八月二—四日，二、四版。

〈且聽下回分解〉，刊《開放》一〇五期，一九九五年九月，頁四四。

〈談中國當前的文化認同問題〉，刊《二十一世紀》三十一期，一九九五年十月，頁一三—一五。收入《余英時文集》第七卷頁二八〇—二八三。

〈中國史上政治分合的基本動力〉，收入《中國歷史上的分與合學術討論會論文集》（台北，聯合報文化基金會，一九九五）頁九—一七；《歷史人物與文化危機》頁二一一—二一八。

〈中國現代價值觀念的變遷〉，收入《現代儒學的回顧與展望》頁八九—一二五；《現代儒學論》頁一二八—一六四；《余英時文集》第二卷頁四六—七〇；《知識人與中國文化的價值》頁一〇三—一五二。

◀一九九六

〈士商互動與儒學轉向—明清社會史與思想史之表現〉（一九九六．一．廿三初稿，一九九七．二．六改定），原刊《近世中國之傳統與蛻變：劉廣京院士七十五歲祝壽論文集》上冊（台北，中研院近史所，一九九八年）。收入《現代儒學的回顧與展望》頁一八七—二五二；《現代儒學論》頁五八—一二七；《余英時文集》第二卷頁一六二—二二二；《台灣學者中國史研究論叢：思想與學術》頁一六四—二一一。

〈邀魏京生來台北過年〉，刊《聯合報》一九九六年二月二日，三十四版。

〈惕老，中國報業史上的巨人〉，刊《聯合晚報》一九九六年三月十一日，三版。

〈「我自巋然不動」〉，刊《中央日報》一九九六年三月十二日，二版。

〈田浩《朱熹的思維世界》序〉（一九九六．三．十五）收入《會友集》上冊，頁六八—七四。

〈重啟兩岸學術交流之門〉，刊《自由時報》一九九六年三月廿四日，六版。

〈飛彈下的選舉：民主與民族主義之間〉刊《中國時報》一九九六年三月廿九日，十一版。

〈海峽危機今昔談〉，刊《中國時報》一九九六年五月十日，三十五版；節本刊於《九十年代》三二三期，一九九六年十一月，頁九八—一〇〇。

〈中國思想史上最難索解的一頁〉，刊《聯合報》一九九六年五月十二日，三十七版。

〈柳存仁《和風堂新文集》序—明清小說與民間文化〉（一九九六．六．十八），刊《聯合文學》一四三期，一九九六年九月，頁一四一—二六。收入《會友集》上冊，頁七五—九六；《中國文化史通釋》頁八七—一〇六。

〈《五四後人物、思想論集》序〉，見該書（台北：正中書局，一九九六年）卷首。

〈提防文革借民族主義還魂〉，刊《明報月刊》三十一卷六期，總三六六期，一九九六年六月，頁一一—一二。

〈從「六四」談中共愈箝愈緊的思想控制〉，刊《中央日報》一九九六年六月四日，二版。

〈普大演出批鬥大會—出席吳弘達演講會有感〉，刊《開放》總一一四期，一九九六年六月，頁二三—二四。

〈後世相知或有緣—從《陳寅恪的最後二十年》談起〉（一九九六．六．十九），初以〈大陸「陳寅恪熱」的新收穫〉為題刊《聯合報》一九九六年七月一—二日，聯合副刊三十七版。改今題刊《明報月刊》三十一卷七期，總三六七期，一九九六年七月，頁六四—六七。收入《陳寅恪晚年詩文釋證》頁二七九—二九〇；《余英時文集》第五卷頁二三一—二三八。

〈陳寅恪的儒學實踐〉（一九九六．七．八），刊《中大人文學報》第一期，一九九七年一月，頁一三五—一五九。收入《陳寅恪晚年詩文釋證》頁二九一—三三〇；《現代危機與思想人物》頁四二〇—四五二；《余英時文集》第五卷頁一一六—一四一。

〈《現代儒學論》自序〉（一九九六．七．廿五），收入《現代儒學論》頁一—九；《現代儒學的回顧與展望》頁二六二—二七〇；《余英時文集》第二卷頁二一一—二一七。

〈劉再復《西尋故鄉》序—漂流：古今中外知識人的命運〉（一九九六．九．一），初以〈漂流文學與知識人「寧鳴不默」的精神：《西尋故鄉》序〉刊《明報月刊》三十一卷十二期，總三七二期，一九九六年十二月，頁八三—八五；後改今題刊於《聯合報》一九九七年四月廿九日，聯合副刊四十一版。收入《會友集》下冊，頁二七六—二八四；《情懷中國》頁六四—七三。

〈陳奎德《煮酒論思潮》序〉（一九九六．九．十八），收入《會友集》下冊，頁二八五—二九二。

〈中國史學界的樸實楷模—敬悼嚴耕望學長〉，刊《聯合報》一九九六年十月廿二—廿三日，三十七版。收入《充實而有光輝—嚴耕望先生紀念集》（台北，稻鄉，一九九七）頁三五—四四；《余英時文集》第五卷頁四一七—四二三；《情懷中國》頁一七一—一八〇。

〈堅持一天是一天〉，刊《開放》一二〇期，一九九六年十二月，頁四二。

〈戴震對抗章學誠—十八世紀中國智識挑戰與回應的研究〉，Zhang Xuecheng versus Dai Zhen: A Study in Intellectual Challenge and Response in Eighteenth-century China, in Philip J. Ivanhoe, ed., Chinese Language, Thought and Culture, Nivison and His Critics. Chicago and La Salle: Open Court, 1996, pp. 121-154. 譯文收入《人文與理性的中國》頁二〇一—二二九。

西歐近代化理論とアヅア，收入《綜合と多樣化—新しい變動の中の人間と社會》，法政大學第十五回國際シン木ツ゛ウム，東京法政大學出版局，一九九六，頁六五一—七一。

▼一九九七

〈人權是鄧後最嚴重的問題〉，刊《中央日報》一九九七年二月廿一日，三版。

〈「治天下」強人之死：結束「文革」時代〉，刊《聯合報》一九九七年二月廿一日，三版。

〈張朋園《郭廷以、費正清、韋慕庭：台灣與美國學術交流個案初探》序〉（一九九七・二・廿六），收入《會友集》上冊，頁九七—一〇三。

〈一個值得紀念的新開端—《民族主義與中國前途》序〉，刊《爭鳴》二三五期，一九九七年五月一日，頁七八—八〇。

〈說民主與制衡〉，刊《中國時報》一九九七年五月十四日，二版。

〈九七思前想後〉，刊《二十一世紀》總四十一期，一九九七年六月，頁三五—三九。

〈香港的政治變局與社會變遷〉，刊《聯合報》一九九七年六月廿日，三、十一版。

〈中國和平統一的近景與遠景：評林碧炤中國統一與世界新秩序〉，收入《中國統一與世界和平：中華民族為「萬世開太平」的理念與構想》（台北：中華書局，一九九七年），頁四四—五〇。

〈英國合法撤退香港—談「一九九七」七月一日的歷史意義〉，刊《開放》總一二七期，一九九七年七月，頁六七—六九。

〈國大修憲取消教科文預算下限〉，刊《聯合報》一九九七年七月廿三日，四版。

〈試述陳寅恪的史學三變〉（一九九七・八・一），刊《當代》一二三期，一九九七年十一月，頁一八—四三；《中國文化》十五、十六期合刊，一九九七年十二月，頁一—一九。收入《陳寅恪晚年詩文釋證》頁三三一—三七七；《現代危機與思想人物》頁四二〇—四五二；《余英時文集》第五卷頁一四二一一七三。又以〈陳寅恪史學三變〉為題刊《中國文化》十五—十六期合刊本，一九九七年十二月，頁一一一九；又刊《文匯讀書周報》一九九七年十一月一日。

〈陳寅恪研究因緣記〉（一九九七・十・十二），刊《當代》一二五期，一九九八年一月，頁七二—八三；又刊（日本）《中國研究》三十三期，頁一—六。按此文即《陳寅恪晚年詩文釋證》之〈書成自述〉，見該書增訂版（台北，東大，一九九八年）頁一—一六。

〈《陳寅恪晚年釋文釋證》增訂版自序〉（一九九七・十・十四）收入該書（台北，東大，一九九八年）頁一—四。

〈一部中國人的必讀書〉，刊《九十年代》三三四期，一九九七年十一月，頁八九—九〇。收入《魏京生獄中書信集》（台北：時報，一九九七年），頁一三—一六。

〈《爭鳴》必將作出更大貢獻〉，刊《爭鳴》總二四一期，創刊二十周年紀念，一九九七年十一月，頁六。

〈東西方漢學和《東西方漢學思想史》〉，刊《明報月刊》三十二卷十二期，一九九七年十二月，頁一一〇—一一一；又刊《世界漢學》創刊號，一九九八年，頁一九〇—一九三。收入《余英時文集》第八卷頁三一九—三二二。

〈商業文化與中國傳統—中國歷史上商人文化演變研究〉，Business Culture and Chinese Traditions-Toward a Study of the Evolution of Merchant Culture in Chinese History, in Wang Gungwu and Wong Siu-lun, eds., Dynamic Hong Kong: Its Business and Culture. Hong Kong: Centre of Asian Studies, the University of Hong Kong, 1997, pp. 1-84. 譯文收入《人文與理性的中國》頁二六六—三一七。

〈民主觀念和現代中國精英文化的式微〉，The Idea of Democracy and the Twilight of the Elite Culture in Modern China, in Ron Bontekoe and Marietta Stepaniants, eds., Justice and Democracy: Cross-cultural Perspectives. Honolulu: University of Hawaii Press, 1997, pp. 199-215. 譯文收入《人文與理性的中國》頁三七六—三九三；《人文與民主》頁一一五—一四四。又見《學術集林（卷十四）》（上海，上海遠東出版社，一九九八年）頁七八—九九。

China's New Wave of Nationalism, in Larry Diamond, Marc F. Plattner, Yun-han Chu, and Hung-mao Tien, eds., Consolidating the Third Wave Democracies. Baltimore: The Johns Hopkins University Press, 1997, pp. 257-264.

▼一九九八

〈《論學談詩二十年：胡適楊聯陞往來書箚》序〉（一九九八・一・二），刊《聯合報》一九九八年二月廿二—廿三日。收入《論學談詩二十年》（合肥，安徽教育，二〇〇一年）頁一—一三；《重尋胡適歷程》頁一四四—一五六；《會友集》上冊，頁一〇四—一一八。

〈戊戌政變今讀〉，刊《二十一世紀》四十五期，一九九八年二月，頁四—一四。收入《余英時文集》第八卷頁六七—八二。

〈家天下、族天下、黨天下〉，刊《明報月刊》三十三卷二期，總三八六期，一九九八年二月，頁五三。

〈周恩來的教訓—寫於周恩來百年誕辰之際〉刊《開放》一三五期，一九九八年三月，頁三三—三六。

〈香港的自由與學術文化〉，刊《明報月刊》三十三卷三期，總三八七期，一九九八年三月，頁一五—一六。

〈金春峰《朱熹哲學思想》序〉（一九九八・三・廿）收入《會友集》上冊，頁一一九—一二二。

〈鄭義《自由鳥》序〉（一九九八・四・廿二），收入《會友集》下冊，頁二九三—二九八。

〈改革，民主，科學：喚醒北大三魂〉，刊《聯合報》一九九八年五月四日，四版。

〈俠與中國文化〉，原載《武俠小說論卷》上冊（香港，明河社，一九九八）頁四—七六。收入《現代儒學的回顧與展望》頁三二〇—三九一；《余英時文集》第八卷頁二五七—三一〇；《中國文化史通釋》頁二〇九—二八〇。

〈金春峰《朱熹哲學思想》序〉，收於該書（台北：東大，一九九八年）卷首。

〈獻給台灣的大學畢業生：愛因斯坦的人生智慧〉，刊《聯合報》一九九八年六月卅日，聯合副刊三十七版。

〈文化多元化與普遍價值的尋求：祝台灣大學七十周年校慶〉，刊《聯合報》一九九八年十月廿三日，十四版。收入黃俊傑等主編：《台灣的文化發展：世紀之交的省思》（台北：國立台灣大學，一九九九年），頁一—九。

〈重覽二十世紀文明圖像〉，刊《中國時報》一九九八年十二月十三日，三十七版。

〈我所認識的錢鍾書先生〉，刊《中國時報》一九九八年十二月廿四日，十四版；《文匯讀書周報》一九九九年一月二日，九版。收入《余英時文集》第五卷頁三八〇—三八五；《情懷中國》頁一四七—一五四。

"Confucian Ethics and Capitalism," in The Challenge of the 21st Century, the Response of Eastern Ethics. Asa Foundation International Symposium, Seoul, South Korea, 1998, pp. 57-77.

▼一九九九

〈恢復人類文明的元氣〉，刊《遠見》一五二期，一九九九年二月，頁七〇—七一；又刊於《書城》，二〇〇〇年第一期，頁一。

〈林培瑞《半洋隨筆》序〉（一九九九・三・廿一），收入《會友集》下冊，頁二九九—三〇五。

〈宋代「國是」考釋〉（一九九九・四），收入《慶祝王元化教授八十歲論文集》（上海：華東師範大學出版社，二〇〇一年）頁一二二—一三九；後作為《朱熹的歷史世界》之一章。

〈壽宗老紀忠先生〉，刊《中國時報》一九九九年四月廿八日，人間副刊三十七版。

〈文藝復興乎？啟蒙運動乎？—一個史學家對五四運動的反思〉（江政寬譯），刊《聯合文學》一七五期，一九九九年五月。收入《五四新論—既非文藝復興，亦非啟蒙運動》（台北，聯經，一九九九年）頁一—三一；《現代危機與思想人物》頁七五—一〇三；《重尋胡適歷程》頁二四二—二六八；《余英時文集》第七卷頁一六七—一八八。英譯本。Neither Renaissance nor Enlightenment: A Historian's Reflections on the May Fourth Movement, in Milena Dolezelova, ed., The Burdens of the May Fourth Cultural Project. Cambridge, Mass.: Harvard University Press, forthcoming.

〈民族主義取代了民主嗎？—六四十年的反思〉，刊《聯合報》一九九九年六月三日，二版。

〈嚴復與中國古典文化〉（一九九九・六・十五），刊《聯合報》一九九九年七月十一—十二日，聯合副刊三十七版。收入《現代危機與思想人物》頁一〇四—一二一。

〈讀書如對話〉，刊《明報月刊》三十四卷七期，總四〇三期，一九九九年七月，頁一五。

〈商業社會中士人精神的再造〉，刊《聯合報》一九九九年九月十二—十三日，聯合副刊三十七版。

〈金鐘主編《共產中國五十年：非官方紀錄的歷史真相》序—中共政權的歷史起源〉（一九九九・九・卅），收入《會友集》下冊，頁三〇六—三一三。

〈傲骨崢嶸老還堅〉，刊《北京之春》第七七期，一九九九年十月，頁九一。

〈學術思想史的創建及流變—從胡適與傅斯年說起〉，刊《古今論衡》第三期，一九九九年十二月，頁六六—七五。收入《學術史與方法學的省思：中央研究院歷史語言研究所七十周年研討會論文集》（台北，中央研究院，二〇〇〇年）頁一—一二；《文史傳統與文化重建》頁四一四—四二六；《余英時文集》第五卷頁三六三—三七二。

〈讓一部分人在精神上先富起來！〉，刊《二十一世紀》五十六期，一九九九年十二月，頁一〇—一四。

〈悼念邢慕寰教授〉，與陳方正合撰。刊《二十一世紀》五十六期，一九九九年十二月，頁一五八。

〈《朱子文集》序—談宋代政治文化的三個階段〉（一九九九・十二・十四），收入《士與中國文化》（上海，上海人民出版社，二〇〇三年）頁五九九—六二〇；《會友集》上冊，頁一二三—一三五。

〈《南京大屠殺：歷史照片中的見證》序〉，見該書（海口，海南出版社，一九九九年）頁xi-xii。

▼二〇〇〇

〈重振「獨立自主」的人格〉，刊《明報月刊》三十五卷一期，總四〇九期，二〇〇〇年一月，頁一八—二〇。

〈盼望中國精神的重建〉，刊《北京之春》第八〇期，二〇〇〇年一月，頁九。

〈吳稼祥《頭對著墻：大國的民主化》序〉（二〇〇〇・一・廿五）收入《會友集》下冊，頁三一四—三一八。

〈軸心突破和禮樂傳統〉（英文，盛勤、唐古譯），刊《二十一世紀》二〇〇〇年第四期，頁一七—二八；收入《現代儒學的回顧與展望》頁三九二—四一三；《余英時文集》第八卷頁八三—九九；《知識人與中國文化的價值》頁六九—九六。

〈偶讀巴森文化史巨著〉，此文為對 From dawn to decadence, 1500 to the present 之書評，刊《明報月刊》三十五卷七期，總四一五期，二〇〇〇年七月，頁二一—二二。

〈殿上垂裳有二王〉，刊《中國時報》二〇〇〇年七月廿七—廿八日，人間副刊三十七版；《棋道圍棋月刊》七十九期，二〇〇二年一月，頁七六—八一。收入《情懷中國》頁二〇四—二一四。

〈阮銘《民主在台灣》序—打破「西方民主」的迷思〉（二〇〇〇・九・十八），收入《會友集》下冊，頁三二六—三三九。

〈無徵不信，立言不朽：《中國時報》五十周年獻詞〉，刊《中國時報》二〇〇〇年九月廿七日，二版。

〈「王道」在今天的世界〉，收入《文明融合與世界大同》（台北，台灣中華書局，二〇〇〇年）頁一三九—一四七。

〈「天地閉，賢人隱」的十年〉，刊《二十一世紀》六十一期，二〇〇〇年十月，頁三六—三八。

〈《中國文化的檢討與前瞻：新亞書院五十周年金禧紀念學術論文集》序—新亞精神與中國文化〉，刊《新亞生活》二十八卷三期，二〇〇〇年十一月十五日，頁一—六。收入《余英時文集》第五卷頁八六—九六；《會友集》上冊，頁一三六—一五二。

〈單少傑《毛澤東執政春秋》序〉，收入《會友集》下冊，頁三一九—三三五。

〈打開民族主義與民主的百年歷史糾葛〉，刊《聯合報》二〇〇〇年十二月廿五日，四、十五版。

〈民主、人權與儒家文化〉，Democracy, Human Rights and Confucian Culture, in The Fifth Huang Hsing Foundation Hsueh Chun-tu Distinguished Lecture in Asian Studies, Asian Studies Centre, St. Antony's College, University of Oxford, 2000, pp. 1-22. 譯文收入《人文與理性的中國》頁三一八—三三三。

▼二〇〇一

〈晚節與風格〉，刊《明報月刊》三十六卷一期，總四二一期，二〇〇一年一月，頁二九—三〇。

〈《透視中共》讀後〉，刊《信報》二〇〇一年六月廿六日，二十版。

〈心史與跡史：我看《中共風雨八十年》〉，刊《中央日報》二〇〇一年七月六日，二十版。

〈紹熙五年朱熹臨安之行考辨三則〉，刊《大陸雜誌》一〇三卷一期，二〇〇一年七月，頁一—一二。收入《朱熹的歷史世界》（北京，三聯，二〇〇四年），下冊，頁五五二—五七五。

〈黃俊傑《東亞儒學史的新視野》序〉（二〇〇一．九．廿三），收入《會友集》上冊，頁一六一—一六七；又見該書大陸版（上海：華東師範大學出版社，二〇〇八年），頁一—五。

〈《百年來兩岸民族主義的發展與反省》序—略說現代中國民族主義與民主的關係—一個歷史的體察〉（二〇〇一．十．二），收入《會友集》下冊，頁三三〇—三四一

〈《脊樑—中國三代自由知識分子評傳》序—野火燒不盡，春風吹又生〉（二〇〇一．十一．二），收入《會友集》下冊，頁三四二—三四五。

〈張學良的政治世界〉，刊《聯合報》二〇〇一年十月十八日，九版。

〈《俗文學叢刊》序〉（二〇〇一．十一．廿七），收入《會友集》上冊，頁一五三—一六〇。

〈是歷史的推動者還是弄潮兒？—張學良與西安事變探微〉，刊《明報月刊》三十六卷十二期，總四三二期，二〇〇一年十二月，頁二七—三四。

〈一座沒有爆發的火山：悼亡友張光直〉（二〇〇一．十二．卅），刊《聯合報》二〇〇二年二月四日，聯合副刊三十七版。收入《四海為家：追念考古學家張光直》（北京：三聯書店，二〇〇二年），頁一九九—二〇六；《余英時文集》（第五卷）頁四二四—四二九；《情懷中國》頁一八一—一九〇；《史學研究經驗談》頁二〇七—二一七。

▼二〇〇二

〈「勝殘去暴」二十一世紀的新課題〉，刊《明報月刊》三十七卷一期，總四三三期，二〇〇二年一月，頁一二—一三。

〈《中國文化大革命文庫光盤》序〉，刊《北京之春》一〇五期，二〇〇二年二月，頁七六—七七。

〈一位尊人愛國的偉大書生〉，刊《中國時報》二〇〇二年四月十日，聯合副刊三十九版。

〈容忍與自由：《觀察》發刊詞〉（二〇〇二．四．廿九）

〈《近代中國的變遷與發展》序：從傳統到現代的見證〉，見該書（台北：時報，二〇〇二年）卷首。又以《從傳統到現代的見證》為題刊《中國時報》二〇〇二年七月卅日，人間副刊三十九版。

〈《士與中國文化》新版序〉（二〇〇二．九．廿二）見該書上海人民出版社二〇〇三年新版。

〈吳弘達《昨夜雨驟風狂》序〉（二〇〇二．十二）收入《會友集》下冊，頁三四六—三五〇。

〈現代中國史學思想的反思〉，原為英文，載 Western Histori cal Thinking，頁一五二—一七二。譯文收入《人文與理性的中國》頁三九四—四一七。

〈朱熹的歷史世界：宋代士大夫的政治文化〉，刊《當代》一八〇—一八三期、一八六—一八八期，二〇〇二年八—十一月、二〇〇三年二—

四月。

▼二〇〇三

〈《兩種文化的百年思索》：回顧二十世紀科學典範下的人文研究〉，刊《中國時報》二〇〇三年一月十九日，四十版。

〈試論中國人文研究的再出發〉（二〇〇三．五．四），刊《九州學林》二〇〇三年秋季號，頁九—四一。收入《文史傳統與文化重建》頁五一〇—五五九；《知識人與中國文化的價值》頁二五九—三〇〇；《史學研究經驗談》頁一一二—一五八。

〈倪德衛《章學誠的生平與思想》中譯本序—通古今之變，成一家之言〉（二〇〇三．五．十四），收入《會友集》上冊，頁一六八—一七六；《史學研究經驗談》頁一九一—二〇〇。

〈何俊《南宋儒學建構》序〉（二〇〇三．六．廿四），收入《會友集》上冊，頁一七七—一七九。

〈朱敬一、李念祖《基本人權》序〉（二〇〇三．七．二），收入《會友集》下冊，頁三五一—三六〇。

〈猶記春風舊事〉，刊《中央日報》二〇〇三年七月十日，中央副刊十七版。

〈文化認同與中國史學—從錢穆先生的《國史大綱》引論說起〉，刊《新亞學術集刊》第十四期，二〇〇三年，頁四三七—四四七。

〈天人之際〉，英文。譯文收入《人文與理性的中國》頁一—一九。

〈《昨夜雨驟風狂》序〉，見吳弘達：《一個人的兩個故事》上冊《昨夜雨驟風狂》（華盛頓：勞改基金會，二〇〇三年）頁一五—一九。

〈記吳宓的「殉道」精神〉，刊《萬象》五卷七期，頁一二—一六。收入《情懷中國》頁一三三—一三九。

〈三聯版「余英時作品系列」總序〉（二〇〇三．十二．十），收入三聯版著書卷首。以《治史自反錄：著譯者言》為題刊《讀書》二〇〇四年第四期，頁一一五—一二二。

《朱熹的歷史世界》（專書），允晨二〇〇三年版，三聯二〇〇四年、二〇一一年版。

▼二〇〇四

〈我摧毀了朱熹的價值世界嗎？—答楊儒賓先生〉，刊《當代》一九七期，二〇〇四年一月，頁五四—七三。收入《朱熹的歷史世界》（北京，三聯，二〇〇四年）八七八—九一一。

〈簡單的說明〉，刊《當代》一九八期，二〇〇四年二月，頁七〇—七一。

〈試說儒家的整體規畫—劉述先生〈回應〉讀後〉（二〇〇四・二・一），刊《當代》第二〇一期，二〇〇四年五月，頁九〇—九九；《九州學林》二〇〇四年夏季號。收入《朱熹的歷史世界》（北京，三聯，二〇〇四年）下冊頁九二一—九二八。

〈廣西師大版文集序〉（二〇〇四・三・廿一），收入廣西師大版《余英時文集》第一卷至第四卷卷首。

〈康正果《出中國記：我的反動自述》序—人生識字憂患始：中國知識人的現代命運〉（二〇〇四・三・六），刊《明報月刊》三十九卷九期，總四六五期，二〇〇四年九月，頁一〇六—一一〇；刊《當代》二一九期，二〇〇五年十一月，頁四〇—五六；收入《會友集》下冊，頁三六一—三八二。

〈王友琴《文革受難者：關於迫害、監禁與殺戮的尋訪實錄》序—挽救記憶的偉大工程〉（二〇〇四・三・十二），刊《開放》第二一〇期，二〇〇四年六月，頁二〇—二三。收入《會友集》下冊，頁三八三—三九一。

〈從日記看胡適生平的幾個疑案〉（二〇〇四・四・十五），此文為余先生為聯經新版《胡適日記全集》所作序言，見該書第一冊。收入《余英時文集》第五卷頁三〇七—三五一；又有摘要刊《萬象》六卷七期，二〇〇四年七月。

〈赫貞江上之相思：胡適不為人知的一段情緣〉，刊《聯合報》二〇〇四年五月三—四日，聯合副刊 E7 版。

〈近世中國儒教倫理與商人精神〉（二〇〇四・六・廿九），收入《中國文化史通釋》頁四三—五八。

〈從政治生態看宋明兩型理學的不同〉（二〇〇四・七・廿九），收入《中國文化史通釋》頁二一一—四二一。

〈書中乾坤大〉，刊《中國時報》二〇〇四年八月十六日，人間副刊 E7 版。

〈從日記看胡適的一生〉（二〇〇四・九・四），此文為《從日記看胡適生平的幾個疑案》之擴充。收入《現代危機與思想人物》頁一九六—三四六；《重尋胡適歷程》頁一一一四二。

〈追憶與唐長孺先生的一次會談〉（二〇〇四・九・八），刊《魏晉南北朝隋唐史資料》二〇〇四年號，頁二五—二九；收入《情懷中國》頁一六三—一七〇；《史學研究經驗談》頁二一八—二二七。

〈胡適「博士學位」案的最後判決〉（二〇〇四・十一・十六），刊《萬象》七卷二期，二〇〇五年二月。收入《余英時文集》第五卷頁三五二—三六二；《情懷中國》頁一一四—一三二。

〈《沉重的回首—天安門運動十五周年》序—六四：未竟的民主運動〉（二〇〇四・九・十二），刊《開放》第二一五期，二〇〇四年十一月，頁三〇—三二。收入《會友集》下冊，頁三九二—三九八。

〈從馮友蘭和龍沐勛看知識人的困境—續論中國知識人的現代宿命〉，刊《明報月刊》三十九卷十期，總四六六期，二〇〇四年十月，頁一〇四—一〇九。

〈《從黎明到衰頹：五百年來的西方文化生活》推薦序：一部文化史巨著〉，見該書中譯本（台北：貓頭鷹出版，二〇〇四年）頁六—八。

▼二〇〇五

〈新春談「心」〉（二〇〇五・二），刊《文匯報》二〇〇五年二月九日；收入文匯報編輯部編：《每次醒來，你都不在》（上海，文匯出版社，二〇〇六年）頁三—六；《知識人與中國文化的價值》頁九七—一〇二。

〈李建民《生命史學：從醫療看中國歷史》序〉（二〇〇五・三・十五），以《中國古代思想脈絡中的醫學觀念》為題收入《余英時文集》第九卷頁五五—六六；《會友集》上冊，頁一八〇—一九六；《中國文化史通釋》頁一二九—一四四。

〈試說科舉在中國史上的功能與意義〉，刊《二十一世紀》八十九期，二〇〇五年六月，頁四—一八；收入《余英時文集》第九卷頁六七—八七；《知識人與中國文化的價值》頁二二五—二五八；《中國文化史通釋》頁一八一—二〇八。

〈劉笑敢《老子古今：五種對勘與析評引論》序〉（二〇〇五・九・六），刊《九州學林》總十八期；收入《會友集》上冊，頁一九七—二〇五。

▼二〇〇六

〈廣西師大版十卷本文集序〉，收入廣西師大版《余英時文集》第五卷至第十卷卷首。

〈阮銘《歷史的錯誤：台美中關係探源》序—現狀下的均衡—當前台灣、大陸、美國的三邊關係〉（二〇〇六・一・廿二），收入《會友集》下冊，頁三九九—四〇六。

〈陳彥《中國之覺醒—文革後中國思想演變歷程》序—經濟放鬆與政治加緊：試說「黨天下」的解體過程〉（二〇〇六・三・二），刊《明報月刊》四十一卷八期，總四八八期，二〇〇六年八月，頁六五—六九；收入《會友集》下冊，頁四〇七—四三〇。

〈紹熙五年朱熹出入臨安始末考〉，刊《嶺南學報》新第三期，二〇〇六年九月，頁九三—一一九。此文未見，疑與《朱熹的歷史世界》下篇第十章第二節附說一至附說三相近。

〈鄧小平「政治改革」的真相〉，刊《明報月刊》四十一卷九期，總四八九期，二〇〇六年九月，頁四二—四七。

〈價值荒原上的儒家幽靈〉，刊《明報》二〇〇六年九月四日。收入《知識人與中國文化的價值》頁一五三—一六〇。

〈二十年如一日的宗教奉獻精神〉，刊《動向》第二五三期，二〇〇六年九月十五日，頁三〇。

〈我對中國文化與歷史的追索—克魯格得獎演說〉（二〇〇六・十二・五），刊《當代》二三三期，二〇〇六年十二月，頁二二—二七。收入《人文與理性的中國》頁四一八—四二二；《知識人與中國文化的價值》；《余英時學術思想文選》，頁一—一四；《史學研究經驗談》頁七六—八三。

〈巫寧坤《一滴淚：從肅反到文革的回憶》允晨版新序—國家不幸詩家幸〉（二〇〇六・十二・廿四），收入《會友集》下冊，頁四三一—四四三。又以〈《國家不幸詩家幸—巫寧坤先生《一滴淚》〉為題刊於《當代》二三三期，頁六四—七五。

〈未盡的才情—從日記看顧頡剛的內心世界〉，此文為余先生為聯經版《顧頡剛日記》所作之序言，二〇〇八年由聯經出版事業公司印行單行本。書末有余先生新作後記。

〈接受二〇〇六年克魯格人文獎講詞〉（二〇〇六・十一・十五），收入《知識人與中國文化的價值》；《余英時學術思想文選》，

〈中國人苦難的根源—《五十個人的五十年》序〉，刊《動向》第二五六期，二〇〇六年十二月十五日，頁四八。

▼二〇〇七

〈史景遷《天安門：中國的知識分子與革命》繁體中文版序〉（二〇〇七・一・八）收入《會友集》下冊，頁四五二—四五七。

〈李建軍《學術與政治—胡適的心路歷程》序〉（二〇〇七・一・廿）收入《會友集》上冊，頁二〇六—二〇九。

二〇〇七年二月三日、四日陳致訪談記錄，整理為〈直入塔中，上尋相輪：余英時教授訪談錄（一）〉（刊《明報月刊》二〇〇七年第八期，頁一四—三二）、〈國學與現代學術的種種：余英時教授訪談錄（二）〉（刊《明報月刊》二〇〇七年第九期，頁六一—六八）、〈先秦哲學的突破與巫的傳統：余英時教授訪談錄（三）〉（刊《明報月刊》二〇〇七年第十期，頁七四—七八）、〈胡適自由之精神：余英時教授訪談錄（四）〉（刊《明報月刊》二〇〇七年第十一期，頁六九—七三）、〈知識人與社會擔當：余英時教授訪談錄（五）〉（刊《明報月刊》二

○○七年十二期，頁九三—九七）。合併收入《余英時訪談錄》頁一五—八八。

〈《知識人與中國文化的價值》自序〉（二○○七．三．十一），見該書。節本以《有「序」為證：「士」與「知識人」》為題刊於《中國時報》二○○七年三月廿九日，人間副刊E7版。

〈劉再復《思想者十八題—海外訪談錄》序—從「必然王國」到「自然王國」〉（二○○七．五．十四），刊《明報月刊》四十二卷七期，總四九九期，二○○七年七月，頁一四○—一四四；收入《會友集》下冊，頁四五八—四六八。

〈獲獎感懷和我的價值取向—與中國流亡知識分子談論中國〉，刊《開放》總二四六期，二○○七年六月，頁三二—三三。

〈周素子《右派情蹤—七十二賢人婚姻故事》序〉（二○○七．六．七），收入《會友集》下冊，頁四六九—四七三。

〈讀《反右運動五十周年祭》感賦四絕句〉，刊《明報月刊》四十二卷七期，總四九九期，二○○七年七月，頁二○；《動向》二六三期，二○○七年七月十五日，頁五八。

〈綜述中國思想史上的四次突破〉（二○○七．十．十六），收入《中國文化史通釋》頁一—二○；《人文與民主》頁一四五—一七○；《史學研究經驗談》頁五○—七五。

〈關於中日文化交涉史的初步觀察〉（二○○七．十），日本關西大學東亞文化交涉學研究中心成立儀式上之講詞，收入王守常編：《龐樸教授八十壽辰紀念文集》（北京，中華書局，二○○八年）頁二九—三六。

〈許倬雲教授蒞校任首屆「余英時先生歷史講座」講者—答謝致詞〉，刊《新亞生活月刊》三十五卷四期，二○○七年十二月，頁七。

▼二○○八

〈中國思想史研究經驗談〉，二○○七年十月六日在日本「中國學會」講詞，原題〈中國思想史研究經驗談〉。改題〈我與中國思想史研究〉刊《思想》第八卷，頁一—一八。後以原題收入許紀霖主編：《知識分子論叢（第八輯）》（南京：江蘇人民，二○○八年），頁一五一—一六五。

〈田浩《朱熹的思維世界》增訂本新序〉（二○○八．一），收入《會友集》上冊，頁二一○—二一八；《史學研究經驗談》頁一八○—一九○。

〈專訪余英時：民主與中國文化是台灣最大動力〉，黃清龍訪談記錄，刊《亞洲周刊》二十二卷六期，二○○八年二月十日，頁一八—一九。

〈中國近代史諸問題：余英時教授訪談錄〉，趙曉明訪談記錄，刊《社會科學論壇》二〇〇八年第二期，頁九三—一〇四。

〈《會友集》自序〉（二〇〇八・二・十八），此文為明報版《會友集》（二〇〇八年出版）自序。收入《會友集》（三民版）上冊，頁一—二四。

〈中日文化交涉史的初步觀察〉，收入《東アジア文化交涉研究》，別冊一號，二〇〇八年三月，頁三—七。後改題〈關於中日文化交涉史的初步觀察〉，收入《龐樸教授八十壽辰紀念文集》（北京：中華書局，二〇〇八年）及《中國文化史通釋》。

〈《周有光百歲口述》序〉（二〇〇八・三・十六），收入《會友集》下冊，頁四七四—四八〇。

〈熊式輝《海桑集：熊式輝回憶錄（一九〇七—一九四九）》序—興亡遺恨尚如新》〉（二〇〇八・四・十六），收入《會友集》下冊，頁四八一—四九五；《情懷中國》頁二七—四四。

〈學人寄語〉，刊《中國文化》第一期，二〇〇八年四月，頁一二八。

〈《周有光百歲口述》序〉，見該書（桂林：廣西師大出版社，二〇〇八年）卷首。

〈孔捷生《血路一九八九》序〉（二〇〇八・六・四），收入《會友集》下冊，頁四九六—四九九。

〈巫寧坤《孤琴》序—兼憶一九四九年秋季的燕京大學〉（二〇〇八・六・廿五），收入《會友集》下冊，頁五〇〇—五二一；《情懷中國》頁二一—二六。

〈人文與民主—余英時院士「余紀忠講座」演講全文〉（二〇〇八・七），原為二〇〇八年七月在國立政治大學「余紀忠講座」之講演詞，收入《人文與民主》頁八五—一〇二。

〈燕京末日的前期〉，刊《聯合報》二〇〇八年七月廿一—廿五日，聯合副刊。

〈史學研究經驗談〉（二〇〇八・十・三），邵東方採訪稿整理。收入《史學研究經驗談》，頁一—四九。

〈台灣人文研究之展望〉（二〇〇八・十・廿五），原為二〇〇八年六月廿八日在國立政治大學之談話記錄，修訂後收入《人文與民主》頁六五—八四。

〈《啟蒙運動》序〉，見該書（Peter Gay 著，劉森堯等譯，台北：國立編譯館，二〇〇八年）卷首。

〈做一個有尊嚴的知識人〉（二〇〇八・十一），訪談記錄，原刊《時代周報》二〇〇八年十一月十八日、十二月一日；收入鄧正來主編：《中國學術規範化討論文選（修訂本）》（北京，中國政法大學出版社，二〇一〇年）頁二四四—二四七。

〈陳方正《繼承與叛逆：現代科學為何出現於西方》序—圍繞著「李約瑟問題」的反思〉（二〇〇八・十二・卅一），收入《會友集》上冊，頁二一九—二三六；《中國文化史通釋》頁一四五—一六二；《史學研究經驗談》頁一五九—一七九。以〈一個傳說，兩次革命：關於西方科學的淵源〉為題刊《讀書》二〇〇九年第三期，頁一三—二二。

〈唐君毅先生像銘〉，收入劉笑敢主編：《中國哲學與文化（第五輯）》（桂林：廣西師範大學出版社，二〇〇九年）頁一；《情懷中國》頁二三三—二三四。

▼二〇〇九

〈原「序」：中國書寫史上的一個特色〉，刊《清華大學學報》二〇〇九年第一期，頁五—一二。

〈《天祿論叢—北美華人東亞圖書館員文集》序〉（二〇〇九・一・廿五），收入《會友集》上冊，頁二三七—二四一；《史學研究經驗談》頁二〇一—二〇六。

〈新亞書院紀念碑銘〉（二〇〇九・三・卅一），收入《情懷中國》頁二三〇—二三二。

〈封從德《六四日記：廣場上的共和國》序〉（二〇〇九・四・廿三）收入《會友集》下冊，頁五二三—五二五。

二〇〇九年四月廿六日陳致訪談記錄，整理為〈余英時教授談宗教、哲學、國學與東西方知識系統〉，收入劉笑敢主編：《中國哲學與文化》（桂林：廣西師範大學出版社，二〇一〇年）頁二二三—二三七；《余英時訪談錄》頁九一—一一九。

〈唐君毅先生銅像揭幕儀式致辭〉（二〇〇九・五・廿），收入劉笑敢主編：《中國哲學與文化（第六輯）》（桂林：廣西師範大學出版社，二〇〇九年）頁一—二。

〈賀清華國學院浴火重生〉（二〇〇九・十・十四），收入《情懷中國》頁一〇八—一一二。

〈張充和《張充和詩書畫選》序—從「遊於藝」到「心道合一」〉（二〇〇九・十・廿七），收入《會友集》上冊，頁二四二—二六〇；《中國文化史通釋》頁一六三—一八〇。

〈《中國文化史通釋》後記〉（二〇〇九・十二・廿二），收入《中國文化史通釋》頁二九二以下。

▼二〇一〇

〈「國學」與中國人文研究〉（二〇一〇・一・十五），二〇〇八年在台灣之演講詞，二〇一〇年增補。收入《人文與民主》頁三九—六四；《史學研究經驗談》頁八四—一一一。

〈經濟放鬆，政治加緊—《趙紫陽還說過甚麼？》讀後〉，刊《明報月刊》四十五卷四期，總五三二期，二〇一〇年四月，頁二七—二八。

〈《會友集》台灣版序》〉（二〇一〇・七・十七），收入《會友集》上冊，頁一—二。

〈陳寅恪研究的反思和展望—《陳寅恪晚年詩文釋證》新序〉（二〇一〇・十・廿），刊《明報月刊》四十六卷一期，總五四一期，二〇一一年一月，頁二〇—二八。收入《陳寅恪晚年詩文釋證》二〇一一年新版。

▼二〇一一

二〇一〇年三月廿日、二〇一一年四月九日陳致訪談記錄，收入《余英時訪談錄》頁一二三—一八四。

▼二〇一二

〈賀詞〉，刊《開放》二〇一二年一期（總三〇一期），頁三四—三九。

〈重版汪兆銘《雙照樓詩詞稿》序〉（二〇一二・二・六），見該書卷首；刊《印刻生活文學誌》八卷八期（二〇一二年四月），頁一三二—一四四。

▼二〇一三

〈當代之打油詩〉，《中華讀書報》，二〇一三年九月四日。

▼二〇一四

〈《歷史與思想》三十八年〉
〈跋：為董橋兄榮休作〉
《蘋果日報》，二〇一四年四月廿七日。隨後〈《歷史與思想》三十八年〉，《東方早報》二〇一四年五月十一日轉載。

〈從傳統到現代：中國研究在美國的轉向〉，《讀書》，二〇一四年第七期。

此書寫作期間
得孫超先生襄助良多
特此致謝

INK PUBLISHING
People 18
余英時傳

作　　者　周　言
圖片提供　周　言
封面繪圖　李健儀
總 編 輯　初安民
責任編輯　林家鵬
美術編輯　黃昶憲
校　　對　周　言　林沁嫺　林家鵬　陳健瑜　宋敏菁　林玟君

發 行 人　張書銘
出　　版　INK 印刻文學生活雜誌出版股份有限公司
新北市中和區建一路 249 號 8 樓
電話：02-22281626
傳真：02-22281598
e-mail：ink.book@msa.hinet.net
網　　址　舒讀網 http：//www.inksudu.com.tw

法律顧問　巨鼎博達法律事務所
施竣中律師
總 經 銷　成陽出版股份有限公司
電　　話　03-3589000（代表號）
傳　　眞　03-3556521
郵政劃撥　19785090　印刻文學生活雜誌出版股份有限公司
印　　刷　海王印刷事業股份有限公司

港澳總經銷　泛華發行代理有限公司
地　　址　香港新界將軍澳工業邨駿昌街 7 號 2 樓
電　　話　852-27982220
傳　　眞　852-27965471
網　　址　www.gccd.com.hk

出版日期　2021 年 10 月　初版
ISBN　978-986-387-489-8
定　價　699元
限量精裝版

國家圖書館出版品預行編目資料

余英時傳：周言著
--初版, --新北市中和區：INK印刻文學,
2021.10　面；　公分.（People；18）
ISBN　978-986-387-489-8　（精裝）
1.余英時 2.傳記
782.886　110016359